D1349999

Nathalie Chevalier
Dominique Fortier
Roger Lazure
Ginette Rochon
Emanuele Setticasi

Têtes d'affiche

Français • Premier cycle du secondaire

Manuel B

LES ÉDITIONS
CEC
QUEBECOR MEDIA

8101, boul. Métropolitain Est, Anjou (Québec) Canada H1J 1J9
Téléphone : (514) 351-6010 • Télécopieur : (514) 351-3534

Directrice de l'édition
Danielle Lefebvre

Directrice de la production
Danielle Latendresse

Directrice de la coordination
Sylvie Richard

Chargée de projet
Sylvie Lucas

Réviseures linguistiques
Carole Pâquet, Sylvie Lucas

Recherchiste iconographique
Monique Rosevear

Correctrice d'épreuves
Jacinthe Caron

Consultants pédagogiques
Maxime Gagnon, enseignant à l'école Daniel-Johnson (C. S. Pointe-de-l'Île)
Suzanne Richard, didacticienne du français, Université de Sherbrooke
Denis Charbonneau, conseiller pédagogique (C. S. Seigneurie-des-Mille-Îles)

Les auteurs tiennent à remercier Karine Pouliot, Odile Perpilou et
Michel Rabagliati.

Conception et réalisation graphique du manuel et de la couverture

matteau parent
graphisme et communication

Geneviève Guérard
(conception et réalisation graphique)
Mélanie Chalifour (conception graphique)
Chantale Nolin (signature)

Illustration originale de la couverture
Paule Thibault

Illustrations originales des pages intérieures
Chantale Audet : p. 6, 81, 87, 103, 148, 179, 187, 189, 192, 230, 242, 251, 272, 286, 293, 295, 307, 336, 374, 392, 412.

Steve Beshwaty : p. 154, 181, 198, 248, 291, 292, 366, 380, 389, 419.

Franfou (www.franfou.com) : p. 27, 41-42, 91, 177, 195, 209, 239, 260, 265, 304, 310, 314, 367, 369, 394, 400-401.

Stéphane Jorisch : p. 18, 34, 64, 96, 116, 136, 184, 191, 220, 232, 241, 276, 289, 317, 348, 398.

Marie Lafrance : p. 43, 54, 72-73, 133, 170, 208, 249, 298, 418.

Céline Malépart : p. 92.

Paule Thibault : p. 1, 2-3, 17, 61, 62-63, 112, 114-115, 131, 168-169, 215, 216-217, 243, 269, 270-271, 323, 324-325, 377, 378-379, 424.

Dans cet ouvrage, la féminisation des titres de fonctions et des textes s'appuie sur des règles d'écriture proposées par l'Office de la langue française dans le guide *Au féminin*, Les publications du Québec, 1991.

Les Éditions CEC inc. remercient le gouvernement du Québec de l'aide financière accordée à l'édition de cet ouvrage par l'entremise du Programme de crédit d'impôt pour l'édition de livres, administré par la SODEC.

Têtes d'affiche - Manuel B

© 2006, Les Éditions CEC inc.
8101, boul. Métropolitain Est
Anjou (Québec) H1J 1J9

Dépôt légal : 2006
Bibliothèque et Archives nationales du Québec
Bibliothèque et Archives Canada

ISBN 2-7617-2150-0

Imprimé au Canada
1   2   3   4   5   10   09   08   07   06

Abréviations et pictogrammes utilisés dans le manuel

Pictogrammes

Activité préparatoire au projet.

Activité pouvant être réalisée en équipe ou en coopération.

Activité pouvant être accomplie à l'aide d'un ordinateur.

Activité contenant des erreurs à repérer et à corriger.

Renvoi à une fiche reproductible.

Renvoi au carnet de lecture.

Renvoi au RECUEIL DE TEXTES.

Renvoi à la VIDÉO en lien avec la communication orale.

Renvoi aux sections « Lecture », « Écriture » et « Communication orale » de la section « Points de repère » présentée à la fin du manuel.

Renvoi aux sections « Lexique », « Grammaire de la phrase et du texte », « Conjugaison » et « Orthographe lexicale » de la section « Points de repère » présentée à la fin du manuel.

Texte ou contenu lié à d'autres matières.

Abréviations

Groupes de base
G complément de phrase: groupe complément de phrase
GN sujet: groupe du nom sujet
GV prédicat: groupe du verbe prédicat

Groupes de mots
GAdj: groupe de l'adjectif
GAdv: groupe de l'adverbe
GN: groupe du nom
GV: groupe du verbe
GVinf: groupe du verbe infinitif
GVpart: groupe participial
GPrép: groupe prépositionnel

Fonctions syntaxiques
attr. du S: attribut du sujet
compl.: complément
compl. de l'Adj: complément de l'adjectif
compl. direct du V: complément direct du verbe
compl. du N: complément du nom
compl. du Pron: complément du pronom
compl. du V: complément du verbe
compl. indirect du V: complément indirect du verbe
modif.: modificateur
modif. de l'Adj: modificateur de l'adjectif
modif. du V: modificateur du verbe
prédicat: prédicat
S: sujet

Classes de mots
Adj: adjectif
Adv: adverbe
Conj: conjonction
Dét: déterminant
N: nom
Prép: préposition
Pron: pronom
V: verbe

Autres
f.: féminin
inv.: invariable
m.: masculin
pers.: personne
P: phrase
Part. p.: participe passé
pl.: pluriel
s.: singulier
sub.: subordonnée
sub. compl. de P: subordonnée complément de phrase
sub. complét.: subordonnée complétive
sub. rel.: subordonnée relative

La structure de ton manuel

Dans chacun des huit dossiers de ton manuel, un projet[1] te permettra de développer tes compétences en lecture, en écriture et en communication orale. À l'aide d'un texte de présentation[2], on t'amène à te poser des questions sur le thème du dossier et à mieux comprendre le but du projet. On te propose ensuite un exemple[3] du produit final. Cet exemple est annoté[4] de manière à mettre en évidence les connaissances et les stratégies utiles à la réalisation de ton projet. Enfin, une démarche[5] t'aidera à organiser ton travail.

Chaque dossier comporte un zoom culturel[6] qui te suggère des œuvres[7] qui pourront t'inspirer dans ton projet. Il peut s'agir de romans, de contes, de chansons, de films, de pièces de théâtre, de sites Internet, etc. De plus, on te suggère des activités pour enrichir un carnet de lecture dans lequel tu consigneras tes impressions sur les œuvres que tu liras tout au long de l'année scolaire. Ces activités sont rassemblées dans un encadré[8].

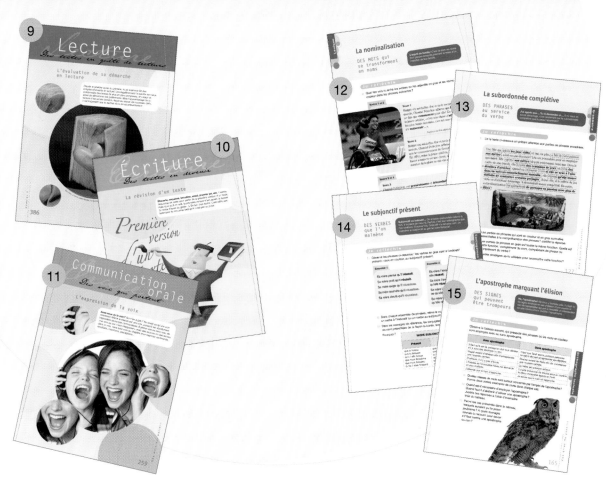

Pour réaliser ton projet ou pour développer tes compétences en français, on te proposera des situations d'apprentissage en lecture[9], en écriture[10] et en communication orale[11]. Tu pourras également acquérir des connaissances et mettre au point des stratégies grâce à des activités liées à des éléments d'apprentissage comme le lexique[12], la grammaire[13], la conjugaison[14] et l'orthographe lexicale[15]. Dans chaque situation ou activité d'apprentissage, on te suggère la démarche suivante : « Je réfléchis », « Je m'entraîne » et « Je vais plus loin ». Tout au long de ta démarche, tu pourras te référer à la rubrique « Mise au point ».

Dans toutes les situations et activités d'apprentissage, tu peux toujours te référer à la section « Points de repère ». Ce sera ta petite grammaire. En vert[16], il s'agit des connaissances et des stratégies pour développer tes compétences en lecture, en écriture et en communication orale. En bleu[17], il s'agit de connaissances liées au lexique, à la grammaire, à la conjugaison et à l'orthographe lexicale.

Table des matières

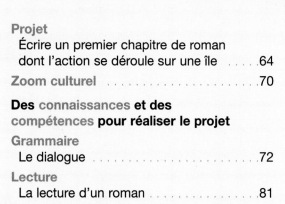

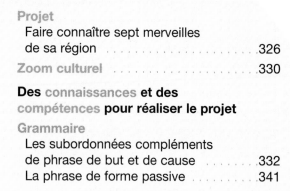

Introduction

Voici le MANUEL B de la collection *Têtes d'affiche* : il est constitué de huit dossiers, qui font écho à ceux du RECUEIL DE TEXTES. Chaque dossier comporte cinq situations d'apprentissage : un projet à réaliser, un « zoom culturel », des situations d'apprentissage en lecture, en écriture et en communication orale ainsi que des activités pour développer des connaissances liées au lexique, à la grammaire, à la conjugaison et à l'orthographe lexicale.

Un bref aperçu des projets qui t'attendent tout au long de l'année scolaire donne à penser que tu ne t'ennuieras pas, puisque les thèmes sont près de tes préoccupations ! Tu pourras imaginer un manège qui donnera la frousse aux plus téméraires (*dossier 1*). On t'invitera à écrire le premier chapitre d'un roman dont l'action se déroule sur une île (*dossier 2*). Tu pourras par la suite présenter une personne passionnée, qui t'inspire et qui pourrait inspirer tes camarades de classe (*dossier 3*). On te demandera également d'explorer différents univers narratifs et de choisir celui que tu préfères (*dossier 4*). On t'encouragera à exprimer des émotions fortes dans un langage poétique (*dossier 5*). On fera même appel à tes talents pour le dessin et l'écriture afin d'adapter une courte histoire en bande dessinée (*dossier 6*). On t'invitera ensuite à faire connaître sept merveilles de ta région (*dossier 7*). Enfin, tu termineras l'année scolaire en beauté en concevant un magazine culturel présentant les œuvres que tu as particulièrement aimées (*dossier 8*). C'est un programme bien chargé ! En réalisant chacune de ces tâches, tu développeras tes compétences en français tout en découvrant la richesse des mots et des livres. D'un projet à l'autre, tu deviendras de plus en plus habile à créer des liens entre le français et d'autres matières, entre l'école et le monde qui t'entoure.

Pour t'accompagner dans tes réalisations, tu feras la connaissance de grandes figures culturelles : Issac Newton, Félix Leclerc, Sarah Bernhardt, Edgar Allan Poe, Marceline Desbordes-Valmore, Ulug Beg, Artémis et Gabrielle Roy. Ces hommes et ces femmes sauront sans aucun doute t'inspirer, puisqu'ils sont des modèles de ténacité, de créativité, de courage et d'éloquence. Tous, ils ont conquis le monde à leur façon. À toi maintenant de conquérir ton monde… à ta façon.

Les auteurs

Je m'appelle Isaac Newton. Au XVIIe siècle, j'ai développé des théories scientifiques révolutionnaires. J'ai notamment découvert des méthodes de calcul qui permettent de comprendre le phénomène du mouvement !

Mes découvertes ont changé le quotidien des gens. Prenons les manèges, par exemple. J'ai compris le principe de fonctionnement des manèges dans les parcs d'attractions avant même que les manèges soient inventés ! Grâce à mes formules savantes, les concepteurs de manèges arrivent maintenant à créer des machines incroyables, qui respectent les grands principes de la force d'attraction qui s'exerce sur les objets.

J'aurais peut-être aimé faire un tour de grande roue ou de montagnes russes, mais à mon époque, de tels engins n'existaient pas. Mes contemporains étaient trop occupés à assurer leur survie, à lutter contre la maladie et la faim. La vie était très dure dans ce temps-là. Mes sensations fortes, je les ai éprouvées en étudiant les lois de l'Univers et, crois-moi, je me suis bien amusé.

Isaac Newton
(1642-1727)

Mathématicien, physicien, astronome et penseur anglais, Isaac Newton entre à l'université de Cambridge en 1661 alors que la grande peste fait rage dans son pays. Il s'isole dans cet établissement pour enseigner et se pencher sur de nombreux problèmes scientifiques. Inspiré par les travaux de Kepler et de Galilée, il développe les grandes lois de la physique fondamentale. Sa curiosité le pousse à construire le premier véritable télescope. Il analyse également la composition de la lumière et élabore les règles du calcul différentiel. On raconte qu'il a découvert la loi de la gravité alors qu'il dormait au pied d'un arbre et qu'une pomme bien mûre lui est tombée sur la tête. Toutefois, personne n'a réussi à prouver l'authenticité de cette légende.

3   Des frissons en perspective

Projet

Inventer un manège

Un manège épatant!

Maisons hantées, glissades d'eau, montagnes russes, grande roue…, quel manège te procure le plus de sensations fortes?

Le monde exaltant des parcs d'attractions compte sur toi pour mettre au point un manège qui épatera les futurs utilisateurs et qui donnera des sueurs froides aux plus téméraires.

 Fais appel à ta créativité pour inventer un manège que tu présenteras à l'aide d'une illustration, d'un dessin ou d'une maquette. Ta présentation devra être accompagnée de capsules d'information qui fourniront des renseignements justes, précis et détaillés pour aider les personnes qui construiront le manège à bien comprendre ton idée. Ces capsules pourraient porter, par exemple, sur l'allure, le fonctionnement et la sécurité du manège. Attention! Tout en étant originale, ton invention doit être vraisemblable. Sauras-tu relever le défi?

Un exemple

Observe attentivement le plan, les capsules d'information et le dessin représentant un carrousel conçu pour émerveiller les jeunes enfants (p. 5-6). Ensuite, pour t'aider à réaliser ton projet, prends connaissance de la démarche proposée à la page 7.

PLAN

Idée de manège : carrousel

Description : tourne sur lui-même, huit chevaux, carrosses

Effet recherché : sensation de vertige, rire, émerveillement

Principaux matériaux : bois, laiton

Thème et atmosphère : chevaux, nuit, ancien temps

Éclairage : lumières du dôme représentant un ciel étoilé

Ambiance sonore : musique de cirque, orgue de Barbarie et musique plus contemporaine

Utilisateurs du manège : jeunes enfants, parents

Fonctionnement : moteur électrique, vitesse d'environ 7 km/h dans un mouvement ascendant et descendant, deux opérateurs

Mesures de sécurité : très jeunes enfants accompagnés d'un ou d'une adulte

DESCRIPTION DU MANÈGE

Le carrousel tourne au son de la musique. Sur la piste d'un blanc immaculé, les chevaux et les carrosses, en bois d'érable, montent et descendent dans un mouvement continuel et régulier, pour le plus grand plaisir des enfants. Les carrosses très colorés sont agrémentés de solides poteaux en laiton qui supportent un auvent joliment décoré, rappelant les anciens carrosses.

Au centre, s'élevant jusqu'à 5 m, un dôme surplombe le manège. Il est solidement ancré sur dix poteaux de soutien, mesurant chacun 3 m de haut. Il est finement décoré de feuilles sculptées.

THÈME ET ATMOSPHÈRE

Le manège rappelle les temps anciens. Les chevaux de bois, inspirés de ceux créés à la fin du XIXe siècle par Gustave Bayol, sont peints à la main comme on le faisait à cette époque. Les nombreuses fioritures qui ornent les attelages sont des reproductions des harnachements du temps de Bayol. Les mélodies d'époque proviennent d'un orgue de Barbarie.

ÉCLAIRAGE ET AMBIANCE SONORE

Le dôme du manège représente un magnifique ciel étoilé dont l'effet
est c   ue de miroirs qui brillent au soleil. L'éclairage de
nuit
du j
mar

NOMBRE D'UTILISATEURS

Le manège peut accueillir 48 personnes à la fois. Chaque carrosse peut
contenir quatre adultes ou six enfants. Un seul   chaque
                                                                    t être
                                                                    nt à

FONCTIONNEMENT DU MANÈGE

Le manège tourne et donne l'impression que les chevaux de bois avancent à une vitesse d'environ 7 km/h.

De
le
l'a
pro
le

MESURES DE SÉCURITÉ

Un écriteau, placé bien en évidence à l'entrée du manège, signale quelques
restrictions et sert d'avertissement aux utilisateurs. De plus, il précise que

RÉACTIONS ET IMPRESSIONS DES PASSAGERS

Pendant le tour de manège, certains passagers éprouveront peut-être un léger vertige causé par les mouvements ascendants et descendants des chevaux et des carrosses. La vitesse du manège et la musique entraînante réjouiront les enfants tandis que son allure d'antan suscitera un brin de nostalgie chez les plus grands. Le soir venu, tous seront charmés par l'illumination du manège.

La démarche

1 Quelle sorte de manège créeras-tu?

- Lis les textes du dossier 1 dans ton recueil (p. 2-29) pour y trouver des idées qui t'aideront à faire un croquis de ton manège. Inspire-toi aussi des manèges que tu as déjà essayés.

2 Quels aspects du manège décriras-tu dans tes capsules d'information?

- Dresse une liste des aspects que tu décriras (ex.: emplacement, thème, atmosphère, etc.).
- Élabore un plan de ton texte à partir de ces aspects.

- Consulte des ouvrages spécialisés (encyclopédies, revues), des sites Internet et les textes de ton recueil (notamment les textes des pages 19-26 qui portent sur la physique et sur la sécurité) afin de trouver des renseignements qui t'aideront à décrire ton manège.
- Note les renseignements qui seront nécessaires à l'élaboration de ton texte.
- La prise de notes, p. 442
- Les références bibliographiques, p. 441

3 Comment rédigeras-tu tes capsules d'information?

- Réfère-toi à ton plan et à tes notes pour composer des capsules descriptives de 20 à 60 mots sur chaque aspect sélectionné.
- Donne de l'information juste et précise tout en présentant un point de vue personnel.

4 Comment t'y prendras-tu pour réviser tes capsules d'information?

- Relis ton texte pour vérifier si tes capsules contiennent des renseignements pertinents, justes et précis.
- Dans les descriptions, utilise des mots précis et évocateurs qui se rattachent à un ou à des champs lexicaux.
- Relis tes capsules encore une fois pour réviser tes phrases et corriger les fautes d'orthographe. Porte une attention particulière à l'accord des verbes avec leur sujet.
- Les stratégies d'écriture, p. 439
- **OÉ** Grille de révision de la grammaire du texte et de la phrase

5 De quelle façon présenteras-tu ton travail?

- Fais ton dessin, ton illustration ou ta maquette.
- Ajoute les capsules d'information. Soigne la présentation de ton travail.

6 Quelle évaluation fais-tu de l'efficacité de ta démarche?

- Décris les stratégies que tu as utilisées pour rédiger tes capsules d'information.
- Donne au moins un exemple de ce que la rédaction de tes capsules d'information t'a permis d'apprendre sur le sujet que tu as choisi.

Des lectures

CÔTÉ, Denis. *Le parc aux sortilèges*, Montréal, La courte échelle, 1994, 91 p.

Maxime visite un étrange parc d'attractions en compagnie de ses amis. Cette étonnante femme à barbe, cette minuscule voyante et ce démon bizarre sont-ils réels ?

Les Débrouillards, mai 1999, n° 184.

Cette revue scientifique pour les jeunes a publié un numéro consacré aux manèges. On y explique des notions de physique, on y fournit des statistiques et on y propose des sites virtuels. Bref, des renseignements à profusion !

HUGHES, Monica. *L'invitation*, Saint-Lambert, Éditions Héritage jeunesse / Dominique et compagnie, 1997, 234 p. (Collection Échos / Aventure).

En 2154, dans une ville rongée par la violence et le chômage, quatre jeunes vivent une expérience hallucinante dans un manège virtuel. Perdus dans leur inconscience, ils devront affronter leurs rêves et leurs cauchemars.

Ce roman propose une version un peu sombre de ce que pourraient être les manèges du futur. Pour les adeptes de science-fiction !

CRICHTON, Michael. *Le parc jurassique*, Paris, Éditions Robert Laffont, 1992, 440 p.

Une île, des dinosaures, une poignée d'humains... et de très gros problèmes ! Le roman contient des détails techniques qui passionneront les mordus de science et de génétique.

Des films et des chansons

Certains films se déroulent dans des parcs d'attractions. Regarde ces films pour t'inspirer des images ou t'imprégner de l'atmosphère qui se dégage généralement de ces endroits.

Certaines chansons exploitent le thème des manèges et des sensations fortes. Écoute-les ; elles pourraient peut-être t'inspirer.

manèges

Des sites Internet

Tu veux découvrir le monde virtuel des sensations fortes ? Tu veux pousser plus loin tes recherches sur le thème de ce dossier ? À l'aide du moteur de recherche de ton choix, tape les mots clés liés au thème des manèges et des sensations fortes : manège, parc d'attractions, montagnes russes, Isaac Newton, fête foraine, grande roue, carrousel, etc.

Tu as un esprit curieux ? Tu trouveras une foule de renseignements sur le site virtuel du Musée des sciences et de la technologie du Canada.

Préparation projet

Dans ton carnet de lecture, note des renseignements sur les textes que tu consulteras pour réaliser ton projet. Tu peux aussi demander des suggestions de lectures à ton enseignant ou à ton enseignante de science.

Tu peux même inscrire dans ton carnet tes impressions sur tes textes préférés dans ce dossier. À la fin, tu pourras participer à un cercle de lecture pour en discuter avec tes camarades.

Les champs lexicaux

DES MOTS qui ont des affinités

Toute une bande! C'est en bande, entourés de ceux avec lesquels ils ont des affinités, que les mots donnent le meilleur d'eux-mêmes...

Je réfléchis

1. Lis les textes suivants.

Texte 1

C'est parti! Immobile une seconde plus tôt, le petit train se **déplace** déjà **très vite** sur les rails. Il monte la côte, **va moins vite** quelques
5 instants, puis **descend très vite.** Toujours **plus rapides,** les montagnes russes et autres grands huit jouent sur les sensations comme jamais auparavant.

Texte 2

C'est parti! Immobile une seconde plus tôt, le petit train **glisse** déjà sur les rails à **une allure vertigineuse.** Il **grimpe** la côte, **ralentit** quelques
5 instants, puis **plonge follement vers le bas. Chute,** *looping,* **virage serré…** Toujours plus de **vitesse,** toujours plus d'**accélérations,** toujours plus de **tonneaux** et de
10 **passages en «apesanteur»:** les montagnes russes et autres grands huit jouent sur les sensations comme jamais auparavant.

Matthieu Crocq/*Science et Vie*, 1019.

Ces deux textes transmettent à peu près la même information. Qu'est-ce que les mots en couleur apportent de plus au texte 2?

2. Observe cet ensemble de mots liés au déplacement.

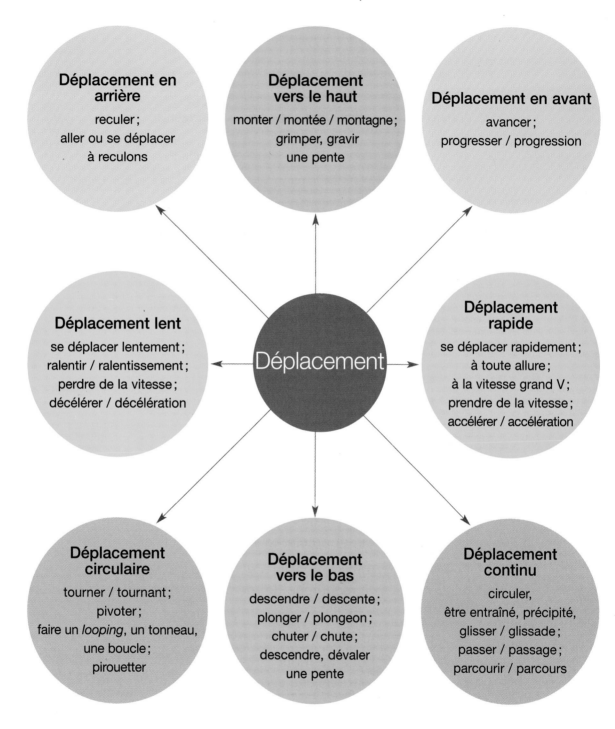

Déplacement en arrière
reculer ;
aller ou se déplacer à reculons

Déplacement vers le haut
monter / montée / montagne ;
grimper, gravir une pente

Déplacement en avant
avancer ;
progresser / progression

Déplacement lent
se déplacer lentement ;
ralentir / ralentissement ;
perdre de la vitesse ;
décélérer / décélération

Déplacement

Déplacement rapide
se déplacer rapidement ;
à toute allure ;
à la vitesse grand V ;
prendre de la vitesse ;
accélérer / accélération

Déplacement circulaire
tourner / tournant ;
pivoter ;
faire un *looping*, un tonneau, une boucle ;
pirouetter

Déplacement vers le bas
descendre / descente ;
plonger / plongeon ;
chuter / chute ;
descendre, dévaler une pente

Déplacement continu
circuler,
être entraîné, précipité,
glisser / glissade ;
passer / passage ;
parcourir / parcours

L'auteur du texte 2 (p. 10) a fait une recherche de mots sur le thème du déplacement. Selon toi, comment une telle recherche peut-elle faciliter la rédaction d'un texte ?

3. Voici des mots extraits du champ lexical de la page 11. Associe ces mots à la relation de sens qui convient.

Mots du champ lexical	Relation de sens entre les mots
1. *Déplacement* et *se déplacer*	A. Antonymes (mots de sens contraire)
2. *Avancer / reculer* et *monter / descendre*	B. Synonymes (mots de sens voisin)
3. *Passer* et *circuler*	C. Mots de même famille (mots dérivés du même mot)
4. *Déplacement* et *rapide, lent, circulaire, continu*	D. Mots qui se combinent fréquemment
5. *Se déplacer / reculer, avancer Monter, descendre, circuler*	E. Génériques / spécifiques

4. Comment t'y prendrais-tu pour créer un champ lexical avant ou pendant la rédaction d'un texte?

Mise au point   Les champs lexicaux

Un champ lexical est un ensemble de mots qui, par leur sens, peuvent être associés à un mot thème.

Si tu arrives à reconnaître un champ lexical en lisant un texte, tu pourras mieux comprendre et apprécier ta lecture, et tu enrichiras ton vocabulaire.

La création d'un champ lexical lié à un thème qui t'intéresse est un exercice fort utile. En effet, la recherche de mots qui se rapportent à un thème te permet:

- d'explorer les aspects et les sous-aspects de ce thème;
- de créer une banque de mots qui te permettront de t'exprimer avec précision, d'établir des liens entre les phrases et d'éviter les répétitions.

Si tu mets à profit la construction de champs lexicaux, tu écriras de meilleurs textes, qui susciteront l'intérêt des lecteurs.

Les relations de sens entre les mots, p. 451

1. a) Dans les paragraphes 3 à 6 du texte *Il était une fois les chevaux de bois* (recueil, p. 5-7), relève les mots liés au thème du cheval et complète le champ lexical suivant.

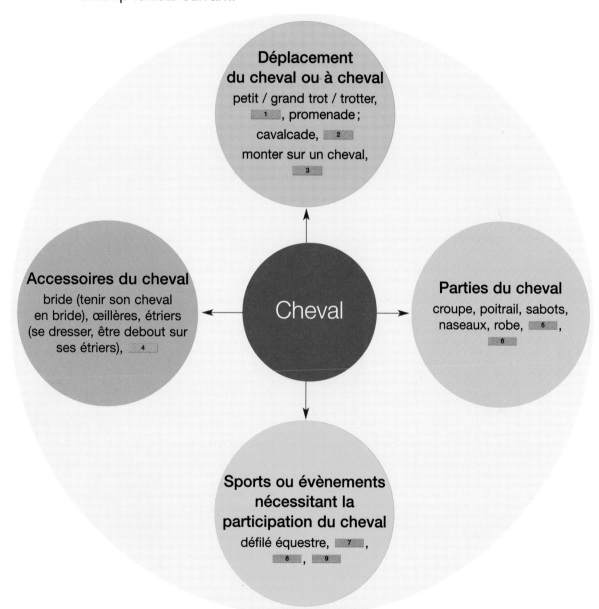

b) Développe un autre aspect du même thème et ajoute-le au champ lexical du cheval. Aide-toi de l'extrait de dictionnaire de la page suivante.

Ex.: **Comportements du cheval:** cheval qui encense (qui remue la tête de bas en haut), qui prend le mors aux dents, qui se cabre, qui rue, qui s'emballe, qui désarçonne son cavalier. Cheval fougueux, fringant, impétueux…

cheval, aux [ʃ(ə)val, o] **n. m.**

• fin XIᵉ; *lat. caballus* «mauvais cheval» (mot gaul.),
qui a supplanté le class. *equus*; cf. aussi *joual*

I.

1. Grand mammifère ongulé (*hippomorphes*) à crinière,
plus grand que l'âne, domestiqué par l'homme comme
animal de trait et de transport. ⇒ enfantin dada.
Spécialt Le mâle (opposé à *jument*), le mâle adulte
(opposé à *poulain, pouliche*). [...] *Cri du cheval.*
⇒ hennissement. *Excréments du cheval.* ⇒ crottin,
pissat. *Fumier de cheval. Anatomie du cheval;*
tête du cheval: chanfrein, ganache, larmier, naseau,
sous-barbe; *corps du cheval*: croupe, encolure, garrot,
poitrail, trapèze; *les membres antérieurs et postérieurs*
du cheval: boulet, paturon, couronne, pied, sabot;
avant-main, arrière-main. [...] *Crins, pelage, robe*
du cheval (⇒ crinière, robe). *Couleurs du cheval.*
⇒ alezan, aubère, bai, isabelle, louvet, miroité, 1. pie,
pinchard, pommelé, rouan, rubican, tisonné. [...]
– *Cheval de bataille.* ⇒ destrier. *Loc. fig. C'est son*
cheval de bataille. – *Chevaux de cavalerie. Cheval*
de cérémonie, de parade. ⇒ palefroi. *Chevaux de*
cirque. – *Cheval de course, d'une écurie de courses.*
⇒ coureur, 1. crack, sauteur, trotteur. [...] *Cheval de*
polo. Cheval de selle (⇒ équitation, hippisme;
monture). *Cheval de bât, de somme*. Cheval de trait,*
de fiacre, de carrosse. Équipage de plusieurs
chevaux. ⇒ attelage. *Conducteur de chevaux.*
⇒ charretier, 1. cocher. *Atteler, harnacher un cheval.*
[...]

♦ *Cheval fougueux, fringant, impétueux.*
Cheval fatigué, fortrait, fourbu. Mauvais cheval.
⇒ bidet, bourrin, canasson, carne, haridelle, rosse,
rossinante.
[...]
♦ *Allures du cheval.* ⇒ amble, aubin, canter, galop,
1. pas, train, trot. *Crier hue! au cheval pour le*
faire avancer (⇒ hue; dia). – *Le cheval remue la*
tête de bas en haut (⇒ encenser), *prend le mors**
aux dents, se cabre, rue, s'emballe, désarçonne
son cavalier.
♦ *Monter sur un cheval.* ⇒ chevaucher; cavalier,
écuyer, jockey. *Monter un cheval à califourchon,*
en amazone, en croupe; le monter sans selle, à
cru, à poil. Enfourcher son cheval. [...] *Rassembler** son cheval. Cravacher, éperonner*
son cheval [...]. *Tenir son cheval en bride. Faire une chute de cheval, tomber de*
cheval. Descendre de cheval: mettre pied à terre. [...]

Extrait du *Petit Robert de la langue française*, version cédérom.

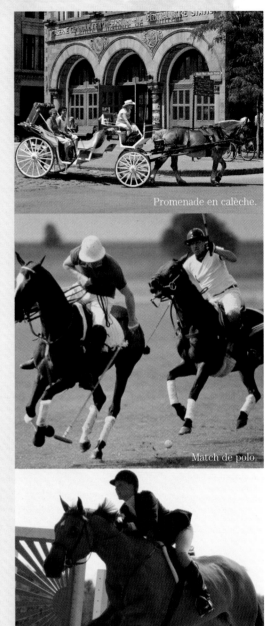

Promenade en calèche.

Match de polo.

Équitation.

c) Parmi les mots que tu as trouvés précédemment, souligne ceux auxquels
tu n'aurais pas pensé sans l'aide du dictionnaire.

2. Voici la fiche de lecture d'une élève portant sur le septième paragraphe du texte *Il était une fois les chevaux de bois* (recueil, p. 5-7). Pour construire sa fiche, l'élève a repéré les champs lexicaux développés dans le paragraphe. Lis ce paragraphe pour trouver les mots qui ont été supprimés dans la fiche ci-dessous.

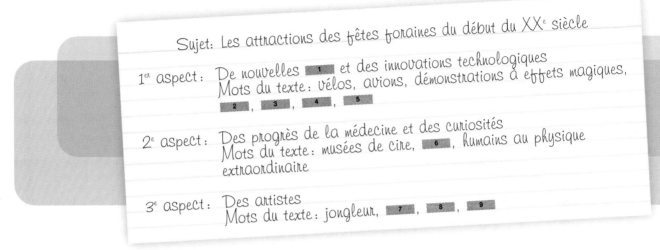

Sujet: Les attractions des fêtes foraines du début du XXᵉ siècle

1ᵉʳ aspect : De nouvelles ▮1▮ et des innovations technologiques
Mots du texte : vélos, avions, démonstrations à effets magiques,
▮2▮, ▮3▮, ▮4▮, ▮5▮

2ᵉ aspect : Des progrès de la médecine et des curiosités
Mots du texte : musées de cire, ▮6▮, humains au physique
extraordinaire

3ᵉ aspect : Des artistes
Mots du texte : jongleur, ▮7▮, ▮8▮, ▮9▮

Je vais plus loin

 Préparation au projet

Grâce à cette activité, tu verras comment l'élaboration d'un champ lexical est stimulante au moment d'écrire un texte.

a) Choisis un thème parmi les suivants ou encore un thème lié à ton projet.

les sensations fortes   la vitesse   la sécurité   la peur

b) Construis un champ lexical d'au moins dix mots liés au thème que tu as choisi. Sers-toi d'un dictionnaire ou d'un texte portant sur le thème choisi.

c) Écris un court texte sur ce thème en utilisant quelques-uns des mots de ton champ lexical.

 d) Échange ton texte avec celui d'un ou d'une camarade qui a choisi un thème différent.

• Lis le texte de ton ou de ta camarade et trouve le thème qui y est développé.

• Surligne le champ lexical du thème développé.

• Dans la marge, ajoute des mots qui pourraient enrichir le champ lexical.

e) Récupère ton texte et récris-le (entièrement ou en partie) en t'inspirant des mots suggérés dans la marge.

Le groupe du verbe

UN GROUPE DE MOTS qui possède ses propres règles

N'accompagne pas monsieur qui veut! Le verbe, ce monsieur, ne tolère ni les compléments importuns ni ceux qui lui font faux bond!

Je réfléchis

1. a) Quelles stratégies utilises-tu pour reconnaître un verbe? Donne un exemple de ces stratégies à l'aide du verbe souligné dans l'une des phrases suivantes.

   1 Les accélérations de départ et d'arrivée nous <u>font</u> un drôle d'effet dans certains ascenseurs.

   2 Cette sensation bizarre <u>ressemble</u> à celle qu'on ressent dans certains manèges.

   3 Le secret de cette sensation <u>réside</u> dans l'accélération G.

   4 Le facteur G <u>est</u> la valeur du champ de gravitation terrestre.

   b) De quelle couleur est encadré le groupe du verbe prédicat dans les phrases ci-dessus? Quelles stratégies utilises-tu pour reconnaître ce groupe de base de la phrase?

   c) Quelle est la fonction du groupe de mots encadré en rose?

   d) À l'aide des manipulations de déplacement et d'effacement, prouve que les groupes de mots surlignés font partie du groupe du verbe et qu'ils ne sont pas des compléments de phrase.

2. Certains verbes sont obligatoirement suivis d'un attribut du sujet.

   a) Relève l'attribut du sujet dans les phrases du numéro 1 : c'est l'expansion du verbe que tu peux remplacer par un adjectif (ex. : *beau*, *calme*).

   b) Dresse une liste d'autres verbes attributifs, qui peuvent être suivis d'un adjectif.

   c) Explique à quoi sert l'attribut du sujet.

3. Découvre les caractéristiques du complément direct et du complément indirect du verbe. Observe d'abord ces deux sortes de compléments dans le tableau ci-dessous.

Complément direct du verbe	Complément indirect du verbe
Les manèges à sensations fortes attirent surtout une clientèle jeune.	Les manèges à sensations fortes plaisent généralement à une clientèle jeune.
Les manèges à sensations fortes m'attirent.	Les manèges à sensations fortes me plaisent.

Classe les caractéristiques ci-dessous selon qu'elles s'appliquent aux compléments directs ou aux compléments indirects dans les phrases du tableau.

A) Le complément du verbe peut être remplacé par *quelque chose* ou *quelqu'un*.

B) Le complément du verbe peut être remplacé par une préposition (ex. : *à*, *de*, *sur*) suivie de *quelque chose* ou de *quelqu'un*.

C) Le complément du verbe peut être remplacé par un pronom comme *lui / leur*, *en*, *y*.

   Ex. : Le texte explique le facteur G aux lecteurs.
   ➤ Le texte leur explique le facteur G.

Ⓓ Le complément du verbe peut être remplacé par un pronom comme *le (l') / la (l') / les, en, cela*.

    Ex. : Le texte explique le facteur G aux lecteurs.

       ➤ Le texte l'explique aux lecteurs.

Ⓔ Le complément du verbe est construit sans préposition.

Ⓕ Le complément du verbe est construit avec une préposition.

4. Choisis le complément de verbe qui convient dans la phrase ci-dessous. Pour t'aider, lis l'article de dictionnaire dans l'encadré qui suit. Relève la définition et les exemples qui t'ont permis de faire ton choix.

Mon explication a aidé (mes camarades / à mes camarades) à comprendre la notion de facteur G.

aider [ede] **I.** v. tr. dir. [1] Faciliter les actions, les entreprises d'une personne, la soulager dans ses difficultés; assister (qqn). *Ses amis l'aideront à réaliser ce projet. Ta présence m'a beaucoup aidé.* **II.** v. tr. indir. *Aider à quelque chose. Un séjour à la montagne aidera à son rétablissement.* **III.** v. pron. **1.** *S'aider de* : se servir de, utiliser. *Marcher en s'aidant d'une canne.* **2.** (Récipr.). Se soutenir, s'apporter un mutuel appui. *Aidez-vous les uns les autres.* – Lat. *adjutare.*

Dictionnaire du français Plus, Les Éditions CEC inc., 1988.

Mise au point

Le groupe du verbe

La construction d'un groupe du verbe se vérifie dans un dictionnaire. Les indications et les exemples dans l'article du verbe permettent de savoir :

- si le verbe s'emploie avec un attribut ;
- si le verbe s'emploie seul ou avec un ou deux compléments ;
- s'il y a une préposition (ex. : *à*, *de*) ou un déterminant contracté (*au / aux*, *du / des*) au début du complément du verbe.

Par exemple, l'article ci-dessous indique que le verbe *provoquer* se construit de l'une ou l'autre des façons suivantes, selon le contexte :

	compl. direct	compl. indirect

1. *provoquer quelqu'un à…*

compl. direct

2. *provoquer quelqu'un*

compl. direct

3. *provoquer quelque chose*

provoquer [pʀɔvɔke] v. tr. [1] **1.** *Provoquer (qqn) à*, l'inciter, le pousser à qqch en le stimulant par un sentiment d'amour-propre, de défi, en développant son agressivité. *Provoquer qqn à l'action, à agir, à la violence, à se battre.* **2.** *Provoquer qqn*, le défier, l'inciter à se battre contre soi. – *Spécial.* Chercher à susciter le désir sensuel, aguicher. > v. pron. Se défier mutuellement. **3.** *Provoquer qqch*, en être la cause, l'origine. *Un court-circuit a provoqué l'incendie.* Syn. causer. – Lat. *provocare*, propr. «appeler (*vocare*) dehors».

Dictionnaire du français Plus, Les Éditions CEC inc., 1988.

Dans la phrase ci-dessous, *provoquer* a le sens 3 (*provoquer quelque chose*). Or, le groupe du verbe de la phrase est construit ainsi : *provoquer quelque chose à quelqu'un*. Cette construction est erronée.

	compl. direct	compl. indirect

Ex. : Ce manège provoquera des sensations fortes ~~aux passagers~~.

- La phrase de base, p. 454
- Les classes de mots, p. 461
- Les groupes de mots, p. 464

1. a) Repère le verbe conjugué et les groupes de base dans les phrases 1 à 3, puis transcris-les dans un tableau comme celui-ci.

Groupe du nom sujet	Groupe du verbe prédicat	Groupe complément de phrase
▬	▬	▬

1 De la conception à l'inauguration d'un manège, plusieurs étapes sont nécessaires.

2 Connaissez-vous ces diverses étapes ?

3 Au cours de l'une des dernières étapes, une équipe de travail procède à de multiples essais du manège.

b) Dans les groupes du verbe prédicats transcrits dans ton tableau, relève :

- l'attribut du sujet ;
- les compléments du verbe.

c) Comment distingues-tu un attribut du sujet d'un complément du verbe ?

2. a) Transcris le groupe du verbe prédicat de chaque phrase, puis surligne le ou les compléments décrits entre parenthèses.

Ex. : Ce manège provoquera des sensations fortes chez les passagers.
(provoquer quelque chose)
GV = provoquera des sensations fortes

1 Un laboratoire spécialisé prélève des échantillons du sol à l'aide d'une foreuse.
(prélever quelque chose)

2 Le laboratoire transmet rapidement les analyses aux ingénieurs.
(transmettre quelque chose à quelqu'un)

3 Ensuite, les ingénieurs se rendent sur le chantier afin de déterminer l'emplacement exact du manège.
(se rendre quelque part)

b) Indique si les compléments des verbes des phrases **1** à **3** sont des compléments directs ou des compléments indirects.

Ex. :   compl. direct
GV = provoquera certainement des sensations fortes

c) Au début des compléments indirects, encercle la préposition (ou le déterminant contracté *au*, *aux*, *du* ou *des*).

3. a) Relève les verbes dont dépendent les compléments surlignés dans le texte, puis transcris les groupes du verbe en remplaçant les compléments par *quelqu'un*, *quelque chose*, *de quelqu'un*, etc.

Ex. :   Ce manège provoquera certainement des sensations fortes chez les passagers.
GV = provoquera certainement quelque chose

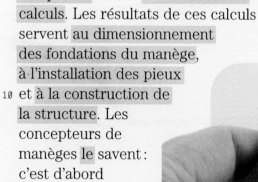

Pas de manège
sans mathématiques!

La structure de la plupart des manèges qui procurent des sensations fortes aux passagers subit continuellement de très grandes forces. Les concepteurs doivent donc s'assurer de la stabilité et de la solidité de cette structure. Pour y arriver, ils utilisent des formules mathématiques
5 complexes et font d'innombrables calculs. Les résultats de ces calculs servent au dimensionnement des fondations du manège, à l'installation des pieux
10 et à la construction de la structure. Les concepteurs de manèges le savent : c'est d'abord
15 l'exactitude de leurs calculs qui assure la sécurité des passagers.

b) Indique si les compléments des verbes sont des compléments directs ou des compléments indirects.

4. La phrase ci-dessous est incorrecte. Lis l'article de dictionnaire du verbe *procurer*, puis propose une correction.

> Un tour de ce manège procurera à coup sûr des sensations fortes.

> **PROCURER** v. t. (lat. *procurare*). **1.** Faire obtenir ; mettre à la disposition de ; fournir, pourvoir. *Procurer un emploi à qqn.* **2.** Être la cause, l'occasion de ; apporter, occasionner. *Cela nous a procuré bien des ennuis.*
>
> Petit Larousse Illustré 2000, © Larousse 1999.

5. a) Choisis la préposition qui convient au verbe *viser* dans la phrase suivante. Au besoin, consulte l'article de dictionnaire.

> *Ces accélérations supérieures à 1 G*
> *visent (à / de) provoquer des sensations fortes chez les passagers.*

> **VISER** v. t. et v. i. (lat. *visere*, voir). **1.** Diriger une arme, un objet vers l'objectif à atteindre. *Viser une cible. Viser juste.* **2.** *Viser haut* : avoir des projets ambitieux. ◆ v. t. **1.** Avoir un objectif en vue, briguer ; chercher à obtenir, rechercher. *Viser la présidence, les honneurs.* **2.** Concerner de près qqn, qqch. *Vous n'êtes pas visés par cette décision.* ◆ v. t. ind. (à) Avoir en vue, poursuivre tel résultat. *Viser à plaire. Viser au succès.*
>
> Petit Larousse Illustré 2000, © Larousse 1999.

b) Justifie le choix de la préposition à l'aide de l'article de dictionnaire.

6. a) Décris une construction possible de groupe du verbe pour chacun des verbes suivants.

> Ex. : provoquer
> GV = provoquer quelque chose

| 1 téléphoner | 3 quitter | 5 s'emparer |
| 2 chercher | 4 remplacer | 6 servir |

b) Construis six phrases où tu intégreras les groupes du verbe que tu as décrits en a).

> Ex. : GV = provoquer quelque chose
> Ce manège provoquera certainement des sensations fortes chez les passagers.

c) Encadre les groupes du verbe dans tes six phrases et vérifie leur construction à l'aide d'un dictionnaire.

Préparation au projet

Cette activité te permettra de mettre en pratique tes connaissances et tes stratégies pour vérifier la construction du groupe du verbe. Elle te permettra aussi d'observer l'apport du groupe du verbe dans la description.

a) Observe la photographie suivante. (Tu peux aussi penser au manège de ton projet.)

b) Compose trois phrases où tu énonceras des caractéristiques de ce manège.

Ex.: Le manège compte de nombreuses nacelles.

c) Imagine le fonctionnement d'un tel manège et explique-le en quelques phrases.

Ex.: Deux passagers s'assoient dans une nacelle.

d) Suis les étapes ci-dessous pour vérifier la construction des groupes du verbe prédicats dans les phrases que tu as rédigées.

- Souligne les verbes conjugués dans tes phrases.
- Encadre les groupes du verbe prédicats.
- Repère les verbes qui ne sont pas suivis d'un attribut du sujet. Consulte un dictionnaire pour t'assurer que ces verbes sont employés correctement. Au-dessus de chacun, transcris la construction indiquée dans le dictionnaire.

Grammaire

Des frissons en perspective

Les accords avec le sujet : révision et cas particuliers

DES MOTS qui sont toujours d'accord

Un mot influent : le nom noyau du groupe du nom sujet ! Avec lui, un certain nombre de mots n'ont qu'à bien se tenir !

Je réfléchis

1. Observe les phrases suivantes.

1. Cette grande roue paraît ancienne.
   Ces grandes roues paraissent anciennes.

2. C'est un ingénieur anglais qui a conçu ce manège à la fin du XIXe siècle.
   Ce sont des ingénieurs anglais qui ont conçu ce manège à la fin du XIXe siècle.

3. Ma mère est montée dans cette célèbre grande roue.
   Mes parents sont montés dans cette célèbre grande roue.

a) Associe chaque mot en couleur à l'une des lettres du tableau.

Mot	Façon de varier
A. Verbe conjugué (ou l'auxiliaire *avoir* ou *être* du verbe conjugué)	en nombre et en personne
B. Adjectif attribut du sujet	en genre et en nombre
C. Participe passé employé avec *être*	

b) Énonce avec précision la règle d'accord des mots en couleur en complétant les phrases suivantes.

Le ▪ 1 ▪ est le donneur d'accord :

- du verbe conjugué ;
- de l'adjectif attribut du sujet ;
- du participe passé employé avec *être*.

Au ▪ 2 ▪ , il donne son ▪ 3 ▪ et sa personne.

À l'▪ 4 ▪ et au ▪ 5 ▪ , il donne son ▪ 6 ▪ et son ▪ 7 ▪ .

c) Quelles stratégies utilises-tu pour reconnaître les mots suivants dans une phrase ?

- un verbe conjugué
- un participe passé employé avec *être*
- un adjectif attribut du sujet

d) Quelles stratégies utilises-tu pour reconnaître le donneur d'accord des mots énumérés en c) ?

2. Observe les accords avec le sujet dans les phrases suivantes.

1 Deux nacelles seraient tombées en 1902.
2 Deux nacelles de cette célèbre grande roue seraient tombées en 1902.
3 Cette grande roue compte 32 nacelles.
4 Combien de nacelles compte cette grande roue ?

Dans quelles phrases le risque de faire une erreur d'accord est-il plus grand ? Pourquoi ?

3. Réponds aux questions suivantes, puis vérifie tes réponses en consultant un ouvrage de référence (une grammaire, par exemple).

a) Faut-il écrire *aucune nacelle* ou *aucune nacelles* ?

b) Faut-il écrire *chaque nacelle* ou *chaque nacelles* ?

4. Explique pourquoi il faut écrire et dire *Beaucoup de monde **sera déçu*** (et non *Beaucoup de monde **seront déçus***) *en sortant de ce manège*.

Mise au point — Les accords avec le sujet

Dans certains contextes, les erreurs d'accord avec le sujet sont plus fréquentes. Voici des exemples :

1. Il y a un écran entre le nom noyau du groupe du nom sujet et un receveur d'accord.

   Ex. : <u>Ces manèges **d'une autre époque**</u> semblent indestructibles.

2. Le groupe du nom sujet n'est pas à sa place habituelle (avant le verbe).

   Ex. : Quelle fière allure ont <u>ces manèges anciens</u> !

3. Le nombre du nom noyau du groupe du nom sujet est difficile à déterminer :
   - c'est un nom précédé d'un déterminant comme *chaque*, *peu de*, *de plus en plus de* ;

     Ex. : <u>**Nombre de** visiteurs</u> repartent enchantés.
   - c'est un nom collectif au singulier (un nom qui désigne un ensemble d'êtres ou de choses).

     Ex. : <u>La **foule**</u> était massée autour de la jongleuse.

Pour éviter certains pièges, on utilise les manipulations syntaxiques, par exemple :

- l'effacement pour supprimer un écran ;

  Ex. : <u>Chaque nacelle ~~de 25 places~~</u> pèse 9 tonnes.
- le déplacement pour mettre le groupe du nom sujet à sa place habituelle.

  Ex. : Le forain est rassuré quand sont respectées <u>les règles de sécurité</u>.

  ➤ Le forain est rassuré quand <u>les règles de sécurité</u> sont respectées.

Si le nombre du nom noyau du groupe du nom sujet est difficile à déterminer, on consulte un ouvrage de référence.

Les accords, p. 477
Les manipulations syntaxiques, p. 452

Je m'entraîne

1. Lis le texte suivant.

Tout un train de vie!

1 En Suisse, un train composé de 20 wagons se met en marche. **2** La plus grande roue transportable au monde, d'une envergure de 60 m, **commence** son voyage de Schaffhouse vers Berne. **3** La
5 gigantesque roue, pour le moment encore en morceaux, «**est invitée**» à une grande exposition industrielle bernoise. **4** Les grandes roues, en principe, **passent** toute leur existence en un même lieu. **5** Toutefois, la grande roue
10 transportable, elle, malgré ses 35 tonnes, **voyage** d'une ville à l'autre plusieurs fois par année. **6** Tous ses morceaux, à l'exception de son poste de commande, **sont transbordés** d'un train à un autre. **7** Les opérations de
15 transbordement **prennent** presque trois jours, soit environ une heure pour chaque morceau.

a) Transcris les sept phrases en enlevant l'écran entre les mots en couleur et les donneurs d'accord.

Ex.: Les 30 nacelles, en pièces détachées, **prennent** place dans 7 conteneurs.
➤ Les 30 nacelles prennent place dans 7 conteneurs.

b) Nomme la manipulation que tu as utilisée dans chaque cas.

2. a) Dans chaque phrase, relève le groupe du nom sujet en relation avec le ou les receveurs d'accord en couleur. Transcris les groupes du nom sujets et le ou les receveurs d'accord dans un tableau comme celui-ci.

Groupe du nom ou pronom sujet	Receveur(s) d'accord
▬	▬

1 Le manège que **préféraient** autrefois les enfants était certainement le carrousel.

2 À quel moment **sont apparus** les manèges à sensations fortes?

3 Quels magnifiques ornements **arbore** ce carrousel ancien!

4 Les enfants étaient très excités quand **revenaient** enfin les forains après le long hiver.

5 Quelles attractions **trouvait**-on dans les premières fêtes foraines?

b) Nomme la manipulation que tu as utilisée pour rétablir l'ordre habituel du groupe du nom sujet et des receveurs d'accord.

3. a) Détermine le nombre du nom en couleur et transcris ce nom en le mettant au singulier ou au pluriel. Ensuite, choisis les receveurs d'accord appropriés dans les parenthèses.

1 Nombre d'**enfant** (est / sont) (émerveillé / émerveillés) devant un carrousel.

2 Aucun **adulte** ne (reste / restent) (indifférent / indifférents) à l'émerveillement des enfants dans un parc d'attractions.

3 Dans ce parc, plus d'un **manège** (donne / donnent) aux visiteurs l'illusion du danger.

4 De plus en plus de **cri** (se fait / se font) entendre à partir du deuxième virage.

5 Peu de **personne** (ose / osent) lever les bras dans cette longue et raide descente.

b) Vérifie chacune de tes réponses dans un ouvrage de référence et indique ta source (le titre de l'ouvrage et la page).

4. Repère le donneur d'accord des mots entre parenthèses, détermine le nombre du donneur d'accord, puis choisis les receveurs d'accord appropriés dans les parenthèses.

1 Une foule nombreuse (attend / attendent) pour monter dans le nouveau manège.

2 Les membres de cette famille (est allé / sont allés) chaque année rencontrer les forains depuis que ceux-ci s'arrêtent dans leur petite ville.

3 Cette famille de quatre enfants (a apporté / ont apporté) des sandwichs et des rafraîchissements pour éviter de payer un prix excessif dans les restaurants du parc d'attractions.

4 Une somme d'argent incroyable (se dépense / se dépensent) chaque jour dans ce parc d'attractions.

5 Beaucoup de monde (essaie / essaient) ce manège, mais peu de gens y (retourne / retournent).

Préparation au projet

Cette activité te permettra de mettre en pratique tes connaissances et tes stratégies pour faire les accords avec le sujet.

Lis attentivement le texte suivant.

Sept nouveaux manèges : ouverture du chantier

La belle saison n'est pas encore achevée que déjà se met à l'œuvre l'équipe de travail responsable de l'installation des sept nouveaux manèges annoncée
5 plus tôt cette semaine. D'ici l'été prochain, de nombreuses personnes travailleront aux diverses étapes de ce projet.

D'abord, à l'automne, un laboratoire
10 spécialisé dans l'analyse des sols prélèvera des échantillons à l'aide de foreuses. Après avoir établi la portance du sol, une équipe de travailleurs construira les fondations de béton des
15 sept manèges. Au printemps, une autre équipe s'occupera d'ériger la structure des manèges. Chaque pièce d'un manège est assemblée selon les instructions du manufacturier. Chaque
20 boulon est serré et vérifié par des équipements spécialisés. Aucun détail ne doit échapper aux travailleurs !

Les sept structures complétées, plusieurs électriciens s'affaireront à les
25 raccorder à l'alimentation électrique du site. Enfin, avant l'inspection finale, des spécialistes en aménagement de l'espace s'emploieront à rendre sécuritaires et attrayants les alentours
30 de chaque manège. Nombre d'éléments s'ajouteront alors autour de la structure : des clôtures, des abris pour le soleil et la pluie, de la verdure, des objets décoratifs
35 thématiques, etc.

Les sept manèges en construction seront prêts dès le début de la prochaine saison
40 estivale, promettent les propriétaires du parc.

a) Dans le texte que tu viens de lire, repère les groupes du nom sujets et les receveurs d'accord (verbes, participes passés employés avec *être*, adjectifs attributs du sujet). Remplis un tableau comme celui-ci.

Groupe du nom sujet	Receveur(s) d'accord
La belle saison	est achevée
l'équipe de travail responsable de l'installation des sept nouveaux manèges annoncée plus tôt cette semaine	se met
▬▬	▬▬

b) Suppose que c'est toi qui as écrit cet article. Dans ton tableau :

- numérote de 1 à 5 les cas où l'effacement de l'écran t'aurait été utile pour vérifier les accords avec le sujet ;

- donne les numéros 6 et 7 aux cas où le déplacement du groupe du nom sujet t'aurait été utile pour vérifier les accords avec le sujet ;

- numérote à partir de 8 les cas où il t'aurait fallu prêter une attention particulière au nombre du nom noyau du groupe du nom sujet et, peut-être, consulter un ouvrage de référence.

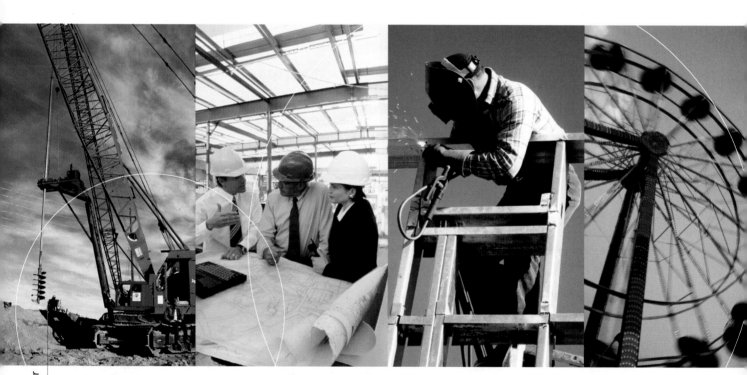

Lecture

Des textes en quête de lecteurs

Des stratégies pour dégager l'information importante d'un texte

Dans la vie, il faut parfois rendre des comptes... C'est une fatalité. Il en est de même en lecture. Souvent, à l'école, on te demande de lire un texte et d'en faire un compte rendu en dégageant l'information importante. Cette tâche n'est pas exclusive au français. Dans toutes les matières scolaires, on te demande d'extraire l'essentiel de tes lectures.

1. Il existe plusieurs moyens pour dégager l'information importante d'un texte et faire un compte rendu de lecture. Trois d'entre eux sont plus fréquemment utilisés : l'organisateur graphique, la fiche technique et le résumé.

a) Détermine si chacune des pages suivantes a l'allure d'un résumé, d'un organisateur graphique ou d'une fiche technique. Justifie tes réponses.

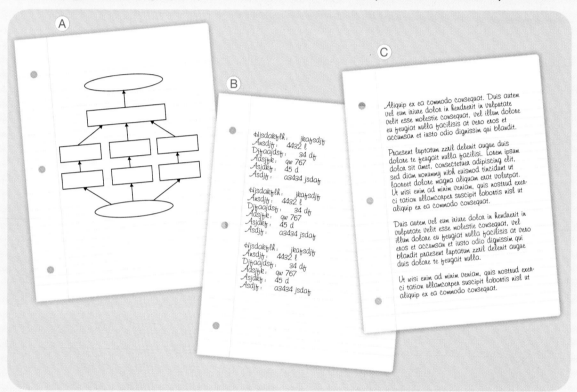

b) Associe chaque moyen utilisé pour dégager l'information importante d'un texte à la définition appropriée.

Moyens utilisés pour dégager l'information importante d'un texte	Définitions
1. L'organisateur graphique 2. La fiche technique 3. Le résumé	A. Texte très détaillé et très long qui met en relief l'information principale et l'information secondaire contenues dans un texte. B. Texte beaucoup plus court que le texte dont on doit rendre compte, qui présente l'information importante. C. Ensemble de caractéristiques présentées dans un tableau, sous forme de liste, dans un style télégraphique. D. Éléments d'information présentés dans un schéma qui met en relation les idées d'un texte. E. Dessin détaillé qui représente certains aspects d'un texte.

2. Pourquoi faut-il dégager l'information importante d'un texte ?
Associe chaque contexte ci-dessous à un des buts énumérés dans la colonne de droite.

Contextes	But visé en dégageant l'information importante d'un texte
1. J'ai un examen la semaine prochaine sur ce texte. Je prends des notes que j'étudierai.	A. Pour prouver qu'on a compris le texte.
2. Mon enseignante me demande de faire un compte rendu des cinq romans obligatoires cette année.	B. Pour mémoriser l'information plus facilement.
3. J'ai lu un texte sur la façon d'installer un périphérique sur mon ordinateur. Malheureusement, la revue doit rester à la bibliothèque. J'ai donc fait un schéma sur un bout de papier.	C. Pour tirer de l'information qui pourrait servir à une tâche ou à un projet.
4. Dans notre examen d'histoire, il fallait lire un texte sur les patriotes et le résumer.	D. À l'école, pour prouver qu'on a lu le texte.
5. On a lu le dossier en équipe. Chaque membre de l'équipe devait résumer trois textes. Cela nous a permis de prendre connaissance des 30 textes du dossier en quelques heures !	E. Pour réaliser une tâche de lecture en coopération et aider ses camarades à prendre connaissance d'un texte qu'ils n'ont pas le temps de lire.

3. Voici un texte qui décrit un lieu bien particulier. Lis-le attentivement. Tu devras en dégager l'information importante.

Les Allemands ont le plus gros cœur du monde, un cœur tellement grand qu'ils peuvent maintenant vivre un vieux fantasme humain : descendre
5 au centre de la machine corporelle pour mieux comprendre comment elle fonctionne. Monument de béton, ce cœur révèle la nouveauté de Traumland, le « Pays des Rêves ».

10 Il se trouve à l'intérieur du parc d'attractions de Bottrop, dans le bassin de la Ruhr. Conçu sous le contrôle de deux cardiologues célèbres, les professeurs Dietriche
15 et Adratzky, le cœur de béton mesure 12 m de haut, 15 de large et 7,5 de profondeur. Un escalier conduit directement au ventricule droit. De là, on découvre les fibres musculaires,
20 les valves, les cavités...

Voilà une distraction sérieuse puisque de nombreux groupes d'étudiants en médecine viennent y recevoir une fantastique leçon d'anatomie.

Organe central de l'appareil circulatoire, le cœur humain s'avère un muscle creux et le cœur de Traumland reproduit fidèlement cette réalité. Les visiteurs peuvent observer l'importance du myocarde, masse centrale du cœur. Ils sont également en mesure d'examiner la membrane intérieure des cavités, l'endocarde. De l'extérieur, ils considèrent la membrane appelée péricarde qui enveloppe le cœur.

Ils remarquent aussi que l'intérieur du cœur est compartimenté en quatre cavités : deux supérieures, nommées oreillettes, et deux inférieures, nommées ventricules.

De temps en temps, nous devons nous remettre à l'échelle et nous rappeler que notre cœur possède en vérité les dimensions de notre poing. Le cœur d'une personne adulte pèse à peu près 300 g. Le cœur fonctionne comme une pompe qui aspire et refoule : il reçoit le sang des veines et le dirige dans toutes les parties du corps à coups de pulsions rythmées correspondant aux battements. Le cœur de béton de Traumland

nous fait voir les canaux coronaires permettant cette opération. Bien en évidence, au-dessus du cœur, nous discernons l'aorte. Depuis très longtemps, illustrateurs et maquettistes rivalisent d'ingéniosité pour montrer l'intérieur du corps humain et contribuer davantage à l'enseignement de l'anatomie : dessins, agrandissements, coupes, hommes de verre, etc. Le cœur du « Pays des Rêves » réunit tous les avantages de ces techniques. À trois dimensions, la vision de l'élève ou du visiteur est parfaite. S'il le faut, on peut bouger et changer son point de vue.

Raison de plus pour admirer les concepteurs du chef-d'œuvre...

Joseph Lafrenière, « Un cœur à visiter », © *Vidéo-Presse*, vol. XV, n° 6, 1986, p. 58-59.

a) Compare les deux organisateurs graphiques suivants et relève les principales différences entre eux.

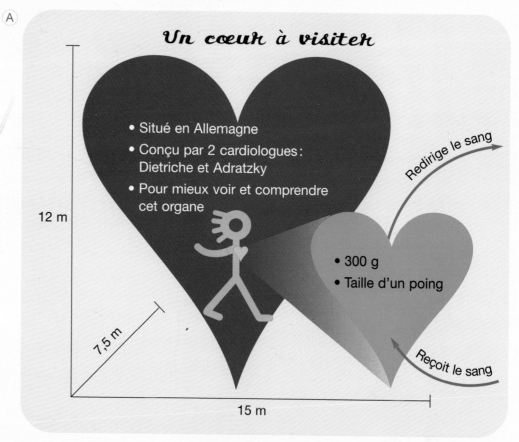

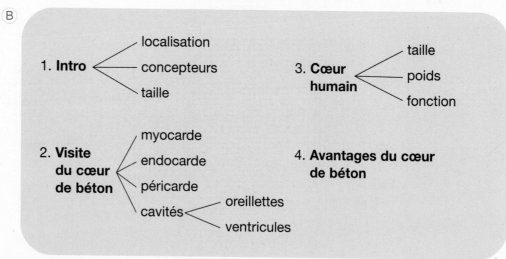

b) À ton avis, quel est le meilleur organisateur graphique ? Donne des raisons pour justifier ton choix.

c) Comment transforme-t-on un texte en organisateur graphique ? Propose une démarche en quelques étapes (cinq maximum) présentant les principales stratégies pour élaborer un organisateur graphique.

Des frissons en perspective

4. a) Pour dégager divers renseignements sur le texte *Un cœur à visiter* (p. 33-34), remplis les deux fiches techniques suivantes.

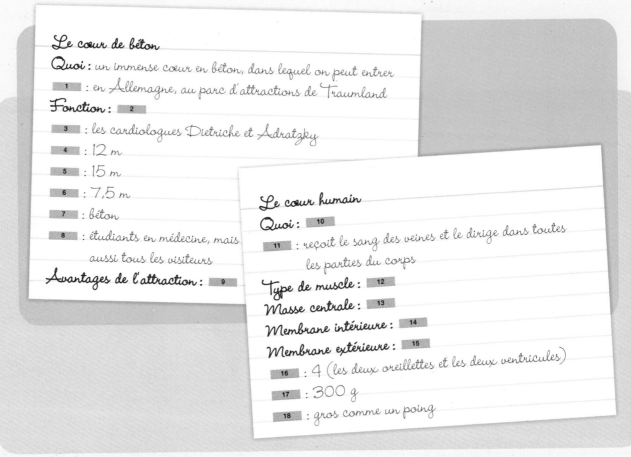

b) Dans ce cas-ci, pourquoi faut-il deux fiches pour dégager l'information importante du texte?

c) Compte tenu que *Un cœur à visiter* est un texte descriptif, comment appelle-t-on les mots en caractères gras dans les fiches techniques ci-dessus?

d) Quelles stratégies permettent de faire une fiche technique à partir d'un texte?

e) Parmi les propositions de textes suivantes, lesquelles se prêtent le mieux à la réalisation d'une fiche technique? Justifie ta réponse.

(A) Un texte sur la liberté, présenté dans un manuel scolaire.

(B) Un texte à propos d'un nouveau modèle de voiture, présenté dans un guide d'achat.

(C) Un article de magazine sur un nouvel ordinateur.

(D) Un article d'encyclopédie sur un pays.

(E) Une légende tirée d'un recueil.

(F) Une chanson d'amour.

(G) Un article de journal sur la réussite scolaire.

(H) Un article scientifique sur les planètes du système solaire.

(I) Un texte tiré d'Internet, qui fait le portrait d'une artiste peintre.

5. Lis ces deux résumés du texte *Un cœur à visiter*.

Résumé 1

Le cœur à visiter est dans le bassin de la Ruhr. Il a été conçu par Dietriche et Adratzky. Il mesure 7,5 m 5 de profondeur. Un escalier conduit directement au ventricule droit. Ce cœur géant représente fidèlement le cœur humain. Les visiteurs 10 peuvent observer l'endocarde et le myocarde.

Le cœur d'une personne adulte pèse à peu près 300 g. Il se compose d'une 15 aorte et de canaux coronaires. Le cœur géant est en trois dimensions.

Résumé 2

En Allemagne, dans un parc d'attractions, deux cardiologues ont conçu un cœur géant fait de béton afin de montrer aux visiteurs le fonctionnement de cet 5 organe. C'est une reproduction fidèle du cœur humain. L'attraction fait plus de 12 m de haut. Le cœur mesure plus de 15 m de large. Les visiteurs peuvent circuler dans les différentes parties du 10 cœur et admirer les fibres musculaires, les cavités et les membranes.

Dans le texte, on nous rappelle que le cœur humain, gros comme un poing, ne pèse que 300 g. Il s'agit de l'organe 15 central de l'appareil circulatoire, puisqu'il reçoit le sang des veines et le redirige dans tout le corps.

a) Compare les résumés et détermine lequel est le plus intéressant.

b) Dans le résumé le moins pertinent, on peut relever un certain nombre de problèmes. Illustre les problèmes suivants à l'aide d'exemples tirés de ce résumé.

(A) La structure du résumé est boiteuse.

(B) Le résumé contient trop de mots spécifiques et pas assez de mots génériques.

(C) Le résumé s'attarde à des détails sur les lieux ou les personnes plutôt que de présenter les éléments de façon générale.

Mise au point

Très souvent, à l'école, et ce, dans toutes les matières, on te demande de lire des textes, d'en cerner le contenu, d'en comprendre l'organisation et d'établir un lien entre les idées développées. Pour ce faire, on te demande de résumer le texte en quelques mots ou en quelques phrases. Cette tâche permet de voir si tu arrives à distinguer l'information importante de l'information secondaire.

Pour dégager l'information importante d'un texte, mets en œuvre les quatre stratégies suivantes afin de faire ressortir ce qui constitue l'essentiel du texte.

1. Détermine le sujet du texte. Observe le titre, les illustrations. Lis attentivement l'introduction.

2. Essaie de dégager la structure générale du texte. Repère les intertitres. Observe l'organisation des paragraphes.

3. Fais une lecture méthodique, en cherchant à reconnaître quel aspect est traité dans chacun des paragraphes. Trouve l'idée principale de chaque paragraphe. Souvent, elle est exprimée au début du paragraphe. Si tu peux annoter le texte, utilise un marqueur pour faire ressortir les idées importantes.

4. Lis le texte une seconde fois. Il est presque impossible de cerner l'essentiel d'un texte en une seule lecture. En relisant le texte, tu comprendras des choses qui t'avaient échappé la première fois.

Il existe différents moyens pour rendre compte d'un texte : l'organisateur graphique, la fiche technique ou le résumé.

- **L'organisateur graphique** montre les idées importantes concrètement et les met en relation (à l'aide de flèches, de symboles, d'illustrations, etc.).

- La **fiche technique** présente les principaux aspects de la description.

- Le **résumé** permet de mettre les idées principales bout à bout dans un texte suivi.

◉ Les stratégies de lecture, p. 427
◉ La description, p. 432

1. Remplis une fiche technique de manière à comparer les deux manèges présentés dans les textes suivants.

Le tortillard

Pour le plus grand plaisir des enfants, le tortillard avance sur de véritables rails. Les petits s'imaginent aux commandes d'une petite locomotive pendant 3 min 14 s. La vitesse moyenne pour l'ensemble du parcours est de 15 km/h. Le train gravit une pente grâce à une crémaillère. Sa vitesse de pointe ne
5 dépasse pas 25 km/h lorsqu'il descend la petite côte, qui ne fait que 3 m de haut. Le facteur G est donc négligeable à la descente. Sept véhicules se succèdent au quai de la petite gare à une distance sécuritaire. Chaque véhicule peut recevoir deux adultes ou trois enfants. Les passagers doivent mesurer au moins 90 cm. Les enfants qui mesurent entre 90 cm et 1,10 m
10 doivent obligatoirement être accompagnés d'une personne adulte.

Le Dodonpa

Le Dodonpa s'élève dans un gros parc d'attractions près du mont Fuji. Ces montagnes russes terrifiantes constituent un circuit de plus de 1,29 km. À mi-chemin du parcours, les wagons sont propulsés à plus de 56 m dans les airs. Pour atteindre ce point culminant, le train monte une pente de
5 90 degrés, poussé par la force d'un pneumatique. Il la redescend à une vitesse de 170 km/h. Le circuit dure une minute. Au moment de la descente, les passagers ont l'impression de
10 peser quatre fois leur poids. La structure en acier blanc immaculé impressionne par son architecture complexe et massive. Le train est
15 composé de douze wagons pouvant accueillir quatre personnes. Inutile de dire que seules les personnes de plus de 1,32 m peuvent faire
20 un tour de manège.

2. Lis le texte *Il était une fois les chevaux de bois* (recueil, p. 5-7) et résume-le. Pour t'aider, résume chaque paragraphe en une seule phrase, puis mets ces phrases bout à bout. S'agit-il d'un bon résumé? Justifie ta réponse.

3. a) Détermine à quel extrait du recueil (p. 2-29) chacun des organisateurs graphiques suivants se rattache.

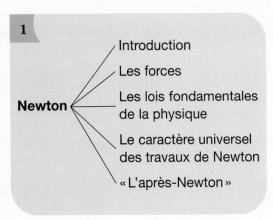

1

Newton
— Introduction
— Les forces
— Les lois fondamentales de la physique
— Le caractère universel des travaux de Newton
— « L'après-Newton »

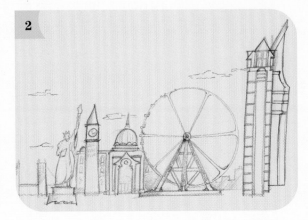

2

3

Course de bague (vrais chevaux)

Fin des jeux de bague (mort de deux rois)

Course de bague (chevaux sculptés) pour tous
Montagnes russes à Versailles

Le carrousel se perfectionne

Carrousels faits par des sculpteurs

Manèges électrifiés, musées de cire, spectacles, etc.

Fin de l'association « amusement et découverte »
Manèges plus rapides, plus de vertige

Carrousel = dernier vestige de la Belle Époque

Moyen Âge   **Vers 1560**   **XVIIe**   **XIXe**   **XXe**   **1950**

Belle Époque des foires

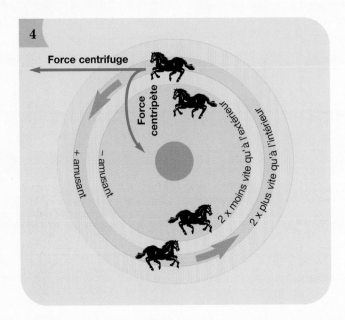

4

Force centrifuge

Force centripète

+ amusant

− amusant

2 x moins vite qu'à l'extérieur

2 x plus vite qu'à l'intérieur

b) Chacun de ces organisateurs graphiques présente les éléments d'un texte d'une façon différente. Associe chacun des organisateurs à l'énoncé approprié.

Ⓐ L'organisateur graphique est une ligne du temps qui présente les éléments selon l'ordre chronologique.

Ⓑ L'organisateur graphique est un schéma qui décrit un phénomène.

Ⓒ L'organisateur graphique énumère les aspects développés dans le texte.

Ⓓ L'organisateur graphique présente des éléments de manière à les comparer d'un seul coup d'œil.

Préparation au projet

Je vais plus loin

Imaginez que vous faites partie d'une équipe qui travaille dans un parc d'attractions et que vous devez accomplir les tâches écrites en caractères bleus dans la bande dessinée ci-dessous.

a) Lisez le texte *Ces attractions qui défient les limites du corps* (recueil, p. 23-26) et la description intitulée *Rendez-vous avec la peur* (recueil, p. 14).

b) Formez des équipes de travail et déterminez qui se chargera des tâches demandées.

c) Acquittez-vous individuellement de la tâche qui vous a été attribuée.

d) Évaluez en équipe les comptes rendus de chacun de vos coéquipiers.

Écriture
Des textes en devenir

Le choix d'un point de vue

Objectif ou subjectif ? Quand on écrit un texte, on peut « se cacher » derrière le texte et ne présenter que la réalité de façon neutre. On peut aussi « s'afficher » en exprimant ses idées, ses opinions, ses émotions.

1. Dans les phrases ci-dessous, que signifient les mots en couleur ? Au besoin, consulte un dictionnaire.

   1. Le reportage de cette journaliste sur notre école est très objectif.

   2. La critique du dernier disque de cette chanteuse est évidemment très subjective.

2. a) À partir de tes définitions, détermine laquelle des phrases suivantes présente un point de vue très objectif.

   1. Ce manège roule à une vitesse époustouflante !

   2. Je pense que la descente est à 43 degrés.

   3. La pente mesure plus de 100 m.

   4. Toutes les personnes ont été enchantées par ces fabuleuses montagnes russes.

   5. Le tour de manège était vraiment amusant !

   6. Les jolis wagons peints en bleu sont plutôt inconfortables.

   b) Relève les mots qui donnent un caractère subjectif aux phrases que tu n'as pas retenues. Indique la classe grammaticale à laquelle appartient chacun de ces mots.

3. Parmi les mots énumérés dans l'encadré ci-dessous, lesquels peuvent être associés :

   Ⓐ au champ lexical du mot *objectivité* (caractère de ce qui est objectif) ?

   Ⓑ au champ lexical du mot *subjectivité* (caractère de ce qui est subjectif) ?

   Au besoin, consulte un dictionnaire.

• neutre	• il, elle	• prétendre	• expérimentation
• partial	• jugement	• opinion	• précision
• impartial	• fait	• sentiment	• critique
• scientifique	• discutable	• expressif	• interne
• vérifiable	• indiscutable	• croire	• externe
• calculable	• distancié	• avis	
• je	• engagé	• humoristique	

4. Lis attentivement les deux textes suivants qui ont été écrits par la même personne.

Inferno

Inferno est un manège de type montagnes russes. D'une longueur de 985 m, il s'élève à une hauteur maximale de 30 m et entraîne les
5 passagers dans des descentes pouvant atteindre 20 m, avec des angles qui varient de 20 à 34 degrés. Ses 4 wagons transportent 16 personnes durant 5 min et 15 s. Le parcours, qui peut se
10 faire dans les deux sens, en avançant ou en reculant, commence par une montée dans la noirceur et se termine à l'extérieur.

Inferno, c'est l'enfer!

Inferno est un gigantesque manège du genre que je préfère. Selon moi, Inferno doit avoir à peu près 1000 m de longueur. D'une hauteur de 30 m,
5 il vous projette dans des descentes absolument vertigineuses. Ses 4 wagons transportent 16 personnes sidérées durant les 5 min de pur plaisir que dure le trajet. Le parcours,
10 qui peut se faire en avançant ou, pour des effets décuplés, en reculant, commence par une montée inquiétante dans les ténèbres. Les passagers sont ensuite propulsés
15 vers l'extérieur. Ils ne sont pas prêts d'oublier ce tour de manège!

a) Lequel des deux textes est le plus objectif? Justifie ta réponse.

b) Relève les passages qui sont subjectifs dans l'autre texte.

5. Observe l'illustration à la page 43.

a) Selon toi, quels personnages rédigeront un texte objectif? Justifie ta réponse.

b) Quel personnage rédigera un texte subjectif? Justifie ta réponse.

Mise au point

Adopter un point de vue

Pour adopter le point de vue qui convient lorsque tu rédiges un texte, tu dois t'interroger sur ton intention (les raisons pour lesquelles tu écris ce texte) et tu dois identifier clairement le ou la destinataire de ton texte (celui ou celle à qui tu t'adresses). Ces deux éléments te permettront de déterminer si tu dois adopter un point de vue plutôt objectif ou plutôt subjectif.

Tu opteras pour **un point de vue objectif** dans les rapports, les comptes rendus, les capsules d'information qui s'adressent à des personnes qui recherchent des données exactes ou précises. Le point de vue objectif rendra ton texte plus rigoureux, plus crédible, mais aussi plus distant, plus impersonnel, un peu comme un article d'encyclopédie.

En revanche, tu adopteras **un point de vue plus subjectif** dans une lettre, un courriel, un compte rendu critique, etc. Ton texte sera alors plus expressif et tiendra compte davantage de tes sentiments, de tes convictions et de tes impressions. Il sera peut-être moins rigoureux, moins scientifique, mais il sera plus personnel et plus vivant.

Dans d'autres cas, tu devras **mêler l'objectivité et la subjectivité**. En d'autres mots, tu devras faire preuve de rigueur et d'exactitude, mais tu pourras, dans certaines phrases, manifester tes opinions, tes doutes, tes appréciations. Souvent, à l'école, on te demandera de décrire des personnes, des lieux ou des objets en adoptant un point de vue où se mêlent l'objectivité et la subjectivité.

Le point de vue, p. 438

Je m'entraîne

1. Récris les phrases suivantes de façon à les rendre plus objectives.

   1. À mon avis, les concepteurs ont réalisé un manège fantastique qui rappelle l'exploration spatiale.

   2. Comme l'a si bien dit Jocelyne, il faut absolument revoir cet extraordinaire parcours et l'adapter au goût des jeunes.

   3. Ces wagons aux couleurs flamboyantes sont difficiles d'accès pour moi, qui suis de petite taille.

2. Le texte suivant présente une description objective d'un manège. Récris-le en adoptant un point de vue plus subjectif. Inspire-toi du texte *Un grand frisson* (recueil, p. 14-17).

Le circuit de ces montagnes russes mesure 370 m. La hauteur maximale est de 20,5 m. L'angle de la descente initiale est de 22 degrés, ce qui propulse le train à une vitesse de 80 km/h. Après la première descente, trois boucles se succèdent et sont suivies par d'autres montées et
5 d'autres descentes. Une fois rendu au quai, le train redémarre pour faire le circuit une seconde fois. Le manège compte dix wagons pouvant accueillir quatre personnes chacun. Cette attraction, de conception italienne, est en activité depuis 1982. Depuis son inauguration, on ne rapporte aucun accident sérieux.

Je vais plus loin

Préparation projet

Observe l'illustration aux pages 2 et 3 du recueil.

a) Rédige de courtes capsules d'information afin de décrire ce manège. Tiens compte des indications ci-dessous.

- Rédige des capsules d'information sur trois des aspects suivants : le thème, le fonctionnement, la mécanique, les consignes de sécurité, les propriétés esthétiques, les réactions et les impressions des passagers.

- Consulte Internet pour trouver des détails techniques sur le type de manège à décrire. Sur les sites des fabricants de manèges, tu trouveras des fiches techniques détaillées sur les différents types de manèges.

- Ajoute de la subjectivité à tes capsules d'information en t'inspirant des mots suivants.

• incroyable	• époustouflant	• stupéfiant	• super
• inimaginable	• prodigieux	• fantastique	• amusant
• irrésistible	• épatant	• épouvantable	• aaaaaaahhh!
	• ahurissant	• vertigineux	

b) Compare tes capsules d'information avec celles de tes camarades. Relève leurs bons coups et fais des suggestions pour améliorer les capsules qui te semblent moins bien. Vérifie si chaque capsule présente de l'information juste et précise tout en donnant envie aux lecteurs de faire un tour de manège.

Des frissons en perspective

Communication orale
Des voix qui portent

L'adaptation à la situation

Être ou ne pas être… adapté ? Telle n'est pas la question, puisqu'il faut toujours s'adapter à quelque chose. Les animaux l'ont bien compris : ils savent s'adapter à leur environnement. Chez l'être humain, l'adaptation laisse des traces jusque dans le langage…

Je réfléchis

 Prends connaissance des transcriptions du langage oral utilisé dans les deux situations de communication, puis réponds aux questions qui s'y rattachent.

Situation 1

C'te manèg'-là… son nom, c'est «Cyclotron»… c'est super capotant! C'est comm' un' grand'roue… qui
5 mont' pis qui descend à un' vitess' hyper débil'. Tout' suit' quand qu' t'es t'assis, ça part c't' affair'-là, pis par en arrièr' à part de t'çà.
10 Tout l' mond' crie comm' des vrais fous… euh… pis y en a un'gang qui sont ben malad'. En tout cas, si t'as l'vertig' pis qu' t'as l'cœur un
15 peu fragil', j'te l'conseill' pas pantout': c'est genr'… pas mal flyé comm' manèg'!

Situation 2

Voici le tout nouveau «Cyclotron», un manèg' des plus ahurissants…, qui vous donnera des sueurs froid' à coup sûr. Il combin' astucieusement
5 deux typ' de manèg' bien connus: la grand' roue et les montagn' russ'. C'est un' gigantesqu' roue de bicyclett'… de 30 mètr' de haut… formée de 45 rayons… auxquels
10 sont solidement attachées des nacell' pivotant'… vivement colorées… tournant sur ell'-mêm' à vous en donner la nausée. Comm' si c' n'était pas assez, cett' roue est
15 fixée à un immens' chariot… qui roul' à un' vitess' vertigineus'… sur un parcours sinueux tout à fait typiqu' des montagn' russ'. Frissons assurés!

a) Dans les encadrés, choisis l'énoncé qui caractérise le mieux chacune des situations de communication de la page précédente.

Le locuteur ou la locutrice

A. Une personne qui soigne sa présentation orale.

B. Une personne qui évite de donner son opinion sur le manège.

C. Une personne qui parle à un ami ou à une amie.

L'intention de communication

A. Décrire le manège avec précision.

B. Présenter le manège de manière objective.

C. Exprimer son point de vue sur un manège pour influencer le ou la destinataire.

L'interlocuteur ou l'interlocutrice

A. Un ami ou une amie qui n'a pas encore essayé le manège.

B. Des gens que le locuteur ou la locutrice ne connaît pas personnellement.

C. Des gens qui n'ont pas peur des manèges.

b) Dans chaque situation de communication, relève des mots, des expressions ou des phrases qui indiquent que le locuteur et la locutrice ont adapté leur langage à la situation.

c) Classe les éléments que tu as relevés dans les catégories suivantes :

(A) mots de vocabulaire ;

(B) constructions de phrases ;

(C) prononciations.

d) Dans chaque situation de communication, relève les mots ou les expressions qui révèlent le point de vue du locuteur ou de la locutrice.

e) Si tu devais présenter un exposé sur un manège devant la classe, comment t'exprimerais-tu ? Quels genres de mots ou d'expressions te sembleraient inappropriés ? Réponds à ces questions en te fondant sur les observations que tu viens de faire.

Mise au point   L'adaptation à la situation

Toute situation de communication suppose une adaptation de la part de la personne qui parle. Pour t'exprimer de façon appropriée, tu dois tenir compte de la situation. Tu peux le faire spontanément (par exemple, dans une conversation familière) ou de manière plus « contrôlée » (par exemple, dans un exposé oral).

Voici quelques-uns des éléments que tu dois considérer quand tu prends la parole :

- **le type de situation** (une situation informelle ou familière comme une conversation en famille ou une discussion entre amis ; une situation formelle ou soutenue, comme un exposé en classe ou une présentation devant un auditoire) ;

- **les caractéristiques des interlocuteurs** (l'âge, le degré de familiarité, la classe sociale ou le lieu d'origine) ;

- **les connaissances et les attitudes des interlocuteurs** concernant l'emploi des variétés de langue.

  La prise de parole dans différentes situations de communication, p. 444

Je m'entraîne

1. En équipe de trois, regardez la vidéo et écoutez attentivement les situations de communication.

   a) Précisez les locuteurs, les intentions de communication et les interlocuteurs de chacune des situations.

   b) Comparez le langage utilisé dans les situations de communication de la manière suivante :

   - remplissez la grille d'observation individuellement ; au besoin, réécoutez les situations de communication pour relever d'autres éléments ;

   - en équipe, mettez vos réponses en commun et apportez les corrections nécessaires ;

   - en grand groupe, comparez vos trouvailles et discutez des difficultés que vous avez eues.

2. Les énoncés suivants ont été formulés dans une situation de communication familière.

   a) Modifie les énoncés ou ajoute des éléments pour les adapter à une situation de communication formelle.

   > 1. J'vas t' présenter un super de beau manèg' ben fait'… que tu vas avoir ben du fun dedans.

   > 2. Essay' de deviner de quoi que j'vas parler? C't' un manèg' vraiment tripant qui est comm' un labyrinth' tout' en miroirs.

   > 3. On a fait' une invention qu'on est ben fiers. C'est comm'… genr'… un' toupie géant' qui va dans tou'es sens… pis qu' tu tomb' tout d'un coup comm' d'un cinquièm' étag'.

   b) Quelles stratégies as-tu employées pour passer d'une variété de langue à l'autre?

Je vais plus loin

 Préparation au projet

Voici une activité qui te donnera l'occasion d'employer un langage approprié dans une situation d'exposé.

   a) Choisis l'une des situations suivantes pour faire un exposé devant la classe.

   - Décrire un nouveau gadget sur le marché et en montrer l'originalité ou l'inutilité.
   - Expliquer le fonctionnement d'un jeu électronique que tu connais et en préciser les avantages et les inconvénients.
   - Présenter les mesures de sécurité d'un manège bien connu.

   b) Planifie le contenu de ton exposé, qui durera environ trois minutes, en pensant aux trois parties d'un texte bien structuré:

   introduction   développement   conclusion

   c) Utilise des mots ou des expressions qui te permettront d'atteindre les deux objectifs suivants:

   - adapter ton langage à la situation;
   - exprimer ton point de vue.

   d) Présente ton exposé devant la classe.

   e) Porte un jugement critique sur les exposés de tes camarades pour évaluer dans quelle mesure les deux objectifs visés ont été atteints.

Le système des conjugaisons

DES VERBES
qui profitent
du système

> **Bonne nouvelle !** Il n'est pas nécessaire d'apprendre la conjugaison des verbes aux temps composés si l'on comprend le système des conjugaisons.

Je réfléchis

1. Survole le tableau de conjugaison qu'on te remettra, puis fais les activités suivantes pour rendre compte de tes connaissances générales en conjugaison.

   a) Y a-t-il des temps de conjugaison que tu n'as jamais vus ni à l'oral ni à l'écrit ? Si oui, lesquels ?

   b) Classe les temps de conjugaison du tableau dans deux catégories :

   Ⓐ Les temps employés couramment à l'oral.

   Ⓑ Les temps employés généralement à l'écrit.

   Nomme les temps de conjugaison et donne un exemple pour chacun.
   Ex. : Ⓐ oral
   Présent de l'indicatif : J'aime jouer au hockey.

2. a) Parmi les expressions ci-dessous, choisis celles qui conviennent le mieux pour compléter chaque énoncé de la page suivante.

   Ⓐ j'**aurai** aimé

   Ⓑ aux temps composés

   Ⓒ j'aime**rai**

   Ⓓ aimé

   Ⓔ le participe passé

   Ⓕ ai

   Ⓖ le radical

   Ⓗ j'**aime**rai

   Ⓘ aux temps simples

   Ⓙ leur terminaison

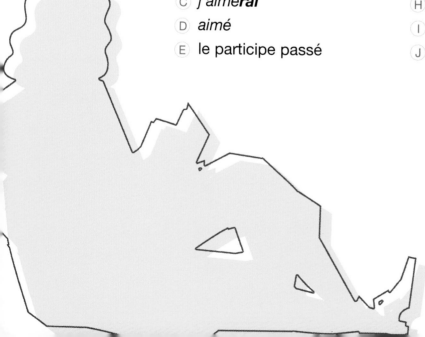

Les verbes ⬛1 sont formés d'un seul mot.

Les verbes ⬛2 sont formés de deux mots : un auxiliaire (ex. : ⬛3) suivi d'un participe passé (ex. : ⬛4).

Les verbes aux temps simples se distinguent par ⬛5 (ex. : *j'aime* / *j'aimais* / ⬛6), qui indiquent le temps de conjugaison. La première partie du verbe, ⬛7 (ex. : *j'aime* / *j'aimais* / ⬛8), indique le sens du verbe.

Dans les verbes ⬛9, c'est l'auxiliaire qui indique le temps de conjugaison (ex. : *j'ai aimé* / *j'avais* aimé / ⬛10). ⬛11 (ex. : *aimé*) indique le sens du verbe.

b) Selon toi, pourquoi les temps de conjugaison suivants sont-ils présentés côte à côte dans les tableaux de conjugaison ?

- Le présent de l'indicatif et le passé composé.
- L'imparfait et le plus-que-parfait.
- Le futur simple et le futur antérieur.

3. a) Consulte un ouvrage pour vérifier la conjugaison des verbes dans les phrases suivantes.

  1 Chaque manège (requérirait / requiérerait / requerrait) un entretien quotidien.

  2 La technicienne (a lu / a li) le manuel d'entretien.

  b) Compare tes façons de procéder pour vérifier la conjugaison d'un verbe avec celles d'un ou d'une camarade. Ensemble, évaluez vos méthodes. Pourraient-elles être plus efficaces ? Si oui, comment ?

Mise au point — Le système des conjugaisons

La conjugaison concerne les formes que peut prendre un verbe. Dans les tableaux de conjugaison, ces formes sont présentées selon trois caractéristiques.

1. Les **modes** : indicatif (ex. : *tu aimes*), impératif (ex. : *aime*), subjonctif (ex. : *que tu aimes*), infinitif (ex. : *aimer*) et participe (ex. : *aimant*).

2. Les **temps** : simples (ex. : *tu aimes*) et composés (ex. : *tu as aimé*).

   Attention ! À chaque temps simple correspond un temps composé. Par exemple, au conditionnel présent (ex. : *tu aimerais*) correspond le conditionnel passé (ex. : *tu aurais aimé*).

3. Les **personnes** (sauf pour les modes infinitif et participe) : première, deuxième et troisième personnes du singulier (ex. : *j'aimais*, *tu aimais*, *il / elle aimait*) et première, deuxième et troisième personnes du pluriel (ex. : *nous aimions*, *vous aimiez*, *ils / elles aimaient*).

La compréhension de ce système est fort utile ! Elle permet :

- de mémoriser plus facilement la formation des verbes et d'éviter les erreurs lorsqu'on doute de l'orthographe de certains verbes ;

- de trouver rapidement des réponses à ses questions dans un ouvrage de référence (dictionnaire, guide de conjugaison, grammaire).

Les verbes conjugués et non conjugués, p. 488
Les principaux temps des verbes conjugués, p. 489
La formation des temps composés, p. 494

1. a) Repère les verbes dans les phrases ci-dessous (même ceux qui sont aux modes participe et infinitif), puis classe-les dans un tableau semblable à celui-ci.

VERBES CONJUGUÉS À UN TEMPS SIMPLE	VERBES CONJUGUÉS À UN TEMPS COMPOSÉ	
	Passé composé	Autres temps composés

Pour t'aider à repérer les verbes, utilise l'expression *ne... pas*. Si *ne... pas* encadre *avoir* ou *être*, vérifie si *avoir* ou *être* est suivi d'un participe passé. Si tel est le cas, il s'agit d'un verbe conjugué à un temps composé avec l'auxiliaire *avoir* ou *être*.

1 La fête foraine trouve son origine dans les spectacles de foires du Moyen Âge.

2 Les forains du XIXᵉ siècle ont joué un rôle important dans la popularisation de la science et de la technique.

3 À la Belle Époque, c'est dans les fêtes foraines que les gens découvraient les dernières merveilles de la science.

4 Le grand Galilée lui-même, à son époque, aurait transformé en objet d'observation scientifique une lunette ayant circulé dans un spectacle de foire.

5 Tout au long du XIXe siècle, physiciens, chimistes et astronomes courront les foires pour exhiber les applications de leur science, transformant ces lieux en véritables écoles populaires.

6 Après qu'on eut inventé la bicyclette, les constructeurs de manèges intégrèrent l'invention à leurs attractions.

7 Plus tard, ils remplacèrent les vélos par des avions…

8 Imaginez l'émerveillement des gens de l'époque devant le modèle réduit d'un avion, engin qu'ils n'avaient sans doute jamais aperçu dans le ciel !

9 En plus de présenter des inventions scientifiques et techniques de l'époque, les forains exhibaient des animaux et des plantes exotiques.

10 Les forains ont aussi le mérite d'avoir conçu des machines à vapeur, des échafaudages, etc.

b) À l'aide d'un tableau de conjugaison, détermine le temps composé des verbes classés dans la dernière colonne de ton tableau, puis conjugue chaque verbe au temps simple correspondant.

Ex. : il aura aimé (futur antérieur) ➤ il aimera (futur simple)

2. Détermine le temps simple des verbes conjugués dans les phrases ci-dessous, puis récris les phrases en mettant les verbes au temps composé correspondant.

Ex. : Isaac Newton **parviendra** à comprendre les lois de la gravité.
➤ Isaac Newton **sera parvenu** à comprendre les lois de la gravité.

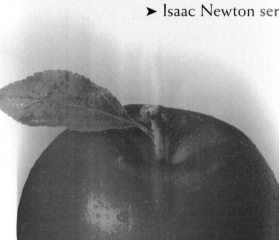

1 Isaac Newton devient un personnage célèbre du XVIIe siècle.

2 Avant la fin de tes études secondaires, on te parlera d'Isaac Newton.

3 Si Isaac Newton vivait aujourd'hui, nos incroyables manèges l'amuseraient-ils ?

4 Einstein s'inspire de certains travaux de Newton.

5 Si tu rencontrais Newton, quel commentaire lui ferais-tu ?

Préparation au projet

L'activité suivante te permettra de te familiariser avec une démarche que tu pourras utiliser dans tes propres textes.

a) Écris les verbes que ton enseignant ou ton enseignante te dicte. Attention à l'accord du verbe avec le sujet!

Du charbon aux sensations fortes

C'est en Pennsylvanie, en 1827, qu'un entrepreneur d'une compagnie minière ▪1▪ naissance, bien malgré lui, aux premières montagnes russes américaines. Pour que son charbon ▪2▪ rapidement de ses mines à la ville la plus près, M. White ▪3▪ construire ce qu'il ▪4▪ le Gravity Road (la route
5 de la gravité). Cette voie ▪5▪ en un rail de 14 km construit à flanc de montagne sur lequel ▪6▪ un convoi de 14 wagons. Le Gravity Road ▪7▪ une attraction populaire par la suite. ▪8▪ à transporter le charbon le matin, les wagons ▪9▪ l'après-midi des passagers à la recherche de sensations fortes.

100 ans... et encore toutes ses roues!

Parmi les montagnes russes du XXᵉ siècle ▪10▪ jusqu'à nos jours, il y a le Deap the Lip en Pennsylvanie. On ▪11▪ l'attraction en 1902 pour remplacer le Gravity Road qu'un incendie ▪12▪. Tandis que, ailleurs dans le monde, on ▪13▪ en pièces les vieilles

5 montagnes russes parce qu'elles ne ▪14▪ plus les sensations attendues par le public moderne, celles de Pennsylvanie ▪15▪ à vivre. Cependant, les coûts de la restauration du manège ▪16▪ les propriétaires à en suspendre les activités. Grâce
10 aux dons de nombreux admirateurs de cette construction centenaire (classée monument historique), ils ▪17▪ vraisemblablement la remettre un jour en fonction.

b) Indique le temps et le mode de chaque verbe que tu as conjugué.

Ex.: présent de l'indicatif

c) Compare tes réponses avec celles d'un ou d'une camarade. Entendez-vous sur l'orthographe des verbes, leur temps et leur mode. Ensuite, vérifiez vos réponses dans un ouvrage de votre choix. Notez le numéro des pages où vous avez vérifié la conjugaison des verbes.

Les abréviations et les symboles

DES PETITS MOTS qui en disent long

Pourquoi s'étendre en longueur... quand on peut faire court ?

Je réfléchis

Observe les abréviations et les symboles présentés dans le tableau ci-dessous, puis réponds aux questions qui s'y rattachent.

Abréviations				Symboles			
H.	env.	TIC	Part. p.	km/h	W	min	H_2O
pl.	QC	sub. rel.	etc.	°C	Prép	R	GAdj
XVIIe s.	compl.	av. J.-C.	n°	$	V	M	$S = L \times l$
BD	ex.	ovni	f. s.	%	N	t	$E = mc^2$

a) Quelle différence y a-t-il entre une abréviation et un symbole ?

b) Que signifient les abréviations et les symboles ci-dessus ?

c) Comment fais-tu pour trouver la signification d'une abréviation ou d'un symbole que tu ne connais pas ?

d) Trouve la page où sont énumérés les abréviations et symboles utilisés dans le présent manuel.

e) Dans le tableau ci-dessus, relève les abréviations ou les symboles utilisés pour désigner des notions apprises à l'école et classe-les dans un tableau semblable à celui-ci.

Mathématique	Science et technologie	Géographie	Histoire	Français
H.	km/h	QC	XVIIe s.	V
▬	▬	▬	▬	▬

f) Ajoute d'autres abréviations ou symboles employés dans chacune des disciplines énumérées dans le tableau.

g) Comment fais-tu pour retenir les abréviations et les symboles ?

Mise au point — Les abréviations et les symboles

On utilise souvent des abréviations et des symboles pour désigner des unités de mesure et des termes techniques ou scientifiques. Ils servent à abréger des expressions courantes dans un domaine. Lorsqu'on prend des notes, on emploie aussi des abréviations et des symboles à des fins d'économie d'espace ou de temps.

Une **abréviation** consiste à raccourcir un mot en supprimant des lettres. Elle peut être formée :

- des premières lettres du mot, suivies d'un point ;

   Ex. : *tél.* pour *téléphone*

- de la première lettre du mot et des dernières lettres ;

   Ex. : *Mme* pour *madame*

- de la première lettre des mots qui composent le mot ;

   Ex. : *kg* pour *kilogramme*

- de la première lettre de chaque mot d'une expression (on parle alors d'un sigle ou d'un acronyme).

   Ex. : *ONU* pour *Organisation des Nations Unies*
   cégep pour *collège d'enseignement général et professionnel*

Un **symbole** est un signe conventionnel comportant une lettre ou un groupe de lettres. Dans toute discipline, on recourt à des symboles pour désigner les notions couramment utilisées (ex. : *F* pour *force*, *H* pour *hydrogène*, *L* pour *longueur*).

1. Trouve la signification des abréviations ou des symboles suivants, qui ont été employés en prenant des notes sur le fonctionnement des manèges.

   1 2000 t
   2 circonf. (roue)
   3 accél. vert.
   4 H. : 73 m
   5 80 pers./h
   6 nbre passag.
   7 V max. : 7 km/s
   8 Taille min. req.

2. Trouve des abréviations ou des symboles permettant de réduire chacune des expressions suivantes. Au besoin, tu peux créer des abréviations, mais tu dois respecter les règles présentées dans la *Mise au point* de la page 60.

   1 Vitesse minimale des wagons
   2 Accélération descendante de 15 kilomètres à la minute
   3 75 centimètres de largeur
   4 Distance parcourue en 30 secondes
   5 Surface du wagon de moins de cinq mètres carrés
   6 Nombre d'inversions à 45 degrés

Préparation au projet

Cette activité te permettra de consolider tes connaissances à propos de l'emploi des abréviations ou des symboles.

a) Compose une capsule d'information sur un manège de ton choix en donnant des renseignements techniques que tu écriras au long. Par exemple, tu peux préciser les dimensions, la vitesse, la distance, les effets spéciaux, etc.

   Ex. : Muni d'une roue dont le rayon est de 20 mètres, le manège, qui tourne à la vitesse maximale de 15 kilomètres à l'heure, comprend 35 nacelles de forme triangulaire où peuvent prendre place 105 passagers à la fois.

b) Demande à un ou à une camarade de rédiger une fiche technique résumant l'essentiel de l'information contenue dans ta capsule, en utilisant les abréviations ou les symboles appropriés.

   Ex. : R (roue) : 20 m
   V max. : 15 km/h
   N^{bre} passag. : 105

c) En cas de doute, vérifiez les abréviations et les symboles dans un ouvrage de référence.

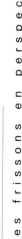

Orthographe lexicale

Des frissons en perspective

61

Dossier 2 Une île à découvrir

Il y a des écoles Félix-Leclerc, des rues et des boulevards Félix-Leclerc, des bibliothèques et des parcs Félix-Leclerc. Il y a même un trophée qui porte mon prénom. C'est moi le fameux Félix, dont on a souhaité préserver la mémoire. On a voulu me retrouver partout au Québec. Pourtant, j'ai vécu très discrètement les dernières années de ma vie. En 1970, je me suis retiré sur une île, l'île d'Orléans. C'est à cet endroit magnifique, près de Québec, que le premier Leclerc s'était installé, trois siècles auparavant.

Après une carrière mouvementée, j'ai eu envie de silence. J'ai voulu revenir sur l'île et prendre racine sur cette terre de mon ancêtre. Je me suis construit une petite maison blanche, avec une vue imprenable sur le fleuve. Mes voisins ont respecté mon intimité. Les poètes ont souvent besoin de quiétude et de paix, même si leurs mots résonnent et inspirent un peuple tout entier.

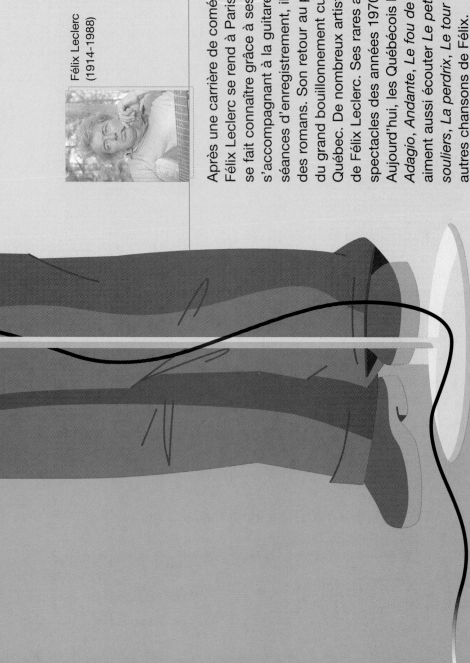

Félix Leclerc
(1914-1988)

Après une carrière de comédien et d'animateur à la radio, Félix Leclerc se rend à Paris, dans les années 1950, où il se fait connaître grâce à ses chansons, qu'il interprète en s'accompagnant à la guitare. Entre deux récitals ou deux séances d'enregistrement, il publie des fables, des poèmes et des romans. Son retour au pays, en 1953, coïncide avec le début du grand bouillonnement culturel et politique qui secouera le Québec. De nombreux artistes s'inspireront de l'œuvre immense de Félix Leclerc. Ses rares apparitions publiques, lors des grands spectacles des années 1970, ont été grandement remarquées. Aujourd'hui, les Québécois lisent encore ses livres : *Allegro, Adagio, Andante, Le fou de l'île, Pieds nus dans l'aube*... Ils aiment aussi écouter *Le petit bonheur, Moi, mes souliers, La perdrix, Le tour de l'île* et plusieurs autres chansons de Félix.

Projet
Écrire un premier chapitre de roman dont l'action se déroule sur une île

Zoom culturel

Des connaissances et des compétences pour réaliser le projet

Grammaire
Le dialogue

Lecture
La lecture d'un roman

Écriture
La planification

Communication orale
Le consensus

Conjugaison
Le passé simple

Orthographe lexicale
L'orthographe des sons « s », « k », « j » et « g »

Projet

Écrire un premier chapitre de roman dont l'action se déroule sur une île

Partager son île

Une île, c'est un univers isolé et fascinant qui a inspiré des écrivains de toutes les époques. Tout peut arriver quand on vit coupé du reste du monde : les plus beaux rêves comme les pires cauchemars.

On t'invite à écrire, en équipe avec un ou une camarade de classe, un premier chapitre de roman dont l'action se déroulera sur une île choisie parmi celles qui sont présentées dans ton recueil de textes. Ce début de roman, écrit au passé, devra mettre en scène au moins deux personnages, décrire les particularités de l'île et dépeindre l'atmosphère qui y règne.

De plus, afin de tenir en haleine tes futurs lecteurs, tu veilleras à donner, à la fin de ce premier chapitre, quelques indications sur l'intrigue que tu raconterais dans le deuxième chapitre de cette histoire si tu avais à l'écrire.

Qui sait, peut-être auras-tu envie de poursuivre l'écriture de ce roman…

Un exemple

Le texte qui suit (p. 65-68) te servira d'exemple pour t'aider à réaliser ton projet. Le récit présenté est le premier chapitre d'un roman policier écrit pour les jeunes. Pour rédiger ton premier chapitre, suis les étapes de la démarche proposée à la page 69.

Titre

Temps de verbe
à l'imparfait

Panique sur l'île Miscou

Je m'appelle Meggie, j'ai quatorze ans et je devais, ce jour-là, passer tout un après-midi en compagnie de mon cousin Dany parce que j'avais été méchante avec lui. Mes parents m'avaient donné le choix : un après-midi à la plage ou la visite d'un phare. J'avais évidemment choisi la plage. Mes parents nous déposèrent donc avec un lunch sur une plage peu fréquentée de l'île Miscou. Eux, ils étaient allés de l'autre côté de l'île où se trouvait un phare historique qu'ils voulaient visiter en après-midi.

Ça, c'est le genre de mes parents : aller visiter une tour bâtie en 1856 plutôt que de s'asseoir et ne rien faire d'autre qu'écouter de la musique et se faire bronzer. Pourtant, ils passent leurs semaines à dire que le travail les épuise ! C'est à n'y rien comprendre... Je vous demande un peu : un phare ? Mon père, lui, était enthousiasmé par la chose. « Imagine, Meggie, le phare mesure 23 m de haut ; il est construit en bois. Il paraît qu'il fonctionne encore et qu'il projette sa lumière jusqu'à 75 km au large ! De son sommet, quelle vue magnifique on doit avoir sur le golfe du Saint-Laurent et la baie des Chaleurs ! » Ma mère, qui avait le nez dans son guide touristique, d'ajouter : « On pourrait peut-être aussi en profiter pour visiter une église et un cimetière ? En empruntant la route 113, on passe devant une église. Oh ! écoute : elle est en bois aussi ! Ce doit être splendide. »

Description
du lieu

Cet après-midi n'allait donc pas être une partie de plaisir... Nous étions les seuls êtres humains aux alentours. Et quels alentours ! Une immense plage de sable blanc complètement déserte, bordée par des flots bleus qui se perdaient jusqu'à la ligne d'horizon. Des touffes d'herbes éparses qui perçaient le sable. Quelques rochers qui émergeaient de la plage... Aucune trace de civilisation. Cet endroit était de toute évidence la plage la plus sauvage de l'île.

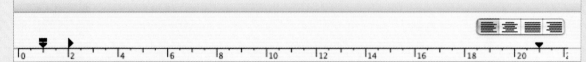

Mes parents avaient trouvé cela « tranquille, charmant et pittoresque ». En ce qui me concernait, c'était carrément ennuyeux... Même pas un filet de volley-ball... Même pas un ballon pour m'exercer à faire des touches... Pas un chat... mais des oiseaux. Ma mère m'avait appris que l'île en comptait plus de 250 espèces. Des heures d'observation en perspective ! Je me demandais vraiment comment j'allais réussir à survivre à ce long après-midi !

Assis à côté de moi, Dany sentit mon ennui.
– Cet après-midi ici ne te réjouit pas vraiment, n'est-ce pas ?
Sa perspicacité m'énervait.
– Mais as-tu vu l'endroit ? m'écriai-je avec force.
– Non, pas vraiment, me répondit-il avec un sourire moqueur.
Je me mordis aussitôt les lèvres. Parce que je ne vous l'ai pas dit, mais mon cousin est aveugle. En revanche, il entend très bien. C'est d'ailleurs la raison qui me valait cette journée de punition à l'écart de la civilisation. Avant de quitter Montréal, il y a deux jours, alors que ma mère m'annonçait que Dany nous accompagnait en vacances, je m'étais exclamée :
– Oh non ! Il est insupportable, maman ! Il aime tout, il s'intéresse à tout, il est toujours de bonne humeur et il veut toujours aller visiter des endroits qui n'ont aucun intérêt ! Il m'énerve ! J'étais contente d'aller au Nouveau-Brunswick à cause des plages qui permettent de rencontrer d'autres jeunes et de jouer au volley-ball. Et je dois m'entraîner au volley-ball : j'ai un tournoi dès notre retour. Zut ! Avec lui dans les pattes, c'est impossible !
Ma mère me jeta un regard estomaqué. J'interprétai son expression en supposant que Dany se tenait derrière moi. Il y était. Et il venait d'entendre ma dernière remarque.

– Je vais tâcher de ne pas trop te déranger, m'avait-il dit avec son éternel sourire.
– Tu me déranges déjà, lui avais-je répondu.
J'avais claqué la porte. Et je me retrouvais maintenant sur l'île en sa compagnie. Perte de temps. Affreusement démoralisant.

Dialogue

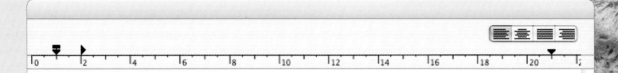

– Entends-tu cet oiseau ? me demanda Dany, me ramenant ainsi à la pénible
  réalité.
Et voilà ! Ça, c'était son genre d'activité. Je parie qu'il fait de l'observation
(enfin, de l'écoute !) d'oiseaux dans ses temps libres.
– Excuse-moi, mais je n'ai pas vraiment envie de parler « moineaux ».
– Tu manques quelque chose...
– Tu as raison : je manque une partie de volley-ball de plage, répondis-je
  ennuyée, mais heureuse de ma répartie.
– Allez, écoute..., insista-t-il en s'allongeant sur le sable déjà chaud.
– Je n'entends rien...
– Ferme les yeux.
Ça, c'était une idée. Je pouvais étendre ma serviette sur la plage, fermer les
yeux et profiter des chauds rayons du soleil. Ainsi, Dany allait avoir l'impression
que je l'écoutais et j'aurais enfin la paix. Je m'installai donc confortablement à
côté de lui et poussai un soupir de satisfaction dès que, allongée, je sentis les
rayons sur ma peau.
– Alors, as-tu les yeux fermés ?
– Mouais...
– Entends-tu le bruit des vagues ?
– Mouais.
Il n'allait pas me laisser une seconde de répit, j'en étais certaine. Pour tenter de
calmer l'impatience que je sentais monter tranquillement, les yeux toujours
fermés, je me mis à fouiller le sable chaud et à le laisser s'égrener entre mes
doigts. Je poussai un autre soupir. On était quand même bien. Et c'était vrai
que le bruit des vagues était plutôt apaisant.
– Sens-tu l'odeur de la mer ? On dit que les marées sont hautes ici. Je sens qu'il
  doit y avoir des algues un peu partout sur la plage. Les vois-tu ?
– Absolument, répondis-je sans ouvrir les yeux.
– Et les oiseaux, les entends-tu maintenant ?

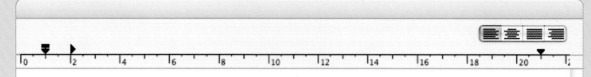

– Oui, oui ! Je vois, je sens et j'entends, conclus-je sur un ton excédé, en frappant le sable pour ponctuer chacun de mes mots.

C'est à ce moment que je sentis une drôle de consistance sous mes doigts. Quelque chose qui ressemblait à un livre, mais sans page couverture... J'ouvris les yeux et je criai de stupéfaction.

En balayant nonchalamment le sable avec ma main, je venais de mettre au jour des liasses et des liasses de billets de banque.

Prévisions de ce que l'on raconterait dans le deuxième chapitre si on décidait de l'écrire :

• Meggie et Danny explorent diverses hypothèses à propos de ce qui a bien pu se passer pour qu'on laisse autant de billets de banque dans le sable.

• Les deux personnages s'entendent sur une stratégie avant de commencer leur enquête : qui doit-on rencontrer ? Que faut-il faire au juste ?

• Ils rencontrent par hasard la mairesse de la ville.

La démarche

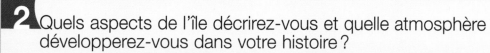

1 Quelle île choisirez-vous pour votre histoire ?

- Lisez les textes du dossier 2 dans votre recueil (p. 30-71) afin de fixer votre choix sur l'île qui sera le lieu de votre histoire et votre source d'inspiration. Attardez-vous en particulier aux textes des pages 65-71, qui portent sur différentes îles du monde.

2 Quels aspects de l'île décrirez-vous et quelle atmosphère développerez-vous dans votre histoire ?

- Consultez des guides touristiques, des encyclopédies, des sites Internet et des personnes-ressources afin de trouver des renseignements sur l'île que vous avez choisie.
- Dressez une liste des caractéristiques de l'île où se déroulera votre histoire. Quels aspects particuliers de cette île exploiterez-vous dans votre texte ?
- Quelle atmosphère développerez-vous (inquiétante, festive, apaisante, etc.) ?

3 Comment planifierez-vous votre texte ?

- Trouvez une façon de planifier votre texte (organisateur graphique, plan, discussion, etc.).
- Précisez certains éléments de la situation initiale du récit (caractéristiques des personnages et des lieux) et déterminez l'élément perturbateur que vous développeriez dans votre deuxième chapitre.

4 De quelle manière composerez-vous votre première version ?

- Écrivez une première version en tenant compte des éléments suivants : développement de la situation initiale (description du lieu et des personnages), dialogue, temps du récit (imparfait et passé simple), élément perturbateur.
- Donnez un titre à votre texte.

5 Comment vous y prendrez-vous pour réviser votre texte ?

- Relisez votre texte pour vérifier si les descriptions de l'île sont précises et suffisantes.
- Vérifiez si le vocabulaire utilisé exprime bien l'atmosphère que vous voulez créer.
- Faites une nouvelle lecture pour réviser vos phrases et corriger les fautes d'orthographe.

  Les stratégies d'écriture, p. 439

  OÉ Grille de révision de la grammaire du texte et de la phrase

6 De quelle façon présenterez-vous votre travail ?

- Disposez votre texte de façon qu'on puisse facilement reconnaître les paragraphes et les marques de dialogue.

7 Quelle évaluation faites-vous de votre démarche ?

- Évaluez votre habileté à travailler efficacement en coopération.
- Évaluez votre efficacité à trouver la documentation et à planifier votre travail.

Zoom culturel

Des lectures

LEMIEUX, Jean. *Le trésor de Brion*, Montréal, Éditions Québec Amérique, 1995, 387 p. (Collection Titan jeunesse).

Guillaume Cormier a 17 ans et vit à Havre-Aubert. En plongeant pour pêcher des moules, il trouve une croix portant une inscription à demi effacée. Guillaume flaire le trésor et part dès lors à sa recherche en compagnie de sa copine et de son meilleur ami. Mais ils ne seront pas seuls à chercher ce trésor…

Une aventure captivante qui ravira les amateurs d'énigmes, d'histoire, mais surtout de sensations fortes !

LEBLANC, Maurice. *L'île aux trente cercueils*, Paris, Éditions Le livre de poche, 1969, 353 p. (Collection Le livre de poche).

Arsène Lupin doit faire toute la lumière sur une mystérieuse affaire de disparition dans une histoire où le policier se mêle au fantastique. En 1917, Véronique d'Hergemont veut retrouver son père et son fils déclarés morts et se rend sur l'île aux trente cercueils où une très désagréable surprise l'attend.

Le roman est paru d'abord en feuilleton dans un journal français en 1919. Le volume paraîtra en librairie au cours de la même année. Si tu aimes les intrigues policières, ce roman a tout pour te plaire.

Des documentaires et des films

Seul au monde (Castaway), un film de Robert Zemeckis, 2000.

Victime d'un accident d'avion, un homme se retrouve sur une île inhabitée. Tout en tentant de reprendre contact avec la civilisation, il doit apprivoiser son nouvel environnement.

7 km² d'infini, un documentaire de Kun Chang, Office national du film du Canada, 2003.

Ce documentaire nous fait découvrir l'île d'Entrée située au milieu du golfe du Saint-Laurent. Les 126 personnes qui y vivent veillent amoureusement à conserver toute la beauté de ce paradis perdu au milieu de l'eau.

Des artistes

L'île d'Orléans doit sa renommée en bonne partie à Félix Leclerc qui l'a habitée et qui y est enterré. Prends connaissance de l'œuvre écrite et musicale de l'un des plus grands chansonniers québécois.

Femmes de Tahiti sur la plage, Paul Gauguin, 1891.

Les îles ont inspiré de nombreux artistes. Paul Gauguin, un peintre français, a passé les dernières années de sa vie en Polynésie. Il y a peint des toiles célèbres.

Plus près de nous, Jean-Paul Riopelle a immortalisé l'île aux Grues.

Découvre les œuvres de ces artistes en visitant les musées et les bibliothèques.

Des mythes et des légendes

Les mythes et les légendes sur certaines îles alimentent l'imaginaire. Par exemple, selon la légende, l'Atlantide aurait été engloutie pour une raison inconnue et aurait abrité des êtres supérieurs. Quant à l'île de Pâques et à ses statues énigmatiques qui fixent le large, elle aurait été habitée par des géants.

Au fil du temps, géologues, ethnologues et archéologues sont parvenus à émettre des hypothèses plausibles pour expliquer ces phénomènes étranges sans toutefois dissiper le mystère qui les entoure.

Dans ton carnet de lecture, note le titre des dix livres que tu apporterais sur une île déserte. Pourquoi choisirais-tu ces livres ? Lequel de ces livres serait ton premier choix ? Discute des titres choisis avec tes camarades. Parmi les choix de tes camarades, y a-t-il des titres que tu aurais inscrits sur ta liste si tu y avais pensé ? Dresse une liste des titres que tu choisirais parmi les suggestions de tes camarades de classe.

Le dialogue

DES PAROLES
bien vivantes

Des paroles sans écho

– Alors, demande l'enseignante à ses élèves, qui peut me dire ce qu'est un dialogue ?

– ...

– Allez ! Un dialogue !

– ...

– D-I-A-L-O-G-U-E, épelle l'enseignante qui s'impatiente.

– ...

– Ne me forcez pas à entreprendre un long monologue sur la question !

Je réfléchis

1. **a)** Connais-tu Ulysse, le plus astucieux des héros grecs ? Lis le récit suivant. Il résume l'une de ses aventures racontée par Homère dans l'*Odyssée*.

L'île du terrible
Cyclope Polyphème

Après avoir arraché ses compagnons de voyage au pays des Lotophages, Ulysse et son équipage poursuivirent leur voyage.

Ils débarquèrent ensuite sur l'île des Cyclopes et pénétrèrent dans la caverne de Polyphème. Rentrant chez lui, celui-ci découvrit les compagnons d'Ulysse et se mit à les dévorer. Ulysse lui offrit le vin qu'il avait apporté en cadeau et quand le Cyclope lui demanda son nom, il

5 répondit : « Personne ». Enivré par le vin, Polyphème s'endormit. Ulysse en profita pour lui crever son unique œil avec un pieu géant. Le Cyclope rugit de douleur et appela au secours, mais

10 quand ses amis lui demandèrent qui l'avait attaqué, il répondit : « Personne » !

Grâce à cette ruse, Ulysse et ses compagnons réussirent à sortir de la caverne de Polyphème.

Larousse Junior de la Mythologie,
© Larousse 2002.

b) Lis cette autre version en prêtant attention à ce qui la distingue de la version originale.

L'île du terrible
Cyclope Polyphème

Après avoir arraché ses compagnons de voyage au pays des Lotophages, Ulysse et son équipage poursuivirent leur voyage.

Ulysse et ses compagnons débarquèrent sur l'île des Cyclopes et pénétrèrent dans la caverne de Polyphème. Rentrant chez lui, celui-ci découvrit les compagnons d'Ulysse et se mit à les dévorer. Dominant sa peur, Ulysse s'avança vers Polyphème.

5 – Tiens, dit-il d'une voix faussement assurée, bois ce vin que j'avais apporté pour toi.

– Approche, **Étranger**, et dis-moi ton nom, gronda le Cyclope.

10 – Mon nom est Personne, répondit Ulysse.

Enivré par le vin, Polyphème s'endormit. Ulysse en profita pour
15 lui crever son unique œil avec un pieu géant. Le Cyclope, rugissant de douleur, alerta ses amis :

– Au secours ! Au secours !

20 – Pourquoi pousses-tu de tels hurlements, **Polyphème** ? demandèrent ses voisins alertés. **Ami**, dis-nous qui t'a attaqué ?

– Personne ! hurla Polyphème.

Grâce à cette ruse, Ulysse et ses compagnons réussirent à sortir de la caverne de Polyphème.

Inspiré de *Larousse Junior de la Mythologie*, © Larousse 2002.

Quelle différence marquante observes-tu dans la façon dont sont écrits ces textes ?

c) Lequel des deux textes préfères-tu ? Pourquoi ?

2. Repère les deux passages avec un dialogue dans l'une des versions de *L'île du terrible Cyclope Polyphème*.

   a) Quelles marques typographiques permettent de repérer les dialogues au premier coup d'œil?

   b) À quoi ces marques servent-elles exactement?

3. Observe les bouts de phrases en couleur dans la seconde version de *L'île du terrible Cyclope Polyphème*. On les appelle *incises*.

   a) Les incises font-elles partie des paroles des personnages?

   b) Quelle information les incises donnent-elles aux lecteurs?

   c) Que remarques-tu à propos de la place du groupe du nom sujet et du verbe dans les incises?

   d) Relève l'incise encadrée par des virgules. Ensuite, observe les autres incises et détermine dans quels contextes la virgule avant et après une incise n'est pas nécessaire.

4. a) Toujours dans la seconde version de *L'île du terrible Cyclope Polyphème*, relève une phrase qui apporte la même information qu'une incise sans être construite comme une incise.

   b) Où se trouve cette phrase?

   Ⓐ Avant les paroles d'un personnage.

   Ⓑ À l'intérieur de ses paroles.

   Ⓒ À la suite de ses paroles.

5. Observe les groupes du nom en caractères gras dans la seconde version de *L'île du terrible Cyclope Polyphème*. Ce sont des mots mis en apostrophe.

   a) Les mots mis en apostrophe font-ils partie des paroles des personnages?

   b) Précise à quoi servent les mots mis en apostrophe.

   c) Dans quel contexte la virgule avant ou après un mot mis en apostrophe n'est-elle pas nécessaire?

6. a) Observe les modifications apportées dans le texte ci-dessous.

> Dominant sa peur, Ulysse s'avança vers Polyphème.
>
> d'une voix faussement assurée
> – Tiens, dit-il, bois ce vin que j'avais apporté pour toi.
>
> gronda
> – Quel est ton nom, Étranger ? dit le Cyclope.
>
> – Mon nom est Personne, répondit Ulysse.

Grammaire

Les modifications enrichissent-elles le texte ou, au contraire, l'appauvrissent-elles ? Justifie ta réponse.

b) Observe les propositions ci-dessous pour la première réplique d'Ulysse.

1. Tiens, **vociféra**-t-il, bois ce vin que j'avais apporté pour toi.
2. Tiens, dit-il **en riant**, bois ce vin que j'avais apporté pour toi.
3. Tiens, dit-il **rageusement**, bois ce vin que j'avais apporté pour toi.

Ces propositions sont-elles appropriées ? Justifie ta réponse.

7. Pour te rappeler l'essentiel de ce que tu as appris au sujet du dialogue, réponds aux questions suivantes.

a) Comment signale-t-on le changement d'interlocuteur ou d'interlocutrice dans un dialogue ?

b) Quelles ressources linguistiques peut-on utiliser pour indiquer quel personnage parle et à qui il parle ?

c) Comment peut-on enrichir une incise pour renseigner les lecteurs sur le ton employé par le personnage qui parle ?

Mise au point — Le dialogue

Mise au point

Inséré dans un récit, le dialogue donne l'impression d'un réel échange de paroles. Il donne de la vie aux personnages. Voici trois règles à suivre lorsqu'on insère un passage dialogué dans un récit :

1. Pour faciliter la lecture, on marque le changement d'interlocuteur ou d'interlocutrice à l'aide de tirets et d'un retour à la ligne.

2. S'il y a risque de confusion, on indique quel personnage prend la parole et à qui il s'adresse. On apporte ces indications :

   • avant les paroles du personnage, à l'aide d'une phrase comprenant un verbe de parole (ex. : *dire*, *demander*) ;

   • à l'intérieur des paroles du personnage, en insérant un mot mis en apostrophe ;

   • à l'intérieur ou à la fin des paroles du personnage, à l'aide d'une incise.

Phrase indiquant qui parle et à qui l'on parle.

Ex. : Alkinoos pria l'étranger de révéler son identité :
   – Qui es-tu ? Quelle est ta terre natale ? Allons ! parle !

Mots mis en apostrophe, indiquant à qui l'on s'adresse.

   – Roi Alkinoos, je suis Ulysse, fils de Laërte. Je viens de l'île d'Ithaque…

Incise indiquant qui parle et à qui l'on parle.

   – Dis-moi pourquoi tu pleures, lui demanda Alkinoos d'une voix bienveillante.

Incise précisant qui parle.

   – Que dire pour commencer ? gémit Ulysse.

3. Au besoin, on précise la situation ou le ton du personnage qui parle à l'aide de verbes de parole appropriés (ex. : *prier*, *gémir*) et de groupes de mots qui expriment la manière ou le but (ex. : *d'une voix bienveillante*).

Enfin, il faut se rappeler qu'un dialogue doit participer à la progression de l'action ou fournir des renseignements sur un personnage. S'il présente peu d'intérêt, on le résume.

Ex. : Ulysse et Alkinoos **se saluèrent respectueusement** avant de prendre congé.

La ponctuation à l'intérieur de la phrase, p. 476
Le discours rapporté, p. 482

1. Lis l'extrait suivant tiré d'une adaptation de l'*Odyssée*, l'œuvre d'Homère qui raconte les aventures d'Ulysse.

L'île de la nymphe Calypso

Sept années ont passé… Tel un lion superbe enchaîné,
Ulysse se languit[1] sur l'île où Calypso l'a recueilli. Autour
de lui s'étend la mer à perte de vue. Ulysse n'a plus de
navire, plus de compagnon, personne d'autre que la nymphe
5 qui le retient captif et aspire à garder son amour.

Depuis l'Olympe[2], la déesse Athéna veille, et il ne lui
plaît pas de voir Ulysse, son protégé, si désespéré.
Elle convoque l'assemblée des dieux.

– Oh Zeus, notre père si puissant! Te
10 souviens-tu d'Ulysse qui a vaincu les Troyens? Vois-tu
combien il se lamente puisqu'il ne peut rentrer chez
lui? Il te suffirait d'un mot pour qu'il soit délivré.

– Mon enfant, répond Zeus avec bienveillance, comment
pourrais-je oublier cet Ulysse qui dépasse les autres
15 hommes en intelligence? En effet, il faut qu'il rentre
chez lui!

– Va, Hermès mon cher fils, poursuit-il en se tournant
vers le messager des dieux, attache les boucles d'or de
tes sandales et va dire à Calypso que nous voulons
20 le retour d'Ulysse chez lui.

Nul ne désobéit à Zeus et Calypso doit s'incliner
devant le message que lui apporte Hermès aux sandales d'or.

– Vous êtes cruels, vous les dieux de l'Olympe! s'écrie-t-elle. Vous êtes jaloux
qu'une déesse affiche son amour pour un mortel. Mais puisque le départ
25 d'Ulysse est un ordre de Zeus, eh bien qu'il s'en aille! Je l'aiderai.

Et elle descend, le cœur en peine, vers le rivage où Ulysse vient chaque jour
pleurer sa liberté perdue.

D'après *Les Fabuleuses Histoires d'Ulysse*, Brigitte Coppin, © Éditions Tourbillon, 2003, p. 30-32.

---

1. Se languir: s'ennuyer.
2. Olympe: plus haute montagne de Grèce, résidence des dieux et des déesses dans la mythologie grecque.

a) Pour chaque prise de parole dans *L'île de la nymphe Calypso* :

- indique quel personnage parle et à qui il parle ;
- précise le ton du personnage (selon les mots du texte ou ton interprétation du texte) ;

  Ex. : ton affectueux, brutal, irrité, rassurant

- relève les incises et les mots mis en apostrophe qui te fournissent des indices.

Consigne les renseignements demandés dans un tableau comme celui-ci.

	Qui parle ?	À qui ?	Sur quel ton ?	Indices : incises, mots mis en apostrophe
Ex. : *lignes 9 à 12*	*Athéna*	*Zeus*	*Respectueux et implorant*	*Zeus, notre père si puissant*
▬	▬	▬	▬	▬

b) D'après la fin de l'extrait, prédis quel personnage prendra la parole par la suite et qui sera son interlocuteur ou son interlocutrice.

2. Lis ce texte qui reprend des paroles extraites d'une bande dessinée.

L'île des redoutables sirènes

– Une île ! Par tribord avant ! dit la vigie du haut du grand mât.

– Écoutez-moi tous ! C'est l'île des sirènes ! Nous sommes en grand danger ! dit Circé.

– Les sirènes ? dit Ulysse.

5 – Ce sont des créatures mi-femme, mi-poisson, belles et redoutables, qui attirent leurs proies par des chants mélodieux ! dit Circé.

– Dans ce cas, agissons au plus vite ! dit Ulysse.

– Prends de la cire et découpe-la en petits morceaux ! dit encore Ulysse, en s'adressant à son compagnon Eurylochos.

10 – À présent, que chacun se bouche les oreilles avec ! Quant à moi, vous me ligoterez solidement au mât ! dit Ulysse, en s'adressant cette fois à tout l'équipage.

– Mais… pourquoi ? dit Eurylochos, en s'adressant à Ulysse.

– Je veux les écouter chanter ! dit Ulysse.

D'après Sébastien Ferran, *Ulysse. Livre II. Le chant des sirènes*, Paris, © Éditions Emmanuel Proust, 2003, p. 13-15.

a) Récris le dialogue de *L'île des redoutables sirènes* pour le rendre plus clair et plus vivant.

- Dans toutes les incises, remplace le verbe *dire* par des verbes de parole plus précis ou plus expressifs.

  Ex. : – Une île ! Par tribord avant ! hurla la vigie du haut du grand mât.

  Au besoin, choisis des verbes de parole dans la liste suivante.

• admettre	• corriger	• observer	• répondre
• affirmer	• décider	• ordonner	• rétorquer
• annoncer	• demander	• préciser	• révéler
• assurer	• expliquer	• poursuivre	• s'écrier
• avouer	• faire	• reconnaître	• s'étonner
• concéder	• gémir	• remarquer	• soutenir
• confier	• insister	• répliquer	• suggérer

- Dans quelques incises, ajoute une précision au sujet du ton, de l'attitude ou des gestes du personnage qui parle.

  Ex. : – Écoutez-moi tous ! C'est l'île des sirènes ! Nous sommes en grand danger ! annonça Circé d'une voix forte.

- Remplace les passages en couleur par des mots mis en apostrophe.

b) Après la dernière réplique de ton dialogue, ajoute au moins deux répliques comprenant des incises.

c) Révise ton dialogue.

- Souligne les incises et les mots mis en apostrophe, et vérifie la ponctuation employée.

- Supprime les incises qui ne sont pas nécessaires à la compréhension du dialogue.

D'après Sébastien Ferran,
Ulysse. Livre II.
Le chant des sirènes,
Paris, © Éditions
Emmanuel Proust,
2003, p. 13-15.

79

Grammaire

Une île à découvrir

Cette activité te permettra de développer ton habileté à construire un dialogue vivant et sans ambiguïté.

Lis cette histoire d'un grand poète persan qui a vécu il y a plus de 700 ans.

La vache et l'île

Une vache vivait sur une île verdoyante. Elle y paissait jusqu'à la tombée de la nuit : ainsi, chaque jour, elle engraissait. Mais la nuit, ne voyant plus l'herbe, elle s'inquiétait : que mangerait-elle le lendemain ? Cette inquiétude la rendait aussi maigre qu'une plume. Puis, à l'aube, la prairie reverdissait et la vache se
5 remettait à paître goulûment. Au coucher du soleil, elle était de nouveau une belle vache bien grasse. Pourtant, la nuit suivante, elle recommençait à s'inquiéter et à maigrir !

C'est la crainte du lendemain qui rend la vache si maigre. La vache, c'est toi, l'île c'est l'univers. Aussi, ne t'occupe pas du futur ! Regarde le présent et régale-toi !

Lila Ibrahim-Ouali et Bahman Namvar-Motlag, *Sagesses et malices de la Perse*,
Paris, © 2001, Albin Michel Jeunesse, p. 29-30.

Imagine que la vache inquiète a un compagnon : un âne joyeux et insouciant. Ensemble, ils broutent sur l'île et échangent quelques paroles. Que se disent-ils ?

a) Au brouillon, rédige un dialogue entre les personnages de la vache et de l'âne. Tiens compte des caractéristiques des deux personnages.

b) Demande à un ou à une camarade d'évaluer ton dialogue selon les aspects suivants :

- la logique dans la succession des paroles échangées ;
- la clarté des indications sur les personnages participant au dialogue (Qui parle ? À qui ?) ;
- la clarté quant au ton employé et à l'attitude des personnages.

c) Révise ton dialogue.

- Tiens compte des commentaires de ton ou de ta camarade.
- Vérifie l'emploi des tirets et les retours à la ligne dans ton dialogue.
- Vérifie la ponctuation avec les incises et les mots mis en apostrophe.

d) Rédige une courte mise en situation pour introduire ton dialogue, puis mets ton texte au propre.

Lecture

Des textes en quête de lecteurs

La lecture d'un roman

Plonger dans un bon roman, c'est un peu comme s'échouer sur une île. Dès les premières pages, on explore un monde riche et complexe. On se plaît à observer chaque paysage. On fait la rencontre des personnages qui habitent l'œuvre. On se laisse porter par l'atmosphère et par l'action. Lire un roman, c'est explorer un univers qui réserve bien des surprises. Lire un roman, c'est s'évader du réel pour faire un merveilleux voyage.

1. Lis ce début de roman tout en découvrant les pensées d'une lectrice qui plonge elle aussi dans cette lecture.

1- Bon, je commence *L'île de la croix d'or*, le livre d'André Dhôtel que m'a conseillé mon enseignant. Il m'a dit que c'était une histoire touchante qui parle de l'adolescence. Je vais pouvoir vérifier si ce roman est aussi bon qu'il le prétend.

2- Je me demande où cette île se trouve.

3- C'est bien la situation initiale d'équilibre! J'ai l'impression qu'il va quitter son île plus loin dans le roman.

4- Même si c'est très beau, cet endroit ne doit pas plaire à tous les jeunes qui y habitent. Ce serait trop étouffant pour moi.

5- Des caïques? Je présume que ce sont des sortes de voiliers.

6- C'est sûrement un arbre à fruits… Est-ce qu'un cognassier donne des cognasses… Il faudrait que je consulte un dictionnaire à ce sujet.

7- Cette histoire me fait penser à *La vraie histoire du chien de Clara Vic*, de Christiane Duchesne. C'est vraiment l'image qu'on se fait de la Grèce.

8- C'est le problème du héros, son conflit intérieur.

1
Enfance

Iannis Rallidis, qu'on appelait familièrement Iannakis, vivait à Chryssonissi, une petite île grecque assez proche de la côte d'Asie. À quatorze ans il n'avait jamais un seul jour quitté l'île où il était né.

5   Chryssonissi, dont le pourtour n'a pas plus d'une trentaine de kilomètres, ne donne asile qu'à un millier d'habitants. Les maisons blanches de l'unique bourg étagent leurs terrasses le long de la pente assez abrupte qui domine une baie profonde.

10 Il n'y a pas un siècle la population était surtout composée de marins qui vivaient grâce au transport des marchandises vers l'Asie. Quand les bateaux à vapeur avaient concurrencé les voiliers ou caïques, les habitants n'avaient survécu que grâce à quelques

15 cultures. Ils avaient planté des citronniers et des cognassiers et multiplié les oliviers et les vignes. Ces vergers s'alignaient tout au long de la plaine étroite, creusée entre deux chaînes montagneuses dont la hauteur est tout à fait modeste.

20 En cette île la vie de Iannis ne pouvait être que pauvre et monotone. Dès qu'il sortait de l'école, il devait souvent courir vers les petites montagnes afin de ramasser quelques ramilles pour sa mère qui économisait autant que possible le pétrole de son

9

réchaud, en faisant des flambées pour la cuisine sur
le pas de la porte. Presque tous les jours de l'année,
chez les Rallidis, on mangeait du poisson avec des
macaroni ou des pois chiches. Il y avait bien sûr
quelques olives et au printemps les concombres
30 que faisait mûrir le soudain vent du sud, de rares
tomates, puis des pastèques un peu plus tard et les
raisins qu'on ne vendait pas, à la fin de l'été.

Iannis n'avait guère d'occasions de se réjouir et
de se distraire, en dehors de ces repas frugaux. Depuis
35 que son grand frère était parti travailler dans une
usine d'Europe, quelques années plus tôt, il n'avait
plus de protecteur et se trouvait assez souvent mis
à l'écart par ses camarades. Iannis était un garçon
long et maigre qui ne pouvait jouer un grand rôle
40 dans les bagarres et les exploits sportifs, qu'il s'agisse
du ballon, de courses à la nage ou même lorsqu'en
février on lançait les cerfs-volants.

Le plus souvent il se trouvait, comme on dit,
livré à lui-même et à ses pensées. À la maison, les
45 parents demeuraient étonnamment silencieux. Quand
Zacharios Rallidis le père était revenu de la pêche
ou de la campagne, il rêvait, assis sur la pierre du
seuil. La maison, aux murs fragiles peints en rose,
était à mi-hauteur le long d'une ruelle rocailleuse
50 entre l'échoppe d'un cordonnier toujours à son
travail et la masure habitée par un vieillard qui
jamais ne prononçait un mot.

Partout d'ailleurs dans Chryssonissi règne la
plus grande paix. Des groupes discutent aux tables
55 de l'unique bistrot sur le port en buvant un café
et un verre d'eau. Des femmes s'interpellent d'un
mur à un autre mur situé en contrebas. On entend
chaque matin et chaque soir les cloches extérieures
de l'église aux coupoles blanches tout en haut du
60 bourg, et parfois le son extraordinaire du piano

10

André Dhôtel, *L'île de la croix d'or*, © Éditions Gallimard, 1991, p. 9-10
(Collection Folio Junior).

9- Encore ce sentiment
d'ennui éprouvé par
le personnage…

10- Son frère, au
moins, a réussi à
partir. Je pense
bien que Iannis va
faire de même.

11- C'est un garçon
rejeté. Moi, ça
m'attriste quand
quelqu'un n'arrive
pas à se faire
accepter des
autres.

12- Il n'est pas bon
dans les sports,
en plus. Un peu
comme moi…

13- Je ne suis pas
certaine que ses
parents l'aideront s'il
a des problèmes…

14- Une masure
habitée… Si c'est
habité, c'est donc
une sorte
d'habitation…

15- Est-ce que cette
situation d'équilibre
durera ? Je prévois
que la paix dans
l'île ne sera pas
définitive…

a) Associe chacune des pensées de la lectrice à l'un ou l'autre des énoncés suivants.

La lectrice…

Ⓐ fait des prédictions sur la suite de l'histoire.

Ⓑ ne comprend pas certains mots, mais elle essaie d'en prédire le sens en se référant au contexte et à ses connaissances de la langue française.

Ⓒ ressent le besoin de consulter des ouvrages de référence.

Ⓓ se met à la place du personnage et a de l'empathie pour lui.

Ⓔ tente de déterminer les enjeux de l'histoire et les problèmes des personnages.

Ⓕ compare le roman avec d'autres œuvres.

Ⓖ se prépare à lire un roman et projette de comparer son interprétation avec celle d'une autre personne.

b) Parmi les énoncés précédents, choisis les trois qui s'appliquent le mieux à ta façon d'aborder un roman.

2. Imagine que la lectrice de *L'île de la croix d'or* soit impatiente et qu'elle saute aux pages 54 et 55 pour connaître le destin d'Iannis.

Cette fois le maître parla sur un ton bref, abandonnant pour une fois son habituelle éloquence.

— Iannis, Photini a perdu la croix d'or qu'elle porte toujours. Elle s'en est aperçue hier soir après
5 avoir quitté la maison. Elle a pensé que la fermeture de la chaîne avait joué et que la croix était tombée sur le parquet de mon bureau. Elle n'a pas voulu faire rouvrir la porte, étant sûre de reprendre ici son bien ce matin même. Iannis, tu as déjà plus d'une
10 fois, me dit-elle, mis la main sur son stylo. Comme nous avons fouillé le bureau, le couloir et même le jardin, toi seul tu peux avoir trouvé sa croix.

Il regarda Photini qui déclara :

— Cela ne peut pas être autrement.

15 — Tu entends, Iannis ? dit Omiros.

Photini avait parlé sur un ton indifférent, comme si elle constatait un fait, sans même prendre la peine d'accuser Iannis. Tout le monde savait qu'il était un voleur.

20 Iannis prit d'abord le parti de ne rien répondre. Il regarda Photini avec un air de se moquer d'elle. Quitte à passer pour coupable une fois de plus, il désirait la défier.

— Tu ne dis rien, constata Omiros.

25 — Je n'ai rien à dire, lança Iannis. Ça ne me regarde pas.

— Je serai obligé de te fouiller et de chercher dans tes affaires, déclara Omiros.

— Inutile, dit Photini. Il aura caché ma croix à
30 un endroit où on ne peut la trouver, et plus tard il la revendra.

— Je la revendrai, dit Iannis, si jamais je la découvre. Puisque tu veux que je sois un voleur...

Alors Omiros s'exclama. Il n'aurait pu qu'étouf-
35 fer s'il avait plus longtemps renoncé à son éloquence. Il dit :

— Est-il permis ainsi de braver le sort ? Non content

54

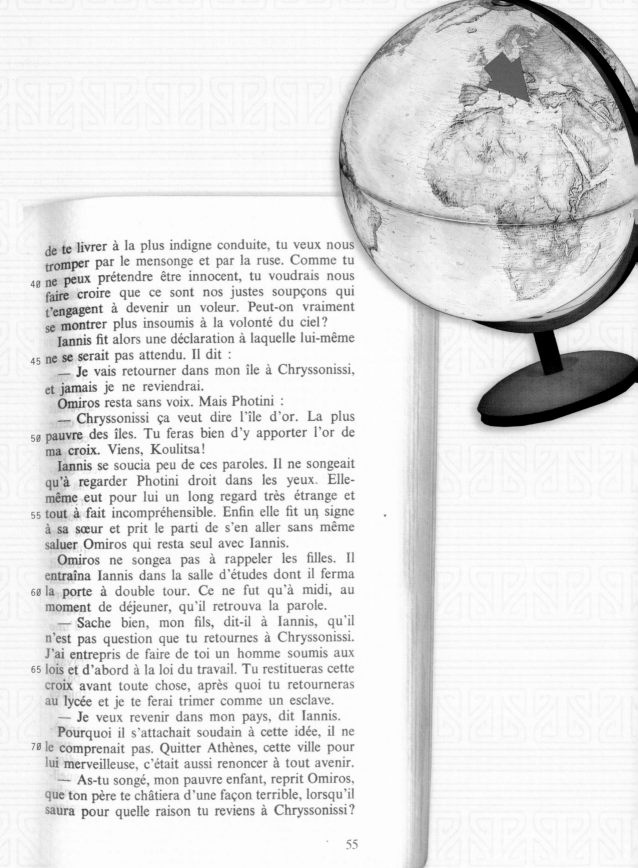

de te livrer à la plus indigne conduite, tu veux nous
tromper par le mensonge et par la ruse. Comme tu
40 ne peux prétendre être innocent, tu voudrais nous
faire croire que ce sont nos justes soupçons qui
t'engagent à devenir un voleur. Peut-on vraiment
se montrer plus insoumis à la volonté du ciel?

Iannis fit alors une déclaration à laquelle lui-même
45 ne se serait pas attendu. Il dit :

— Je vais retourner dans mon île à Chryssonissi,
et jamais je ne reviendrai.

Omiros resta sans voix. Mais Photini :

— Chryssonissi ça veut dire l'île d'or. La plus
50 pauvre des îles. Tu feras bien d'y apporter l'or de
ma croix. Viens, Koulitsa!

Iannis se soucia peu de ces paroles. Il ne songeait
qu'à regarder Photini droit dans les yeux. Elle-
même eut pour lui un long regard très étrange et
55 tout à fait incompréhensible. Enfin elle fit un signe
à sa sœur et prit le parti de s'en aller sans même
saluer Omiros qui resta seul avec Iannis.

Omiros ne songea pas à rappeler les filles. Il
entraîna Iannis dans la salle d'études dont il ferma
60 la porte à double tour. Ce ne fut qu'à midi, au
moment de déjeuner, qu'il retrouva la parole.

— Sache bien, mon fils, dit-il à Iannis, qu'il
n'est pas question que tu retournes à Chryssonissi.
J'ai entrepris de faire de toi un homme soumis aux
65 lois et d'abord à la loi du travail. Tu restitueras cette
croix avant toute chose, après quoi tu retourneras
au lycée et je te ferai trimer comme un esclave.

— Je veux revenir dans mon pays, dit Iannis.

Pourquoi il s'attachait soudain à cette idée, il ne
70 le comprenait pas. Quitter Athènes, cette ville pour
lui merveilleuse, c'était aussi renoncer à tout avenir.

— As-tu songé, mon pauvre enfant, reprit Omiros,
que ton père te châtiera d'une façon terrible, lorsqu'il
saura pour quelle raison tu reviens à Chryssonissi?

55

André Dhôtel, *L'île de la croix d'or*, © Éditions Gallimard, 1991,
p. 54-55. (Collection Folio Junior).

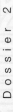

Les phrases suivantes traduisent les pensées que la lectrice aurait pu avoir spontanément en lisant les pages 54 et 55. D'après toi, quels passages du texte auraient pu faire surgir ces pensées ? Relève les lignes qui correspondent à ces passages.

Ⓐ Ah ? Koulitsa, c'est la sœur de Photini !

Ⓑ Cet objet est un véritable enjeu dans le roman. Le titre nous l'indique.

Ⓒ Iannis doit être accusé de vol… Cet évènement va perturber la vie de Iannis, j'en suis certaine.

Ⓓ Il n'est plus sur l'île ! J'avais raison : il l'a quittée.

Ⓔ Le narrateur peut lire aussi dans les pensées d'Iannis. C'est donc un narrateur omniscient, comme on l'a appris l'année dernière.

Ⓕ Qui est cet homme ? Je vais relire le début de la page… Ah ! c'est sûrement le maître.

Ⓖ Qui est cette fille ? Un nouveau personnage qui me semble hostile !

Ⓗ « Te *châtiera* »… Ce verbe vient de *châtiment*.

Ⓘ Qui ce « il » désigne-t-il : le maître ou Iannis ? C'est sans doute le maître : Iannis n'a pas encore pris la parole.

Ⓙ Éprouverait-elle pour Iannis un sentiment inavoué ? Je prédis qu'ils deviendront amoureux.

3. Imagine maintenant que la lectrice, n'arrivant plus à se contenir, décide de lire les dernières pages du roman pour savoir comment se termine l'histoire d'Iannis. Elle se sent évidemment un peu perdue, mais elle arrive tout de même à comprendre.

demander si Iannis était parvenu dans l'île. Diomédès avait expliqué tout ce qu'il pouvait, averti la famille de Photini, qui de son côté avait lancé aux trousses des garnements la police maritime, laquelle n'avait pas réussi à recouper leur route.

5   Quand tout fut expliqué tant bien que mal, Zacharios se leva et demanda :

— Iannis, est-ce que tu as volé?

— Jamais je n'ai volé, dit Iannis.

— Jamais il n'a volé, dit Photini.

10   Elle montra la croix d'or qu'elle avait serrée dans sa poche.

— Je ne comprends pas très bien l'histoire de ce joyau, dit le père. Mais cette croix d'or est la plus belle qui soit. Mes enfants, à partir de ce jour je pense que vous ne serez jamais séparés.

En vérité s'il n'y avait rien d'autre à ajouter, il fallait quand 15 même envisager l'avenir. Retour de Photini et de Iannis à Athènes, pour se remettre au travail avec l'aide et l'encourageante éloquence du maître Perdicaris. Il en fut ainsi, tandis qu'on s'imaginait que sans doute Theodoros et Lycourgos couraient des bordées le long des côtes de Chryssonissi jusqu'à l'éternité.

20   Il semblait à Iannis et à Photini que tout commençait. Certes c'était la vie ordinaire qui les reprenait avec les études, les examens, les difficultés et les joies de toutes sortes. Mais Iannis et Photini, quelles que fussent les circonstances, devraient vivre toujours désormais dans l'aventure merveilleuse de leur amour.

25   Un dernier événement les bouleversa de telle façon qu'ils ne comprirent jamais s'ils en furent désolés ou enchantés.

Un jour, peu de temps après leur retour à Athènes, Iannis demanda à Photini :

— Pourquoi donc tu ne portes plus ta croix?

30   Elle le regarda avec des larmes dans les yeux.

— Tu l'as perdue? s'écria Iannis.

— Je l'ai perdue dans l'île, au moment de notre départ, peut-être sur le port, peut-être dans une ruelle. Je m'en suis aperçue quand nous étions sur le bateau.

35   Ce fut ainsi que Chryssonissi devint pour eux l'île de la croix d'or, d'autant plus belle maintenant, Chryssonissi avec ses maisons blanches, la falaise de l'Ange, les chênes kermès, le bazar, les aigles, les orchidées, qu'il faudrait un jour faire connaître à Loukia, à Gaëtan Brisefer, à Diomédès, enfin à l'inoubliable 40 petite fille de Patras.

242

André Dhôtel,
L'île de la croix d'or,
© Éditions Gallimard,
1991, p. 242-243.
(Collection Folio
Junior).

a) Les personnages ont changé au cours de l'histoire. Quels changements la lectrice peut-elle observer?

b) Que pourrait conclure la lectrice à propos de l'intrigue de la croix d'or?

c) Que pourrait constater la lectrice quant aux voyages d'Iannis?

4. Crois-tu que c'est une bonne stratégie de lire la dernière page d'un roman avant d'avoir lu toute l'histoire ? Justifie ta réponse.

Mise au point   La lecture d'un roman

Quand tu lis un roman, n'hésite pas à t'arrêter pour réfléchir au texte. Tu établis toi-même ton rythme de lecture et c'est toi qui décides de quelle manière tu veux lire. Au fil de ta lecture, prête attention aux aspects suivants.

- **Ta compréhension du texte**
  - Si le passage que tu es en train de lire te paraît difficile, continue ta lecture ; si tu ne comprends toujours pas, arrête-toi, et relis les paragraphes précédents.

- **Ta connaissance de l'univers décrit**
  - N'hésite pas à consulter des ouvrages de référence pour mieux cerner l'époque ou les lieux d'un roman ou encore pour connaître le sens d'un mot important.

- **L'intrigue**
  - Fais des prédictions sur le déroulement de l'histoire et tente de les valider au fil de ta lecture ;
  - De chapitre en chapitre, essaie de trouver les éléments qui bouleversent la vie des personnages.

- **Les personnages et les enjeux**
  - Pose-toi des questions sur ce que les personnages ont à gagner ou à perdre et essaie de comprendre ce qui les motive, ce qui les pousse à agir ;
  - Tente de découvrir les conflits et les problèmes auxquels ils se heurtent.

- **Ton appréciation et ta réaction au texte**
  - Mets-toi à la place des personnages et vois si tu as de l'empathie ou non à leur égard ;
  - Porte un jugement sur les moyens que prennent les personnages pour tenter de régler leurs problèmes et de rétablir l'équilibre dans leur vie.

Les stratégies de lecture, p. 427
Les univers narratifs, p. 430
Le schéma narratif, p. 429

Une île à découvrir

1. Les quatrièmes de couverture suscitent souvent des réflexions de la part des lecteurs.

Lis ces deux textes tirés de quatrièmes de couverture. Chaque fois que tu vois le symbole ⬡, choisis le commentaire qui convient dans la liste de la page suivante.

David McCrimmon n'imaginait pas que ses vacances aux îles Hébrides ❶, patrie de ses ancêtres écossais, allaient prendre une tournure dangereuse ❷. Ayant promis d'accomplir la dernière volonté d'un mourant ❸, David découvre, bien malgré lui, le complot ❹ diabolique d'une bande de trafiquants, où figurent espions, sous-marins, bombes et armes bactériologiques.

À mesure que les falaises, la mer écumante et la magie des Îles ensorcellent David, il s'aperçoit qu'il est incapable d'empêcher l'enchaînement des évènements terrifiants qui se succèdent à un rythme diabolique ❺.

Robert Sutherland,
Le mystère de l'île au Roc Noir, Montréal,
Éditions Pierre Tisseyre, 1999, quatrième
de couverture (Collection Deux solitudes).

Trini à l'île de Pâques, de Pierrette Fleutiaux,
collection Folio Junior © Gallimard Jeunesse

Un coup de téléphone ❻, et voilà Trini, treize ans, Mousie sa souris et sa sœur Séréna, lieutenant de police, plongées dans une nouvelle ❼ aventure. Des objets rares ont été volés ❽ à l'exposition de l'an 2000 consacrée à la mystérieuse île de Pâques ❾. Séréna et Trini sont aussitôt expédiées en mission dans le Pacifique Sud. Mais sur place, Trini reçoit un étrange appel au secours. Avec ses nouveaux amis pascuans ❿, elle devra affronter un danger imprévu. Un homme-requin les poursuit, des statues énigmatiques les observent et les esprits parlent. Cavernes, souterrains, volcans… que se passe-t-il donc sur cette île du bout du monde ?

(A) C'est l'enjeu. Ils doivent retrouver ces objets…

(B) C'est sûrement un roman d'action, puisqu'on parle de dangers…

(C) Ce mot désigne probablement les habitants de l'île de Pâques.

(D) Ce mot signifie que plusieurs personnes sont complices pour commettre une mauvaise action.

(E) Ce n'est sûrement pas le premier livre qui présente ces personnages.

(F) Je connais cette île. C'est là où on trouve les statues géantes.

(G) Je ne sais rien de cet endroit. Il faudrait que je fasse une recherche…

(H) Le héros devra surmonter bien des difficultés, semble-t-il.

(I) Voilà l'élément perturbateur ! Il est présenté dès le début.

(J) Voilà l'enjeu, mais je me demande bien quels sont ces derniers souhaits. Je me demande aussi de quoi la personne est morte.

2. L'extrait de l'*Île au trésor* (recueil, p. 45-52) peut être considéré comme un texte difficile à lire.

a) Lis-le et, au fil de ta lecture, dresse la liste des questions que tu te poses.

b) Relève les éléments graphiques qui t'aident à comprendre le texte.

c) Compare tes questions avec celles d'un ou d'une camarade. Quelles questions reviennent le plus souvent ?

Je vais plus loin

Préparation au **projet**

Compare les débuts de romans dans le recueil de textes, soit celui de *La vraie histoire du chien de Clara Vic* (p. 37-39) et celui d'*Un nuage sur l'île rouge* (p. 40-41).

a) Dresse une liste des ressemblances et des différences entre les débuts des deux romans.

b) Quel début de roman te donne le plus envie de lire la suite ? Justifie ta réponse.

c) En considérant le début des romans, fais trois prédictions à propos de ce qui pourrait arriver dans chacun de ces romans. Justifie chacune de tes prédictions en citant un passage du texte.

d) Échangez vos prédictions et vos justifications en équipe de trois ou quatre. Choisissez-en au moins une que vous aimeriez présenter à la classe.

Écriture
Des textes en devenir

La planification

Se documenter, prendre des notes, faire un plan... voilà des stratégies qui peuvent stimuler l'imagination lorsque vient le temps d'écrire une histoire. Certains écrivains, par exemple, ont campé leurs personnages dans des villes où ils n'ont jamais mis les pieds. Ils ont cherché dans des guides touristiques, fouillé dans des encyclopédies, consulté des sites Internet. Ce travail leur a permis de décrire les rues de New York, de Calcutta ou de Rio, sans même se déplacer... Avec une bonne préparation et des recherches efficaces, le monde t'appartient! Tu peux construire des univers narratifs vraisemblables et réalistes.

1. Observe les documents qui suivent. Les auteurs du texte *Panique sur l'île Miscou* (p. 65-68) les ont utilisés.

Document 1

MEGGIE (14 ans)

<u>Portrait physique</u> : grande et mince, rousse, cheveux longs

<u>Personnalité et tempérament</u>

Qualités : studieuse, rigoureuse, très intelligente

Défauts : légèrement boudeuse, trop impulsive, facilement
découragée, impressionnable, peureuse, impatiente

Ce qu'elle aime : magasiner, parler au téléphone avec des amies,
naviguer dans Internet, danser, écouter de la
musique populaire, aller au cinéma

DANY (14 ans)

<u>Portrait physique</u> : grand, costaud, non voyant

<u>Personnalité et tempérament</u>

Qualités : patient, très mature, perspicace, ouvert d'esprit, joyeux
et souriant, compréhensif

Défauts : peut être trop bon, parfois naïf

Ce qu'il aime : jouer du violon, écouter de la musique classique,
faire du camping, communiquer avec les gens

Document 2

Document 3

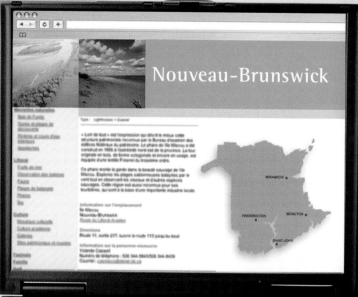

Document 4

Plan de l'île

Phare de Miscou

Lac Frye

MISCOU Plains

Nord

Sud

Plage publique

Chemin Ward

Lac Mal Bay Nord

Golfe du St-Laurent

Sentier Tourbière

Lac Mal Bay Sud

Miscou Centre

Wilson's Point

Île aux Trésors

Baie des Chaleurs

Landry

Miscou Harbour

Pont

Lamèque
Shippagan
Caraquet
Tracadie-Sheila

24 km

16 km

Plages

Phare

Bureau de poste

Essence

Pêche
Info pour la pêche
au bar, moules, coques,
homard...

Stationnement
privé
MISCOU Camping

Document 5

Titre : *Panique sur l'île Miscou*

Situation initiale d'équilibre : **Qui ?**
Présentation du personnage principal et des personnages secondaires :
Meggie, Dany, les parents de Meggie.
Quand ?
Présentation du temps pendant lequel se déroule le récit : les vacances d'été.
Où ?
Présentation du lieu où se déroule le récit : île Miscou au Nouveau-Brunswick.
Quoi ?
Présentation de la situation dans laquelle se trouve le personnage principal au
début de l'histoire : Meggie passe l'après-midi à la plage avec son cousin Dany.

Élément perturbateur : La découverte par Meggie d'un objet insolite.

a) Dans le premier chapitre de *Panique sur l'île Miscou* (p. 65-68), chaque
élément de la situation initiale (document 5) a été clairement présenté.
En quoi est-ce utile aux lecteurs ?

b) Les auteurs ont choisi de terminer le premier chapitre par l'annonce de
l'élément perturbateur (document 5). Selon toi, est-ce habile de leur
part ? Justifie ta réponse.

c) Écris de façon schématique ce qui pourrait être la suite du roman
Panique sur l'île Miscou :

• le déroulement d'actions ou d'évènements (deux actions ou évènements);

• le dénouement;

• la situation finale d'équilibre.

d) Relève les passages du texte *Panique sur l'île Miscou* inspirés des
documents 2 et 4.

e) Quels renseignements inscrits sur les fiches des personnages (document 1) n'ont pas servi à la rédaction du premier chapitre du roman ?

f) Quelle est l'utilité des cartes géographiques (documents 3 et 4) pour écrire un texte de fiction ?

2. Selon toi, est-il toujours nécessaire de se documenter avant d'écrire une histoire ? Justifie ta réponse.

3. Selon toi, est-il toujours nécessaire de remplir des fiches de personnages et d'élaborer un schéma narratif avant d'écrire une histoire ? Justifie ta réponse.

Mise au point — La planification d'un texte narratif

Souvent, quand on écrit un texte narratif, les lieux, les évènements ou les personnages sont purement imaginaires. On écrit spontanément et librement, sans se censurer. Toutefois, on peut parfois recourir à des notes, à des documents ou à des sites Internet pour stimuler son imagination et arriver à créer un univers plus vraisemblable. Pour mieux te préparer à écrire un texte narratif, n'hésite pas à effectuer des recherches sur les aspects suivants.

- **Les lieux**

  Si tu as choisi des lieux qui existent réellement, documente-toi en cherchant des photographies ou en consultant des atlas, des guides touristiques ou des sites Internet.

- **Les personnages**

  Établis des fiches pour chacun des personnages importants.

- **L'histoire**

  Élabore le schéma narratif de l'histoire que tu veux raconter. Pour t'inspirer, n'hésite pas à puiser dans ta vie personnelle. Remémore-toi les aventures que tes proches t'ont racontées. Lis les faits divers dans les journaux.

- **Le vocabulaire**

  Consulte un dictionnaire analogique ou un autre ouvrage de référence. Établis des champs lexicaux en rapport avec les lieux (ex. : la plage, la forêt, etc.), les caractéristiques des personnages (ex. : robuste, maigrelette, sympathique, jaloux, etc.) ou l'atmosphère que tu veux créer (ex. : peur, isolement, inquiétude, etc.).

1. Relis le début du roman *La vraie histoire du chien de Clara Vic* (recueil, p. 37-39). En effectuant les tâches suivantes, imagine les recherches que l'auteure a pu faire.

a) Trouve une carte géographique qui aurait pu permettre à l'auteure de bien situer les lieux. Choisis également une photographie qui aurait pu l'inspirer.

b) Trouve un article de dictionnaire qui l'aurait aidée à constituer un champ lexical.

c) Remplis une fiche sur le personnage de Clara Vic.

 2. Mets tes trouvailles en commun avec quelques camarades et échangez des sources d'information qui pourraient vous servir la prochaine fois que vous rédigerez un texte.

Je vais plus loin

Préparation projet

Tu dois écrire le début d'un récit. Ton texte, d'environ 250 mots, devra se terminer avec l'annonce de l'élément perturbateur. Avant de commencer la rédaction, même si tu n'as pas à écrire l'histoire au complet, il importe que tu l'aies en tête. Il te faut donc élaborer le schéma narratif complet de cette histoire. Voici quelques pistes pour te guider.

a) Choisis un lieu parmi les suivants.

Une île tropicale

Un glacier

Une île volcanique

b) Parmi les personnages suivants, choisis celui que tu préfères.

Une spéléologue

Une sportive

Un scientifique

c) Détermine quel élément perturbateur déclenchera l'action.

| Un coup de foudre | Une explosion | Une découverte |

d) Choisis un enjeu qui conduira à la situation finale de l'histoire.

| Se sortir de la pauvreté | Établir la cartographie d'une île | Impressionner ses proches |

e) Pour enrichir le vocabulaire que tu emploieras, inspire-toi de deux des quatre champs lexicaux suivants.

forêt, jungle, luxuriante, palmier, cocotier, hibiscus, gardénias, feuillage…

mer, plage, sable, récif, rocher, coraux, hauts-fonds, coquillage, accostage, grève, sablonneux…

abrupt, érosion, montagneux, pierreux, volcanique, falaise, plateau, plaine, vallonné…

tempête, cyclone, pluie, torrent, nuage, inondation, orage, bruine, blizzard, vent…

f) Effectue des recherches afin de trouver d'autres renseignements pour décrire le lieu que tu as choisi.

g) Développe ton personnage en créant une fiche comme celles de la page 93.

 h) Rédige le début de ton histoire (250 mots) en tenant compte des choix que tu as faits. Compare ton récit avec celui des élèves qui ont fait les mêmes choix que toi.

Communication orale
Des voix qui portent

Le consensus

«Il faut en venir à un consensus.» Ce conseil, en apparence simple, n'est pas toujours facile à mettre en application. Cependant, c'est le prix à payer pour vivre en société, même si on rêve parfois de se retrouver, en solitaire, sur une île déserte...

1. a) Associe chacun des mots de l'encadré à l'un des termes suivants.

 entente   négociation   concession

> • accord   • harmonie   • pourparlers
> • compromis   • transaction   • consentement
> • échange   • accommodement   • union

b) Fais part de tes réponses à tes camarades de classe et justifie-les, dictionnaire à l'appui.

c) À l'aide des termes proposés et des mots qui y sont associés, donnez une définition du mot *consensus*.

2. En équipe de deux, lisez à haute voix les deux situations suivantes en vous glissant dans la peau des interlocuteurs.

Situation 1

Naïma :   Je veux que mon histoire se passe sur l'île de Manhattan.

Édouard : Moi, j'aurais préféré une petite île inconnue, mais bon…

Naïma :   Je connais vraiment bien cette île : ma tante y habite depuis plusieurs années et…

Édouard : Il me semble que…

Naïma :   Ton idée d'île inconnue est ridicule : personne ne sera intéressé à lire une histoire qui se passe on ne sait où…

Édouard : Pourtant, une île inconnue, c'est…

Naïma :   N'essaie même pas de me convaincre : je n'ai pas du tout envie de chercher de la documentation sur des îles que je ne visiterai jamais de ma vie.

Édouard : L'île de Manhattan, c'est pas très original.

Naïma :   Original ou non, j'ai déjà une idée : c'est l'histoire d'un détective qui…

Édouard : Oui, mais…

Naïma :   Plus j'y pense, plus mon idée est géniale ! On commence tout de suite, sinon je vais perdre…

Édouard : Bon, comment ça commence ton histoire, au juste… ?

Brenda :	J'avais pensé que notre histoire pourrait se dérouler sur une île très peuplée, comme l'île de Manhattan.
Gabriel :	C'est une bonne idée, mais c'est très différent de la proposition que j'allais faire. Je voyais l'histoire se passer sur une île inconnue où les personnages découvriraient un monde nouveau.
Brenda :	C'est vrai que les lecteurs découvriraient aussi de nouvelles réalités, mais il faudrait beaucoup se documenter. Je connais bien l'île de Manhattan. Ma tante y habite et j'y vais très souvent.
Gabriel :	Justement, tu apprendrais les particularités d'une autre île si on choisissait un lieu moins familier. Ensemble, on découvrirait des choses nouvelles.
Brenda :	Hum… si tu acceptes de faire la recherche et de choisir les ouvrages pertinents, c'est d'accord ; mais avoue que ce serait plus facile de retenir mon idée.
Gabriel :	Quand tu prendras connaissance de la documentation sur les îles, tu verras comme c'est intéressant d'élargir nos horizons… Et puis, rien ne nous empêche de retenir certaines caractéristiques de Manhattan pour décrire notre île.
Brenda :	C'est vrai !

a) Rattachez les phrases suivantes à la situation qui convient.

A. Chaque personne écoute le point de vue de l'autre pour mieux en tenir compte.

B. On enchaîne les idées en les formulant à partir de ce qui vient d'être dit.

C. On précise ses réactions de façon à faire comprendre ce que l'on pense vraiment.

D. Une personne propose ses idées et l'autre les accepte sans condition (ou n'a pas le choix de les accepter).

E. On formule des arguments précis pour faire valoir sa position.

F. On cherche à montrer qu'on a raison en négligeant le point de vue de l'autre.

G. On ne fait pas valoir ses idées pour éviter la confrontation.

H. On valorise les propos de l'autre tout en faisant voir que les idées qu'on avance sont meilleures.

b) Dans les deux situations, relevez, s'il y a lieu, les passages qui illustrent les règles générales suivantes.

1. On justifie son point de vue à l'aide d'arguments.

2. On explique ses réactions pour préciser sa position.

3. On respecte l'autre en tenant compte de ses idées.

c) Dans quelle situation les interlocuteurs en arrivent-ils à un consensus en faisant des concessions de part et d'autre ? Quels compromis ont-ils faits ?

Mise au point   Le consensus

Quand on travaille en coopération ou qu'il faut prendre une décision en groupe, il est nécessaire de se concerter, de négocier, de considérer diverses idées ou positions et de faire des concessions pour que les décisions prises soient acceptables pour tous. Pour y parvenir, il faut respecter des règles précises qui facilitent le rapprochement entre les parties.

Voici quelques règles générales à suivre pour établir un consensus :

- faire valoir ses idées ;
- justifier son point de vue à l'aide d'arguments pour amener l'autre à adhérer à ses idées ;
- expliciter ses réactions en se référant à ses goûts, à ses valeurs, à ses connaissances, etc. ;
- faire des concessions de part et d'autre en reformulant ses idées pour tenir compte du point de vue de l'autre ;
- respecter l'autre en nuançant ses interventions.

Il va de soi qu'au cours des échanges visant à établir un consensus, les interlocuteurs doivent suivre les principales règles de la discussion, comme écouter activement les autres, explorer et partager des idées, réagir aux propos des autres, etc.

Les règles de la discussion, p. 445
Les règles du consensus, p. 446

Je m'entraîne

Regarde la vidéo une première fois avec tes camarades, puis examinez comment les participants en arrivent à un consensus.

a) Prêtez attention aux principales règles appliquées par les participants au cours des échanges, puis en équipe de deux, faites part de vos observations.

b) Écoutez le scénario une autre fois et relevez les stratégies et les moyens linguistiques employés par les participants :

- pour faire valoir leurs idées ;
- pour justifier leur point de vue ;
- pour respecter la sensibilité des interlocuteurs.

Je vais plus loin

Préparation au projet

Voici une situation qui te permettra de mettre en application tes connaissances sur la manière de faire valoir tes idées tout en tenant compte du point de vue d'autrui pour en arriver à un consensus.

a) Lis attentivement le texte de la chanson de Félix Leclerc, *Le tour de l'île*, présenté dans le recueil (p. 32-33) en t'attardant aux éléments qui décrivent l'île d'Orléans.

b) Esquisse une illustration de l'île en fonction des aspects que tu juges importants dans la chanson.

c) En petits groupes ou en équipe de deux, compare ton illustration avec celles de tes camarades en vue d'en arriver à un consensus. Quels éléments faudrait-il retenir pour obtenir une illustration représentative des images évoquées dans le texte poétique ?

d) En vous appuyant sur les idées retenues en équipe, esquissez individuellement une nouvelle illustration qui représente à vos yeux le résultat du consensus.

e) Comparez de nouveau vos illustrations et évaluez jusqu'à quel point vous en êtes arrivés à un consensus.

f) Comparez enfin l'illustration finale avec chaque illustration de départ et précisez les concessions que vous avez faites.

Le passé simple

DES VERBES qui témoignent d'un passé

Je réfléchis

1. Lis le texte suivant en prêtant attention aux verbes au passé simple (en couleur) et aux verbes à l'imparfait (en gras).

Une terre étrangère

Jim, le narrateur, débarque sur une île. Il examine avec curiosité la terre étrangère où il se trouve.

Je ressentis alors pour la première fois les joies de l'explorateur. L'île **était** inhabitée ; […] rien ne **vivait** devant moi que des bêtes. […] Çà et là **fleurissaient**
5 des plantes inconnues de moi ; çà et là je vis des serpents, dont l'un avança la tête hors d'une crevasse de rocher, et siffla avec un bruit assez analogue au ronflement d'une toupie. J'**étais** loin de
10 penser que ce fût un ennemi mortel et, ce bruit, celui de la fameuse « sonnette ».

R. L. Stevenson, *L'île au trésor*,
traduction de Déodat Serval,
© 1990 Flammarion, Paris, pour cette édition.

Parmi les énoncés suivants, lequel décrit l'emploi du passé simple ? Lequel décrit l'emploi de l'imparfait ?

A On décrit une réalité (par exemple, un lieu, une personne, des sentiments) et on présente des caractéristiques qui durent ou qui se répètent.

B On présente une action ou un fait qui est arrivé à un moment précis dans le passé.

2. Observe les verbes dans le tableau ci-dessous.

VERBES AU PASSÉ SIMPLE		
Aimer	**Finir**	**Apercevoir**
j'aim**ai**	je fin**is**	j'aperç**us**
tu aim**as**	tu fin**is**	tu aperç**us**
il / elle aim**a**	il / elle fin**it**	il / elle aperç**ut**
nous aim**âmes**	nous fin**îmes**	nous aperç**ûmes**
vous aim**âtes**	vous fin**îtes**	vous aperç**ûtes**
ils / elles aim**èrent**	ils / elles fin**irent**	ils / elles aperç**urent**

a) Y a-t-il des personnes du passé simple que tu n'as jamais vues ou qui te semblent employées plus rarement ? Si oui, lesquelles ?

b) Consulte un guide de conjugaison et relève cinq verbes qui se conjuguent sur le modèle de chacun des verbes présentés dans le tableau ci-dessus.

c) Observe les terminaisons en caractères gras des trois verbes conjugués au passé simple dans le tableau ci-dessus, puis mets leurs ressemblances en évidence dans un tableau comme celui-ci.

	Terminaisons des verbes au passé simple		
je	-ai	-is	-us
tu	▬	▬	▬
il / elle	▬	▬	▬
nous	-âmes	-îmes	-ûmes
vous	▬	▬	▬
ils / elles	▬	▬	▬

d) Dans quel cas le son de la terminaison du verbe à la troisième personne du singulier est-il différent de celui de la première personne du singulier ?

e) Quelle particularité orthographique remarques-tu aux deux premières personnes du pluriel ?

3. a) Observe les verbes au passé simple (en couleur) dans l'extrait de *L'île au trésor* à la page suivante. Trouve l'infinitif de ces verbes et classe-les dans un tableau comme celui-ci.

TERMINAISONS DES VERBES AU PASSÉ SIMPLE		
-ai, -as, -a, -âmes, -âtes, -èrent	*-is, -is, -it, -îmes, -îtes, -irent*	*-us, -us, -ut, -ûmes, -ûtes, -urent*
▬	Ex.: *se faire*	▬

Une grande frayeur

Jim, le narrateur, a semé ses compagnons de voyage pour débarquer sur une île. Il se croit seul sur cette terre qu'il découvre à peine…

Tout d'un coup, il se fit entre les joncs une sorte d'émeute : avec un cri rauque, un canard sauvage s'envola, puis un autre, et bientôt, sur toute la superficie du marais, une énorme nuée d'oiseaux
5 criards tournoya dans l'air. Je jugeai par là que plusieurs de mes compagnons de bord s'approchaient par les confins du marigot. Et je ne me trompais pas, car je perçus bientôt les lointains et faibles accents d'une voix humaine, qui se renforça et se rapprocha peu à peu, tandis que je continuais à prêter l'oreille.

10 Cela me jeta dans une grande frayeur. Je me glissai sous le feuillage du chêne vert le plus proche, et m'y accroupis, aux aguets, sans faire plus de bruit qu'une souris.

Une autre voix répondit à la première ; puis celle-ci, que je reconnus pour celle de Silver, reprit et continua longtemps d'abondance, interrompue par
15 l'autre à deux ou trois reprises seulement. D'après le ton, les interlocuteurs causaient avec vivacité et se disputaient presque ; mais il ne me parvenait aucun mot distinct.

À la fin, les deux hommes firent halte, et probablement ils s'assirent, car non seulement ils cessèrent de se rapprocher, mais les oiseaux même s'apaisèrent
20 peu à peu et retournèrent à leurs places dans le marais.

R. L. Stevenson, *L'île au trésor*, traduction de Déodat Serval, © 1990 Flammarion, Paris, pour cette édition.

b) Observe les verbes dans ton tableau et réponds aux questions suivantes.

1 Les verbes en *-er* se terminent-ils tous par *-ai*, *-as*, *-a*, *-âmes*, *-âtes*, *-èrent* au passé simple ?

2 Peux-tu dégager une généralité quant aux terminaisons des verbes en *-ir*, en *-oir* ou en *-re* au passé simple ? Explique ta réponse.

4. a) La formation du passé simple des verbes en *-er* est régulière : il suffit de remplacer la terminaison de l'infinitif par celles du passé simple.

Ex. : arriv/er ➤ j'arriv/ai

Donne trois autres exemples en séparant le radical et la terminaison du verbe conjugué au passé simple.

b) Pour former le passé simple de certains verbes, il faut changer le radical.

Ex. : vivre ➤ je vécus

Dans le texte *Une grande frayeur* (p. 105), relève trois verbes qui ont un radical particulier au passé simple.

Mise au point Le passé simple

Le passé simple est utilisé pour faire avancer l'action dans un récit. Le plus souvent, le verbe est conjugué à la première personne du singulier ou aux troisièmes personnes du singulier et du pluriel.

Ex. : Je restai cachée. Un homme cria, puis plusieurs voix se firent entendre au loin.

Les verbes au passé simple peuvent être classés dans quatre catégories, selon le son final à la troisième personne du singulier.

SON FINAL DES VERBES À LA 3E PERSONNE DU SINGULIER DU PASSÉ SIMPLE			
« a »	« i »	« u »	« in »
Ex. : *elle alla*	Ex. : *il sortit*	Ex. : *elle vécut*	Ex. : *il revint*
Verbes en -*er*	La plupart des verbes en -*ir* et des verbes en -*re*	Beaucoup de verbes en -*oir* et quelques verbes en -*re*	Les verbes *tenir*, *venir* et leurs dérivés
Terminaisons : -*ai*, -*as*, -*a*, -*âmes*, -*âtes*, -*èrent*	Terminaisons : -*is*, -*is*, -*it*, -*îmes*, -*îtes*, -*irent*	Terminaisons : -*us*, -*us*, -*ut*, -*ûmes*, -*ûtes*, -*urent*	Terminaisons : -*ins*, -*ins*, -*int*, -*înmes*, -*întes*, -*inrent*

La formation du passé simple des verbes en -*er* et de plusieurs autres verbes est régulière : on remplace -*er* ou -*ir* par la terminaison du passé simple.

Ex. : aim**er** : j'aim**ai**, il aim**a**, ils aim**èrent** ; fin**ir** : je fin**is**, il fin**it**, elles fin**irent**

Attention ! Pour former le passé simple de certains verbes, il faut changer le radical.

Ex. : viv**re** : je vé**cus**, elle vé**cut**, elles vé**curent**

Comprendre la formation du passé simple, mémoriser des cas particuliers et consulter un ouvrage de référence sont autant de moyens qui permettent de corriger des erreurs comme celles ci-dessous.

chant**ai**   v**it**   aperç**ut**   pr**it**

Ex. : je ~~chanta~~, elle ~~vut~~, il ~~apercevit~~, elle ~~prena~~

La formation des temps simples, p. 490

1. a) Relève le groupe du nom sujet ou le pronom sujet des verbes entre parenthèses, puis conjugue les verbes au passé simple.

1. L'avion (se poser) sur l'île d'Haïti, à Port-au-Prince, en fin d'après-midi.

2. Je (descendre) la première, trop pressée de poser le pied sur la terre de mes ancêtres.

3. Je (franchir) très vite les guichets de la douane et (traverser) le hall où des gens agitaient des pancartes, se donnaient l'accolade ou couraient en poussant un chariot.

4. Pendant un moment, je (rester) immobile, étourdie dans cette cohue.

5. J'(apercevoir) alors deux personnes tenant une banderole avec mon nom dessus ; ce devait être mon oncle et ma tante.

6. Je (faire) des gestes dans leur direction avec mon bras libre, en me hissant sur la pointe des pieds.

7. Ils me (remarquer) enfin et (venir) précipitamment vers moi.

8. La sœur de ma mère m'(embrasser) avec émotion et son mari m'(étreindre) affectueusement. J'étais heureuse de faire enfin leur connaissance !

9. Je (répondre) à leurs questions du mieux que je le pouvais, dans un créole approximatif, puis ils me (conduire) à l'extérieur de l'aéroport.

b) Sépare par une barre oblique le radical et la terminaison des verbes au passé simple.

- Assure-toi que le radical des verbes en *-er* est le même que celui de l'infinitif et vérifie leur terminaison au passé simple.

- Au besoin, vérifie la formation des autres verbes dans un ouvrage de référence.

2. a) Le texte suivant est écrit au passé composé. Récris les mots en couleur au passé simple.

Aventures dans les îles

À marée basse, on peut passer de la première île à la deuxième. Marilou, curieuse et aventurière comme tout, **a** donc **décidé** de proposer à ses copines une petite excursion dans l'île voisine.

5 – Tu n'y penses pas, **a répliqué** Judy, les moniteurs ne nous laisseront jamais faire !

– C'est bien certain, **a répondu** l'intrépide Marilou, et c'est justement pour ça que nous ne leur en parlerons pas…

Tandis que les moniteurs roupillaient encore, les quatre filles **se sont engagées**
10 dans le bras de mer qui sépare les deux îles. Mouillées jusqu'au nombril, elles **ont fini** par mettre pied sur cette île sauvage recouverte d'une forêt dense.

Seulement, la marée basse est brève. Le temps de faire le tour de l'île et voilà nos exploratrices encerclées par une mer infranchissable.

– Toi et tes idées, **a lancé** Farida à l'adresse de Marilou.
15 – Ce n'est pas si grave que ça, **a protesté** Marilou. L'aventure, c'est l'aventure, après tout !

– Oui, mais moi je n'ai pas hâte d'entendre ce que les moniteurs vont nous dire quand ils sauront ce que nous avons fait, **a soupiré** Karine.

Lancées à la recherche d'un abri, les copines **ont déniché** une petite grotte
20 au fond de laquelle elles **ont découvert** un tunnel creusé par la nature. Or, ô merveille, ce tunnel s'enfonçait sous le bras de mer en direction de la première île. Les voilà donc revenues au campement, mine de rien.

– Quoi ? Vous êtes là, les filles ? **s'est étonné** Mario. Les moniteurs **sont partis** en chaloupe vers l'île voisine. Ils vous cherchent…

25 C'est alors que Marilou **a eu** une de ces idées terribles dont elle a l'habitude :

– Suivez-moi, les gars ! On va leur jouer un tour, à nos moniteurs… Je connais un petit chemin secret qui mène de l'autre côté. Une fois qu'ils auront accosté et commencé leur inspection, on sautera dans la chaloupe et on la ramènera ici…

b) Sépare par une barre oblique le radical et la terminaison des verbes au passé simple et vérifie s'ils sont bien formés.

Préparation au projet

L'activité suivante te permettra d'écrire les grandes lignes d'une petite histoire en mettant à profit tes connaissances sur le passé simple.

Match d'écriture

NOMBRE DE JOUEURS
Au moins deux. À quatre joueurs et plus, former des équipes.

BUT DU JEU
Écrire le scénario d'une petite histoire en racontant le déroulement de l'action au passé simple.

DÉROULEMENT DU JEU

1. Durée
Fixer une limite de temps (par exemple deux minutes) pour l'écriture de chaque phrase.

2. Consignes
L'élève A (ou l'équipe A) choisit l'une des phrases ci-dessous et en ajoute une qui contient au moins un verbe au passé simple. Il ou elle souligne le ou les verbes au passé simple et remet la feuille à l'élève B (ou à l'équipe B).

> Par le hublot, Léa aperçut l'île : on aurait dit un trou dans l'océan.

> Un jour, ma mère rapporta un atlas à la maison.

> Il y a quelques années, les frères Boily se lièrent d'amitié avec un capitaine de bateau.

À son tour, l'élève B (ou l'équipe B) compose une phrase contenant au moins un verbe au passé simple et le souligne. Attention ! Le déroulement de l'action doit être cohérent.

Les échanges se poursuivent ainsi jusqu'à ce que la page soit remplie.

3. Points
Chaque élève (ou équipe) qui respecte la limite de temps fixée obtient un point pour chaque verbe au passé simple bien orthographié.

Conjugaison

Une île à découvrir

L'orthographe des sons « s », « k », « j » et « g »

DES LETTRES qui fluctuent

Une même lettre pour un même son... Les Espagnols et les Italiens y sont presque parvenus. Mais pourquoi en est-il autrement pour nous ?

Je réfléchis

Observe les lettres en couleur dans les ensembles de mots suivants, puis réponds aux questions.

A.	asseoir	circonstance	saisissant	déçu	ascenseur
	séance	glaçage	scène	mission	essence
	percer	sensationnel	saucisson	association	ressusciter

B.	claque	chorale	question	accroc	expliquer
	trac	cascade	cuiller	kayak	technique
	recueillir	croquis	trafic	quelquefois	provocant

C.	rejet	gigogne	nageoire	magie	prolonger
	gageure	juger	pataugeuse	venger	rougeâtre

D.	grogner	fatigant	aggraver	aiguiser	bague
	agglutiner	rugueux	bagage	naviguer	angoisse

a) Dans chacun de ces ensembles de mots, qu'est-ce que les lettres en couleur ont en commun ?

b) Dresse la liste des différentes manières d'écrire chacun des quatre sons, puis trouve deux autres exemples de mots dans lesquels figure chaque graphie.

c) Dans quels contextes la graphie de certains sons est-elle prévisible ? Explique comment tu fais pour savoir quelles lettres il faut employer dans certains de ces mots.

> Ex. : Lorsqu'un mot commence par le son « s » suivi des lettres « a », « o » ou « u », la lettre employée est presque toujours « s » (ex. : *sud, soir*).

d) Choisis trois mots dans chaque ensemble de la page précédente et donne un exemple de mots de même famille (noms, adjectifs, adverbes, verbes à l'infinitif ou conjugués) dont le son «s», «k», «j» ou «g» s'écrit:

- de la même manière (ex.: *scène* ➤ *scénario*);
- de manière différente (ex.: *percer* ➤ *perçage*).

Au besoin, consulte un dictionnaire.

e) Comment fais-tu pour retenir l'orthographe de ces mots de même famille?

Mise au point — L'orthographe des sons «s», «k», «j» et «g»

Souvent, il n'y a pas de correspondance entre la prononciation d'un mot et son orthographe. Faut-il donc mémoriser l'orthographe de tous les mots? C'est impossible puisque la mémoire, qui est «une faculté qui oublie», n'y arriverait jamais... Toutefois, on peut établir des liens entre les mots pour les retenir plus facilement.

Par exemple, voici des stratégies qui permettent de retenir l'orthographe des sons «s», «k», «j» et «g»:

- associer l'orthographe d'un mot à d'autres semblables (ex.: *scintiller* comme *scie*, *science*, *scène*);
- recourir à des mots de même famille (ex.: *requis* ➤ *requérir*, *quête*, *requête*);
- décomposer le mot (ex.: *accroire* ➤ *ac* + *croire*);
- recourir à des règles d'orthographe lexicale:
  - ss entre deux voyelles et s dans les autres contextes (ex.: *os* et *osseux*);
  - c devant *e* et *i*, et ç devant *a*, *o* et *u* (ex.: *influence* et *influençable*);
  - g devant *e* et *i*, et ge devant *a*, *o* et *u* (ex.: *nage* et *nageoire*);
  - g devant *a*, *o* et *u*, et gu devant *e* et *i* (ex.: *intrigant* et *intriguer*).

Attention!

Les verbes en -*guer* ne suivent pas cette règle (ex.: *nous irriguons*).

Les stratégies de mémorisation de l'orthographe des mots, p. 499

1. Pour chacun des mots suivants, trouve au moins trois mots de même famille dans lesquels le son «s», «k», «j» ou «g» s'écrit :

   - de la même manière que dans le mot donné ;
   - d'une manière autre que dans le mot donné.

   Attention ! Certains mots peuvent être des verbes conjugués.

1 balance	3 déléguer	5 forge	7 déranger
2 plonger	4 dévisser	6 effacer	8 navigation

2. Ajoute les lettres manquantes dans les mots suivants en indiquant deux mots auxquels tu as pensé pour orthographier chacun de ces mots.

«s»	«k»	«j»	«g»
1 in■en■ible	7 ■uivre	13 pi■onnier	19 a■ripper
2 di■erner	8 dé■al■er	14 ob■ection	20 a■lomération
3 ■oup■on	9 ■aléidos■ope	15 oran■ade	21 lon■eur
4 con■tan■e	10 es■ro■erie	16 enra■ant	22 lan■age
5 endur■i■ement	11 ■el■on■e	17 patau■oire	23 ri■oureux
6 ■epti■i■me	12 mi■roéle■troni■e	18 pré■u■é	24 propa■ation

Ce jeu te permettra de consolider tes connaissances à propos de l'orthographe des sons « s », « k », « j » et « g ».

Des mots qui « sonnent »

NOMBRE DE JOUEURS

Deux équipes de trois, qui deviennent, le temps du jeu, deux équipes « adverses ».

BUT DU JEU

Trouver le plus grand nombre de mots possible contenant les sons « s », « k », « j » ou « g ».

DÉROULEMENT

1 Durée

Fixer une limite de temps (par exemple cinq minutes) pour la recherche de mots.

2 Consignes

A Écrire les quatre sons sur des bouts de papier et en tirer un au hasard.

B Trouver le plus grand nombre de mots possible contenant ce son dans la période de temps allouée.

C Dévoiler les mots trouvés à l'équipe adverse ; chaque équipe peut contester l'orthographe d'un mot : en cas de doute, consulter un dictionnaire.

D Tirer un autre son au hasard et poursuivre le jeu.

3 Points

Les points sont comptés de la façon suivante :

- les mêmes mots trouvés par les deux équipes sont éliminés ;
- toute orthographe correcte du son dans les mots retenus vaut un point ; ainsi, lorsqu'un mot contient plusieurs fois le même son, il rapporte plus de points ;
- toute orthographe incorrecte du son (même dans les mots éliminés) ou tout mot qui ne contient pas le son entraîne une perte de deux points ; si un membre d'une équipe conteste l'orthographe d'un mot et qu'il ou qu'elle a tort (le dictionnaire sert de preuve incontestable), son équipe perd un point.

Dossier **3** Des êtres de passion

C'est moi, la grrrrande Sarah Bernhardt, celle qu'on surnommait «la voix d'or»! Je faisais courir les foules et je triomphais chaque fois que je jouais sur la scène d'un théâtre à Paris, à New York, à Londres, ou même à Montréal. En fait, j'ai été une très grande vedette. Certains historiens et critiques prétendent même que j'ai été la première véritable «star» du monde moderne. J'étais passionnée par mon art et je ne pouvais accepter les demi-mesures. J'ai fondé mon propre théâtre à Paris pour jouer plus souvent, pour choisir mes rôles, pour être plus indépendante. J'ai joué les plus grands personnages! J'ai même interprété des rôles d'hommes : rien ne m'arrêtait! Pas même cette amputation de la jambe, que j'ai subie à l'âge de 71 ans. Je me suis relevée et j'ai continué à jouer. Énergique, déterminée, amoureuse, élégante, mais aussi colérique, capricieuse et excentrique... Les mauvaises langues disaient que j'étais une caricature vivante. Ça m'était égal! J'ai voulu vivre pleinement et offrir à tous ceux qui m'adulaient des moments inoubliables.

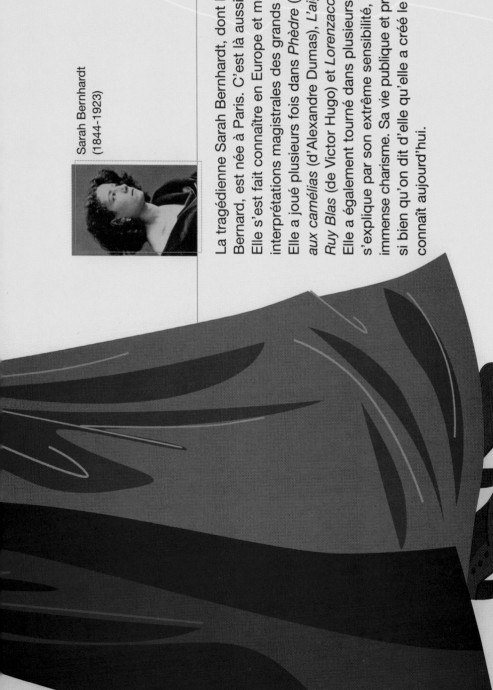

Sarah Bernhardt
(1844-1923)

La tragédienne Sarah Bernhardt, dont le véritable nom est Rosine Bernard, est née à Paris. C'est là aussi qu'elle a fini ses jours. Elle s'est fait connaître en Europe et même en Amérique pour ses interprétations magistrales des grands rôles du théâtre classique. Elle a joué plusieurs fois dans *Phèdre* (de Jean Racine), *La dame aux camélias* (d'Alexandre Dumas), *L'aiglon* (d'Edmond Rostand), *Ruy Blas* (de Victor Hugo) et *Lorenzaccio* (d'Alfred de Musset). Elle a également tourné dans plusieurs films muets. Son succès s'explique par son extrême sensibilité, sa voix lyrique et son immense charisme. Sa vie publique et privée a fait les manchettes, si bien qu'on dit d'elle qu'elle a créé le vedettariat tel qu'on le connaît aujourd'hui.

Projet	Des connaissances et des compétences pour réaliser le projet	Grammaire	Écriture	Conjugaison
Présenter une personne passionnée dans un article ou un reportage audio ou vidéo		La subordonnée complétive	La révision d'un texte	Le subjonctif présent
	Lexique	**Lecture**	**Communication orale**	**Orthographe lexicale**
Zoom culturel	La nominalisation	L'information transmise par le discours rapporté	L'entrevue	L'apostrophe marquant l'élision

Projet

Présenter une personne passionnée

Un peu, beaucoup, passionnément...

La passion, c'est ce qui donne le goût d'avancer et de bâtir un monde meilleur. C'est ce qui nous motive et nous fait vibrer. La passion peut se manifester dans divers domaines : les collections de toutes sortes, les sports, la musique, etc.

Observe les gens dans ton entourage. Sans doute trouveras-tu quelqu'un qui nourrit une passion. Son histoire mérite d'être connue. Ce projet t'invite à présenter cette personne et sa passion dans un article ou un reportage audio ou vidéo. Un dossier complet des traces de ta préparation (documents consultés, questions à poser dans les entrevues) devra accompagner ton reportage.

À toi de nous faire découvrir une personne passionnée !

Un exemple

Les pages suivantes te serviront d'exemple pour t'aider à réaliser ton projet. Tu y découvriras le dossier préparé par un jeune reporter, puis un extrait de son article écrit à partir des entrevues qu'il a menées. Ensuite, pour réaliser ton propre projet, suis la démarche proposée à la page 119.

Documents à consulter avant l'entrevue
- Ouvrages sur le cyclisme
- Sites Internet
- Glossaire sur le cyclisme

Questions d'entrevue pour Janie

1. Depuis quand fais-tu du vélo ?
2. Qu'est-ce qui te passionne dans ce sport ?
3. Comment te prépares-tu avant chaque randonnée ?
4. Quelles sont les activités que tu aimes faire et qui gravitent autour du monde du cyclisme ?
5. Pratiques-tu d'autres sports ou te livres-tu à d'autres activités avec autant de passion ?

Questions d'entrevue pour l'entourage de Janie

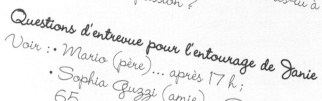

Voir : • Mario (père)... après 17 h ;
   • Sophia Guzzi (amie) – Rendez-vous lundi, chez elle, 65, rue des Merles ;
   • Thierry Lecavalier (compagnon de randonnée).

1. Comment décririez-vous l'intérêt de Janie pour le vélo ?
2. Depuis quand démontre-t-elle une passion pour ce sport ?
3. Selon vous, quelles particularités de son caractère pouvaient laisser prévoir son engouement pour ce sport ?
4. Sa passion du vélo devient-elle parfois un problème ? Avez-vous des exemples ?

La passion sur roues

par Saïd Mihoubi

Janie est une passionnée de vélo. Elle a beau remonter aussi loin que possible dans ses souvenirs, elle ne se voit pas sans une bicyclette. Ses photos de famille en témoignent : toute petite, elle se promenait déjà dans son siège d'enfant fixé sur le vélo de sa mère. Cette dernière confirme que Janie adorait ces promenades à bicyclette. « On pouvait partir pendant des heures, ajoute-t-elle, elle ne disait pas un mot et souriait de toutes ses quelques dents ! »

Plus qu'un sport !

Seule ou en compagnie d'amateurs aussi enthousiastes qu'elle, la jeune cycliste de 18 ans parcourt régulièrement les routes du Québec. « Faire du vélo, c'est plus qu'un sport. C'est aussi prendre contact avec la nature, c'est découvrir le monde qui m'entoure, c'est rencontrer des gens intéressants », m'explique-t-elle avec, au fond du regard, une étincelle qui témoigne de son enthousiasme. La passion de Janie est d'ailleurs très communicative : je peux sentir, dans chacune de ses paroles, la joie qu'elle ressent quand elle se livre à son activité préférée… et je serais prêt à l'accompagner lors de sa prochaine excursion !

Des rencontres stimulantes

Janie fait partie d'un club de cyclistes. « Ce que j'aime dans ces rencontres, me confie-t-elle, c'est pouvoir échanger avec des gens qui partagent les mêmes intérêts que moi. De plus, il y a toujours quelqu'un qui a découvert quelque chose de nouveau – une pièce d'équipement, un magazine ou même une région à explorer – et qui en fait profiter tout le groupe. C'est stimulant ! »

C'est dans ce club qu'elle à rencontré un garçon qui lui a montré à monter et à démonter son vélo. Elle ne part pas sans avoir tout vérifié elle-même deux fois et même trois fois.

Pas de relâche pour Janie !

Pendant la saison morte, la jeune femme prépare ses futures randonnées. Elle vient de s'acheter un nouveau vélo. « Je l'ai payé 50 $ dans une vente-débarras. C'est un modèle en alliage d'aluminium. L'homme qui me l'a vendu avait acheté cette bicyclette pour son ado qui ne l'a jamais utilisée. Ça vaut une fortune. » Elle m'a ensuite longuement parlé de la différence entre les marques de vélo, de la qualité de fabrication des pièces italiennes et des particularités de son propre vélo. C'est vraiment une passion !

La démarche

1 Quelle personne choisiras-tu d'interviewer ?

- Lis les textes du dossier 3 dans ton recueil (p. 72-103) afin de trouver une passion qui t'intéresse.
- Approche une personne dont tu aimerais faire découvrir la passion.

2 Quels moyens prendras-tu pour te documenter ?

- Consulte des ouvrages et des sites Internet qui fournissent de l'information sur la passion de la personne choisie ou sur des gens qui partagent cette passion.
- Recueille de l'information complémentaire en rencontrant des personnes-ressources.

3 Comment planifieras-tu ton travail ?

- À partir des renseignements recueillis, dresse une liste de questions à l'intention de la personne choisie et des gens de son entourage. Rédige un questionnaire divisé en différentes parties.
- Communique avec la personne choisie pour lui faire part des aspects que tu aborderas au cours de l'entrevue. Note ses suggestions, puis modifie ton questionnaire en conséquence.
- Dresse une liste du matériel dont tu auras besoin lors de l'entrevue.

4 Comment réaliseras-tu ton article ou ton reportage ?

- Si tu écris un article, fais l'entrevue en suivant ton plan et enregistre-la. Ébauche ensuite une première version de ton article en tenant compte des éléments suivants : discours direct et indirect, organisateurs textuels, reprise de l'information.
- Si tu fais un reportage, réalise-le en suivant ton plan.

5 Comment t'y prendras-tu pour réviser ton article ou améliorer ton reportage ?

- Relis ton article ou visionne ton reportage pour vérifier si la personne choisie et sa passion sont présentées clairement.
- S'il s'agit d'un texte écrit, révise-le pour t'assurer qu'il est cohérent et que les phrases sont bien construites. Fais une relecture pour corriger l'orthographe.

    Les stratégies d'écriture, p. 439

    OÉ Grille de révision de la grammaire du texte et de la phrase

6 De quelle façon présenteras-tu ton travail ?

- S'il s'agit d'un article, tu peux lui ajouter un titre, des intertitres, des illustrations, etc.
- S'il s'agit d'un reportage filmé, ajoute un titre, un générique et quelques effets spéciaux.

7 Quelle évaluation fais-tu de l'efficacité de ta démarche ?

- Évalue ta contribution à la progression de l'échange entre la personne interviewée et toi.

Des êtres de passion

Zoom *culturel*

Des lectures

GERMAIN, Georges-Hébert.
Guy Lafleur, L'ombre et la lumière,
Montréal, © Éditions Art Global et
Libre Expression, 1990, 407 p.

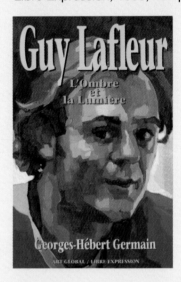

Pendant de nombreuses
années, Guy Lafleur a ébloui
les amateurs de hockey. Des
témoins de sa carrière
racontent ses exploits alors
que d'autres invitent les lecteurs
à visiter les lieux où le célèbre
hockeyeur a vécu et connu ses
plus grands succès.

LEHEMBRE, Bernard.
*Camille Claudel, Auguste
Rodin : la passion à quatre
mains*, Paris, © Acropole,
1999, 166 p. (Collection
Les couples célèbres).

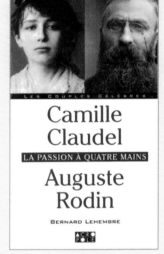

À la fin du XIXe siècle,
à une époque où
les classes d'art ne
s'adressent qu'aux
hommes, Camille
Claudel prend la
décision de devenir
sculpteure. Elle sera
élève, modèle, muse et amante d'Auguste
Rodin, lui-même sculpteur déjà célèbre. Il faut
lire et découvrir le destin extraordinaire de
cette femme avant-gardiste !

MORRIS, FAUCHE et LETURGIE. *Sarah Bernhardt*,
Paris, Dargaud, 1982, 46 p. (Collection Lucky Luke).

Une aventure de Lucky Luke, qui témoigne de
la tournée de Sarah Bernhardt en Amérique.
Un portrait caricatural, mais amusant.

Des sites Internet

Depuis l'explosion d'Internet dans les années 1980, il s'est formé de grandes communautés de gens qui partagent les mêmes passions. Ainsi, une collectionneuse de timbres de Roberval au Québec peut clavarder et discuter de sa passion avec une autre collectionneuse au Maroc. Un adepte des jeux virtuels en ligne en Angleterre peut se joindre à un groupe du Canada. Un entomologiste amateur peut créer un site pour rendre compte de ses découvertes quotidiennes et partager ainsi ses trouvailles avec tous les amateurs de la planète. Bref, désormais, les possibilités de partager et de communiquer ses passions sont pratiquement infinies.

Des musées

Tohu, la Cité des arts du cirque de Montréal, le Musée de la civilisation de Québec, les Forges du Saint-Maurice, le Musée régional de Rimouski, le Musée ferroviaire de Saint-Constant, la maison-musée du peintre Arthur Villeneuve au Saguenay ne sont que quelques exemples des musées intéressants qui existent au Québec. Il y en a pour tous les goûts! Certains passionnés visitent même ces musées plus d'une fois.

Tohu

Du théâtre

Monter une pièce de théâtre est une activité qui peut permettre de découvrir des talents cachés ou, tout simplement, de passer un bon moment.

Voici quelques suggestions de pièces... pour vivre la passion des planches!

- *Zone* de Marcel Dubé
- *L'auberge des morts subites* de Félix Leclerc
- *Jusqu'aux os!* d'Alain Fournier

Dans les bibliothèques, certains consultent des livres sur les sports, d'autres dévorent les bandes dessinées et d'autres encore parcourent la section voyage... Toi, quel coin de la bibliothèque préfères-tu? Quel sujet pourrait susciter une passion chez toi? Trouve LE livre qui pourrait illustrer cette passion, photocopie la couverture et colle-la dans ton carnet de lecture. Ensuite, explique en quelques lignes pourquoi tu as choisi ce livre, précise dans quelle section de la bibliothèque tu l'as trouvé et parle d'autres livres que tu aurais pu choisir.

La nominalisation

DES MOTS qui se transforment en noms

L'esprit de famille! C'est ce dont les noms font preuve lorsqu'ils prennent le relais d'un membre de leur famille.

Je réfléchis

a) Quel lien vois-tu entre les verbes ou les adjectifs en gras et les noms en couleur dans les phrases suivantes?

Textes 1 et 2

Texte 1

Malgré six médailles d'or et trois records du monde, Chantal Petitclerc affirme que l'aventure ne fait que **commencer** pour elle! En effet, selon la jeune athlète, « c'est une chose d'**atteindre** les plus hauts sommets, c'en est une autre de s'y **maintenir**… ».

D'après le site Web officiel de Chantal Petitclerc.

Texte 2

Malgré six médailles d'or et trois records du monde, Chantal Petitclerc affirme que ce n'est que le commencement de l'aventure pour elle! En effet, selon la jeune athlète, l'atteinte des plus hauts sommets est une chose, mais le maintien au sommet de la gloire en est une autre…

Textes 3 et 4

Texte 3

Chantal Petitclerc est **persévérante** et **déterminée**. Cela l'amènera à faire partie de l'élite sportive internationale.

Texte 4

Sa persévérance et sa détermination l'amèneront à faire partie de l'élite sportive internationale.

b) Parmi les noms en couleur :

- lesquels permettent de formuler une idée autrement ?
- lesquels permettent de reprendre une information et de faire un lien avec ce qui précède ?

Mise au point   La nominalisation

Nominaliser un mot (un verbe ou un adjectif, par exemple), c'est le transformer en nom. Voici deux cas où une telle transformation peut être utile :

1. Tu veux formuler une idée de façon différente sans trop en changer le sens.

                    adjectif

   Ex. : Ses parents sont **fiers** d'elle, cela est palpable.

         nom

   ➤ La **fierté** de ses parents est palpable.

2. Tu veux reprendre une information et établir un lien avec cette information.

                                         verbe

   Ex. : En 1991, la jeune athlète souhaite **conquérir** les pistes internationales.

           nom

   Cette **conquête** se fera, mais au prix d'un entraînement extrêmement rigoureux.

Lorsqu'une information est reprise à l'aide d'un nom, ce nom est généralement introduit par un déterminant démonstratif (ex. : *cette conquête*), parfois par un déterminant défini ou possessif (ex. : *la conquête* ; *sa conquête*).

📷 La formation des mots, p. 449
📷 La reprise de l'information, p. 479

Je m'entraîne

1. Forme un nom à partir des verbes ou des adjectifs suivants.

1 améliorer
2 adroit
3 se dévouer

4 obtenir
5 authentique
6 prouver

7 vouloir
8 accomplir
9 entreprendre

2. a) Remplace les mots en gras : utilise la nominalisation pour choisir le nom à employer dans chaque espace gris.

Ex. : Georges Brossard **défend les insectes avec ferveur**.
➤ Georges Brossard est un fervent défenseur des insectes.

1 Parce qu'ils **méconnaissent** les insectes, beaucoup de gens méprisent ces petits animaux.

➤ À cause de leur ▄▄▄ des insectes, beaucoup de gens méprisent ces petits animaux.

2 Selon Georges Brossard, il est grand temps que les humains reconnaissent que les insectes sont **importants**.

➤ Selon Georges Brossard, il est grand temps que les humains reconnaissent l'▄▄▄ des insectes.

3 Les insectes **pollinisent** les plantes et **produisent**, entre autres, le miel, la soie, la cire, la gomme-laque et les teintures.

➤ Les insectes assurent la ▄▄▄ des plantes et la ▄▄▄, entre autres, du miel, de la soie, de la cire, de la gomme-laque et des teintures.

b) Utilise la nominalisation pour remplacer chaque phrase par un groupe du nom.

Ex. : Georges Brossard défend les insectes.
➤ La défense des insectes par Georges Brossard.

1 Les insectes sont utiles.

2 Georges Brossard est passé du notariat à l'entomologie.

3 Cet homme est très curieux.

3. Reprends l'information en gras. Utilise la nominalisation pour remplacer l'espace gris par un nom.

> Ex.: Georges Brossard est **un fervent défenseur des insectes**. Cette formidable ferveur se manifeste, notamment, dans l'émission de télévision dont il est l'instigateur.

1 Georges Brossard est **un homme extrêmement tenace**. C'est grâce à cette remarquable ▬▬ qu'il est parvenu à bâtir la plus grosse collection d'insectes privée au monde.

2 Avant de l'offrir à la Ville de Montréal, Georges Brossard **a présenté à quelques reprises sa collection aux Québécois.** Ces ▬▬ populaires ont permis à l'entomologiste de repenser la façon d'exposer les insectes.

3 Par ses actions et ses réalisations, Georges Brossard veut **sensibiliser les gens au monde des insectes et, incidemment, à l'environnement**. Cette ▬▬, selon lui, pourrait avoir des retombées écologiques favorables.

Je vais plus loin

Préparation au projet

Cette activité te donne l'occasion de voir l'utilité de la nominalisation dans un contexte particulier où des personnes sont en interaction.

Lis les propos suivants extraits d'une entrevue avec une photographe animalière. Sers-toi de tes connaissances sur la nominalisation pour formuler un commentaire ou une question qui permettrait de poursuivre l'entrevue.

Ex.:

PHOTOGRAPHE	*Mon métier de photographe animalière me permet de **combiner** mes trois passions: les animaux, la nature et l'aventure.*
INTERVIEWEUSE	*Comment êtes-vous arrivée à cette combinaison parfaite de vos passions?*

PHOTOGRAPHE	C'est au cours de mon enfance que je **me suis découvert** une passion pour les animaux.
INTERVIEWEUSE	

PHOTOGRAPHE   Les animaux que j'ai le plus de plaisir à **observer** sont les oiseaux.

INTERVIEWEUSE   2

PHOTOGRAPHE   Je trouve les reptiles **difficiles** à photographier.

INTERVIEWEUSE   3

PHOTOGRAPHE   Avant chaque expédition, je **me documente** le plus possible sur les espèces que je pourrais rencontrer, sur la géographie des lieux, etc.

INTERVIEWEUSE   4

PHOTOGRAPHE   Je me retrouve très souvent **seule** lorsque je voyage pour mes reportages.

INTERVIEWEUSE   5

PHOTOGRAPHE   Pour moi, une photo d'animal **réussie**, c'est celle qui traduit toute l'espèce de l'animal, en plus de son environnement.

INTERVIEWEUSE   6

PHOTOGRAPHE   Lorsque je retourne à un endroit après quelques années, je remarque généralement que la faune et l'environnement **ont changé**.

INTERVIEWEUSE   7

La subordonnée complétive

DES PHRASES au service du verbe

> J'ai appris que..., Tu te demandes si..., Si tu veux en savoir davantage, c'est seulement par la subordonnée complétive que tu peux l'apprendre!

Je réfléchis

1. Lis le texte ci-dessous en prêtant attention aux parties de phrases encadrées.

Une fille qui adore **les jeux vidéo** et qui, en plus, a fait de cette passion **son métier**, n'est-ce pas étonnant? Léa est journaliste pour un magazine spécialisé. Elle exerce **son métier** depuis maintenant deux ans. Dans le cadre de son travail, elle a testé **des centaines de jeux** et écrit **des**
05 **dizaines d'articles**. Quand on demande à Léa **si elle se sent à l'aise dans un univers essentiellement masculin**, elle répond **qu'elle trouve difficile de combattre certains préjugés**. Selon elle, si le milieu du jeu vidéo se féminisait davantage, il deviendrait moins compétitif. En outre, cette féminisation lui permettrait **de partager sa passion avec plus de**
10 **filles**!

a) Les parties de phrases qui sont en couleur et en gras sont-elles essentielles à la compréhension des phrases? Justifie ta réponse.

b) Les parties de phrases en gras ont toutes la même fonction. Quelle est cette fonction: complément du nom, complément de phrase ou complément du verbe?

c) Quelles stratégies as-tu utilisées pour reconnaître cette fonction?

d) Repère les deux parties de phrases en gras qui contiennent un verbe conjugué : ce sont des phrases subordonnées complétives. Classe les éléments de ces subordonnées dans un tableau comme celui-ci.

PHRASES SUBORDONNÉES COMPLÉTIVES			
Subordonnant	Groupe du nom sujet	Groupe du verbe prédicat	Groupe complément de phrase
▬	▬	▬	▬

2. a) Dans le tableau ci-dessous, compare les subordonnées complétives en couleur aux phrases de type interrogatif.

Phrases avec subordonnée complétive	Phrases de type interrogatif
1 Je me demande si Léa se sent à l'aise dans un univers essentiellement masculin.	Léa se sent-elle à l'aise dans un univers essentiellement masculin ? Est-ce que Léa se sent à l'aise dans un univers essentiellement masculin ?
2 Je demande à Léa qui a conçu ce jeu.	Qui a conçu ce jeu ? Qui est-ce qui a conçu ce jeu ?
3 Je lui demande pourquoi ce jeu est l'objet d'un culte.	Pourquoi ce jeu est-il l'objet d'un culte ? Pourquoi est-ce que ce jeu est l'objet d'un culte ?

Parmi les caractéristiques suivantes, laquelle ou lesquelles ne s'appliquent pas à la subordonnée complétive ?

A) L'interrogation est marquée par l'emploi d'un mot comme *si*, *qui*, *pourquoi*.

B) L'interrogation est marquée par l'inversion du pronom sujet et du verbe.

C) L'interrogation est marquée par l'emploi de *est-ce que* ou de *est-ce qui*.

b) Observe la façon dont les phrases suivantes ont été corrigées, puis indique quels sont les pièges à éviter lorsqu'une subordonnée complétive exprime une interrogation.

A) Je demande à Léa qui ~~est-ce qui~~ a conçu ce jeu ~~?~~ .

B) Je lui demande pourquoi ce jeu est~~-il~~ l'objet d'un culte ~~?~~ .

3. Réponds aux questions suivantes pour montrer ce que tu as appris au sujet de la phrase subordonnée complétive.

a) Dans quelle sorte de groupe de mots la subordonnée complétive s'insère-t-elle ?

b) Quelle est la fonction de la subordonnée complétive dans la phrase ?

c) Quels éléments entrent toujours dans la construction de la subordonnée complétive ?

d) Quel mot marque l'interrogation dans certaines subordonnées complétives ?

4. Observe les textes suivants, qui présentent chacun une façon de rapporter des paroles.

Texte 1

INTERVIEWEUR :
Pourquoi aimes-tu
les jeux vidéo ?

LÉA : J'adore entrer
dans des univers
surréalistes et,
surtout, résoudre
des énigmes !

Texte 2

À la question
« Pourquoi aimes-tu
les jeux vidéo ? », Léa
répond spontanément :
« J'adore entrer
dans des univers
surréalistes et,
surtout, résoudre
des énigmes ! »

Texte 3

Quand je demande
à Léa pourquoi elle
aime les jeux vidéo,
elle me répond
spontanément qu'elle
adore entrer dans des
univers surréalistes
et, surtout, résoudre
des énigmes.

a) Qu'est-ce qui caractérise chacune des façons de rapporter des paroles ? Réponds à cette question en associant chacun des textes précédents aux façons de faire décrites ci-dessous.

Ⓐ Les paroles ne sont pas reformulées. Elles sont présentées entre guillemets, parfois à la suite d'un deux-points.

Ⓑ Les paroles sont reformulées et sont intégrées dans des subordonnées complétives.

Ⓒ Les paroles ne sont pas reformulées. Elles sont présentées à la suite d'une indication qui précise qui parle.

b) Observe la façon dont la phrase suivante a été corrigée, puis indique quels pièges sont à éviter lorsqu'on intègre les paroles d'une personne dans une subordonnée complétive.

qu'elle
Léa me répond spontanément ~~que : « Elle~~ adore entrer dans
des univers surréalistes et, surtout, résoudre des énigmes ».

Mise au point La phrase subordonnée complétive

La phrase subordonnée complétive apporte généralement une information essentielle dans le groupe du verbe. Lorsqu'elle a la fonction de complément direct du verbe, on peut la remplacer par *quelque chose* ou par *cela*.

sub. complétive compl. direct du V
Ex. : On dit que Sarah Bernhardt était un être passionné .

➤ On dit quelque chose / cela .

Attention !

La construction de la subordonnée complétive est fréquemment source d'erreurs.

- Son subordonnant ne doit pas être combiné aux expressions *est-ce que* ou *est-ce qui* ni être employé avec *c'est… que*, *c'est… qui* ou *que, qui*.

    qui
    Ex. : J'ignore ~~qui c'est qui~~ a surnommé Sarah Bernhardt « La Divine ».

- L'inversion du pronom sujet et du verbe est interdite.

    elle
    Ex. : On imagine comment aurait ~~elle~~ vécu à notre époque.

    L'inversion est cependant permise lorsque le sujet est un groupe du nom.
    Ex. : On imagine comment aurait vécu **Sarah Bernhardt** à notre époque.

- Il n'y a pas de point d'interrogation à la suite de la subordonnée, à moins que cette subordonnée se trouve dans une phrase de type interrogatif.
    Ex. : On se demande qui l'a surnommée « La Divine ». (phrase de type déclaratif)
    Ex. : **Sait-on** qui l'a surnommée « La Divine » ? (phrase de type interrogatif)

- Il n'y a jamais de deux-points après le verbe que la subordonnée complète ni de guillemets qui encadrent la subordonnée.

La subordination, p. 470
La subordonnée complétive, p. 473
Le discours rapporté, p. 482
La formation des temps simples, p. 490

1. a) Parmi les subordonnées en couleur, relève celles qui sont des subordonnées complétives.

1 Jules Renard trouvait **que Sarah Bernhardt incarnait le génie.**

2 Le triomphe **que cette grande tragédienne a connu à son époque** n'a jamais été égalé.

3 **Quand elle était enfant,** Sarah Bernhardt avait pour idole la comédienne Rachel, dite « la voix de bronze ».

4 Sait-on **quand Sarah Bernhardt a commencé à être surnommée « la voix d'or »** ?

b) Comment as-tu reconnu les subordonnées complétives ?

2. a) Indique quelle subordonnée complétive a la fonction de complément direct du verbe et lesquelles sont compléments indirects du verbe.

1 Arthur se plaint que sa mère désapprouve sa passion pour les mangas .

2 La mère d'Arthur doute que les mangas aient quelque qualité littéraire .

3 Arthur aimerait que sa mère lise au moins un manga .

b) Comment as-tu reconnu la fonction des subordonnées complétives ?

3. a) Dans les phrases suivantes, relève les groupes du verbe encadrés qui contiennent une subordonnée complétive.

1 Au Japon, tout le monde dévore des mangas .

2 Ici, au Québec, ces BD japonaises connaissent un certain succès .

3 Au fil des ans, Arthur a lu des centaines de mangas .

4 La mère d'Arthur se demande s'il n'exagère pas un peu .

5 Elle prétend que la lecture de mangas est facile , mais Arthur estime qu'elle a tort .

b) Comment as-tu reconnu les subordonnées complétives ?

Grammaire

4. Insère la phrase B dans la phrase A, à la place du complément direct du verbe. Utilise le subordonnant *que* ou *si*.

Ex. : A. J'|ai lu ▬|.

B. Les collectionneurs consacrent entre 5 et 20 % de leur budget à leur passion.

➤ J'|ai lu que les collectionneurs consacrent entre 5 et 20 % de leur budget à leur passion|.

1 A. On |estime ▬|.

B. La moitié des collectionneurs commencent leur collection avant l'âge de quinze ans.

2 A. |Aviez|-vous |remarqué ▬| ?

B. Certains collectionneurs, au fil des ans, se muent en experts.

3 A. Je |me demande ▬|.

B. Les grands collectionneurs ont un profil psychologique particulier.

4 A. J'|ignore ▬|.

B. Des études existent sur le sujet.

5 A. |Saviez|-vous |▬| ?

B. Freud, le grand psychanalyste, était un collectionneur invétéré.

5. a) Lequel des deux verbes suivants (*autoriser* ou *permettre*) peut s'employer avec une subordonnée complétive commençant par *que* ? Justifie ta réponse en citant un exemple de l'extrait du dictionnaire.

autoriser [otɔʀize] **I.** v. tr. **[1] 1.** Accorder à (qqn) la permission de (faire qqch). *Son chef ne l'a pas autorisé à sortir.* **2.** Permettre. *J'ai autorisé cette démarche.* – Par ext. Fournir un motif, un prétexte pour faire quelque chose. *Ce précédent semble nous autoriser à…* **II.** v. pron. Prendre (qqch) comme référence, comme justification, pour… *Il s'autorise de votre exemple pour agir ainsi.* – Du lat. *auctor,* «garant».

Dictionnaire du français Plus, Les Éditions CEC inc., 1988.

permettre [pɛʀmɛtʀ] **I.** v. tr. **[68] 1.** Ne pas interdire, ne pas empêcher (qqch). *Permettre qqch à qqn.* ➤ *Permettre de* (+ inf.): donner liberté, pouvoir de. *Permettez-moi de sortir.* – *Permettre que* (+ subj.). *Permettrez-vous qu'il vienne ?* ➤ (Dans une formule de politesse.) *Permettez-moi de me retirer.* **2.** (Sujet n. de chose.) Ne pas s'opposer à ; rendre possible. *Laisser-aller qui permet tous les excès. Sa fortune lui permettait des caprices coûteux.* ➤ *Permettre de* (+ inf.): donner le moyen, la possibilité de. *Dès que mes affaires me permettront d'aller vous voir…* […] – Lat. *permittere,* sous l'infl. de *mettre.*

Dictionnaire du français Plus, Les Éditions CEC inc., 1988.

b) Dans chaque couple de verbes, relève celui qui peut être complété par une subordonnée complétive commençant par *que*. Au besoin, vérifie tes choix dans le dictionnaire.

1 dire – parler   2 connaître – savoir   3 projeter – envisager

c) Compose une phrase avec chaque verbe que tu as relevé. Dans tes phrases, utilise une subordonnée complétive commençant par *que* pour compléter le verbe.

6. a) Complète les groupes du verbe ci-dessous. Transcris-les deux fois avec les pronoms sujets et ajoute une subordonnée complétive qui commence par un subordonnant comme *pourquoi*, *quand*, *où*, *comment*. N'oublie pas la ponctuation finale.

Ex.: J' ignore ▭
    ➤ J'ignore pourquoi il collectionne ces objets.
    ➤ J'ignore comment il se procure tous ces objets.

1 Je me demande ▭   4 Je ne comprends pas ▭

2 J' ai découvert ▭   5 Elle a appris ▭

3 Vous savez ▭   6 Comprends -tu ▭

b) Vérifie la construction de tes subordonnées complétives.

• Encadre le subordonnant au début des subordonnées et assure-toi qu'il n'est pas combiné à *est-ce que* ou *est-ce qui* ni employé avec *c'est… que*, *c'est… qui* ou *que*, *qui*.

• S'il y a lieu, vérifie la place du pronom sujet dans les subordonnées.

c) Entoure la ponctuation finale de tes phrases et assure-toi que le point d'interrogation n'est employé qu'à la fin des phrases de type interrogatif.

Des êtres de passion

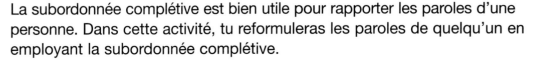
Grammaire

Préparation au projet

La subordonnée complétive est bien utile pour rapporter les paroles d'une personne. Dans cette activité, tu reformuleras les paroles de quelqu'un en employant la subordonnée complétive.

a) Lis l'extrait à la page suivante. Il s'agit d'une entrevue avec Jean-Baptiste Maunier, dans laquelle le jeune homme s'exprime sur sa grande passion : le chant.

b) Rédige au moins six phrases où tu intégreras des paroles de Jean-Baptiste dans des subordonnées complétives. Assure-toi que tu respectes les propos du jeune choriste en reformulant ses paroles.

> Ex. : Jean-Baptiste se rappelle que son père, qui était membre d'une chorale, lui racontait ses voyages et ses rencontres.

Au besoin, choisis des verbes parmi ceux ci-dessous pour introduire tes subordonnées complétives.

• dire	• démontrer	• apprendre
• déclarer	• sentir	• voir
• raconter	• craindre	• remarquer
• penser	• espérer	• décider
• estimer	• vouloir	• expliquer
• savoir	• se demander	• confirmer
• découvrir	• constater	• montrer
	• ignorer	

c) Vérifie la construction de tes subordonnées complétives et consulte la mise au point à la page 130 pour t'assurer que tu as évité les pièges liés à cette sorte de subordonnée.

« J'ai rencontré l'acteur-chanteur des *Choristes* »

Dans *Les Choristes*, un film du réalisateur français Christophe Barratier, Jean-Baptiste interprète le rôle de Pierre Morange, un ado renfermé et très sensible à la voix de cristal.

- Reporter : Justine, 13 ans.
- Lieu : opéra de Lyon (France).

Entre deux répétitions avec sa chorale, Jean-Baptiste Maunier a répondu aux questions d'une de ses fans. Sans fausse note… […]

5 **Justine :** Qu'est-ce qui t'a donné envie de chanter ?

Jean-Baptiste : Mon père faisait partie d'une chorale quand il était jeune. Il m'a raconté qu'on faisait 10 beaucoup de voyages et qu'on rencontrait du monde. J'ai voulu essayer. Je me suis fait beaucoup d'amis et j'ai fait des tournées, par exemple au Japon l'été dernier.

15 **Justine :** Que ressens-tu quand tu chantes ?

Jean-Baptiste : Beaucoup d'émotion. Je veux faire plaisir aux gens qui m'écoutent. Le chant apaise, il aide 20 à aller dans le droit chemin.

Justine : Quels sont tes projets dans le chant ?

Jean-Baptiste : Ma voix va bientôt muer et je ne sais pas si je vais 25 pouvoir continuer. Je ne m'inquiète pas trop, on verra bien ! L'année prochaine, je quitte les petits chanteurs de Saint-Marc. Je ne sais pas si j'entrerai dans une autre 30 chorale. […]

Justine : Est-il difficile de concilier l'école avec les répétitions […] ?

Jean-Baptiste : On manque beaucoup de cours, donc il faut bien s'en sortir 35 à l'école. C'est assez fatigant de tout rattraper, mais ça vaut le coup ! La plupart du temps, nous répétons cinq heures par semaine. En cas de projet de spectacle, c'est 40 beaucoup plus long. Mais j'arrive à gérer mon emploi du temps, je trouve même le temps de jouer au tennis !

Justine : Quelle musique aimes-tu ?

45 **Jean-Baptiste :** J'écoute Linkin Park, Marylin Manson, Kyo, mais pas trop de musique classique. Ce n'est pas ce que je préfère, même si j'en chante !

« J'ai rencontré l'acteur-chanteur des *Choristes* », Info Interview, *GéoAdo*, décembre 2004, n° 26, p. 14-16.

Des êtres de passion

Lecture

Des textes en quête de lecteurs

L'information transmise par le discours rapporté

Lire, c'est un peu comme écouter avec ses yeux. On se penche sur un texte pour entendre un murmure. Avec de la patience et de l'attention, on parvient à « entendre » des voix qui, grâce à l'encre, nous racontent des histoires et nous décrivent le monde. Derrière un texte courant, par exemple, on entend des gens qui témoignent et qui communiquent leur expérience, leur vision du monde. Il suffit de prêter attention à leur présence et à leur voix.

1. Lis ces pages de magazine et porte une attention particulière aux lettres placées dans la marge.

BRYAN PERRO
rencontre
Antoyne Beauchemin-Roy

Propos recueillis par Marie-Claude Fortin

La page des fans

ANTOYNE BEAUCHEMIN-ROY

A — Antoyne fréquente l'école Le Plateau, à Montréal, une école à vocation musicale où il apprend le violoncelle. Il a dix ans,

B — le regard sérieux et le sourire éclatant, il a du talent pour la musique, une passion pour la lecture, et pour sa gerbille

C — 5 nommée Béorf, du nom de l'«hommanimal» qui accompagne Amos Daragon, son héros préféré, dans ses pérégrinations. Un jour de sa neuvième année où il avait épuisé les *J'aime lire* de sa bibliothèque, sa mère lui offre un roman acheté au hasard. «J'ai commencé à lire le résumé imprimé au dos du

10 livre, raconte-t-il, puis les premières pages, et là j'ai dit:

D — "Maman! tu m'as acheté le tome III d'une série! Je veux bien le lire, mais commencer par le commencement." Dès les premières pages du tome I d'*Amos Daragon*, ç'a été l'engouement. «Les histoires de légendes, de chevaliers, de

15 créatures me fascinent», résume Antoyne. Il a dévoré les six tomes de la série signée Bryan Perro en un temps record, croyant sans doute, comme plusieurs de ses amis, que l'auteur était un anglophone habitant très loin du Québec,

E — alors qu'il parle français et vient de Shawinigan! Quand on

20 lui a proposé de rencontrer le créateur d'Amos Daragon, Antoyne a pris son rôle de journaliste très au sérieux. Il est arrivé au café avec sa feuille de questions, et ses six tomes d'*Amos Daragon*. Première surprise: «Je ne savais pas qu'il

F — était aussi grand, raconte-t-il. Il m'a englouti la main quand

25 il me l'a serrée!» Il a aussi été étonné de voir à quel point tout s'était déroulé dans la plus franche camaraderie. Il fallait les entendre débattre de la meilleure façon de cuire les calmars – grillés, selon Perro, ou panés, selon Antoyne! – pour s'en convaincre! Quand la littérature fait le pont

30 entre les générations.

Antoyne Beauchemin-Roy: Est-ce que Bryan Perro est — G
35 ton vrai nom?

Bryan Perro:
Mon véritable nom, c'est Bryan Perreault. Mais
40 comme écrivain, j'ai changé mon nom de famille pour Perro. Même si «Perro» veut
45 dire «chien» en espagnol, j'aimais mieux ça. D'abord, ça faisait deux noms de
50 cinq lettres, et

Des êtres de passion

sincèrement ça donnait un petit côté plus… international.

[…]

A. B.-R. : Est-ce qu'il y a des lectures qui t'ont inspiré pour
55 écrire *Amos Daragon* ?

B. P. : Ma base, ce sont vraiment les contes et les légendes de toutes les cultures, ce n'est pas une œuvre comme telle. Tous les
60 contes et les légendes m'ont inspiré : les contes russes, la mythologie scandinave, les Celtes, le folklore québécois.

A. B.-R. : Est-ce qu'Amos, c'est
65 toi ?

B. P. : Non !

A. B.-R. : Y a-t-il des ressemblances entre toi et certains de tes personnages ?

70 **B. P. :** En fait, je suis un personnage du livre. Je me suis placé comme personnage par plaisir. Dans le
105 tome III, je suis le chef du village, celui qui s'appelle Banry. Si tu
75 changes l'ordre des lettres, ça fait Bryan. D'ailleurs, je vais te révéler un secret : tous les béorites sont
110 des gens que je connais dont j'ai transformé les noms. Alré La Hache,
80 c'est mon ami Réal. Geser, c'est Serge. Ce sont tous des gens de Grand-Mère dont je me sers pour

donner des traits ou des qualités aux personnages.

85 **A. B.-R. :** Combien y aura-t-il de volumes d'*Amos Daragon* en tout ?

B. P. : Douze, et peut-être quelques-uns hors série.

A. B.-R. : Est-ce que tu peux
90 signer mes livres ?

B. P. : Absolument ! Et avec un très grand plaisir !

95 Bryan Perro est comédien de formation. Passionné de contes et légendes, lui-même conteur, il avait publié trois romans pour adultes avant d'écrire un premier livre pour la jeunesse, en 2002, à la
100 demande de son éditeur. Triomphe immédiat pour *Amos Daragon, Porteur de masques*. Sept tomes plus tard, le succès du jeune héros de Perro ne se dément pas. La série a atteint les 250 000 exemplaires vendus […]. Les aventures du jeune héros sont traduites en seize langues, au grand plaisir des
110 lecteurs du Japon, de l'Italie, du Portugal, de la Serbie et de la Croatie ! Dans la langue de Shakespeare, on appelle ça un *success story*.

Marie-Claude Fortin, « Bryan Perro rencontre Antoyne Beauchemin-Roy »,
Entre les lignes, hiver 2005, p. 54-55.

a) Observe la mise en pages du magazine. Repère les trois parties de cet article et détermine de quoi il y est question.

b) Dans cet article de magazine, combien y a-t-il de personnes qui s'expriment ? Nomme-les.

c) Parmi les personnes que tu viens de nommer, laquelle est à l'emploi du magazine ?

d) Selon toi, quel métier cette personne exerce-t-elle ? Décris brièvement son travail.

e) Que signifie l'expression « propos recueillis par » ?

2. Réponds aux questions suivantes en te référant aux lettres placées dans la marge, aux pages 137-138.

a) Qui est l'auteur ou l'auteure de la partie Ⓐ du texte ?

b) À ton avis, l'information donnée en Ⓑ est-elle objective ou subjective ? Justifie ta réponse.

c) Pourquoi le mot *hommanimal* en Ⓒ est-il entre guillemets ?

d) De qui sont les paroles rapportées en Ⓓ ? Pourquoi cite-t-on cette personne ? Qu'apprend-on sur la personne citée ?

e) À ton avis, quelle personne ou quel groupe de personnes le pronom *on* désigne-t-il en Ⓔ ? Par quel autre pronom aurait-on pu le remplacer ?

f) Compare le passage en Ⓕ avec les phrases ci-dessous.

Antoyne s'est dit très surpris de constater que Perro était si grand. Ses mains immenses l'ont impressionné.

Quelle est la différence entre ces deux façons de rapporter les paroles d'Antoyne ? Pourquoi l'auteure n'a-t-elle pas choisi la façon de faire présentée dans l'encadré ci-dessus ?

Des êtres de passion

g) Qui a écrit la phrase en (G) ? Qui l'a dite ? Quels indices te permettent de le savoir ?

h) Pourquoi passe-t-on en (H) du nom complet aux initiales de la personne interviewée ?

i) En (I), pourquoi Antoyne tutoie-t-il Bryan Perro ? Crois-tu que le tutoiement soit toujours approprié quand on rencontre une personne qu'on admire ? Justifie ta réponse.

j) Repère le texte en (J). De quel genre de texte s'agit-il ? Quel en est le sujet ?

k) Généralement, comment qualifies-tu le point de vue dans ce genre de texte ? Est-il plutôt subjectif ou plutôt objectif ? Pourquoi ?

l) Dans ton recueil de textes, on trouve de nombreux textes du même genre. Nommes-en deux ou trois.

3. **a)** À la suite de tes observations sur le discours rapporté, dis pourquoi chacune des affirmations suivantes est fausse.

    (A) On rapporte toujours les paroles d'autrui à l'aide de guillemets.

    (B) Un ou une journaliste rapporte toujours des paroles précisément, au mot près. Il ou elle cherche à rendre compte des hésitations, des reformulations, etc.

    (C) Un ou une journaliste peut transformer les propos d'une personne, modifier des faits, inventer des anecdotes.

    (D) Pour transcrire une entrevue, les journalistes n'ont pas besoin de magnétophone ou de carnet de notes. Leur mémoire suffit.

b) Selon toi, pourquoi rapporte-t-on les paroles d'une personne dans un texte ?

Mise au point   L'information transmise par le discours rapporté

Lorsque tu lis un texte, il est important de prêter attention aux personnes citées. Il faut d'abord repérer toutes les paroles rapportées de façon directe ou indirecte, puis se poser les questions suivantes :

- De qui sont les paroles rapportées ?
- Pourquoi cite-t-on cette personne ? Qu'est-ce que les paroles rapportées ajoutent au texte ?
- Qu'apprend-on sur la personne citée ? (Son âge, son lieu d'origine, sa personnalité, son métier, etc.)
- Que pense l'auteur ou l'auteure de la personne citée ?

◉ Le point de vue, p. 438
◉ Le discours rapporté, p. 482

Des êtres de passion

1. Lis les quatre extraits suivants. Porte une attention particulière aux paroles qui y sont rapportées.

Extrait 1

La jeune biologiste nous avertit du danger de cette contamination : « Il y a une très forte corrélation entre les taux de mercure et les maladies neurologiques dégénératives. »

Extrait 2

Lorsqu'elle visite les écoles secondaires, la biologiste suscite l'intérêt des élèves. À la fin d'une rencontre, Patricia lui a lancé : « C'est cool ! Ton... euh... votre travail ! » La biologiste a souri.

Extrait 3

Les discours de la biologiste sur l'état désastreux des eaux de la rivière ont fait réagir les gens. « C'est un scandale ! Inacceptable ! Pernicieux ! J'exige une meilleure politique de décontamination, s'est exclamé la citoyenne Marie Bella. C'est une question de survie pour nos enfants et nos petits-enfants ! »

Extrait 4

La biologiste se souvient bien des belles paroles de son père pêcheur, aujourd'hui retraité. « En Acadie, la mer, ma petite, ça finit pas sur la *grave*... Ça finit dans les *rivers*, dans les *pounds*, dans les *swamps*. *Everywhere !* La mer est tout partout. »

Remplis un tableau comme celui-ci afin de voir ce que les paroles rapportées révèlent. Justifie tes observations.

	Extrait 1	Extrait 2	Extrait 3	Extrait 4
De qui sont les paroles rapportées ?	1	5	9	13
À quel groupe d'âge (enfant, adolescent, adulte) les gens cités appartiennent-ils ?	2	6	10	14
Que révèlent les paroles rapportées sur la personnalité et le tempérament des gens cités ?	3	7	11	15
Que révèlent les paroles rapportées sur le milieu de vie et le rôle dans la société des gens cités (statut social, provenance géographique, niveau de scolarité, etc.) ?	4	8	12	16

2. Lis le texte suivant dans lequel des paroles rapportées ont été remplacées par des espaces gris.

Le tripeux de
Belleville

Par
Véronique
Robert

Après les Oscars, une nomination aux Grammys ! Pour le compositeur Benoît Charest, le conte de fées du film *Les triplettes de Belleville* continue.

Benoît Charest aime répéter que la vie n'est pas un conte de fées. Il l'a rappelé à sa fille, Jeanne, 10 ans, éblouie par la limousine qui
5 attendait le compositeur-guitariste et sa femme, la chanteuse Béatrice Bonifassi, quand le couple est allé interpréter la chanson-thème des *Triplettes de Belleville* au
10 gala des Oscars, à Hollywood, le 29 février 2004. Un milliard de téléspectateurs. Une nomination à l'un des prix les plus convoités de la planète. « ▆▆1▆▆ » – allusion au couple
15 québécois qui a gagné le gros lot en 1986 et dont les déboires ont défrayé la chronique. L'humour décapant de Benoît Charest trouve à s'exprimer en toute circonstance.
20 Il y a pourtant un côté fabuleux à ce cadeau que l'existence a offert au musicien montréalais pour ses 40 ans. Après tout, il a déjà joué dans la rue. Contre toute attente,
25 *Belleville rendez-vous*, signature du film d'animation à petit budget de Sylvain
30 Chomet, a serré de près la mélodie principale du *Seigneur des anneaux* dans la course à l'Oscar de la meilleure chanson. En plus de rafler plusieurs autres prix, dont le
35 prestigieux César – équivalent français d'un Oscar – de la meilleure musique de film en 2004.

Le 13 février prochain, l'air des *Triplettes* talonnera de nouveau la
40 musique du *Seigneur des anneaux* aux Grammys, à Los Angeles. Benoît Charest ressortira alors son « beau *suit* […] » et reprendra l'avion, presque à contrecœur,
45 même si ces nominations lui font plaisir. « Surtout parce qu'elles donnent l'espoir qu'il y a de la place pour autre chose que les mégaproductions », dit-il.

50 L'avalanche de prix qui a dévalé sur lui ne tient pas du prodige. «Benoît est un surdoué, un compositeur dans l'âme doublé d'un interprète exceptionnel», dit l'homme de 55 théâtre Alexis Martin, un ami d'enfance. «Il a toujours été curieux, inventif, très drôle», ajoute le bassiste de jazz Alain Caron, ex-membre d'UZEB. « 2 »

60 On reconnaît Benoît Charest dans la rue depuis peu, mais cela fait déjà 15 ans qu'il est considéré par beaucoup de ses pairs et de critiques comme un des meilleurs 65 guitaristes de jazz au pays. Notamment par le pianiste Luc Beaugrand, qui l'a intégré dans son ensemble à L'Air du Temps, boîte de jazz très connue à 70 Montréal, à la fin des années 1980. «Benoît était un peu *space*, se souvient le pianiste. 3 »

75 Bouffon à ses heures, le guitariste finissait parfois son passage en tenant son instrument 80 dans son dos ou à l'envers…

Cela fait partie du côté sportif de Benoît Charest, qui

85 a toujours joué au hockey avec les copains et qui s'est récemment remis au soccer. « 4 , note Alexis Martin. Quand il livre un match de hockey, c'est pour gagner! 90 Et quand il a découvert la guitare, il fallait qu'il joue deux fois plus vite que tout le monde. »
[…]

Les récents honneurs qu'il a reçus n'ont pas entamé d'une demi-95 croche la simplicité de Benoît Charest. Il a accepté de me recevoir chez lui, dans le quartier de la Petite-Italie, où il a ses habitudes dans les cafés. Je crois être 100 débarquée par erreur chez le géant vert : juché en haut de l'escalier à pic menant à l'étage supérieur d'un triplex, le grand gaillard blond au regard pétillant

105 de malice me paraît interminable. Je m'attends, participation aux Oscars oblige, à un chic condo design. Je suis donc soufflée par la modestie d'un logement qui 110 évoque la chambre d'étudiant mal meublée. Par cette journée glaciale de décembre, il fait si froid dans ce vieil appartement mal isolé que, pendant toute la durée de 115 notre entretien, le musicien se battra le corps de ses bras, se demandant s'il sera capable de répéter dans ces conditions. Non, la vie n'est pas un conte de fées…

120 Quand on lui demande ce que le déluge de prix a changé dans sa vie, il répond: «Je fais des interviews avec les journalistes!» Il m'apprend qu'au moment de notre rencontre il 125 n'a encore presque rien touché des ventes du disque des *Triplettes*. «Je n'arrive même pas à savoir combien d'exemplaires ont été vendus», dit-il.

130 «L'argent n'est pas une motivation importante pour moi et j'admets être un mauvais négociateur, dit-il. Mais je trouve quand même déplorable que les artistes doivent 135 souvent se battre contre les producteurs pour se faire payer. Et certains se sont fait avoir plus que moi!» […]

Benoît Charest n'a jamais connu 140 le luxe. Être musicien de jazz signifie, selon ses propres termes, faire vœu de pauvreté. «Il en a bavé, raconte Alexis Martin. 5 »

Le goût pour la musique vient du 145 côté maternel: sa mère adorait la musique, un oncle a initié Benoît aux compositeurs classiques, sa grand-mère, ex-comédienne, a déjà dansé le charleston sur le toit 150 d'une voiture à New York – ne cherchez plus pourquoi Benoît est une bête de scène.

«Du côté de mon père, quand ça chantait "Bonne fête" aux 155 anniversaires, on aurait dit de la musique dodécaphonique!» En revanche, Jacques Charest est un graphiste très doué, qui a légué son talent à son fils. « 6 , 160 affirme Alexis Martin. Adolescent, il reproduisait Gotlib à main levée!»

C'est la musique qui l'emportera. Alexis Martin est aux premières loges lorsque son ami s'enflamme 165 pour la guitare jazz, à 14 ans. «Il est devenu obsédé, perfectionniste. Avec lui, pas question d'équilibre!» Les deux compères se sont rencontrés à 12 ans, à l'école 170 Paul-Gérin-Lajoie d'Outremont. «J'étais petit à côté de lui, raconte Alexis Martin. 7 » […]

Véronique Robert, «Le tripeux de Belleville», *L'Actualité*, vol. 30, n° 3, 1er mars 2005, p. 84-86.

a) Place les paroles suivantes au bon endroit dans le texte précédent en associant ces paroles au numéro correspondant dans les espaces gris.

A. Benoît aurait pu devenir illustrateur

D. On se sentait comme les Lavigueur de la musique

B. Il possède aussi un côté compétitif

E. Son grand plaisir, c'était de m'enfermer à clef dans une case du vestiaire.

F. Toutes ces qualités se retrouvent sur la bande originale des *Triplettes*.

C. On se demandait s'il allait arriver à l'heure, s'il allait penser à apporter le fil pour brancher sa guitare. Mais on ne s'inquiétait jamais pour son solo : on savait que ce serait la fin du monde !

G. Traîner son ampli dans l'autobus à 3 h du matin, il l'a fait souvent. Il a connu aussi des moments de déprime. Au fond, c'est un être vulnérable. La musique l'a toujours sauvé.

b) Outre Benoît Charest, trois autres personnes sont interviewées dans le texte. Nomme-les et détermine leur lien avec le compositeur des *Triplettes de Belleville*.

---

3. a) Relis le septième paragraphe (lignes 93-119). Quels mots du texte démontre la subjectivité de la journaliste ? Justifie ta réponse.

b) Qui le pronom *on* désigne-t-il dans le huitième paragraphe (lignes 120-129) ?

c) Dans la deuxième page de l'article, quel mot démontre que la personne citée est un Québécois qui s'exprime avec un langage familier ?

d) Pourquoi la journaliste a-t-elle mis entre guillemets les mots « beau *suit* » (ligne 43) ?

e) Au huitième paragraphe (lignes 120-129), les paroles sont rapportées de façon indirecte. Quelles sont ces paroles ? De qui sont-elles ?

4. Laquelle des affirmations suivantes est la plus juste concernant le point de vue dans le texte *Le tripeux de Belleville* ?

Ⓐ La journaliste brosse un portrait flatteur de Benoît Charest. Elle dit elle-même que c'est un être extraordinaire.

Ⓑ La journaliste a présenté les aspects négatifs et les aspects positifs de la personnalité de Benoît Charest.

Ⓒ La journaliste est totalement neutre. On ne sent jamais sa présence.

Ⓓ La journaliste brosse un portrait flatteur de Benoît Charest, mais plutôt que de l'encenser elle-même, elle est allée voir ses amis et elle rapporte leurs paroles.

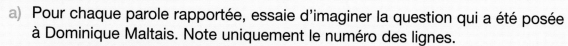
Je vais plus loin

Préparation au projet

Lis le texte sur Dominique Maltais (recueil, p. 88-90). Remarque bien l'ensemble des paroles rapportées.

a) Pour chaque parole rapportée, essaie d'imaginer la question qui a été posée à Dominique Maltais. Note uniquement le numéro des lignes.

Paroles rapportées	Questions possibles
Lignes 17-22 (« C'est un parcours de bosses et de virages […] et une minute.»)	*Qu'est-ce que le* boardercross, *au juste ?*
▬▬▬	▬▬▬

b) Identifie les autres personnes citées dans le texte. Écris le numéro des lignes où l'on rapporte des paroles.

c) Relève les paroles rapportées qui démontrent que Dominique Maltais est une fille expressive et passionnée.

Des êtres de passion

La révision d'un texte

Ébauche, esquisse, brouillon, essai, premier jet, etc. Il existe beaucoup de mots pour parler de la première version d'un texte, mais quoi qu'il en soit, la première version n'est jamais la bonne (à moins d'avoir du génie…). En fait, bien écrire, c'est relire son texte pour le retoucher tant qu'il n'est pas au point.

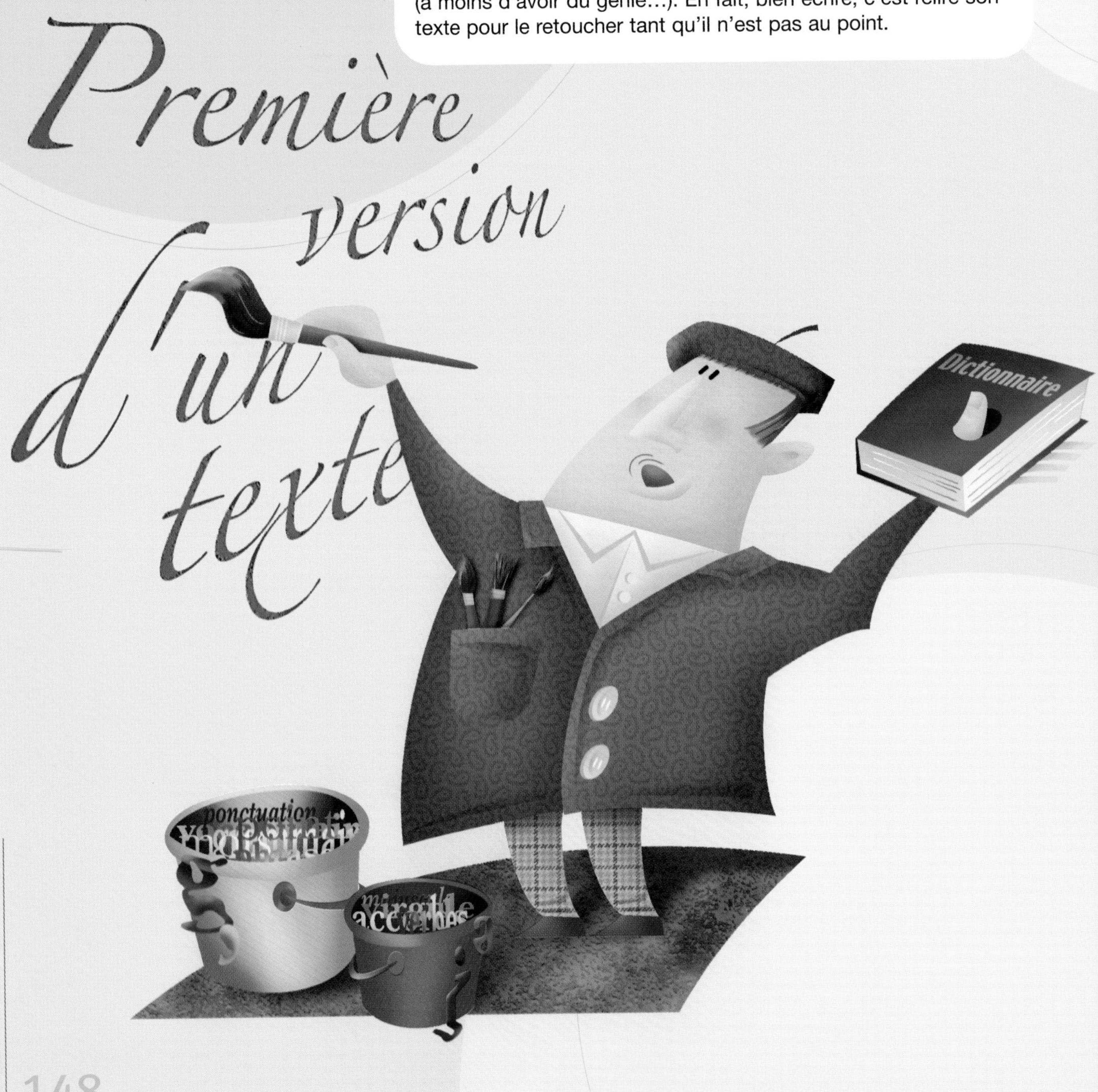

Première version d'un texte

Dictionnaire

ponctuation

accords

Tian a écrit un article pour le journal de son école. Sa sœur aînée l'a aidé à réviser le brouillon de son texte. Prends connaissance du travail de révision qu'elle a fait.

Une jeune artiste à découvrir

1 Répétition — Flavia Perez est une jeune artiste qui vient du Guatemala. Lorsqu'elle peint, Flavia Perez tente de reproduire les couleurs de son pays plein de soleil.

Elle avait seulement huit ans lorsqu'elle a découvert son talent et sa passion pour la peinture. Au Guatemala, elle a suivi des

2 Répétition — cours chez un ami de sa mère. L'ami de sa mère a tout de suite

3 Répétition — vu les dons artistiques de Flavia. Il a appris à Flavia tout

4 Mauvais pronom relatif — ce qu'elle avait besoin pour entreprendre ce métier. Aussi, son

5 Répétition — père lui avait installé un petit atelier dans le grenier. Son père

6 Négation inutile — est ébéniste. Comme il n'y avait pas aucune fenêtre, il avait

7 Phrase mal placée dans le texte — fait construire une lucarne. Aujourd'hui, Flavia a seize ans. Pour elle, la peinture est depuis peu une passion. Elle nous

8 Contradiction — dit : « J'aime peindre la mer et les chevaux que nous avions, dans mon pays d'origine. » Comme elle habite maintenant

9 Répétition — à Rouyn, Flavia peint parfois des paysages enneigés. Elle

10 Mauvaise reprise — dit qu'à Rouyn, la lumière qui brille sur la neige est superbe.

La famille de Flavia est très fière de leur artiste, et sa mère, Ileana, le dit souvent : « Elle est notre trésor. » Flavia aime aussi peindre des iris, qui sont ses fleurs préférées.

11 Information mal placée dans le texte

a) Associe chaque commentaire en marge du texte, page 149, à l'un des énoncés ci-dessous.

(A) Le mot *aucune* contient déjà l'idée de négation. L'ajout du mot *pas* est fautif.

(B) Ce mot ne convient pas dans cette phrase : on a besoin *de* quelque chose. Le groupe prépositionnel *de quelque chose* se remplace par *dont*.

(C) Cette information ne doit pas être placée ici. Cet aspect a été abordé dans le troisième paragraphe.

(D) Cette phrase n'a aucun lien avec la phrase précédente. Elle devrait commencer un nouveau paragraphe.

(E) On peut éviter cette répétition en insérant ce groupe du nom dans la précédente sous la forme d'une subordonnée relative.

(F) Il serait préférable de remplacer ce groupe du nom par le pronom *il*. On éviterait ainsi une répétition.

(G) Pour éviter une répétition, on peut remplacer ce groupe du nom par un autre groupe du nom.

(H) Il faudrait remplacer le groupe prépositionnel par le pronom *lui*, sinon la répétition est un peu gênante.

(I) Il vaudrait mieux éviter cette répétition en l'effaçant tout simplement.

(J) Le déterminant *leur* indique que le nom qu'il introduit (*artiste*) est en relation avec un élément au pluriel. Or, le groupe du nom *La famille de Flavia* est au singulier.

(K) On dit exactement le contraire de ce qu'on a dit dans le paragraphe précédent.

b) En équipe de quatre, récrivez le texte *Une jeune artiste à découvrir* en tenant compte des annotations et des explications de la sœur de Tian. Chaque membre de l'équipe est responsable de la récriture d'un paragraphe. Consultez-vous. Certains changements nécessitent le déplacement d'éléments d'un paragraphe à un autre.

Mise au point

La révision d'un texte suppose une relecture méthodique. Elle ne se limite pas simplement à corriger les erreurs d'orthographe. Il faut aussi examiner attentivement le contenu et la forme du texte. Pour que la révision soit efficace, il est nécessaire de se mettre à la place des lecteurs, de «douter» et de se poser des questions. Il faut dissiper les doutes en appliquant diverses stratégies de révision.

Sur le plan du contenu

- Assure-toi que l'information est suffisante pour que les lecteurs comprennent bien ce que tu veux dire.
- Examine l'organisation logique des paragraphes et l'enchaînement des phrases. Vérifie s'il y a des contradictions.
- Évite les répétitions. Utilise des mots de reprise.

Sur le plan de la construction des phrases

- Assure-toi que la place d'un groupe de mots ne gêne pas la compréhension.
- Évite les énoncés trop longs, qui donnent des renseignements de toutes sortes.
- Regarde si les phrases très courtes pourraient être combinées.
- Vérifie la ponctuation, qui permet de mettre en valeur certains éléments d'information.
- Vérifie l'emploi des subordonnants.

N'hésite pas à demander de l'aide pour la révision. Rien ne vaut un œil extérieur pour relever des maladresses. Rédige ton brouillon à double interligne de manière à pouvoir l'annoter facilement. Si tu travailles à l'ordinateur, imprime ton texte et récris des passages à la main avant de le finaliser. Tu peux aussi faire comme l'écrivain Gustave Flaubert et lire ton texte à haute voix afin de mettre en évidence les passages qui «coulent» moins bien.

- Les stratégies d'écriture, p. 439
- La reprise de l'information, p. 479
- La ponctuation à la fin de la phrase, p. 475
- La subordonnée relative, p. 471
- La ponctuation à l'intérieur de la phrase, p. 476

Des êtres de passion

151

1. Corrige les phrases suivantes et justifie tes corrections. Tu peux effacer des mots, les déplacer, les remplacer ou en ajouter.

1 La peinture à l'huile est plus difficile que la gouache, qui est plus facile.

2 Elle a installé son chevalet pour peindre le paysage sur le balcon.

3 Ces cours de dessin sont destinés à un jeune public et les activités sont conçues pour eux.

4 Il n'a pas montré son dessin à personne.

5 Pourquoi on fait d'abord un croquis ?

6 Il m'a montré comment qu'on dessine un visage.

7 On aura jamais vu autant de visiteurs dans une maison de la culture.

8 Les artistes ont besoin de concentration, dérangez-les pas.

9 Il adore la peinture, mais pas trop.

10 Gaëlle a une extinction de voix, puis elle ne pourra pas chanter au spectacle de fin d'année.

2. Corrige les répétitions en fusionnant ces paires de phrases en une seule.

Ex.: Son père lui a installé un atelier dans le grenier. Son père est ébéniste.

➤ Son père, qui est ébéniste, lui a installé un atelier dans le grenier.

Ex.: Flavia a peint des paysages enneigés. Flavia les a peints cet hiver.

➤ Cet hiver, Flavia a peint de paysages enneigés.

1 Flavia a peint plusieurs tableaux sur ce thème. Flavia a de l'imagination.

2 Elle a fait une nature morte. Cette nature morte lui a valu un prix.

3 J'ai rencontré Flavia lors d'une exposition. Je l'ai rencontrée l'été passé.

4 Sa plus belle œuvre est un paysage de son pays natal. Cette œuvre a été exposée à l'école.

5 Ce livre est une biographie. J'ai oublié le titre de ce livre.

6 Anh aime les sports d'équipe. Anh n'aime pas les sports individuels.

Je vais plus loin

Préparation au projet

Voici une activité qui te permettra de mettre en pratique ce que tu as appris sur la révision de textes.

a) Interroge-toi sur une de tes passions. Inspire-toi des textes présentés dans le dossier 3 du recueil (p. 72-103).

b) Fais équipe avec un ou une camarade.

c) À tour de rôle, décrivez votre passion oralement. Vous avez une minute pour le faire. Enregistrez-vous.

d) Écoutez l'enregistrement de votre camarade. Transcrivez ses propos à double interligne. Cela constituera le premier jet du texte que vous devrez écrire.

e) Récrivez ce brouillon de façon à le rendre clair. Éliminez les répétitions, les contradictions, les hésitations, etc. Assurez-vous que les phrases s'enchaînent logiquement. Réorganisez l'ordre de l'information.

f) Remettez le texte à la personne qui vous a parlé de sa passion pour voir si l'information est juste.

Des êtres de passion

Communication orale

Des voix qui portent

L'entrevue

Recette pour un tête-à-tête réussi : une personnalité fascinante et un intervieweur ou une intervieweuse habile. Ajoutez des questions judicieuses, originales, amusantes… et des réponses captivantes, surprenantes, mystérieuses… et vous obtenez une entrevue… passionnante !

1. Regardez attentivement la vidéo, puis en équipe de deux, répondez aux questions suivantes. Pour mieux réaliser la tâche, utilisez la transcription du scénario qu'on vous remettra.

   a) Comment l'entrevue a-t-elle été préparée? Relevez les étapes que la jeune fille a suivies avant de rencontrer la personne à interviewer.

   b) Quels sont les deux principaux sujets abordés au cours de l'entrevue radiophonique avec Mathieu Lippé?

   c) Comment l'entrevue de la jeune fille avec Mathieu Lippé est-elle structurée? Pour répondre à cette question, proposez quelques mots clés qui résument :

   • l'introduction;

   • les thèmes abordés au cours de l'entrevue;

   • la conclusion.

   d) C'est l'intervieweuse qui mène le déroulement de l'entrevue. Relevez quelques formules qui le montrent :

   • une formule d'ouverture dans l'introduction;

   • deux formules de transition lorsque l'intervieweuse passe d'un thème à l'autre;

   • une formule de fermeture dans la conclusion.

   e) Relevez deux réponses de la personne interviewée que vous jugez particulièrement intéressantes. Justifiez vos choix.

   f) La situation d'entrevue est-elle formelle ou informelle? Justifiez votre réponse en comparant la variété de langue utilisée dans cette situation à celle employée par la jeune fille et son père en situation de conversation téléphonique. Relevez des mots ou des tournures typiques de ces deux variétés de langue.

2. En vue de définir les conditions d'une entrevue réussie, choisis, parmi les énoncés suivants, les caractéristiques qui semblent les plus appropriées chez la personne qui fait l'interview et chez celle qui est interviewée.

La personne qui interviewe

A. Elle se prépare en se documentant sur la personne qu'elle va rencontrer ou sur les sujets qui l'intéressent.

B. Elle ne communique pas ses questions pour surprendre la personne interviewée.

C. Elle a recours à un aide-mémoire pour structurer son entrevue.

D. Elle se prépare peu et improvise ses questions pour avoir l'air plus naturel.

E. Elle met en valeur la personne qu'elle interviewe plutôt que de chercher à jouer les vedettes.

La personne interviewée

F. Elle a pris connaissance des questions qui lui seront posées.

G. Elle répond brièvement aux questions pour ne pas se compromettre.

H. Elle fournit des réponses détaillées en fonction des besoins d'information de la personne qui l'interviewe (et du public, s'il y a lieu).

I. Elle demeure courtoise, respectueuse, loquace pour éviter de mettre la personne qui l'interviewe mal à l'aise.

J. Elle est soucieuse de son image et cherche à impressionner la personne qui l'interviewe.

Mise au point   L'entrevue

Dans une entrevue, les rôles sont très clairs : il y a une personne qui pose des questions (l'intervieweur ou l'intervieweuse) et une personne qui y répond (la personne interviewée). Lorsque cette entrevue se déroule dans une situation plus formelle, on doit respecter un fonctionnement précis.

Rôle de l'intervieweur ou de l'intervieweuse

Avant l'entrevue…

- se documenter sur la personne invitée ou sur les sujets qui l'intéressent ;
- structurer l'entrevue selon les thèmes qui seront abordés ;
- prévoir des questions selon le plan établi ;
- communiquer ses questions à la personne interviewée ;

Lors de l'entrevue…

- poser des questions de toutes sortes (des questions partielles et totales) ;
- chercher à approfondir les réponses données à l'aide de sous-questions ;
- mettre à l'aise la personne interviewée, par exemple en réagissant de façon positive à ses réponses, etc.

Rôle de la personne interviewée

Avant l'entrevue…

- prendre connaissance des questions qui lui seront posées ;

Lors de l'entrevue…

- répondre aux questions de façon détaillée ;
- utiliser différents procédés pour capter l'attention (mettre en relief l'information importante, utiliser un débit et un ton de voix appropriés, etc.) ;
- être empathique à l'égard de l'intervieweur ou de l'intervieweuse.

Au cours d'une entrevue, les interlocuteurs peuvent utiliser différentes variétés de langue, selon leur degré de familiarité, leur personnalité, la notoriété de la personne interviewée, etc.

Les types de phrases, p. 455
Les règles de la discussion, p. 445

Des êtres de passion

1. Proposez une autre manière d'exprimer les formules d'ouverture, de transition ou de fermeture suivantes.

   A. Monsieur X, vous êtes considéré comme un artiste accompli et l'on vous respecte beaucoup dans votre milieu.

   B. Votre conception de l'artiste est intéressante, mais comment voyez-vous son engagement sur le plan politique ?

   C. Merci, Monsieur X, d'avoir répondu à toutes mes questions avec autant de générosité.

2. Reformulez les questions suivantes pour qu'elles soient appropriées à une situation formelle d'entrevue.

   A. C'est quoi, la passion, selon toi ?

   B. Qu'est-ce que c'est qui t'allume le plus ?

   C. Comment tu vois ton avenir ?

Préparation
projet

Voici une activité qui te permettra de réaliser un jeu de rôles se rapprochant d'une « vraie » entrevue en bonne et due forme.

a) En équipe de deux, préparez un jeu de rôles d'une durée de cinq minutes au cours duquel vous vous glisserez dans la peau d'une personnalité connue.

b) Planifiez l'entrevue en respectant les étapes suivantes.

   • Choisissez les rôles que vous aimeriez tenir (personne interviewée ou personne qui interviewe).

   • Dressez un portrait sommaire de la personnalité dont vous voulez vous inspirer : ses traits de caractère, son expérience, ses passions, ses manières de s'exprimer, ses tics de langage, etc.

   • Structurez votre entrevue en diverses sections selon les thèmes que vous voulez aborder. Pour chaque section, prévoyez les types de questions que vous poserez.

c) Répétez votre rôle pour valider les formules, les mots ou les tournures à employer. N'hésitez pas à formuler des commentaires constructifs à votre partenaire.

d) Présentez votre entrevue fictive devant la classe.

e) Portez un jugement critique sur les entrevues que vous venez d'entendre.

Le subjonctif présent

DES VERBES
que l'on
malmène

Subjonctif ou indicatif... On emploie quelquefois celui-ci à tort, à la place de celui-là. Parfois, c'est leur orthographe que l'on confond. D'autres fois, l'indicatif n'y est pour rien : on malmène le subjonctif au gré de notre fantaisie !

Je réfléchis

1. Observe les phrases ci-dessous : les verbes en gras sont à l'indicatif présent ; ceux en couleur, au subjonctif présent.

Ensemble 1

Sa mère pense qu'il **réussit**.

Sa mère croit qu'il **réussit**.

Sa mère exige qu'il réussisse.

Sa mère souhaite qu'il réussisse.

Sa mère doute qu'il réussisse.

Ensemble 2

Sa mère l'encourage quand elle **réussit**.

Sa mère l'encourage parce qu'elle **réussit**.

Sa mère l'encouragera jusqu'à ce qu'elle réussisse.

Sa mère l'encourage pour qu'elle réussisse.

a) Dans chaque ensemble de phrases, relève le ou les mots qui commandent un verbe à l'indicatif ou un verbe au subjonctif.

b) Dans les ouvrages de référence, les conjugaisons du subjonctif sont souvent présentées de la façon suivante, avec un *que* devant.

Pourquoi ?

MODE SUBJONCTIF	
Présent	**Passé**
que je finisse	que j'aie fini
que tu finisses	que tu aies fini
qu'il / elle finisse	qu'il / elle ait fini
que nous finissions	que nous ayons fini
que vous finissiez	que vous ayez fini
qu'ils / elles finissent	qu'ils / elles aient fini

2. a) Compare les verbes au subjonctif présent (en couleur) et les verbes à l'indicatif présent (en gras). Classe-les dans un tableau comme celui ci-dessous.

> 1 Il faut qu'elle parte avant que la nuit vienne.
> Elle **part**, car la nuit **vient**.
>
> 2 Il faut qu'elle se cache afin qu'il ne la voie pas.
> Elle **se cache**, car s'il la **voit**, il la capturera.
>
> 3 Il faut qu'elle le croie pour qu'il lui fasse confiance aussi.
> Elle le **croit**, c'est pourquoi il lui **fait** confiance aussi.

AU SUBJONCTIF ET À L'INDICATIF PRÉSENT, LE VERBE...		
Ⓐ **se prononce et s'écrit différemment**	Ⓑ **se prononce de la même façon, mais s'écrit différemment**	Ⓒ **se prononce et s'écrit de la même façon**
Ex.: *parte / part*	▬	▬

b) Trouve une manière de reconnaître le subjonctif lorsqu'un verbe fait partie de la catégorie Ⓑ ou Ⓒ. Par exemple, dans la phrase suivante, comment choisir entre l'indicatif et le subjonctif présent?

indicatif   subjonctif
Il craint qu'elle ne (meurt ou meure).

3. Observe les verbes dans le tableau ci-dessous.

VERBES AU SUBJONCTIF PRÉSENT			
Aimer	**Partir**	**Prendre**	**Voir**
que j'aime	que je parte	que je prenne	que je voie
que tu aimes	que tu partes	que tu prennes	que tu voies
qu'elle aime	qu'elle parte	qu'elle prenne	qu'elle voie
que nous aimions	que nous partions	que nous prenions	que nous voyions
que vous aimiez	que vous partiez	que vous preniez	que vous voyiez
qu'ils aiment	qu'ils partent	qu'ils prennent	qu'ils voient

a) Les terminaisons changent-elles selon que l'infinitif du verbe est en *-er*, *-ir*, *-re* ou *-oir*?

b) Dresse la liste des terminaisons des verbes du tableau, puis, dans un ouvrage de référence, observe d'autres verbes conjugués au subjonctif présent. Y a-t-il des exceptions?

Mise au point
Le subjonctif présent

Le plus souvent, on rencontre le subjonctif dans :

- la subordonnée complétive qui complète un verbe exprimant une volonté ou un sentiment ;

  Ex. : Elle **veut** / **craint** que je parte .

- la subordonnée complément de phrase introduite par *avant que*, *pour que*, etc.

  Ex. : Elle a beaucoup pleuré avant que / pour que je revienne .

Comme le subjonctif se présente généralement à la suite d'un *que*, on présente les conjugaisons avec un *que* dans les ouvrages de référence.

Voici la règle de formation de la plupart des verbes au subjonctif présent.

> On utilise le radical du verbe au présent de l'indicatif à la troisième personne du pluriel (*ils / elles*) et on ajoute la terminaison du subjonctif : *-e, -es, -e, -ions, -iez, -ent*.
>
> Ex. : aimer : elles aiment ➤ que j'aim**e**
> finir : elles finissent ➤ que tu finiss**es**
>
> Exceptions (terminaisons) : *avoir* ➤ qu'il ait, que nous ay**ons**, que vous ay**ez**
> *être* ➤ que je so**is**, que tu so**is**, qu'elle so**it**, que nous soy**ons**, que vous soy**ez**

Attention !

Quelques verbes ont un radical différent avec *nous* et *vous*.

Ex. : recevoir : que je reçoive / que nous recevions, que vous receviez

D'autres verbes (dont *avoir* et *être*) ont un radical particulier.

Ex. : faire : que je fasse   aller : que j'aille   savoir : que je sache

Pour corriger des erreurs comme celles ci-dessous, il faut comprendre la formation du subjonctif, mémoriser des cas particuliers ou consulter un ouvrage de référence.

Ex. : qu'ils ~~risent~~ rient, qu'il ~~voit~~ voie, que nous ~~reçoivions~~ recevions, qu'elles ~~allent~~ aillent

🔎 La formation des temps simples, p. 490
🔎 Les subordonnées compléments de phrase, p. 474

Conjugaison

Des êtres de passion

161

1. a) Lis les articles de dictionnaires ci-dessous et relève les mentions et exemples qui indiquent que le verbe *exiger* commande l'emploi du subjonctif après *que*.

exiger v. tr.
1. Demander. *Cette opération exigeait beaucoup d'habileté*. **SYN**. nécessiter.
2. Réclamer (ce qui est considéré comme un dû). *Les employés exigent une augmentation. À la bibliothèque, on exige le silence*. **SYN**. demander.
3. Commander, ordonner. *L'institutrice exige que les enfants soient ponctuels.*
–S– Suivi de ***que***, le verbe se construit avec le subjonctif. Le verbe peut également se construire avec la préposition ***de*** suivie de l'infinitif. *Elle exige d'être écoutée.*
Conjugaison [voir modèle – **CHANGER**]
Le ***g*** est suivi d'un ***e*** devant les lettres ***a*** et ***o***. *Il exigea, nous exigeons.*

Marie-Éva de Villers, *Le Multi des jeunes : Dictionnaire de la langue française*,
Éditions Québec Amérique, 1997.

exiger [egziʒe] v. tr. **[15] 1.** Réclamer, en vertu d'un droit réel ou que l'on s'arroge. *Exiger le paiement de réparations. – Exiger que* (suivi du subj.) *Il exige qu'on vienne*. **2.** (Sujet nom de chose.) Imposer comme obligation. *Allez-y, le devoir l'exige. Les circonstances exigent que vous refusiez*. ➤ Nécessiter. *Construction qui exige beaucoup de main-d'œuvre*. – Lat. *exigere*, «pousser dehors», d'où «faire payer, exiger».

Dictionnaire du français Plus, Les Éditions CEC inc., 1988.

b) Récris la phrase ci-dessous en utilisant les verbes proposés à la place d'*exiger*. Attention! deux des verbes s'emploient avec l'indicatif. Au besoin, consulte un dictionnaire.

Mon entraîneur exige que je me nourrisse mieux.

1 Mon entraîneur a demandé ▬▬.   4 Mon entraîneur s'assure ▬▬.

2 Mon entraîneur veut ▬▬.   5 Mon entraîneur aimerait ▬▬.

3 Mon entraîneur reconnaît ▬▬.   6 Mon entraîneur souhaite ▬▬.

2. Récris la phrase ci-dessous en utilisant les verbes proposés à la place de *avoir peur*. Attention! deux des verbes s'emploient avec l'indicatif. Au besoin, consulte un dictionnaire.

Elle a peur que je sois malade.

1 Elle craint ▬▬.   4 Elle présume ▬▬.

2 Elle déplore ▬▬.   5 Elle doute ▬▬.

3 Elle se désole ▬▬.   6 Elle suppose ▬▬.

Conjugaison

3. a) Ajoute la terminaison du subjonctif présent appropriée à chaque verbe en couleur.

1. Il ne fallait pas que je me tromp▭.
2. J'aimerais que tu admir▭ ce tableau.
3. Elle doute qu'il march▭ assez vite pour la rattraper.
4. Il est essentiel que nous rest▭ ensemble et que nous oubli▭ nos différends.
5. J'aurais souhaité que vous m'aid▭.
6. Je dois partir avant qu'elles revienn▭.

b) Remplace les verbes en couleur dans les phrases 1 à 6 par les verbes suivants.

1. se perdre 2. voir 3. courir 4. partir, régler 5. oublier 6. arriver

c) Sépare par une barre oblique le radical et la terminaison de chaque verbe au subjonctif et assure-toi que les terminaisons sont bien orthographiées.

4. a) Transcris les phrases suivantes et conjugue les verbes entre parenthèses au subjonctif présent. Pour former le verbe au subjonctif, sers-toi du radical ou des radicaux en couleur à l'indicatif présent.

1. *finir*, indicatif présent : *ils finissent*
   Il faut que je (finir) / que nous (finir) cette lettre.

2. *écrire*, indicatif présent : *elles écrivent*
   Elle voulait que tu lui (écrire) / que vous lui (écrire) quelque chose de plus personnel.

3. *apercevoir*, indicatif présent : *nous apercevons, ils aperçoivent*
   J'ai déguerpi avant que tu m'(apercevoir) / que vous m'(apercevoir).

4. *tenir*, indicatif présent : *nous tenons, elles tiennent*
   Tu veux que je te (tenir) / que nous te (tenir) au courant.

5. *prendre*, indicatif présent : *nous prenons, ils prennent*
   Je doute qu'il (prendre) / que vous (prendre) la bonne décision.

b) Sépare par une barre oblique le radical et la terminaison de chaque verbe au subjonctif et vérifie l'orthographe du verbe.

Je vais plus loin

Préparation au projet

Pour mettre à l'épreuve tes connaissances sur le subjonctif présent, participe à une dictée en coopération, en procédant de la manière suivante.

a) Compose six phrases dans lesquelles tu utiliseras le subjonctif présent dans des subordonnées compléments du verbe qui commencent par *que*.

Ex. : Ses parents se réjouissent que leur fille soit si disciplinée.

> Voici des verbes que tes subordonnées peuvent compléter :
>
> - des verbes qui expriment une volonté :
>   *demander, exiger, permettre, refuser, vouloir* ;
> - des verbes qui expriment un sentiment ou un doute :
>   *craindre, désirer, détester, douter, redouter, regretter, se désoler, se réjouir, souhaiter.*

b) Révise l'orthographe des mots dans tes phrases. Regarde bien les verbes conjugués au subjonctif présent.

- Vérifie le radical du verbe (attention aux verbes qui changent de radical avec *nous* et *vous* et à ceux qui ont un radical particulier : *aller, faire, pouvoir, savoir, vouloir*…).
- Assure-toi que le verbe se termine par *-e, -es, -e, -ions, -iez* ou *-ent*, selon la personne (attention aux exceptions avec *avoir* et *être*).

Au besoin, consulte un ouvrage de référence.

c) En équipe de trois, dictez, à tour de rôle, l'une des phrases que vous avez rédigées.

d) Invitez vos deux camarades à comparer l'orthographe des mots dans la phrase que vous avez dictée. Procédez ensuite à la correction de la phrase. Lorsqu'il y a une erreur dans l'orthographe du verbe au subjonctif présent, déterminez s'il s'agit d'une erreur de radical ou de terminaison.

L'apostrophe marquant l'élision

DES SIGNES qui peuvent être trompeurs

> **Hé, l'apostrophe !** Ne vous y trompez pas, il s'agit ici du signe employé en cas d'élision d'une voyelle et non de l'apostrophe qui sert à interpeller un interlocuteur ou une interlocutrice. Subtile, l'apostrophe…

Je réfléchis

Observe le tableau suivant, qui présente des phrases où les mots en couleur sont employés avec ou sans apostrophe.

Avec apostrophe	Sans apostrophe
Il faut qu'il soit là, puisqu'on doit tous décider s'il y aura des élections ou non.	Il faut que Tareh soit là, puisque personne ne sait si elle veut se représenter aux élections.
Magali revient d'Athènes afin d'entreprendre une nouvelle carrière.	Étienne revient de Paris afin de commencer une nouvelle carrière.
D'ailleurs, il n'y a pas d'école.	Le métro est presque achevé.
L'histoire de l'incroyable hibou me demande un peu d'efforts.	Il a pris beaucoup de photos pour lui montrer le hibou incroyable aperçu en forêt.
J'attends que le train s'approche.	Je pense que le train se rapproche.

a) Quelles classes de mots sont surtout concernés par l'emploi de l'apostrophe ? Donne deux autres exemples de mots dans chaque cas.

b) Quand est-il nécessaire d'employer l'apostrophe ? Quand faut-il s'abstenir d'utiliser une apostrophe ? Justifie tes réponses à l'aide d'exemples tirés du tableau.

c) Parmi les cas présentés dans le tableau, lesquels auraient pu te poser problème ? À quels ouvrages devrais-tu recourir pour savoir s'il faut mettre une apostrophe ou non ?

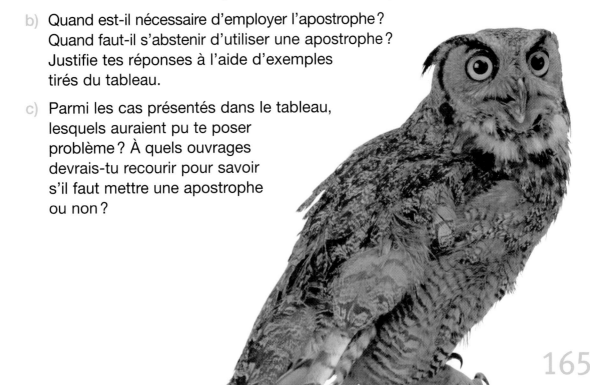

Mise au point

L'apostrophe marquant l'élision

Signe souvent employé, l'apostrophe remplace la voyelle finale (« *e* », « *i* » ou « *a* ») de certains mots lorsqu'ils sont suivis d'un mot commençant par une voyelle ou un « *h* » muet.

Les mots qui peuvent s'élider sont :

- les déterminants *le* et *la* ;

  Ex. : l'homme ; l'étoile

- les pronoms *je, me, te, se, ce, le, la* et *que* ;

  Ex. : C'est la planète qu'il s'attend à observer.

- les conjonctions *que* (et les conjonctions complexes telles *à moins que, pour que,* etc.), *lorsque, puisque, quoique* (devant *il, elle, en, on, un / une, ainsi*) et *si* (devant *il* ou *ils*) ;

  Ex. : avant qu'il soit trop tard

- les prépositions *de* (et les prépositions complexes telles *à moins de, en vue de,* etc.) et *jusque* ;

  Ex. : auprès d'elle ; jusqu'au soir

- l'adverbe *ne.*

  Ex. : Il n'y a rien.

Attention ! Les adverbes *presque* et *quelque* ne s'élident que dans les mots *presqu'île* et *quelqu'un / quelqu'une.*

Ex. : presque impossible ;
quelque innocents
qu'ils soient

L'Angélus architechtonique de Millet, Salvador Dali, 1933.

Ajoute les mots qui manquent dans le texte suivant en faisant les élisions nécessaires.

Salvador Dali: un artiste extravagant

Tout au long ⬛1 sa vie, Salvador Dali, à ⬛2 allure physique si particulière, ⬛3 a pas cessé ⬛4 chercher à ⬛5 faire remarquer. Bien ⬛6 il ait peint beaucoup ⬛7 œuvres saisissantes, qui ⬛8 démarquaient déjà ⬛9 celles de tous ses contemporains, il ⬛10 amusait à provoquer les amateurs ⬛11 art en ⬛12 proclamant le plus grand génie ⬛13 tous les temps. Véritable bête ⬛14 médias, il a toujours su attirer ⬛15 attention en ⬛16 servant ⬛17 journalistes pour mousser ⬛18 vente ⬛19 ses œuvres. Par exemple, il ⬛20 a pas hésité à porter un scaphandre lors ⬛21 un vernissage, à ⬛22 faire photographier à l'intérieur ⬛23 une tête de requin, ou encore à sortir ⬛24 une Rolls-Royce jaune et noire, remplie ⬛25 énormes choux-fleurs, ⬛26 il distribuait en guise ⬛27 autographes. ⬛28 était un personnage à ⬛29 originalité indéniable, dont quelques artistes ⬛30 aujourd'hui ⬛31 inspirent encore ⬛32 ils veulent faire parler ⬛33 eux.

Voici quelques citations célèbres ⬛34 ce peintre mégalomane, soucieux de ⬛35 image ⬛36 il voulait projeter ⬛37 lui-même :

- ⬛38 *surréalisme,* ⬛39 *est moi !*
- *Il y a toujours un moment dans leur vie où les gens* ⬛40 *aperçoivent* ⬛41 *ils* ⬛42 *adorent.*
- ⬛43 *unique chose dont* ⬛44 *monde* ⬛45 *aura jamais assez,* ⬛46 *est* ⬛47 *exagération.*
- ⬛48 *craignez pas* ⬛49 *atteindre* ⬛50 *perfection, vous* ⬛51 *y arriverez jamais.*

Pour mettre à l'épreuve tes connaissances concernant l'emploi de l'apostrophe, participe à l'activité d'orthographe en procédant de la manière suivante.

a) Choisis un paragraphe dans un texte du recueil. Attention! Le paragraphe choisi doit comprendre plusieurs utilisations de l'apostrophe.

b) Transcris ce paragraphe en supprimant tous les mots qui pourraient demander l'emploi d'une apostrophe.

 c) Échange ton texte contre celui d'un ou d'une camarade en l'invitant à ajouter les mots qui manquent.

d) Au moment de la correction, justifie l'emploi de l'apostrophe.

Dossier 4 Des univers à explorer

Si vous aimez les histoires étranges, je deviendrai sûrement l'un de vos auteurs préférés. Quiconque me lit plonge dans des mondes extraordinaires ! Je suis passé maître dans l'art de créer des univers mystérieux et inquiétants. Grâce à mon imagination débordante, j'ai jeté les bases des romans fantastiques, du récit policier et des histoires de science-fiction. J'ai su mêler habilement la réalité et l'imaginaire. J'ai également fusionné la science et la poésie. J'ai peuplé mes histoires de malfaiteurs, de joueurs d'échecs, de corbeaux, d'aventuriers, de momies égyptiennes... J'ai campé mes personnages dans des quartiers lugubres, des manoirs délabrés, des forêts denses... Je me suis inspiré de mes connaissances en histoire, en science et en philosophie pour écrire mes récits extraordinaires. On me relit régulièrement pour voir comment le pouvoir de l'imagination peut ouvrir de nouveaux univers.

Edgar A

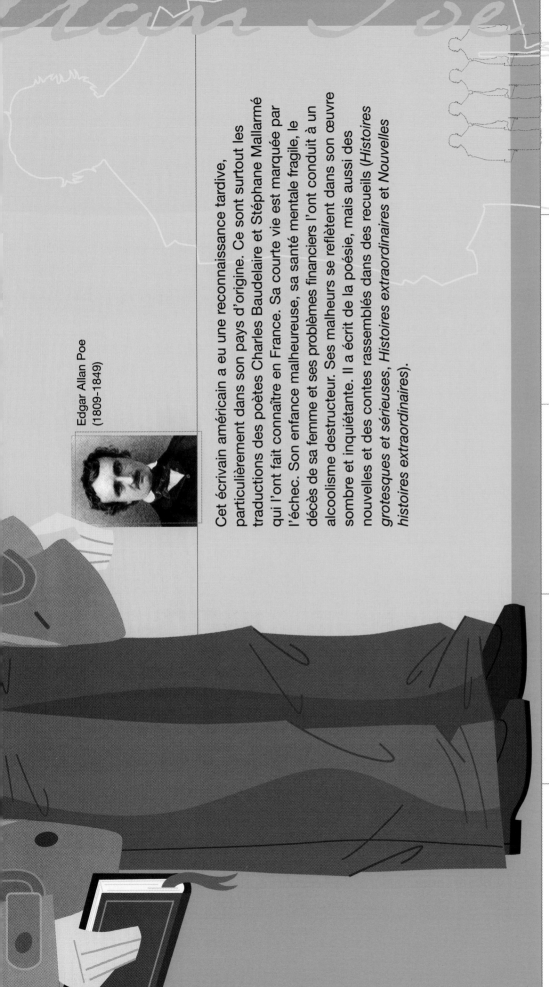

**Edgar Allan Poe
(1809-1849)**

Cet écrivain américain a eu une reconnaissance tardive, particulièrement dans son pays d'origine. Ce sont surtout les traductions des poètes Charles Baudelaire et Stéphane Mallarmé qui l'ont fait connaître en France. Sa courte vie est marquée par l'échec. Son enfance malheureuse, sa santé mentale fragile, le décès de sa femme et ses problèmes financiers l'ont conduit à un alcoolisme destructeur. Ses malheurs se reflètent dans son œuvre sombre et inquiétante. Il a écrit de la poésie, mais aussi des nouvelles et des contes rassemblés dans des recueils (*Histoires grotesques et sérieuses*, *Histoires extraordinaires* et *Nouvelles histoires extraordinaires*).

Projet

Explorer un univers narratif, puis le faire connaître à ses camarades de classe en concevant une affiche ou un site Internet sur cet univers

Zoom culturel

Des **connaissances** et des **compétences** pour réaliser le projet

Lexique

Le vocabulaire qui marque l'appréciation

Grammaire

Le groupe de l'adjectif

Lecture

La découverte d'univers narratifs

Écriture

La critique d'une œuvre littéraire

Communication orale

La table ronde

Projet

Explorer et faire connaître un univers narratif

Mon univers... narratif !

L'action d'un récit se déroule dans un monde imaginaire appelé «univers narratif». Cet univers se définit généralement à l'aide des composantes suivantes: un lieu, une époque, des personnages, une atmosphère et des actions. C'est à partir de ces composantes qu'on classe les récits dans différentes catégories: les récits policiers, fantastiques, historiques, d'aventures, de science-fiction, d'amour, d'apprentissage, etc.

Ce projet t'invite à découvrir ces univers, puis à en choisir un que tu exploreras plus à fond avec un ou deux camarades qui auront fait le même choix que toi. Ensemble, vous sélectionnerez d'abord quelques récits représentatifs de cet univers. Ensuite, chaque membre de l'équipe lira un des récits sélectionnés et en fera une critique. Finalement, votre équipe fera connaître son univers à la classe en concevant une affiche ou une page Web qui le représentera. Vous y donnerez des références de livres et de films, une liste d'auteurs importants accompagnée de courtes biographies et une critique de chaque œuvre que vous aurez lue.

Un exemple

Les pages suivantes (p. 171-172) te serviront d'exemple pour t'aider à réaliser ton projet. Tu y observeras l'affiche créée pour représenter l'univers du fantastique. Pour représenter ton univers, suis les étapes de la démarche proposée à la page 173.

Un univers... fantastique !

NOS CRITIQUES

Le chat noir et autres nouvelles

POE, Edgar Allan. *Le chat noir et autres nouvelles*, Paris, Gallimard, 1997, 192 p. (Collection Folio Junior).

Si tu aimes les atmosphères lugubres, tu ne peux mieux tomber...

Un homme, vraisemblablement troublé, couche sur papier une aventure étrange qu'il a vécue. Un soir, dans un excès de fureur, lui qui pourtant prétend aimer les animaux maltraite et blesse volontairement son chat. Ce sera le début d'un cycle de violence dont il paiera le prix.

Malgré son côté macabre, cette histoire est vraiment fascinante ! L'auteur réussit, dès les premières pages, à faire comprendre aux lecteurs que le narrateur est complètement cinglé... même si ce dernier prétend le contraire. On peut donc se détacher un peu du narrateur. Tous ceux qui sont attirés par les histoires de peur apprécieront l'atmosphère de folie créée par l'auteur au talent indéniable. On s'imagine tout à fait écouter cette nouvelle autour d'un feu de camp un soir de pleine lune ! On notera toutefois que le texte demande une certaine expérience en lecture, car si l'histoire se suit assez bien, les lecteurs débutants pourraient être un peu rebutés par la complexité du vocabulaire.

Si vous aimez les histoires de folie, les styles d'écriture un peu vieillots (Poe a vécu au XIXe siècle et s'exprime dans une langue très recherchée), les atmosphères lugubres et les nouvelles assez courtes, ce classique de la littérature fantastique est à lire !

Ma cote : 9 sur 10.

Marie Nguyen

Entretien avec un vampire

RICE, Anne. *Entretien avec un vampire*, Paris, Fleuve noir, 2004, 448 p.

DES AUTEURS

EDGAR ALLAN POE (1809-1804)

DANIEL SERNINE

Daniel Sernine est né à Montréal en 1955. Depuis l'âge de 19 ans, il publie des romans et des nouvelles. Auteur prolifique, lauréat de nombreux prix littéraires, il écrit des œuvres fantastiques et des œuvres de science-fiction qui s'adressent tantôt aux jeunes, tantôt aux adultes. Certaines de ses œuvres ont été traduites en anglais. Quelques nouvelles ont été publiées en France.

ANNE RICE

DES LIVRES

KING, Stephen. *Danse macabre*, Paris, Éditions Librio, 1998, 91 p.

RICE, Anne. *Lestat le vampire*, Paris, Fleuve noir, 2004, 608 p.

SERNINE, Daniel. *Le cercle violet*, Ottawa, Éditions Pierre Tisseyre, 1984, 330 p. (Collection Conquêtes).

DES FILMS

DRACULA
Un être maléfique sème la terreur. Ce roman de Bram Stoker, devenu un classique, a été porté au grand écran à de multiples reprises.

ENTRETIEN AVEC UN VAMPIRE
É.-U., 1994. Drame d'horreur de Neil Jordan avec Tom Cruise, Brad Pitt et Kristen Dunst.

HARRY POTTER ET LA CHAMBRE DES SECRETS
É.-U., 2002. Film de Chrish Columbus avec Daniel Radcliffe.

Le chat noir et autres nouvelles

POE, Edgar Allan. *Le chat noir et autres nouvelles*, Paris, Gallimard, 1997, 192 p. (Collection Folio Junior).

Si tu aimes les atmosphères lugubres, tu ne peux mieux tomber...

Un homme, vraisemblablement troublé, couche sur papier une aventure étrange qu'il a vécue. Un soir, dans un excès de fureur, lui qui pourtant prétend aimer les animaux maltraite et blesse volontairement son chat. Ce sera le début d'un cycle de violence dont il paiera le prix.

Malgré son côté macabre, cette histoire est vraiment fascinante ! L'auteur réussit, dès les premières pages, à faire comprendre aux lecteurs que le narrateur est complètement cinglé... même si ce dernier prétend le contraire. On peut donc se détacher un peu du narrateur. Tous ceux qui sont attirés par les histoires de peur apprécieront l'atmosphère de folie créée par l'auteur au talent indéniable. On s'imagine tout à fait écouter cette nouvelle autour d'un feu de camp un soir de pleine lune ! On notera toutefois que le texte demande une certaine expérience en lecture, car si l'histoire se suit assez bien, les lecteurs débutants pourraient être un peu rebutés par la complexité du vocabulaire.

Si vous aimez les histoires de folie, les styles d'écriture un peu vieillots (Poe a vécu au XIXᵉ siècle et s'exprime dans une langue très recherchée), les atmosphères lugubres et les nouvelles assez courtes, ce classique de la littérature fantastique est à lire !

Ma cote : 9 sur 10.

Marie Nguyen

GAdj

Vocabulaire appréciatif (noms, verbes, groupes de l'adjectif, groupes prépositionnels et groupes de l'adverbe)

La démarche

1 Quel univers choisiras-tu ?

- Lis les textes du dossier 4 dans ton recueil (p. 104-157) afin de choisir un univers narratif que tu voudrais explorer.
- Joins-toi à un ou deux camarades de classe qui ont fait le même choix que toi.

2 Quels documents consulterez-vous ?

- Consultez le *Zoom culturel* de ce dossier (p. 174), des sites Internet et des ouvrages spécialisés (répertoires d'œuvres littéraires, encyclopédies, biographies, dictionnaires, revues) pour sélectionner des œuvres représentatives de l'univers choisi.

3 Quelles œuvres et quels renseignements sélectionnerez-vous ?

- Choisissez chacun et chacune une œuvre que vous lirez et à propos de laquelle vous rédigerez une brève critique.
- Consultez des sites Internet et des ouvrages spécialisés afin de trouver des renseignements sur les œuvres et les auteurs que vous aurez sélectionnés.

4 Comment élaborerez-vous votre affiche ou votre page Web ?

- Prévoyez quatre sections différentes : critiques, biographies, suggestions de livres et suggestions de films.
- Répartissez le travail entre les équipiers, puis rédigez les textes des quatre sections.

5 Comment réviserez-vous les textes ?

- Révisez la justesse et la clarté de vos renseignements, de vos suggestions et de vos commentaires.
- Portez une attention particulière au vocabulaire appréciatif de chaque critique.
- Faites une relecture pour corriger l'orthographe grammaticale et lexicale. Portez une attention particulière aux groupes de l'adjectif et aux groupes de l'adverbe.
- Échangez les textes entre les membres de l'équipe afin de les réviser à nouveau.

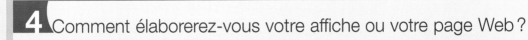

Les stratégies d'écriture, p. 439

OÉ Grille de révision de la grammaire du texte et de la phrase

6 De quelle façon présenterez-vous votre affiche ou votre page Web ?

- Disposez les textes dans la section appropriée.
- Ajoutez des illustrations, des photographies et de la couleur afin de rendre votre affiche ou votre page attrayante et représentative de l'univers choisi.

7 Quelle évaluation faites-vous de l'efficacité de votre démarche ?

- En équipe, déterminez un point fort et un point à améliorer pour chaque membre de l'équipe (recherche d'information, rédaction de la critique, correction du travail, attitude et participation au travail coopératif).

Des lectures

GUINDON, Ginette. *La Bibliothèque des jeunes : Des trésors pour les 9 à 99 ans*, Boucherville, Éditions Québec Amérique, 1995, 328 p. (Collection Explorations).

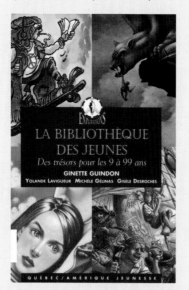

Cet ouvrage présente une sélection de romans pour la jeunesse. Un résumé, une appréciation de chaque œuvre, de même qu'un classement par catégories (amour, aventure, fantastique, etc.) permettent d'orienter son choix plus facilement.

Je bouquine

Chacun des numéros de ce périodique français pour la jeunesse contient un dossier très étoffé consacré à un auteur ou à une auteure. Les articles variés qu'on trouve dans cette revue permettent aux jeunes lecteurs d'en découvrir un peu plus sur la littérature.

Lurelu

Ce périodique québécois est consacré exclusivement à la littérature jeunesse. Même si ce magazine s'adresse à un public adulte, il peut être consulté par les lecteurs plus jeunes. Il comporte des dossiers qui permettent de découvrir des auteurs et présente des entrevues, des dossiers thématiques et des critiques de livres.

Des sites Internet

Le ministère de l'Éducation, du Loisir et du Sport du Québec présente un site intitulé *Livres ouverts*, qui suggère des lectures en tous genres pour les jeunes lecteurs. Tu peux consulter ce site ou tout autre forum littéraire pour trouver des idées de lecture, connaître l'avis d'autres lecteurs et partager tes découvertes en écrivant des critiques.

La Grande Bibliothèque.

Une bibliothèque municipale.

La Journée mondiale du livre et du droit d'auteur

Chaque année, le 23 avril, on célèbre la Journée mondiale du livre et du droit d'auteur. Pour souligner cette journée, diverses activités sont organisées dans le but de promouvoir la lecture. C'est un moment privilégié pour découvrir la bibliothèque de ton école ou de ton quartier, ou pour visiter une librairie.

Le Salon du livre de Montréal.

Le plaisir de bouquiner en librairie.

Consulte un site qui propose des lectures et qui t'invite à émettre tes commentaires. Choisis une œuvre qui t'inspire. Après avoir lu cette œuvre, fais part de ton appréciation à un ou une internaute qui fréquente le même forum électronique. Imprime les pages de vos commentaires et colle-les dans ton répertoire d'œuvres. Invite ensuite un ou une élève de ta classe à les lire pour qu'il ou elle puisse aussi commenter cette œuvre...

Des univers à explorer

Le vocabulaire qui marque l'appréciation

DES MOTS qui font de l'effet

Estimation, évaluation, jugement... Voilà autant de mots dont le sens s'apparente à celui du mot *appréciation*. Faire l'appréciation de quelque chose, c'est en quelque sorte estimer, évaluer, juger une chose pour en déterminer la valeur. N'est-ce pas ce que nous faisons tous mille fois par jour?

Je réfléchis

Lis cette critique de film.

La Guerre des étoiles :
épisode 1 – La menace fantôme

É.-U. 1999. 133 min. Film de science-fiction de George LUCAS avec Liam Neeson, Ewan McGregor et Natalie Portman.

Recueilli par deux chevaliers de l'espace, un garçon vient en aide à une jeune reine dont la planète est en guerre. Sans conteste le film le plus attendu de l'année dernière, ce nouvel épisode de la série de George Lucas n'a pas fait l'unanimité. Artificielle et surchargée, l'intrigue ne génère
5 ni tension palpable, ni émotion véritable entre des personnages à peine esquissés. Mais ce canevas simpliste permet surtout à Lucas d'introduire une nouvelle façon de filmer avec la technologie numérique et, sur ce point, l'entreprise se révèle une grande réussite. La fusion parfaite des éléments réels et digitaux engendre des images d'une fulgurante beauté
10 qui atteignent une qualité inusitée de réalisme. En outre, la réalisation demeure spectaculaire et l'interprétation est plus qu'honorable.

Guide Vidéo + DVD 2001, Tout le cinéma du monde, Médiafilm, 2000, p. 310.

a) Parmi les mots encadrés dans le texte, lesquels donnent:

- des renseignements objectifs, qui ne reposent sur aucun jugement?
  Ex.: un film de science-fiction connu des jeunes

- des renseignements subjectifs, qui traduisent le jugement d'une personne?
  Ex.: un film fantaisiste à souhait

b) La personne qui a écrit la critique de la page précédente porte un jugement sur un film. Ce jugement est-il entièrement positif, entièrement négatif, ou nuancé? Explique ta réponse à l'aide des mots du texte.

c) Les mots en couleur dans la critique appartiennent au vocabulaire dit *appréciatif*. Selon toi, pourquoi utilise-t-on ce type de vocabulaire dans les critiques de livres, de films, de jeux vidéo, etc.?

Un délice!

Bravo!

Formidable!

Mise au point Le vocabulaire appréciatif

Le vocabulaire appréciatif traduit le jugement qu'une personne porte sur une réalité. Ce jugement repose sur les émotions, les sentiments, les goûts et les valeurs de cette personne. Il est donc subjectif, et peut être positif ou négatif.

Voici des exemples de mots ou d'expressions qui permettent de valoriser (jugement positif) ou de dévaloriser (jugement négatif) la réalité dont on parle.

	Jugement positif	Jugement négatif
Noms	*Cette histoire est un pur ravissement!*	*Plusieurs maladresses atténuent l'intérêt des lecteurs.*
Verbes	*Ce récit enchantera les esprits logiques et rigoureux.*	*On déplore la lourdeur du style.*
Groupes de l'adjectif	*C'est une belle histoire d'amour, remplie d'émotions ardentes.*	*L'intrigue est inconsistante et pauvre en rebondissements.*
Groupes prépositionnels	*Un roman qui se lit avec délice!*	*Les personnages sont sans relief.*
Groupes de l'adverbe	*L'auteure écrit merveilleusement bien.*	*Malheureusement, ce fascinant personnage disparaît dans le tome 2.*

Les critiques littéraires, cinématographiques ou autres utilisent beaucoup de mots appartenant au vocabulaire appréciatif. Tu remarqueras que plus ces mots sont variés, précis et évocateurs, plus l'expression du jugement est riche et nuancée.

1. Dans chacun des textes suivants, repère les mots ou les groupes de mots encadrés qui appartiennent au vocabulaire appréciatif.

Texte 1   Zep, un bédéiste professionnel, fait la critique d'une bande dessinée.

Manteau de neige

« Ce pavé de 600 pages en noir et blanc raconte de manière très attachante les petits évènements d'un premier amour entre deux ados. C'est une sorte de journal intime d'une sincérité désarmante, qu'on ne lâche plus jusqu'à la dernière page. Mais l'auteur va-t-il avoir quelque chose d'aussi fort à nous raconter dans un deuxième album ? »

Craig Thompson – Éditions Casterman

© *Okapi*, Bayard Jeunesse, 2005.

Texte 2   Pierre, 13 ans, fait la critique d'un jeu vidéo.

Le récit d'une symphonie

+ Une soixantaine d'heures de jeu, c'est géant !

− Dommage que les voix soient uniquement en anglais.

« Un adolescent est entraîné dans une aventure afin de sauver le monde. Ce jeu, au graphisme qui rappelle les mangas, est bien rythmé et les différents mouvements proposés sont relativement libres. Mais les dialogues et les commentaires sont trop présents. Je regrette aussi que les visages des personnages soient peu expressifs. »

Rubrique Multimédia, *GéoAdo*, n° 27, janvier 2005, p. 63.

a) Classe les mots observés dans un tableau comme celui-ci.

TEXTE 1		TEXTE 2	
Jugement positif	Jugement négatif	Jugement positif	Jugement négatif
▬	▬	▬	▬

b) Évalue le jugement de l'auteur de chaque texte.

Ce jugement est-il entièrement positif, entièrement négatif, ou nuancé ? Justifie ta réponse dans les deux cas.

2. Trouve un mot plus expressif ou plus évocateur que celui en couleur dans les phrases ci-dessous, puis récris les phrases en les modifiant au besoin.

Ex. : Ce roman policier présente une énigme qui plaira aux lecteurs les plus exigeants.

➤ Ce roman policier présente une énigme qui réjouira les lecteurs les plus exigeants.

Au besoin, consulte un dictionnaire qui fournit des synonymes. Par exemple, dans *Le Petit Robert*, sous *plaire*, on trouve quelques verbes ayant un sens voisin : *convenir, enchanter, ravir, réjouir*, etc. Avant de choisir un synonyme, il faut vérifier le sens et l'emploi du mot dans le contexte.

1 Un roman bien écrit pour les amateurs de calembours et autres jeux de mots.

2 Il est rare qu'on rencontre des personnages si forts dans un roman policier.

3 Il s'agit d'un beau roman d'amour, peut-être le meilleur de cet auteur.

4 Certains passages sont intéressants.

5 Voilà un récit de science-fiction complexe doublé d'un bon suspense !

3. Récris les phrases ci-dessous de façon à exprimer un avis négatif plutôt que positif : remplace le ou les mots en couleur par un antonyme et modifie les phrases s'il y a lieu.

Ex. : On se réjouit du style simple du jeune auteur.
➤ On déplore le style complexe du jeune auteur.

Au besoin, utilise un dictionnaire qui fournit des antonymes et vérifie le sens et l'emploi des mots que tu choisis.

1 Le dénouement est très surprenant.

2 Ce roman enchantera assurément les amateurs de science-fiction.

3 La romancière a signé là une œuvre remarquable.

4 Ce roman initiatique m'a émue.

5 Cette série a connu un succès médiocre.

4. Récris les phrases 1 à 5 en résumant en un mot ou une expression l'appréciation en couleur.

Ex. : Les amateurs de sensations fortes raffoleront de cette **intrigue** qui provoque des sentiments de peur et d'inquiétude.

➤ Les amateurs de sensations fortes raffoleront de cette **intrigue** angoissante.

Pour t'aider, voici une banque de mots tirés d'un dictionnaire. Ce dictionnaire ne propose pas de définitions. Il présente des noms et les mots fréquemment employés avec ces noms.

INTRIGUE [...] angoissante, banale, captivante, complexe, compliquée, confuse, corsée, embrouillée, enchevêtrée, faible, (bien, mal) ficelée, fluide, forte, fragile, (mal)habile, improbable, inconsistante, indécise, (très) limpide, maladroite, mélodramatique, (bien) menée, mince, obscure, parfaite, passionnante, pleine d'ingéniosité, qui manque de rigueur, riche en rebondissements, simple, simplette, (in)vraisemblable [...]

Jacques Beauchesne, *Dictionnaire des cooccurrences*, Montréal, Guérin, 2001, p. 198.

1 L'**intrigue**, mal faite, risque de décevoir les esprits logiques et rigoureux.

2 Ce roman de science-fiction se lit d'une seule traite grâce à son **intrigue**, qui témoigne de la grande intelligence de l'auteure.

3 L'**intrigue** de ce roman policier est sans grande valeur : le lecteur le moindrement perspicace trouvera la clef du mystère avant l'enquêteur !

4 Les nombreux dialogues et l'**intrigue**, qui présente clairement les évènements, maintiennent l'intérêt tout au long du récit.

5 L'auteure nous tient en haleine du début à la fin avec son **intrigue** amoureuse, qui nous réserve constamment des surprises.

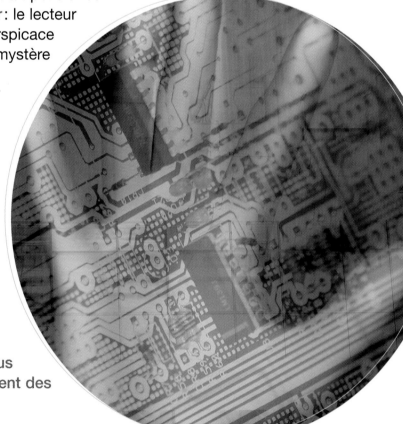

Je vais plus loin

Préparation au projet

Voici une activité pour enrichir ton vocabulaire appréciatif. Cela pourrait t'être utile lorsque tu voudras donner ton avis sur les romans que tu lis.

Une collection de mots

1. En équipe, sélectionnez des textes dans lesquels on fait la critique de romans. Il peut s'agir de magazines, de la rubrique « critique de livres » dans les journaux, de forums électroniques dans Internet, etc.

2. Fouillez ces écrits pour trouver des expressions qui servent à porter des jugements sur des romans. Relevez les mots qui vous plaisent, ceux que vous trouvez les plus expressifs ou les plus recherchés.

3. Dans un tableau semblable à celui de la page suivante, classez les expressions que vous avez relevées selon l'aspect qu'elles touchent (les personnages, la façon de raconter, etc.).

4. Comparez vos expressions avec celles d'une autre équipe et faites des échanges.

Si l'expression « roman foisonnant d'idées » t'intéresse, je te l'échange contre l'expression « des passages d'une tendresse infinie ».

J'accepterais de faire l'échange contre l'expression « indices subtils livrés au compte-gouttes ».

Langue, écriture	Intrigue	Univers	Effet sur les lecteurs
• mots cassants • phrases incisives • écriture limpide et efficace • écriture précise et imagée • phrases courtes et bien tournées	• palpitante • musclée, soutenue • indices subtils livrés au compte-gouttes (polar) • efficacité magistrale	• environnement bien construit (science-fiction) • univers parfaitement cohérent (roman fantastique) • témoignage fascinant et bien documenté (roman historique)	• On se laisse happer par... • On se délecte de..., on jubile... • On déplore..., on regrette... • L'envoûtement est total.
Ton	Histoire	Personnages	Roman en général
• très singulier • enlevé et amusant • provocateur et impitoyable	• criante de vérité • haletante et percutante • d'un intérêt indéniable	• à la personnalité bien trempée • colorés, riches, vibrants et entiers	• qui a du souffle • qui foisonne d'idées • qui respire la poésie • un sain divertissement

Récit...

historique

de science-fiction

d'aventures

Le groupe de l'adjectif

UN GROUPE DE MOTS de qualité

Un groupe aux multiples facettes... Nuancé, précis, évocateur, mélioratif ou péjoratif, approximatif, expressif, neutre. Voilà autant de qualificatifs qu'on peut accoler au groupe de l'adjectif.

Je réfléchis

1. a) Quelles stratégies utilises-tu pour reconnaître un adjectif ? Donne un exemple de ces stratégies à l'aide de quelques-uns des adjectifs en couleur dans l'extrait suivant.

C'est une histoire de guerre, de quête et de déracinement. Pologne, 1939 : un homme et une femme, comme des milliers d'autres,
5 sont déportés en Allemagne et condamnés à travailler dans une usine. Avant leur départ, ils confient leur fils à une voisine. Âmir a 10 ans. L'une des parties du
10 roman raconte l'enfance heureuse du petit garçon dans sa ville natale, Varsovie, capitale de la Pologne. L'autre partie, la plus captivante, raconte la déportation
15 de ses parents et le long voyage d'Âmir pour les rejoindre. Si son voyage est ardu, il est aussi riche d'enseignements. Âmir trouvera-t-il le bonheur au bout de son chemin ?

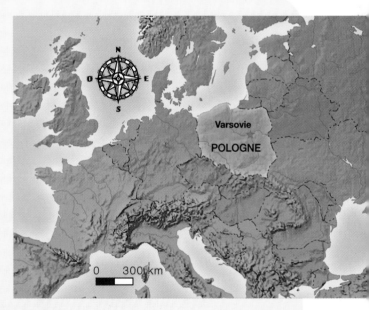

b) Il existe une catégorie d'adjectifs très particuliers.

- Ils ne s'emploient pas immédiatement après le verbe *être*.
- Ils ne s'emploient pas après un adverbe comme *très*, *bien* ou *si*.

Dans l'extrait, relève l'adjectif qui fait partie de cette catégorie.

c) L'adjectif que tu viens de relever exprime-t-il une qualité ? Justifie ta réponse.

2. Lis ce dialogue entre deux jeunes lectrices, en prêtant attention aux groupes de l'adjectif qu'elles emploient pour exprimer les qualités d'un roman.

CARLA : Toi, as-tu aimé ce roman ?

ROMAINE : J'ai adoré ! Surtout la seconde partie, qui raconte le voyage d'Âmir. C'est extrêmement captivant, tu ne trouves pas ?

CARLA : Oui, c'est assez prenant. Mais j'ai préféré la première partie où on raconte l'enfance d'Âmir. Je l'ai trouvée plus émouvante que la seconde, même si le récit est un peu lent.

ROMAINE : Trop lent pour moi… J'ai bien failli abandonner ! Toutefois, après, l'action déboule et j'ai lu la suite d'une traite !

CARLA : Oui, c'est vrai, la première partie est moins haletante.

a) Observe les adverbes devant les adjectifs en couleur. Relève les deux adverbes qui expriment une comparaison.

b) Associe les deux adverbes relevés précédemment à l'un ou l'autre des énoncés suivants.

- L'adverbe exprime l'infériorité d'une chose comparativement à une autre.
- L'adverbe exprime la supériorité d'une chose comparativement à une autre.

3. Dans la phrase ci-dessous, quel adverbe faudrait-il utiliser pour indiquer que les deux choses comparées sont de qualité égale?

GAdj

Léa trouve la première partie ▨▨▨▨ intéressante que la seconde.

4. a) Dans la phrase ci-dessous, un groupe de mots complète l'adjectif *impatient*. Selon toi, quelle préposition doit-on employer au début de ce complément?

Approchant de la frontière, Âmir est

GAdj

impatient (à, de *ou* pour?) retrouver ses parents.

b) Lis l'article de dictionnaire suivant et relève l'indication ou l'exemple qui renseigne clairement sur la préposition à employer avec l'adjectif *impatient*.

---

impatient, iente [ɛ̃pajɑ̃, jɑ̃t] **adj.**

- v. 1190; <u>lat.</u> *impatiens*

1. Qui manque de patience, qui est incapable de se contenir, de patienter. ⇒ <u>ardent</u>, <u>bouillant</u>, <u>nerveux</u>, <u>vif</u>. « *l'impatient Achille* » (<u>Racine</u>).

2. Qui supporte ou attend avec impatience. – Subst. « *Les difficultés sont insurmontables pour l'impatient* » (Alain).

◊ IMPATIENT DE. Vx « *Impatient de toute espèce de joug* » (<u>Rousseau</u>). – Mod. (suivi d'un inf.) ⇒ <u>avide</u>, <u>désireux</u>. *Il est impatient de vous revoir.*

3. (Choses) *Attente impatiente.* « *D'impatientes mains* » (F. Mauriac).

[...]

⊗ CONTR. 2. <u>Calme</u>, <u>patient</u>.

Extrait du *Petit Robert de la langue française*, version cédérom.

---

c) Un adjectif peut changer de sens selon qu'il est employé avec un complément ou sans complément. L'adjectif *impatient* a-t-il un complément lorsqu'il a le sens de «qui désire avec ferveur»?

Mise au point   Le groupe de l'adjectif

L'adjectif constitue le noyau du groupe de l'adjectif. C'est un mot qui exprime une qualité (positive, négative ou neutre) ou qui classe dans une catégorie. Dans ce dernier cas, l'adjectif a toujours une valeur neutre.

Ex. : Ce petit roman bien ficelé est inclassable. (adjectifs qui qualifient)

S'agit-il d'un roman policier ou d'un roman historique? (adjectifs qui classent)

Seul l'adjectif qui exprime une qualité peut être précédé d'un adverbe qui a la fonction de **modificateur**. Ce modificateur est très souvent utilisé pour marquer une appréciation.

- Le modificateur de l'adjectif peut indiquer l'intensité de la qualité.

Ex. : C'est un personnage [peu complexe]$_{GAdj}$, [assez vraisemblable]$_{GAdj}$ et [très antipathique]$_{GAdj}$.

- Le modificateur peut servir à établir une comparaison, par exemple entre des personnes ou des choses qui possèdent une même qualité.

Ex. : Ce personnage est [moins sympathique que les autres]$_{GAdj}$.

Il s'agit du personnage [le plus dense]$_{GAdj}$.

Dans certains cas, l'adjectif qui exprime une qualité peut être suivi d'un complément, souvent un groupe prépositionnel. Parfois, le complément de l'adjectif est obligatoire ou donne un sens différent à l'adjectif.

Ex. : Ce personnage est un rapace. Il est [avide]$_{GAdj}$, il ne vise qu'à s'enrichir.

J'ai lu ce roman d'une traite, tant j'étais [avide **de connaître la fin**]$_{GAdj}$.
(Avec le complément de l'adjectif, avide prend ici le sens de curieux.)

Les groupes de mots, p. 464

Je m'entraîne

1. a) Relève les six adjectifs dans le texte suivant.

Dans son remarquable roman,
Le voyage du négrier, Paula Fox
nous fait vivre la douloureuse
expérience de Jess, 13 ans, que des
5 marins sans scrupules ont embarqué
de force à bord du *Moonlight*. Ce
navire négrier, qui servait à la traite
des Noirs, fera naufrage en 1840,
entraînant la mort de 98 esclaves. À
10 travers la poignante histoire de Jess,
l'auteure décrit avec force et émotion
les conditions de vie inhumaines des
esclaves. C'est d'ailleurs une fonction
des romans historiques : aider à
15 mieux comprendre une époque
ou un fait de l'histoire.

b) Classe les adjectifs relevés dans deux catégories.

1 **Les adjectifs qualifiants**, c'est-à-dire ceux qui expriment une qualité et qui peuvent être précédés d'un adverbe comme *très*, *bien* ou *si*.

2 **Les adjectifs classifiants**, c'est-à-dire ceux qui servent à classer dans un ensemble et qui ne peuvent pas être précédés d'un adverbe comme *très*, *bien* ou *si*.

2. a) Les adjectifs de l'encadré ci-dessous peuvent tous s'appliquer au nom « récit ».

Ex. : un récit limpide

> • limpide • émouvant • bavard • policier • campé • légendaire

Parmi ces adjectifs, quels sont ceux qui peuvent être employés avec un adverbe comme *très*, *bien* ou *si* ?

b) Construis des phrases en utilisant les adjectifs relevés précédemment avec un adverbe d'intensité. Choisis différents adverbes.

Ex. : Les jeunes lecteurs apprécieront ce récit **particulièrement** limpide.

c) Récris tes phrases avec des adverbes exprimant une intensité opposée ou différente. Au besoin, apporte d'autres modifications à la phrase.

Ex.: Les jeunes lecteurs apprécieront ce récit **particulièrement** limpide.
➤ Les jeunes lecteurs n'apprécieront pas ce récit **peu** limpide.

3. Dans les phrases ① à ④, repère les mots qui, avec l'adjectif en couleur, permettent d'établir une comparaison. Classe les mots des groupes de l'adjectif dans un tableau semblable à celui-ci.

Ex.: Disons-le tout net, il s'agit du film le moins réussi de cette réalisatrice.

GROUPES DE L'ADJECTIF		
S'il y a lieu : adverbe modificateur	**Adjectif noyau**	**S'il y a lieu : complément de l'adjectif**
le moins	*réussi*	*de cette réalisatrice*

① Le jeu du comédien principal est moins bon que celui de sa partenaire.

② La performance de la comédienne est meilleure que celle de son partenaire.

③ Plus violent que les précédents, ce nouvel épisode ne fait pas l'unanimité.

④ Cet hommage au respect de la différence est l'œuvre de l'écrivain de science-fiction le plus important de sa génération.

4. Quel est le sens de la phrase suivante?

Ce romancier populaire est moins bon que je ne le croyais.

Ⓐ Je croyais le romancier moins bon.

Ⓑ Je croyais que le romancier n'était pas bon, mais il est bon.

Ⓒ Je croyais ce romancier bon, mais il ne l'est pas vraiment.

5. L'emploi des expressions «plus bon» et «moins / aussi / plus meilleur» est incorrect. Corrige les phrases biffées de façon que leurs groupes de l'adjectif encadrés expriment la même chose.

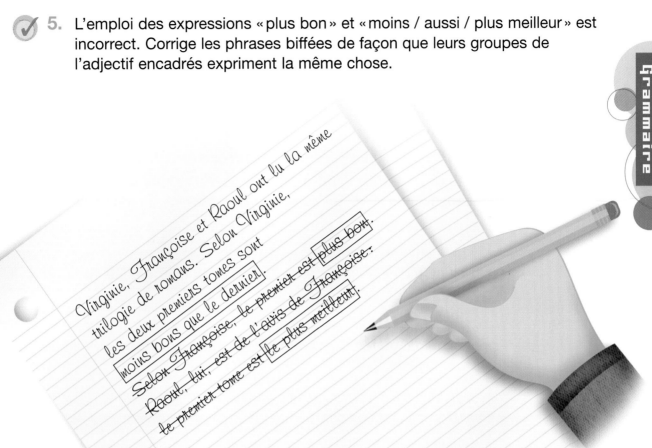

Virginie, Françoise et Raoul ont lu la même trilogie de romans. Selon Virginie, les deux premiers tomes sont moins bons que le dernier. Selon Françoise, le premier est plus bon. Raoul, lui, est de l'avis de Françoise : le premier tome est le plus meilleur.

6. Récris les phrases suivantes de façon à exprimer une appréciation contraire ou différente, mais toujours en établissant une comparaison.

1. La nouvelle édition de ce grand classique est moins bonne que l'originale.

2. Le personnage apparaît dans une troisième histoire aussi bien ficelée que les deux précédentes.

3. Ce tome, le meilleur de la série, vient clore les innombrables péripéties du célèbre personnage.

7. a) Parmi les adjectifs suivants, qui pourraient s'appliquer au nom «histoire», relève ceux qui peuvent ou qui doivent être employés avec un complément. Au besoin, utilise un dictionnaire.

• médiocre	• passionnante	• cohérente	• appropriée
• dépourvue	• pleine	• susceptible	• criante

b) Construis des phrases en utilisant un complément avec les adjectifs que tu viens de relever.

Préparation au projet

Tire profit de tes connaissances sur le groupe de l'adjectif en élaborant un sondage pour des lecteurs.

a) Dresse une liste de questions ou d'énoncés pour sonder les goûts littéraires des lecteurs.

- Dans ton questionnaire, emploie au moins dix groupes de l'adjectif.
- Utilise des adjectifs variés et précis pour exprimer les qualités de ce dont tu parles (un univers, un auteur ou une auteure, un roman, etc.).
- Emploie des adverbes pour indiquer l'intensité de certaines qualités.

    Ex. : L'univers du *Seigneur des anneaux* est fort captivant.

- Utilise au moins un groupe de l'adjectif qui marque une comparaison.

    Ex. : L'univers du *Seigneur des anneaux* est-il plus captivant que celui de *La Guerre des étoiles*?

b) Après avoir rédigé ton questionnaire, encadre les groupes de l'adjectif que tu as employés.

- Évalue le choix de tes adjectifs et vérifie leur accord en genre et en nombre.
- Évalue le choix des adverbes qui indiquent l'intensité.
- Vérifie la construction du ou des groupes de l'adjectif qui marquent la comparaison.
- S'il y a lieu, vérifie la construction des compléments de l'adjectif. Au besoin, utilise un dictionnaire.

    Ex. :

Aimes-tu le fantastique ?

1. L'univers des films du *Seigneur des anneaux* te semble :

☐ totalement captivant ;

☐ assez intéressant, mais un peu lassant à la longue ;

☐ mortellement ennuyeux.

2. Pour toi, Edgar Allan Poe représente :

☐ l'un des auteurs les plus fascinants du XIXe siècle ;

☐ un homme passablement bizarre et dont les histoires semblent trop angoissantes.

La découverte d'univers narratifs

Tous les goûts sont dans la nature. Jette un coup d'œil à la bibliothèque de tes amis, de tes parents, des autres membres de ta famille. Lis les titres qui garnissent ces bibliothèques personnelles. Tu découvriras peut-être quel genre d'univers narratif ces gens préfèrent : les récits policiers, fantastiques, d'aventures, de science-fiction ou d'amour. Tous les goûts sont dans les livres !

1. Les écrivains racontent des histoires, et l'action de ces histoires se déroule toujours dans un univers imaginaire appelé «univers narratif». Dans le présent dossier, tu exploreras huit univers narratifs représentés par les mots suivants.

> - policier
> - fantastique
> - historique
> - aventures
> - science-fiction
> - amour
> - apprentissage
> - anticipation

a) Associe chacune des illustrations suivantes à l'un des huit univers narratifs. Justifie ensuite chacune de tes associations.

b) Trouve au moins une autre image qui représente bien chacun des huit univers.

c) Associe les champs lexicaux à chacun des huit univers narratifs.

Champs lexicaux

A. Futur, utopie, mégalopole

B. Leçon de vie, symbole, morale

C. Angoisse, mystère, inattendu

D. Moyen Âge, évènement historique, XVIIIe siècle

E. Technologie, génétique, science

F. Tendresse, sentiment, passion

G. Exploit, trésor, péril

H. Crime, détective, enquête

Univers narratifs

1. Le récit policier

2. Le récit fantastique

3. Le récit historique

4. Le récit d'aventures

5. Le récit de science-fiction

6. Le récit d'amour

7. Le récit d'apprentissage

8. Le récit d'anticipation

d) Associe les titres de romans suivants à l'un des huit univers narratifs. Justifie tes réponses.

A. *Cyberprof 2056*

B. *Le trésor de la forêt bleue*

C. *Claustrophobie*

D. *Michelle et François*

E. *Pico le sage*

F. *Ouloug Beg, le prince astronome*

G. *Dimension ADN*

H. *Un pas dans la neige*

2. Lis les pages 106-107, 110-111, 116-117, 122-123, 128-129, 134-135, 142-143 et 152-153 du recueil. On y décrit les caractéristiques de chacun des univers. Remplis ensuite un tableau comme celui ci-dessous de manière à relever certaines caractéristiques des univers narratifs.

Récits	Personnages	Lieux	Enjeux	Actions	Époque
policiers					
fantastiques					
historiques					
d'aventures					
de science-fiction					
d'amour					
d'apprentissage					
d'anticipation					

Des univers à explorer

3. a) Observe ces couvertures de romans. Associe-les ensuite à l'un des huit univers narratifs et justifie tes réponses à l'aide des éléments qui composent ces couvertures.

1. Susan Anderson, *Un duo explosif*, Paris, J'ai lu, 2005.
2. Jean-Michel Riou, *Le secret de Champollion*, Paris, Flammarion, 2005.
3. Stephen King, *Insomnie*, Paris, Albin Michel, 1995.
4. Daniel Picouly, *Hondo mène l'enquête*, Paris, Castor Poche Flammarion, 2002.
5. Gérard Klein, *Les tueurs de temps*, Paris, LGF, 2003.
6. Denis Guiot et autres, illustration de la couverture par Philippe Munch, *Demain la Terre*, Paris, Mango Jeunesse, 2003
7. ???
8. Sandra Dual, *Le trésor de Surcouf*, Grenoble, Glénat, 2003.

b) Quel univers narratif n'a pas été présenté? Joins-toi à deux camarades et donnez au moins un titre de roman pour chacun des huit univers.

Mise au point   Les univers narratifs

Généralement, quand on commence la lecture d'un roman, on découvre rapidement dans quel univers on sera plongé. Il suffit de prêter attention aux personnages, aux lieux, à l'époque, à l'intrigue. Toutes ces composantes caractérisent l'univers narratif.

En poursuivant sa lecture, on peut voir comment l'auteur ou l'auteure a été plus ou moins fidèle aux caractéristiques propres à l'univers choisi, car parfois, pour surprendre les lecteurs, les écrivains jouent avec les « recettes » propres à chacun des univers. Ils créent des personnages différents, atypiques (une policière maladroite, un vampire vendeur de chaussures, un robot qui pleure tout le temps, un animal domestique qui raconte l'histoire d'une reine célèbre, etc.).

Pour surprendre leurs lecteurs, les auteurs peuvent aussi créer des intrigues surprenantes, qui mêlent les éléments d'univers différents. Rien n'empêche d'introduire une histoire d'amour dans un roman policier ! Rien n'empêche non plus de multiplier les aventures dans un roman historique.

Il peut être intéressant de comparer un livre avec d'autres ouvrages qu'on a lus et de chercher les ressemblances et les différences. On peut aussi lire plusieurs livres d'un même auteur ou d'une même auteure, pour voir si cette personne explore toujours le même univers.

En lisant un roman, cherche ce qui fait que l'histoire et l'univers sont à la fois originaux et semblables à d'autres histoires et à d'autres univers.

Les univers narratifs, p. 430

1. Lis les courtes présentations de films qui suivent.

A Le drame d'un adolescent mal compris par ses parents et ses maîtres.

B En 1839, les dernières vingt-quatre heures en prison de deux Patriotes condamnés à mort par les Anglais.

C Une expédition se dirige vers Jupiter après la découverte d'une mystérieuse stèle sur la lune.

D Un fils de bonne famille étudiant en droit s'éprend d'une camarade d'origine modeste.

E Une romancière se rend en Colombie pour secourir sa sœur enlevée par des bandits.

F Un psychologue s'occupe d'un jeune garçon fréquemment visité par des esprits qui le chargent de messages particuliers.

G Un homme qui recherche l'assassin de sa femme souffre d'une forme d'amnésie effaçant de sa mémoire les choses vécues l'instant d'avant.

H Dans une cité de l'avenir, sous la conduite d'un robot d'allure féminine, les travailleurs se révoltent contre la classe dirigeante.

Guide Vidéo + DVD 2004,
Tout le cinéma du monde, Médiafilm.

a) Associe chacun de ces courts résumés à l'un des huit univers narratifs que tu as explorés jusqu'à présent (policier, fantastique, historique, aventures, science-fiction, amour, apprentissage, anticipation). Justifie tes réponses.

b) Associe chacun des résumés précédents avec l'un ou l'autre des titres suivants. Dis comment tu as réussi à faire les bonnes associations.

1 *15 février 1839,* film québécois de Pierre Falardeau, 2000

2 *2001: l'odyssée de l'espace,* film anglais de Stanley Kubrick, 1968

3 *À la poursuite du diamant vert,* film américain de Robert Zemeckis, 1984

4 *Love Story,* film américain d'Arthur Hiller, 1970

5 *Memento,* film américain de Christopher Nolan, 2000

6 *Les 400 coups,* film français de François Truffaut, 1958

7 *Le sixième sens,* film américain de Night Shyamalan, 1999

8 *Métropolis,* film allemand de Fritz Lang, 1926

2. L'extrait ci-dessous présente deux univers à la fois. Découvre de quels univers il s'agit. Justifie ta réponse.

Nous sommes donc en Normandie, en juin 1944, dans la chambre de Marie et Fabienne. Toutes deux sont pensionnaires à l'établissement Sainte-Marthe. Fabienne est une brune calme et raisonnable, alors que, chez la blonde Marie, c'est plutôt la fantaisie et l'insouciance qui dominent.

5 Les deux amies sont en train de se chamailler, on dirait. S'agirait-il d'une affaire de cœur?... En tout cas, il est question de Michel, le fils de la directrice de l'école.

Geneviève Buono et James Rousselle, *La mouette rieuse*, Montréal, Les Éditions CEC inc., 1996, p. 57.

3. Détermine quels sont les différents univers narratifs que présente la courte nouvelle qui suit. Justifie tes réponses en citant des passages du texte.

Du sang !

Dans leur machine à explorer le temps, Vron et Dreena, les deux derniers survivants de la race des vampires, s'enfuyaient vers 5 le futur pour échapper à l'annihilation[1]. Ils se tenaient par la main et se consolaient mutuellement de leur terreur et de leur faim.

Au XXIIe siècle, l'humanité les avait 10 démasqués, elle avait découvert que la légende des vampires menant une existence secrète parmi les humains n'était pas du tout une légende mais un fait. Il y avait eu un pogrom[2] au 15 cours duquel on avait découvert et tué tous les vampires sauf ces deux-là, qui avaient déjà entrepris des travaux sur une machine à explorer le temps et qui l'avaient 20 terminée juste à temps pour s'enfuir. En route vers le futur, assez loin dans le futur pour que le terme même de *vampire* soit oublié afin qu'ils puissent de nouveau mener 25 leur existence sans éveiller de soupçons – et de leurs entrailles régénérer leur race.

– J'ai faim, Vron. Terriblement faim.

– Moi aussi, chère Dreena. Nous 30 allons bientôt faire une nouvelle escale.

Ils s'étaient arrêtés déjà quatre fois et n'avaient échappé que de peu à la mort, à chaque fois. On ne les avait 35 pas oubliés. La dernière halte, à un demi-million d'années de là, leur avait montré un monde littéralement livré aux chiens : les êtres humains avaient disparu et les chiens étaient 40 devenus civilisés et semblables aux hommes. Pourtant, on les avait reconnus pour ce qu'ils étaient. Ils avaient réussi, une fois, à se nourrir du sang d'une jeune chienne 45 bien tendre, mais ils avaient été

1. Annihilation: anéantissement.
2. Pogrom: agression d'un groupe de personnes contre un autre groupe.

pourchassés jusqu'à leur machine à explorer le temps et de nouveau contraints à la fuite.

– Je te remercie d'arrêter, dit Dreena
50 en soupirant.

– Ne me remercie pas, dit Vron d'un air sombre. Nous sommes au bout du rouleau. Nous n'avons plus de combustible et nous n'en
55 trouverons pas ici – à présent, tous les produits radioactifs ont dû se changer en plomb. Il faut que nous vivions ici… sinon…

Ils sortirent pour reconnaître les
60 lieux.

– Regarde, dit Dreena, toute surexcitée, désignant quelque chose qui marchait vers eux. Une nouvelle créature. Les chiens ont
65 disparu et quelque chose d'autre a pris leur place. Et on a dû nous oublier.

La créature qui s'approchait était télépathe[1].

70 – J'ai entendu vos pensées, dit une voix à l'intérieur de leur cerveau. Vous vous demandez si nous connaissons les « vampires » quels qu'ils soient. Eh bien non!

75 Dreena, éperdue, s'agrippa au bras de Vron.

– La liberté! murmura-t-elle avidement. Et de la *nourriture*!

– Vous vous demandez aussi, dit la
80 voix, quelles sont mon origine et mon évolution. Toute vie, à l'heure actuelle, est végétale. Moi… Il leur fit une profonde révérence. Moi, je fais partie de la race dominante, je
85 suis ce qu'autrefois vous appeliez un navet.

Fredric Brown, *Histoires anglo-saxonnes de vampires*, Paris, © Éditions du Masque, 1978, p. 315-316.

1. Télépathe: personne qui communique à distance par la pensée.

Préparation au projet

1. Survole les textes du dossier 4 (recueil, p. 104-157), puis choisis ton univers préféré. Lis un des textes associés à cet univers.

   a) Remplis un tableau semblable à celui ci-dessous de manière à mettre en évidence les caractéristiques de l'univers du texte que tu as sélectionné. Inspire-toi de l'exemple suivant, fait à partir du texte de la page 154 du recueil.

Récit d'apprentissage (*Parcours initiatique*, recueil, p. 154-157)	
Personnages	• Maïna : une adolescente amérindienne. Forte personnalité, qui a du caractère. • Mishtenapeu : le père de Maïna. Chef de la tribu. • Tekahera : une femme sage, qui connaît bien des choses. La mère adoptive de Maïna, chargée de son éducation.
Lieux	• Territoire du nord du Québec. La forêt et la grève. Plus particulièrement, le refuge de Tekahera, rempli d'ingrédients étranges, presque magiques. Des lieux propices à l'apprentissage.
Enjeux	• Maïna doit faire l'apprentissage de la vie adulte, sous les conseils bienveillants de Tekahera.
Actions	• La cueillette, la confection de vêtements et la fabrication d'objets pour la vie quotidienne. • Des soins apportés à une personne blessée. • La chasse.
Époque	• Indéterminée. On comprend cependant que cette tribu amérindienne n'est pas encore entrée en contact avec les Européens. Le mode de vie de ces gens nous l'indique bien. • L'épisode se déroule au printemps, la saison de l'éveil, ce qui n'est pas un hasard, quand on sait que Maïna est au printemps de sa vie.

   b) Compare tes réponses avec celles de camarades qui ont choisi le même texte que toi. Complète le tableau, au besoin.

2. Choisis ensuite l'univers narratif qui te plaît le moins. Lis un des textes du recueil associés à cet univers.

   a) Remplis un tableau pour mettre en évidence les éléments de l'univers narratif de ce texte.

   b) Détermine ensuite pourquoi tu n'aimes pas cet univers. Justifie ta réponse en quelques lignes.

Écriture
Des textes en devenir

La critique d'une œuvre littéraire

Je l'ai aimé un peu, beaucoup, à la folie, pas du tout… oui, mais encore? Crois-tu pouvoir convaincre tes amis de lire un livre simplement en leur disant qu'il est bon ou que tu l'as aimé? Il y a fort à parier que cette seule appréciation ne les incitera pas à se précipiter à la bibliothèque. Tu vas devoir leur en dire un peu plus et, surtout, être un peu plus… critique.

✓ **1.** Lis les quatre critiques suivantes.

Attention! Certaines présentent des maladresses que tu devras découvrir.

Critique 1

Le cadavre du coffre

Homi Cide, traduit par Flic Armé, Paris, Éditions Omerta, 1999, 178 p. Pour les 13 ans et plus, 9,99 $, C741.08

Max est un voyageur de commerce. Il est aussi l'oncle bizarre de la famille. Max demande à son neveu Kevin de l'accompagner en voyage
5 d'affaires, prétextant qu'il a besoin d'aide pour la présentation d'un nouvel équipement. Mais Kevin découvre bientôt que ce nouvel équipement est un cadavre qu'il faut
10 larguer et que son oncle est l'auteur du crime.

Ne perdez pas votre temps… c'est un roman inintéressant.
📖 4/10

Mathieu, 13 ans.

Critique 2

Titre : *L'ermite de la montagne*
Auteur : Ilvy Ladventura   Traductrice : Paryse LaFrance
Éditions : Robinson   Collection : Crusoé

Ladventura est un romancier très populaire. Avec « L'ermite de la montagne », il propose des protagonistes forts dans un récit de quête, de danger, de courage et d'amitié. Vous aimez les récits d'aventures ? Vous devez lire celui-ci. Il vous tiendra en haleine du début à la fin !

Julianna, 15 ans.

+ : Un récit captivant   - : Une traduction trop « parisienne »

LEROY, Gul. *Mort aux guivres*, Montréal,
Éditions Sang-de-dragon, 2005, 287 p.

Ce roman moyen nous entraîne dans un univers à la
fois moyenâgeux et fantastique, peuplé de chevaliers,
de mages, de trolls et autres monstres inquiétants.
Le héros, chevalier du château de Mors, est assez
5 bien campé. Le roi lui confie la mission de délivrer
les habitants du royaume des guivres, ces animaux
fantastiques au corps de serpent, aux ailes de
chauve-souris et aux pattes de pourceau, qui
obéissent à son ennemi juré, le mage noir. Parfois,
10 l'intrigue s'embrouille et on ne comprend plus trop
si les créatures que le héros rencontre sont alliées
ou ennemies. Cependant, la description des
batailles nous tient en haleine et augmente notre
rythme cardiaque !

15 Dans le même genre, vous lirez avec beaucoup
de plaisir la trilogie du *Seigneur des anneaux* de
Tolkien, la trilogie de *Troll* de John Vornholt ou la
série *Amos Daragon* de Bryan Perro.

Ce roman n'a pas été un succès de librairie, mais il
20 s'en est tout de même vendu 200 000 exemplaires.

Arnaud, 13 ans.

Demain, avec ou sans toi ?

Maude vit dans un foyer d'accueil
depuis déjà quelques années. Elle
n'a jamais connu son père et,
jusqu'à maintenant, elle nourrissait
5 l'espoir de retourner vivre avec sa
mère. Cependant, l'adolescente va
de déception en déception, puisque,
à mesure qu'elle vieillit, elle prend
conscience que sa mère, alcoolique,
10 ne respecte jamais ses promesses.
Maude amorce alors un dialogue
intérieur qui l'amènera à faire des
choix de vie.

Le thème du passage de
15 l'adolescence à l'âge adulte n'est
pas nouveau, mais il est bien
traité. Les personnages sont assez
crédibles, car leurs sentiments,
parfois excessifs, parfois tout en
20 nuances, sont décrits avec
justesse. De façon plutôt habile,
l'auteur interpelle les adolescents
par les questionnements du
personnage principal qui chemine
25 assurément vers l'âge adulte.

Un roman de Jules Psycho

★★★☆☆

Francine Lacroix
Journal *Bon matin*, Lévis.

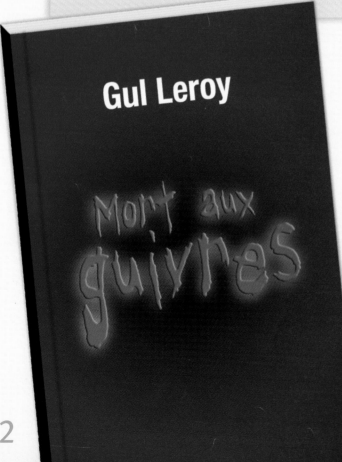

Gul Leroy

Mort aux guivres

a) De quoi ces quatre critiques parlent-elles ?

b) As-tu déjà lu des critiques semblables à propos d'autres productions culturelles ? Donne des exemples.

c) Parmi les publications suivantes, relève celles où, selon toi, on peut lire des critiques.

- Magazine
- Roman
- Dictionnaire
- Site Internet
- Journal
- Encyclopédie

d) Pourquoi lit-on les critiques présentées dans ces publications ?

e) De façon générale, à qui s'adressent-elles ? Justifie ta réponse à l'aide d'indices fournis dans les critiques présentées aux pages précédentes.

f) Y a-t-il des critiques qui visent un public en particulier ? Donne un exemple.

2. a) Dans un tableau semblable à celui-ci, relève les éléments qu'on trouve dans les critiques proposées aux pages précédentes. Quelques exemples sont fournis.

Éléments	Critique 1	Critique 2	Critique 3	Critique 4
Titre	✔	✔	✔	✔
Auteur, auteure	✔	✔	✔	✔
Lieu de publication				
Nom de la maison d'édition				
Nom de la collection				
Date de publication				
Nombre de pages				
Prix de l'ouvrage				
Cote de la bibliothèque				
Résumé de l'œuvre	✔			✔
Appréciation personnelle				
Conseil aux lecteurs				
Comparaisons avec d'autres œuvres				
Renseignements sur l'auteur ou l'auteure				
Statistiques sur les ventes du livre				

b) Selon toi, quels sont :

- les éléments essentiels d'une critique ?
- les éléments qui sont facultatifs dans une critique ? Justifie ta réponse.

3. a) Parmi les critiques proposées aux pages 201-202, certaines en disent-elles trop ou pas assez sur l'histoire ? Justifie ta réponse.

b) Lequel de ces symboles ☺ ☺ ☹ utiliserais-tu pour représenter l'appréciation générale de la troisième critique ? Justifie ta réponse.

c) Dans les critiques des pages 201-202, relève les phrases qui donnent un commentaire sur les aspects suivants.

Ⓐ Le thème

Ⓑ L'ambiance générale

Ⓒ Le récit ou l'intrigue

Ⓓ Les personnages

Ⓔ L'écriture

d) Quelle critique te semble la plus complète et la mieux écrite ? Justifie ta réponse.

Mise au point — La critique d'une œuvre littéraire

Le but de la critique littéraire est d'inciter les lecteurs à lire ou à ne pas lire une œuvre.

Avant d'écrire une critique, il est important de tenir compte des destinataires, c'est-à-dire des lecteurs à qui l'on s'adresse, afin de leur fournir l'information susceptible de les intéresser.

La critique comprend trois parties, qui peuvent être présentées dans n'importe quel ordre :

1. une **référence bibliographique** suffisamment complète pour que les lecteurs puissent se procurer l'œuvre (titre, auteur ou auteure, maison d'édition, collection) ;

2. un **bref résumé** de l'œuvre qui permet d'en apprendre un peu sur les personnages et l'histoire, mais qui ne révèle pas la fin afin de garder l'intérêt ;

3. une **appréciation personnelle** de différents aspects de l'œuvre (thème, ambiance, intrigue, personnages, écriture, etc.) appuyée sur des **justifications**. Une appréciation personnelle est toujours subjective. Il est donc essentiel de la justifier si on veut convaincre les lecteurs.

1. Lis la nouvelle *Le rêve d'une championne* d'Andrée-Anne Gratton dans le recueil de textes (dossier 3, p. 85-87). Ensuite, lis la critique ci-dessous et fais les activités qui s'y rattachent afin de l'améliorer.

Le rêve d'une championne
par Andrée-Anne Gratton

Une onde de choc pour tous les champions en herbe !

À la fin de la journée, Marie-Claire se rend à l'orée de la forêt pour penser, ou plutôt, rêver à son avenir. L'adolescente veut devenir championne olympique en plongeon. Elle imagine les efforts et les sacrifices qu'elle devra faire pour y parvenir, mais aussi la fierté et le
5 bonheur qu'elle éprouvera quand, finalement, elle remportera la médaille d'or aux Jeux olympiques.

Malheureusement tout cela n'est qu'un rêve, puisque Marie-Claire est en fauteuil roulant depuis
10 son terrible accident.

Le récit est bouleversant. Le personnage est émouvant. L'écriture est limpide et accessible.

Noémie, 15 ans

a) Quels renseignements Noémie devrait-elle ajouter pour que les lecteurs qui n'ont pas le recueil de textes puissent se procurer cette nouvelle ?

b) Modifie le résumé de Noémie pour créer du suspense, c'est-à-dire ne pas dévoiler la fin. Utilise au moins deux phrases interrogatives.

c) Noémie donne une appréciation du récit, du personnage et de l'écriture. Note son appréciation pour chacun de ces aspects.

d) Observe les quatre procédés de justification présentés dans le tableau suivant.

Procédés	Appréciations	Justifications
1. Présenter un fait que les lecteurs peuvent vérifier.	Ex. : L'écriture est compliquée parce que…	… les phrases sont trop longues et nous font perdre le fil.
2. Donner un exemple tiré du texte.	Ex. : L'intrigue s'embrouille.	Au début, les elfes semblent être des alliés et à la fin, ils semblent être des ennemis.
3. Donner une explication de ce que l'on avance.	Ex. : Les personnages sont prévisibles.	On devine à l'avance leurs faits et gestes.
4. Exprimer une comparaison.	Ex. : L'ambiance macabre est réussie…	… bien plus que dans le roman précédent du même auteur.

Relis le texte *Le rêve d'une championne* dans le recueil. Complète les énoncés suivants en utilisant des procédés présentés dans le tableau.

1. Ce récit est bouleversant surtout à cause de…

2. Le personnage est émouvant parce que…

3. L'écriture est limpide et accessible, car…

2. Transforme le premier et le dernier paragraphe de la critique de Noémie de manière à la rendre négative. Justifie l'appréciation négative des aspects.

Je vais plus loin

Cette activité te permettra de t'exercer à rédiger des critiques pour des jeunes de ton âge, dont tu connais bien les goûts et les attentes. Elle te permettra également de mettre à profit tes nouvelles connaissances sur les procédés de justification dans la critique. Tu rédigeras une critique positive du texte du recueil que tu as le plus aimé et une critique négative de celui qui t'a le moins plu.

1. Avant d'écrire chaque critique, relis le texte.

   a) Note les éléments intéressants qui te permettront :

- de présenter le ou les personnages ;
- de raconter l'histoire sans en dévoiler la fin.

b) Note les aspects (thème, ambiance, intrigue, personnages, écriture) qui ont retenu ton attention de façon positive ou négative et explique pourquoi. Ces explications serviront à justifier tes appréciations.

2. Dans chaque critique, assure-toi de donner:

- la référence bibliographique complète;
- un résumé de l'histoire qui n'en révèle pas la fin;
- une appréciation personnelle de différents aspects appuyée sur des justifications.

3. Compare ton jugement avec celui d'un ou d'une camarade et nuance-le.

a) Trouve dans la classe une personne qui a écrit une critique opposée à la tienne sur un même texte, par exemple une personne qui a écrit une critique négative du texte que tu as le plus aimé. Comparez vos appréciations personnelles et vos justifications.

b) Le point de vue de l'autre t'amène-t-il à nuancer ton jugement?

c) Écris au moins une chose que tu aimerais maintenant ajouter ou modifier dans ta critique.

4. Compilez les critiques positives de tous les élèves de la classe et dressez la liste des trois textes du recueil qui ont le plus de succès.

Communication orale

Des voix qui portent

La table ronde

Au cours d'une table ronde... on fait un tour de table, on met ses idées sur la table et on joue cartes sur table. Tous peuvent se mettre à table, pas seulement les chevaliers de la Table ronde !

1. **a)** Associe chacun des termes suivants à l'une des situations de communication orale illustrées ci-dessous.

Une table ronde   Un remue-méninges   Un cercle de lecture

b) À l'aide des illustrations et de tes expériences personnelles, propose une définition du terme « table ronde » et précise ce qui distingue cette situation de communication d'un remue-méninges ou d'un cercle de lecture.

2. Prends connaissance du compte rendu ci-dessous, qui décrit brièvement le déroulement d'une table ronde organisée dans une école secondaire. Relève le ou les passages relatifs aux éléments suivants :

- le thème abordé ;
- l'enjeu ou le but de la table ronde ;
- les participants ;
- une intervention de l'animatrice ;
- une intervention des participants.

Tu peux utiliser des abréviations.

La culture, ça se cultive !

À notre école, on a organisé une table ronde afin de faire le point sur les multiples façons de promouvoir la culture. Devant un
5 auditoire vivement intéressé par la question, l'animatrice, Marie-Paule Dubuc, notre enseignante d'histoire, a d'abord brossé un portrait de la situation depuis les dix dernières
10 années.

Ensuite, trois enseignants et deux représentants du conseil étudiant ont présenté, à tour de rôle, les activités et les nombreux évènements
15 qui pourraient être organisés pour stimuler l'intérêt des jeunes en matière de culture. Au cours de leur présentation, ils ont montré comment on pourrait utiliser les
20 ressources et les activités déjà en place à l'école pour promouvoir la culture. Les participants défendaient deux positions.

Certains soutenaient que les activités
25 devaient être proches des réalités culturelles des jeunes. D'autres prétendaient qu'il valait mieux leur faire découvrir des aspects moins familiers de la culture. Chacun a
30 justifié sa position en invoquant des arguments en fonction de sa conception de la culture ; de plus, chaque participant a présenté des exemples concrets d'activités
35 culturelles innovatrices.

Une fois le tour de table terminé, Marie-Paule Dubuc a lancé la discussion. Les questions qu'elle a posées ont permis aux participants
40 et à plusieurs membres de l'auditoire de faire valoir la justesse de leur position respective. Pour clore la table ronde, l'animatrice a résumé les principales positions défendues
45 et les propositions les plus intéressantes.

3. Relève les contextes dans lesquels il est indiqué de former une table ronde.

A. Pendant une réunion de conseil étudiant	E. Pendant une séance de remue-méninges
B. Pendant une discussion entre amis	F. Pendant une sortie éducative
C. Pendant une présentation en classe visant à faire valoir des points de vue différents sur une question	G. Au début d'une assemblée étudiante ayant pour but de prendre une décision ou de tenir un vote
D. Pendant une période de questions	H. Pendant un cercle de lecture

Mise au point — La table ronde

Si tu veux organiser une table ronde, il faut que les deux conditions suivantes soient remplies.

1. L'attention doit être centrée sur un enjeu : un problème, un sujet ou une question qui suscite des points de vue différents.

   Ex. : Faudrait-il porter un uniforme à l'école ?

2. Les participants doivent adopter une position claire en justifiant leurs idées et convaincre l'auditoire du bien-fondé de leur position.

   Ex. : Des intervenants (le travailleur social, la psychologue, les enseignants et les élèves) montrent les avantages ou les inconvénients du port de l'uniforme en s'appuyant sur des faits, des expériences, des résultats d'enquête, etc.

Une table ronde se déroule habituellement de la façon suivante.

1. Un animateur ou une animatrice présente l'enjeu (ou le but de la table ronde) en faisant valoir les diverses positions possibles.

2. À tour de rôle, chaque participant ou participante intervient. L'intervention comprend généralement :

   • une prise de position claire ;
   • des arguments qui font valoir la position défendue ;
   • des faits, des données, des exemples qui permettent d'appuyer chacun des arguments.

3. Les participants discutent de leur point de vue afin de faire avancer le débat.

4. L'animateur ou l'animatrice dresse un bilan de la table ronde en exposant les positions des intervenants et les questions non résolues.

Dans ce genre de communication orale, il n'y a ni gagnant ni perdant.

La justification, p. 443

1. Regarde attentivement la vidéo, puis fais le compte rendu d'une intervention effectuée lors de la table ronde en relevant les éléments ci-dessous. Pour t'aider, utilise les documents qu'on te remettra (la grille d'observation et la transcription du scénario).

- L'enjeu (ou le but) de la table ronde.
- Le nom de l'animatrice.
- Le nom et le rôle des trois intervenants.
- La position (pour ou contre) et au moins un argument employé par deux des intervenants.
- Un fait concret ou un exemple sur lequel ces intervenants s'appuient.

2. Quel album pour enfants ou quelle bande dessinée représente ton premier grand coup de cœur quand tu étais plus jeune ? Prépare-toi à le présenter devant la classe et à justifier ce qui le rendait si captivant. Prends soin d'expliciter ton appréciation à l'aide d'arguments et illustre-les par des citations ou des exemples tirés de ton livre préféré.

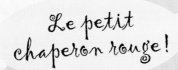

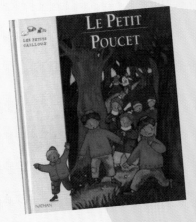

Charles Perrault, *Le Petit Poucet*, © Éditions Nathan (Paris-France), 1998 (Collection petits cailloux).
GARFIELD © 2003 Paws, Inc. Reproduit avec la permission de UNIVERSAL PRESS SYNDICATE. Tous droits réservés.
Lucie Papineau, illustrations de Luc Melanson, *Hansel et Gretel*, © Les éditions Les 400 coups, 1998.

Je vais plus loin

Préparation
du projet

Voici une activité qui te permettra de former une table ronde portant sur la question suivante :

Les lecteurs de bandes dessinées sont-ils de véritables lecteurs ?

Étape 1

a) Formez des équipes de trois ou quatre élèves qui apportent la même réponse à cette question.

b) Désignez un ou une secrétaire de l'équipe qui notera au fur et à mesure tous vos arguments et qui dressera ensuite le bilan de ceux-ci.

c) Nommez un ou une porte-parole qui présentera la position de votre équipe devant la classe.

d) Choisissez un ou une élève qui agira à titre d'animateur ou d'animatrice de la table ronde.

Étape 2

e) Préparez l'intervention de votre équipe de la façon suivante :

- Participez à la discussion en exprimant votre position de façon claire.

  Ex. : Non, les lecteurs de bandes dessinées ne sont pas de vrais lecteurs, car en général on peut comprendre l'histoire d'une BD simplement en regardant les illustrations.

- Appuyez vos propos en vous inspirant des questions suivantes :

  – Qu'est-ce qui vous permet de soutenir votre position ?

  – Pourquoi les jeunes préfèrent-ils lire des bandes dessinées plutôt que des récits d'aventures, d'amour, de science-fiction ou autres ?

  – Est-il vrai que les illustrations suffisent pour suivre l'histoire d'une bande dessinée ?

- Donnez des exemples de bandes dessinées qui peuvent être « lues » sans lire les phylactères.

Étape 3

f) Place à la table ronde ! Pour que tout le monde puisse faire valoir son point de vue, limitez les interventions à deux minutes.

Étape 4

g) Après les interventions des porte-parole et les questions et commentaires des participants, portez un jugement critique sur le déroulement de la table ronde.

« J'inventais par le monde un chemin jusqu'à toi. » C'est joli, n'est-ce pas ? Je m'appelle Marceline Desbordes-Valmore, je suis une poétesse du XVIIIᵉ siècle. J'ai écrit des milliers de vers comme celui-là. Pourtant, je ne suis pas très connue du grand public. D'autres de mes contemporains ont eu beaucoup plus d'attention, notamment Victor Hugo, Alphonse de Lamartine ou Charles Baudelaire. Qu'à cela ne tienne ! Je n'écrivais pas nécessairement pour passer à l'Histoire. Je composais de la poésie pour exprimer ma mélancolie, mon amour, ma tristesse, ma joie. Je suis une romantique. Le romantisme, c'était le grand courant artistique de mon siècle. Les artistes romantiques pensaient que les émotions avaient plus d'importance que la raison ou l'intelligence. En ce qui me concerne, les émotions fortes que j'ai vécues tout au long de ma vie ont contribué à nourrir ma poésie. Quand on est une vraie romantique, on vit pour créer, et on crée pour vivre.

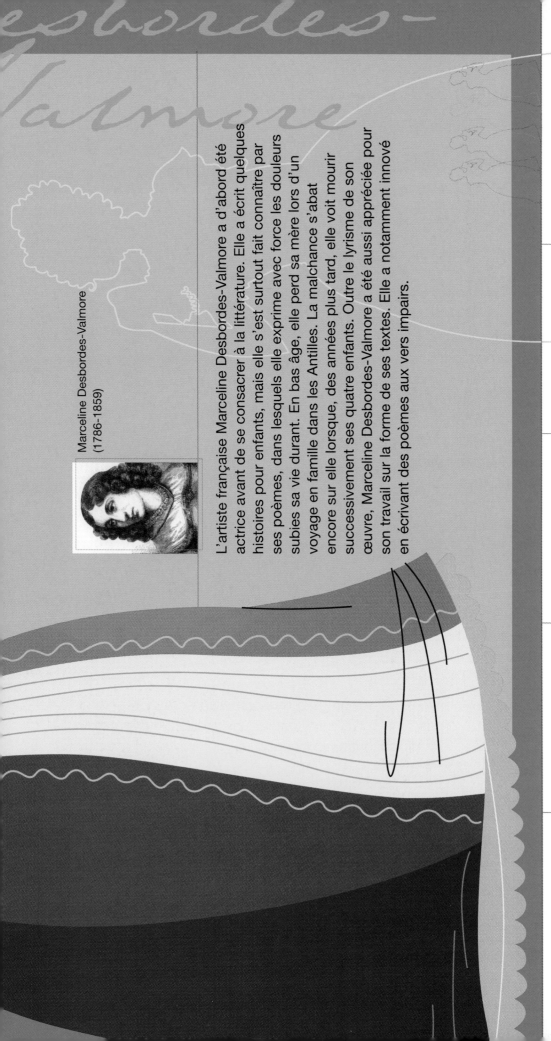

Marceline Desbordes-Valmore
(1786-1859)

L'artiste française Marceline Desbordes-Valmore a d'abord été actrice avant de se consacrer à la littérature. Elle a écrit quelques histoires pour enfants, mais elle s'est surtout fait connaître par ses poèmes, dans lesquels elle exprime avec force les douleurs subies sa vie durant. En bas âge, elle perd sa mère lors d'un voyage en famille dans les Antilles. La malchance s'abat encore sur elle lorsque, des années plus tard, elle voit mourir successivement ses quatre enfants. Outre le lyrisme de son œuvre, Marceline Desbordes-Valmore a été aussi appréciée pour son travail sur la forme de ses textes. Elle a notamment innové en écrivant des poèmes aux vers impairs.

Projet
Créer un texte poétique pour exprimer un sentiment

Zoom culturel
Des connaissances et des compétences pour réaliser le projet

Grammaire
Des procédés syntaxiques courants en poésie
La subordonnée relative

Lecture
Des images poétiques
Écriture
Des procédés poétiques

Communication orale
L'expression de la voix
Orthographe lexicale
L'accentuation de la voyelle « e »

Des mots qui parlent

Projet

Créer un texte poétique pour exprimer un sentiment

Quand le poème se fait muse...

 L'inspiration naît de différentes façons. La beauté d'un coucher de soleil, l'émoi d'un jour de fête, les joies d'une rencontre agréable, la perte d'un être cher : tout ce qui nous entoure et tout ce que nous vivons peuvent faire éclore l'émotion nécessaire à l'inspiration artistique. Il y a fort à parier que chaque personne vivra, au moins une fois dans sa vie, ce moment propice à la création.

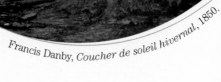

Francis Danby, *Coucher de soleil hivernal, 1850.*

 Ce projet t'invite à créer, sous la forme d'une chanson ou d'un poème, un texte poétique qui exprime un sentiment, en te référant à diverses sources d'inspiration, dont les textes de ton recueil (p. 158-179).

 Par la suite, tu pourrais demander à un ou à une camarade d'accompagner ton texte d'un dessin ou d'une musique de son choix. Vos productions pourraient aussi être présentées lors d'une journée artistique, en collaboration avec les autres élèves de ta classe.

Un exemple

Les pages suivantes (p. 219-220) te serviront d'exemples pour t'aider à réaliser ton projet. Tu y observeras deux poèmes différents. Le premier a été composé pour exprimer la gratitude qu'on a envers une personne pour sa simple présence ; le deuxième témoigne de la tristesse de la perte d'un être cher. Pour créer ensuite ton propre poème, suis les étapes de la démarche proposée à la page 221.

À toi...

À toi
Que la vie m'a offert en cadeau,
Que je place parmi ce qu'il y a de plus beau,
Dont chaque mot est gentil,
5 Dont le rire est une mélodie.

À toi
Que je ne cesserai jamais d'admirer,
Qui as sur moi l'effet d'une journée ensoleillée.
Que de beaux moments nous avons partagés !
10 Ce poème suffira-t-il à t'en remercier ?

À toi
Parce que tu es toujours là
Parce que tu sais ce que je ne dis pas
Parce que tu m'apportes la joie

Titre

Sub. rel.

Métaphore

Types de phrases :
interrogative (qui
interpelle, qui formule
un vœu), exclamative,
impérative

Répétition

Déchirure

Il ne pleuvra jamais assez
Pour égaler toutes les larmes que j'ai versées
Il ne tonnera jamais assez
Pour enterrer tous mes cris désespérés
5 Mais je pourrais pleurer tous les océans
Je pourrais tempêter à tout vent
Rien ne pourra te faire revenir
Et je resterai à jamais seul à gémir
À hurler ma peine
10 À crier ma haine
À ce stupide destin
Qui t'a écartée de mon chemin
Je n'ai plus de cris
Je n'ai plus d'envies
15 Je n'ai plus que mes sanglots
Je n'ai plus que les mots
À t'offrir
En souvenir
Tu me manqueras
20 Je ne t'oublierai pas
Mais je sais qu'un jour je ne souffrirai plus
Car toute cette douleur
Ne pourra jamais égaler le bonheur
De t'avoir connue.

Il ne pleuvra jamais assez

Pour égaler toutes les larmes que j'ai versées

Il ne tonnera jamais assez

Pour enterrer tous mes cris désespérés

Mais je pourrais pleurer tous les océans

Je pourrais tempêter à tout vent

Rien ne pourra te faire revenir

Et je resterai à jamais seul à gémir

La démarche

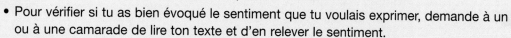

1 Quel sentiment choisiras-tu d'exprimer dans ton texte poétique?

- Lis les textes du dossier 5 dans ton recueil (p. 158-179), écoute de la musique, observe des illustrations, rappelle-toi des souvenirs afin de découvrir le sentiment qui t'interpelle davantage.

2 Comment planifieras-tu ton travail?

- À partir des sources d'inspiration précédentes, note des mots, des expressions ou des figures de style (comparaison: *tes yeux bleus comme l'azur*; métaphore: *tes yeux d'un bleu azur*) qui évoquent ce sentiment et qui t'aideront à rédiger ton texte.
- En te référant à tes notes, construis un champ lexical qui se rapporte au sentiment que tu as choisi.

3 Comment composeras-tu ton texte?

- Écris une première version de ton texte en tenant compte du sentiment à exprimer et des mots du champ lexical que tu as construit. Au besoin, donne-toi quelques contraintes d'écriture (rime, vers, répétition, etc.).
- Donne un titre à ton texte poétique.

4 Comment t'y prendras-tu pour réviser ton texte?

- Pour vérifier si tu as bien évoqué le sentiment que tu voulais exprimer, demande à un ou à une camarade de lire ton texte et d'en relever le sentiment.
- Discute avec ton ou ta camarade de classe afin d'améliorer ton texte:
  - Repère les figures de style et les procédés syntaxiques utilisés pour créer un effet poétique. Au besoin, fais des modifications.
  - Fais une nouvelle lecture pour réviser et améliorer la structure de tes phrases.
  - Fais une relecture pour corriger l'orthographe.
- Les stratégies d'écriture, p. 439
- **OÉ** Grille de révision de la grammaire du texte et de la phrase

5 De quelle façon présenteras-tu ton travail?

- S'il y a lieu, présente ton poème à un ou à une camarade et propose-lui de l'interpréter selon son moyen d'expression artistique préféré (musique, arts plastiques, etc.).
- Choisis un support de présentation (disque, projet multimédia, vidéo) afin de laisser une trace de cette création ou organise un spectacle.

6 Quelle évaluation fais-tu de l'efficacité de ta démarche?

- Évalue dans quelle mesure les stratégies de planification (liste de mots appartenant à un même champ lexical, écoute de musique, observation d'œuvres artistiques, etc.) et de révision (relecture, discussion avec un ou une camarade) ont été efficaces dans ta démarche d'écriture.

Des mots qui parlent

Des lectures

DESBORDES-VALMORE, Marceline. *Poésies*, Paris, © Éditions Gallimard, 1983, 288 p.

Publié en 1825, ce recueil de poèmes témoigne du grand romantisme de son auteure. Le poème *Qu'en avez-vous fait ?*, par exemple, illustre un état de profonde tristesse. *Amour, divin rôdeur* (recueil, p. 161), quant à lui, montre bien le caractère intense de la poète.

NELLIGAN, Émile. *Poésies complètes (1896-1941)*, Montréal, Fides, 2004, 414 p. (Collection du Nénuphar 72).

Les textes de ce légendaire poète québécois sont empreints de romantisme et témoignent d'une culture générale plutôt remarquable chez un si jeune homme. Parmi ses œuvres, mentionnons le poème *Devant deux portraits de ma mère* (recueil, p. 176), qui évoque une grande mélancolie.

De la musique

Claude Dubois chante Rutebeuf, Chloé Ste-Marie prête sa voix aux poèmes de Gaston Miron, le groupe Mes Aïeux actualise les chansons folkloriques du Québec. Que dire aussi des chansons interprétées par Édith Piaf, Isabelle Boulay et Linda Lemay ! Donne-toi la chance de découvrir le monde de leurs émotions. Peut-être parviendront-ils à te les faire partager…

Des œuvres d'art

L'artiste québécois Jean-Paul Lemieux (1904-1990) a peint beaucoup de portraits et de nombreux paysages. Souvent, ses tableaux représentent un seul personnage dans un environnement austère. C'est ainsi que Lemieux exprime le silence et la solitude.

Le visiteur du soir, 1956.

La peintre québécoise Marcelle Ferron (1924-2001) s'est fait connaître grâce à ses toiles abstraites extrêmement colorées, qui expriment avec force son amour de la vie. Elle a aussi réalisé d'immenses verrières. Celles de la station de métro Champ-de-Mars, dans le Vieux-Montréal, a le pouvoir d'offrir un peu de bonheur à ceux qui prennent le temps de contempler ses jeux de lumière.

 Consulte Internet afin d'en découvrir davantage sur ces artistes au destin souvent peu commun.

 Dans ton carnet de lecture, dessine une page de graffitis. Consignes-y quelques lignes de poèmes ou de chansons qui te semblent chargées d'émotion. Tu peux aussi coller des images qui te plaisent particulièrement, écrire des bouts de phrases qui t'émeuvent ou inscrire le nom d'artistes inspirants.

Des procédés syntaxiques courants en poésie

DES PHRASES
toutes retournées

Un assemblage original... La musique des mots, l'abondance des images, mais aussi la présence de phrases qui étonnent ou qui charment, voilà ce qui fait de la poésie une façon originale de traduire des impressions, des émotions, des instants, des histoires...

Je réfléchis

1. **a)** Lis le poème suivant, puis montre ta compréhension générale en associant chaque partie colorée à l'énoncé correspondant.

Premier remords

Au temps où je portais des habits de velours,
Éparses sur mon col roulaient mes boucles brunes.
J'avais de grands yeux purs comme le clair des lunes ;
Dès l'aube je partais, sac au dos, les pas lourds.

5 Mais en route aussitôt je tramais des détours,
Et, narguant les pions de mes jeunes rancunes,
Je montais à l'assaut des pommes et des prunes
Dans les vergers bordant les murailles des cours.

Étant ainsi resté loin des autres élèves,
10 Loin des bancs, tout un mois, à vivre au gré des rêves,
Un soir, à la maison, craintif, comme j'entrais,

Devant le crucifix où sa lèvre se colle
Ma mère était en pleurs ! Ô mes ardents regrets !
Depuis, je fus toujours le premier à l'école.

Émile Nelligan, «Premier remords», *Poésies complètes 1896-1899*,
Montréal, La Corporation des éditions Fides, 1989, p. 45.

A Cette strophe m'apprend que l'enfant fait l'école buissonnière.

B En lisant cette strophe, je découvre qu'on parle d'un enfant et je comprends que l'école le rebute.

C Cette partie de vers rend compte du profond regret que l'enfant ressent.

D Ce vers me fait découvrir à quoi le regret a mené l'enfant.

E En lisant ces vers, je comprends que la mère a découvert les activités de son fils.

b) Trouve le sens des mots ou des expressions que tu ne connais pas (ex. : *épars* ou *tramer des détours*). Sers-toi du contexte ou d'un dictionnaire, ou encore discute avec d'autres camarades du sens de ces mots ou de ces expressions.

2. a) Compare la première phrase du poème *Premier remords* avec la phrase ci-dessous.

> *Mes boucles brunes éparses roulaient sur mon col*
> *au temps où je portais des habits de velours.*

Quelles différences observes-tu dans la construction de ces phrases ?

b) Quelle phrase se comprend le plus facilement : la phrase du poème ou la phrase ci-dessus ? Pourquoi ?

c) Pour mieux comprendre la deuxième strophe du poème *Premier remords*, une élève en a analysé la construction des phrases. Lis les annotations que cette élève a faites afin de mettre les mots dans un ordre habituel et décris sa façon de faire.

> Pron sujet   GV prédicat   G compl. de P
> Mais [je] [tramais des détours] [aussitôt en route].
> Et [je] [montais à l'assaut des pommes et des prunes
> dans les vergers bordant les murailles des cours]
>   G compl. de P
> ([en narguant les pions de mes jeunes rancunes]).

d) Comment l'analyse de la construction des phrases d'un poème peut-elle aider à mieux en comprendre le sens ?

3. a) Dans un poème, la majuscule signale-t-elle toujours le début d'une phrase ? Justifie ta réponse.

b) Une phrase peut tenir en un vers (ex. : *Depuis, je fus toujours le premier à l'école.*), mais, souvent, ce n'est pas le cas. Pour illustrer cet énoncé, relève dans le poème *Premier remords* :

Ⓐ une phrase qui tient en deux vers ;

Ⓑ une phrase qui tient en une strophe ;

Ⓒ une phrase qui occupe toute une strophe et une partie de la strophe suivante ;

Ⓓ une phrase qui n'occupe qu'une partie d'un vers.

4. Lis ces vers de Marceline Desbordes-Valmore.

Amour, divin rôdeur

Amour, divin rôdeur, glissant entre les âmes,

Sans te voir de mes yeux, je reconnais tes flammes.

Inquiets des lueurs qui brûlent dans les airs,

Tous les regards sont pleins de tes éclairs…

[…]

Marceline Desbordes-Valmore, « Amour, divin rôdeur »,
Poésies inédites, 1860.

Dans ces vers, la poète parle de l'amour et de ses effets électrisants.

À ma sœur Cécile

Cache-les dans ton cœur, toi dont le cœur pardonne,

Ces bouquets imprudents qui fleurissaient en moi ;

C'est toute une âme en fleur qui s'exhale vers toi ;

Aux autres, je l'entr'ouvre : à toi, je te la donne.

Marceline Desbordes-Valmore, « À ma sœur Cécile », *Poésies inédites*, 1860.

Ici, la poète compare à des bouquets de fleurs les confidences qu'elle fait à sa sœur. Elle lui dit qu'il n'y a qu'à elle qu'elle fait de telles confidences.

a) L'interprétation que font les deux jeunes des vers de Marceline Desbordes-Valmore te semble-t-elle juste ? Justifie ta réponse à l'aide des mots de la poète.

b) Les vers de Marceline Desbordes-Valmore te paraissent-ils compliqués ? Si oui, précise ce qui rend ta lecture difficile et donne des exemples. Il peut s'agir :

- de mots dont tu ignores le sens ;
- d'expressions ou d'images que tu ne comprends pas ;
- de phrases dont la construction est inhabituelle.

c) Trouve le sens des mots (ex. : *s'exhale*), des expressions ou des images (ex. : *une âme en fleur*) qui te semblent difficiles à comprendre.

5. Suis la démarche proposée ci-dessous pour découvrir ce qui caractérise la construction des vers de Marceline Desbordes-Valmore.

- Lis les explications du tableau suivant qui illustrent différentes constructions de phrases.
- Relis les vers de Marceline Desbordes-Valmore (p. 226-227) et associe chaque groupe de mots encadré dans ces vers à l'une des quatre explications présentées dans le tableau.

Le groupe de mots encadré...	Exemples
A • sert à interpeller directement une personne ou une chose personnifiée; • est détaché avec la virgule; • peut être déplacé; • peut être effacé.	[Cher amour], je t'offre mon cœur. ➤ Je t'offre mon cœur, [cher amour]. ➤ Je t'offre mon cœur.
B • est mis en emphase grâce à l'expression *c'est... qui* ou *c'est... que*, et cette expression peut être effacée.	**C'est** [mon cœur] **que** je t'offre. ➤ Je t'offre [mon cœur].
C • est mis en emphase grâce à son détachement avec la virgule et au pronom qui le reprend ou qui l'annonce; • peut remplacer le pronom qui le reprend ou l'annonce dans la phrase.	Pron qui reprend *mon cœur* [Mon cœur], je **te** l'offre. ➤ Je t'offre [mon cœur]. Pron qui annonce *mon cœur* Je **te** l'offre, [mon cœur]. ➤ Je t'offre [mon cœur].
D • est un complément du nom; • est détaché avec la virgule; • peut être déplacé; • peut être effacé.	Compl. du N *cœur* [Gonflé d'un espoir immense], je t'offre mon cœur. ➤ [Gonflé d'un espoir immense,] mon cœur t'attends. ➤ Je t'offre mon cœur.

6. Fais un retour sur les observations que tu as effectuées depuis l'activité 1. Dis si les énoncés suivants sont vrais ou faux et justifie tes réponses en t'appuyant sur l'un ou l'autre des poèmes vus précédemment.

A) Dans un poème, la majuscule au début des vers signale toujours le début d'une phrase.

B) Délimiter les phrases d'un poème, c'est simple : chaque phrase tient en un vers !

C) Les phrases des poèmes sont prévisibles, car leurs groupes de base se présentent toujours dans l'ordre «normal» : GN sujet + GV prédicat + G compl. de P.

D) On doit prêter attention aux groupes de mots détachés avec la virgule dans les poèmes : ce sont souvent des groupes de mots qui donnent du relief à la phrase.

Mise au point

Des procédés syntaxiques courants en poésie

En poésie, certaines phrases peuvent être déroutantes, ne serait-ce qu'à cause de leur disposition spéciale et de l'emploi particulier de la majuscule. C'est parfois aussi la construction des phrases qui nous embrouille.

Voici des procédés qui compliquent la construction des phrases, mais qui leur donnent aussi du relief.

- On présente les mots et les groupes de la phrase dans un ordre inhabituel.

  Ex. : Grand comme les cieux est mon cœur.   (Émile Nelligan, *Sylvio pleure*)

      GN sujet   GV prédicat

  ➤ Mon cœur | est grand comme les cieux.

- On met un groupe de mots en emphase dans la phrase.

  GN compl. dir. du V mis en emphase à l'aide d'un pronom
  et du détachement en début de phrase

  Ex. : Adieu. Le monde est chagrin. / Le chagrin, toujours **me** poursuit.

- On utilise en tête ou en fin de phrase un ou des compléments du nom (généralement détachés avec la virgule).

  GAdj compl. du N *ombre*

  Ex. : Chaud et radieux comme un soleil,

  Un sourire réconforte

  L'enfant qui, doucement, s'éveille.

- On interpelle une personne (ou une chose qu'on personnifie) à l'aide d'un ou de plusieurs mots mis en apostrophe.

  Apostrophes

  Ex. : Clairières, vallons verts, déserts sombres et doux,

  Vous savez que je suis calme et pur comme vous.

  (Victor Hugo, *Aux arbres*)

Si une phrase t'embrouille à cause de sa construction, repère ses groupes de base et, s'il y a lieu, rétablis l'ordre « normal » des groupes et des mots de la phrase.

Ex. : Demain, dès l'aube, à l'heure où blanchit la campagne,

    Je partirai.   (Victor Hugo, *Demain, dès l'aube...*)

GN   GV

sujet   prédicat   G compl. de P

Je | partirai | demain, dès l'aube, à l'heure où blanchit la campagne.

- Les manipulations syntaxiques, p. 452
- La phrase de base, p. 454   Le texte poétique, p. 434

1. a) Lis le poème ci-contre. Quel sentiment exprime-t-on dans ce poème ?

b) Observe le schéma ci-dessous qui illustre l'organisation du poème.

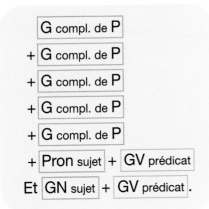

| G compl. de P |
| + G compl. de P |
| + G compl. de P |
| + G compl. de P |
| + G compl. de P |
| + Pron sujet + GV prédicat |
| Et GN sujet + GV prédicat. |

c) Utilise le même schéma pour composer un poème qui exprime la joie.

2. a) Récris les phrases suivantes de deux façons différentes en changeant l'ordre des groupes de base.

Ex. : Les blés blonds se couchent docilement sous le vent brûlant.
➤ Sous le vent brûlant, les blés blonds se couchent docilement.
➤ Sous le vent brûlant se couchent docilement les blés blonds.

1 Un lourd secret bout à petit feu dans mon cœur noir.

2 Une lune pleine et blanche se pavane sous la voûte piquée d'étoiles.

3 La silhouette d'un corbeau solitaire apparaît brusquement entre les rameaux du grand arbre nu.

Les mains

Pour C.

Quand mes mains
    se ferment
Sur tes mains ouvertes

Quand mes cheveux
5 Se mêlent
À tes cheveux

Quand le matin évite
Notre séparation

Quand le jour exige
10 Une courte rencontre

Quand j'écoute
    tes paroles
Qui me réclament

Je suis certain que
15   tu m'aimes

Et la vie m'aime aussi

b) Encadre les groupes de base de tes phrases et identifie-les.

Ex. : G compl. de P [Sous le vent brûlant], GN sujet [les blés blonds] GV prédicat [se couchent docilement].

c) Vérifie l'emploi de la virgule dans tes phrases. **Attention!** Un groupe complément de phrase placé en tête de phrase n'est pas suivi d'une virgule si le groupe du nom sujet et le groupe du verbe prédicat ont été inversés.

Ex. : G compl. de P [Sous le vent brûlant] GV prédicat [se couchent docilement] GN sujet [les blés blonds].

3. Lis la chanson de la page suivante. Elle a été composée à la suite de la révolte des Patriotes (1837-1838), qui a entraîné l'exil d'un certain nombre de rebelles. Le Canadien errant de la chanson serait l'un de ces rebelles exilés.

a) Réduis le premier couplet aux cinq mots qui te semblent impossibles à supprimer dans la phrase.

b) Que t'apprennent tous les mots que tu as supprimés dans le premier couplet ?

c) Voici une récriture du deuxième couplet :

> *Un jour, l'homme adressait ces mots*
> *au courant fugitif.*

Nomme les trois manipulations que la phrase a subies.

d) Dans le quatrième couplet, relève les mots mis en apostrophe qui indiquent à quoi l'homme songe en évoquant son malheur.

e) Récris la dernière ligne du quatrième couplet en remplaçant le pronom *le* par le groupe de mots qui convient.

f) Récris le dernier couplet sans les mots ou groupes de mots facultatifs et en rétablissant l'ordre normal d'apparition des groupes de mots.

g) Parmi les groupes de mots facultatifs dans le dernier couplet, relève les mots mis en apostrophe qui indiquent à quoi l'homme pensera en mourant.

h) Que comprends-tu de l'histoire de l'homme dont il est question dans la chanson ? Nomme les sentiments que cet homme éprouve envers ses proches et son pays.

Un Canadien errant

Un Canadien errant,
Banni de ses foyers
Parcourait en pleurant
Des pays étrangers.

5 Un jour, triste et pensif,
Assis au bord des flots,
Au courant fugitif
Il adressait ces mots :

« Si tu vois mon pays,
10 Mon pays malheureux,
Va dire à mes amis
Que je me souviens d'eux.

Ô jours si pleins d'appas,
Vous êtes disparus…
15 Et mon pays, hélas !
Je ne le verrai plus.

Plongé dans les malheurs,
Loin de mes chers parents,
Je passe dans les pleurs,
20 D'infortunés moments.

Pour jamais séparé
Des amis de mon cœur,
Hélas ! oui, je mourrai
Je mourrai de douleur.

25 Non, mais en expirant,
Ô mon cher Canada,
Mon regard languissant
Vers toi se portera. »

Antoine Gérin-Lajoie.

Je vais plus loin

Sers-toi de tes connaissances en grammaire pour mieux comprendre un texte poétique et le lire à voix haute avec les intonations et les pauses appropriées.

Préparation au projet

1. Qu'est-ce qu'un déserteur ? Découvre-le en cherchant ce mot dans le dictionnaire ou en lisant le poème à la page 167 de ton recueil.

2. Survole *Le déserteur* (recueil, p. 167). Au premier coup d'œil, est-il possible de voir les limites des phrases de ce poème ? Pourquoi ?

3. Relève les mots mis en apostrophe qui indiquent à qui le poème est adressé.

4. Observe ce texte. Il s'agit des quatre premières strophes du *Déserteur*, qui ont été récrites comme s'il s'agissait d'une simple lettre.

Monsieur le Président,

Je vous fais une lettre que vous lirez peut-être si vous avez le temps. Je viens de recevoir mes papiers militaires pour partir à la guerre avant mercredi soir. Monsieur le Président, je ne
5 *veux pas la faire : je ne suis pas sur terre pour tuer des pauvres gens. C'est pas pour vous fâcher, il faut que je vous dise, ma décision est prise : je m'en vais déserter.*

Boris Vian, « Le déserteur », *Œuvres complètes – tome 11*, © Christian Bourgois Éditeur et Cohérie Boris Vian 1984, 1994 ; © Librairie Arthème Fayard 2001 pour l'édition en œuvres complètes.

a) Récris les strophes 5 à 8 inclusivement comme s'il s'agissait d'un autre paragraphe de la lettre. Observe les consignes suivantes.

- Groupe les vers pour former des phrases qui commencent par une majuscule et se terminent par un point.
- Utilise une virgule à la place du point entre les phrases qui sont plus étroitement liées par le sens.

1ᵉʳ vers · 2ᵉ vers · 3ᵉ vers
Ex. : Depuis que je suis né, j'ai vu mourir mon père, j'ai vu partir mes frères
4ᵉ vers
et pleurer mes enfants.

b) Vérifie l'emploi de la virgule avec les compléments de phrases placés en tête de phrase.

Ex. : Depuis que je suis né, j'ai vu mourir mon père…

5. **a)** À l'aide de la neuvième strophe du *Déserteur*, poursuis la lettre du déserteur en respectant les schémas de phrases et la ponctuation proposées ci-dessous.

| Pron sujet | GV prédicat | G compl. de P |, | G compl. de P | et | Pron sujet | GV prédicat |:

Paroles adressées aux gens
« GV prédicat, GV prédicat, GV prédicat, GV prédicat ! » | G compl. de P | GV prédicat |:
Apostrophe
| Pron sujet | GV prédicat |. GN, | G compl. de P | GV prédicat |.

b) Dans les vers de la neuvième strophe que tu as récrits, encadre les groupes de base que tu as relevés.

6. Lis à voix haute *Le déserteur* récrit sous forme de lettre. L'analyse que tu as faite des phrases du poème t'aide-t-elle à adopter une intonation juste et à marquer les pauses de façon judicieuse ?

Des mots qui parlent

233

La subordonnée relative

DES PHRASES sous la gouverne des noms

C'est une subordonnée…
qui peut compléter tous les noms du monde (Essaie pour voir!)
que tu utilises mille fois par jour (Vas-y, compte!)
dont tu as déjà entendu parler (T'en souviens-tu?)

Je réfléchis

1. Lis le dialogue suivant.

> MIDORI : Qu'est-ce que c'est, exactement, la mélancolie?
>
> SA MÈRE : La mélancolie est comparable à une tristesse dont on ignore la cause et qui s'accompagne de rêverie.
>
> MIDORI : La tristesse vague que je ressens en écoutant Barbara est donc de la mélancolie… Le soir, quand tu mets un disque de cette chanteuse française, ça me met dans un état songeur un peu chagrin.
>
> SA MÈRE : Moi, les jours où le ciel est orageux, je suis parfois d'humeur mélancolique, surtout si c'est un dimanche de novembre. Et je ne comprends pas pourquoi…

a) Les parties en couleur complètent un nom. Classe ces compléments du nom en trois catégories, selon leur construction :

- les groupes de l'adjectif;
- les groupes prépositionnels;
- les phrases subordonnées relatives.

b) À quoi reconnais-tu les subordonnées relatives?

2. Lis les phrases suivantes en prêtant attention à la place de la subordonnée relative par rapport au nom en gras qu'elle complète.

- L'écoute de ce disque me met dans un **état** les jours sombres qu'on nomme mélancolie.
- Les jours sombres, cette musique me met dans un **état** qu'on nomme mélancolie.

Quel problème vois-tu dans la première phrase? Décris comment on a résolu ce problème dans la seconde phrase.

3. Le choix du subordonnant au début de la subordonnée relative relève d'une «mécanique» bien précise. Décortique cette mécanique en faisant les activités suivantes. Commence par observer les phrases du tableau ci-dessous.

Phrases avec subordonnée relative	Phrases de base
1 La mélancolie est comparable à une tristesse vague **qui** s'accompagne de rêverie.	A. La mélancolie est comparable à une tristesse vague ▨. B. **Cette tristesse** s'accompagne de rêverie.
2 La tristesse **que** je ressens en écoutant ce disque s'apparente à la mélancolie.	A. La tristesse ▨ s'apparente à la mélancolie. B. Je ressens **cette tristesse** en écoutant ce disque.
3 La mélancolie est une langueur rêveuse **dont** on ignore la cause.	A. La mélancolie est une langueur rêveuse ▨. B. On ignore la cause **de cette langueur rêveuse**.
4 Je suis parfois d'humeur mélancolique les jours **où** le ciel est orageux.	A. Je suis parfois d'humeur mélancolique les jours ▨. B. Le ciel est orageux **ces jours-là**.
5 La résidence **où** ma grand-mère vit me donne le vague à l'âme.	A. La résidence ▨ me donne le vague à l'âme. B. Ma grand-mère vit **dans cette résidence**.

a) À l'aide de la phrase 1 du tableau précédent, explique comment une phrase s'insère dans une autre pour former une phrase avec subordonnée relative.

b) Observe attentivement les groupes de mots en gras (leur construction, leur fonction, leur sens particulier) dans les phrases du tableau précédent. Ensuite, associe les subordonnants *qui*, *que*, *dont* et *où* au groupe de mots qu'ils remplacent.

Ex. : « Qui » remplace un groupe du nom sujet.

Le subordonnant (un pronom relatif)	remplace...
• qui	A un groupe du nom complément direct du verbe
• que	B un groupe du nom sujet
• dont	C un groupe complément indirect du verbe ou complément de la phrase qui indique le temps ou le lieu
• où	D un groupe complément qui commence par la préposition *de*

4. Observe les erreurs qui ont été corrigées dans les phrases ci-dessous, puis explique pourquoi le pronom relatif *que* est mal utilisé.

> Être révolté, c'est être rempli de réprobation devant une chose ~~qu'~~dont on ne peut supporter l'existence. Il y a des jours ~~qu'~~où on ne peut s'empêcher de manifester sa révolte. Alors on résiste, on s'oppose, on s'indigne !

Mise au point — La phrase subordonnée relative

La subordonnée relative est l'une des constructions possibles du complément du nom. Elle apporte un renseignement essentiel ou une précision au nom.

Ex. : Qui se préoccupe de cette enfant sub. rel. compl. du N *enfant* [qui n'a personne pour l'aimer] ?

La subordonnée relative permet d'éviter la répétition d'un nom grâce à son subordonnant (un pronom relatif), qui remplace un groupe de mots.

Ex. : Qui se préoccupe de cette **enfant** sans défense ? Cette **enfant** n'a personne pour l'aimer.
> ➤ Qui se préoccupe de cette **enfant** sans défense **qui** n'a personne pour l'aimer ?

Attention ! Le subordonnant *que* (*qu'*) au début de la subordonnée relative est employé à tort :

• s'il remplace un groupe qui commence par la préposition *de* (*d'*) ou par le déterminant contracté *du* ou *des* ;

dont (remplace *de cette enfant* : *Personne ne prend soin **de cette enfant**.*)
Ex. : Cette enfant ~~que~~ personne ne prend soin me fait pitié.

• s'il remplace un groupe qui indique le lieu ou le temps et qui a la fonction de complément indirect du verbe ou de complément de phrase.

où (remplace *ce jour-là* : ***Ce jour-là**, chacun se sentira...*)
Ex. : Il sera beau le jour ~~que~~ chacun se sentira concerné par le sort de cette enfant.

La subordonnée relative, p. 471
La subordination, p. 470

Je m'entraîne

1. Lis l'extrait du poème *20 lieux*, puis remplis un tableau comme celui ci-dessous en observant les consignes suivantes.

- Relève les subordonnées relatives.
- Trouve la phrase de base qui correspond à chaque subordonnée.
- Encadre le groupe de mots qui est remplacé par un pronom relatif.
- Justifie l'emploi du pronom relatif en décrivant le groupe de mots remplacé.

Subordonnées relatives	Phrases de base	Groupes de mots remplacés
Ex.: qui m'a vu naître	Le lieu m'a vu naître.	Groupe du nom sujet

20 lieux

Le lieu qui m'a vu naître

Un lieu mystérieux

Le lieu d'un rendez-vous

Un lieu à l'autre bout du monde

5 Le lieu que je préfère parmi tous

Le lieu dont je suis le maître

Un lieu introuvable

Le lieu où je me retire pour réfléchir

10 Un lieu miteux qui pue le moisi

Le lieu le plus beau du monde

[…]

Arthur et Léo

2. a) Poursuis l'écriture de *20 lieux* ou inspire-toi de cette liste poétique pour composer une nouvelle liste intitulée *Emploi du temps*. Observe les consignes suivantes.

- Rédige au moins dix groupes du nom dont cinq contiendront une subordonnée relative complément du nom *lieu* (ou *temps*).

- Utilise au moins une fois les pronoms relatifs *qui, que, dont* et *où*.

Ex.: Le temps **où** j'étais encore un petit enfant.

b) Écris la phrase de base qui correspond à chacune de tes subordonnées relatives.

Ex.: Le temps **où** j'étais encore un petit enfant.
➤ J'étais encore un petit enfant dans ce temps-là.

c) Dans les phrases de base, encadre le groupe de mots que le pronom relatif remplace.

Ex.: J'étais encore un petit enfant ⌐dans ce temps-là⌐.

Assure-toi que:

- le pronom *que* remplace un groupe du nom complément direct du verbe;

- le pronom *dont* remplace un groupe complément qui commence par la préposition *de* (ou les déterminants contractés *du, des*);

- que le pronom *où* remplace un groupe complément indirect du verbe ou un complément de phrase qui indique le temps ou le lieu.

Corrige le choix du pronom relatif, s'il y a lieu.

3. Dans chaque phrase, repère la subordonnée relative et le nom qu'elle complète. Récris les phrases en rapprochant la subordonnée de ce nom.

Ex.: Les gens sont bien peu nombreux **qui se préoccupent de mon sort**.
➤ Les gens **qui se préoccupent de mon sort** sont bien peu nombreux.

1. Enfin, le moment est arrivé que j'attendais.

2. Son cœur s'épanchera auprès de moi qui semble chargé d'une inapaisable colère.

3. Le pays existe-t-il où tous vivent en harmonie?

4. L'instant ce jour-là où nos regards se sont croisés restera à jamais gravé dans ma mémoire.

4. a) Évite la répétition du nom en couleur en insérant la phrase B dans la phrase A. ▮Attention !▮ Choisis bien l'endroit où tu fais l'insertion. Au besoin, déplace un groupe de mots.

> Ex. : A. Les gens sont bien peu nombreux.
>
> > B. Les **gens** se préoccupent de mon sort.
> >
> > > ➤ Les gens **qui se préoccupent de mon sort** sont bien peu nombreux.

1 A. Le temps est précieux.

B. On consacre ce **temps** à nos proches.

2 A. Je veux prendre cette enfant par la main.

B. Cette **enfant** n'a rien.

3 A. Notre planète survivra-t-elle à notre époque ?

B. Le sort de notre **planète** est si fragile.

b) Encadre le pronom relatif au début de tes subordonnées relatives et assure-toi que le pronom *que* n'est pas employé à tort à la place de *dont* ou de *où* : justifie l'emploi de chaque pronom à l'aide du point de repère 🌀 La subordonnée relative (p. 471).

239

Je vais plus loin

L'activité suivante te permettra de vérifier ton habileté à employer différents pronoms relatifs, en particulier le pronom relatif *que* (*qu'*), car il est souvent employé à tort.

a) Observe le texte suivant. Il présente des groupes du nom extraits d'une chanson de ton recueil (p. 177) qui exprime la gratitude.

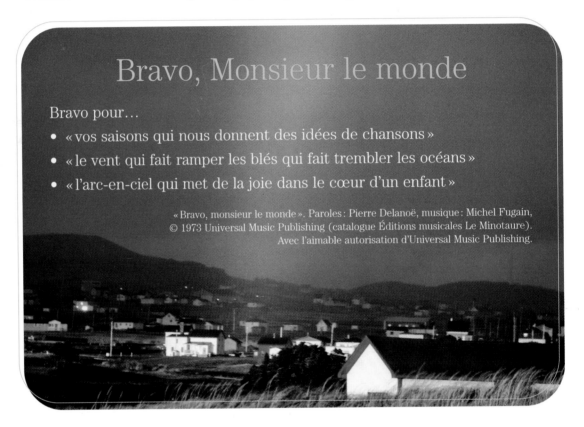

Bravo, Monsieur le monde

Bravo pour…

- « vos saisons qui nous donnent des idées de chansons »
- « le vent qui fait ramper les blés qui fait trembler les océans »
- « l'arc-en-ciel qui met de la joie dans le cœur d'un enfant »

« Bravo, monsieur le monde ». Paroles : Pierre Delanoë, musique : Michel Fugain,
© 1973 Universal Music Publishing (catalogue Éditions musicales Le Minotaure).
Avec l'aimable autorisation d'Universal Music Publishing.

b) Comme Michel Fugain, dis « bravo au monde » de façon poétique.

- Trouve au moins six autres groupes du nom à ajouter à ceux de Fugain.
- Dans tes groupes du nom, utilise des subordonnées relatives en *que*, en *dont* et en *où*.

c) Une fois tes groupes du nom rédigés, mets tes subordonnées relatives entre crochets. Ensuite, fais les vérifications suivantes.

- Trouve le groupe de mots que remplace chaque pronom relatif.
- Assure-toi que le pronom *que* remplace un groupe du nom complément direct du verbe. Si ce n'est pas le cas, vois si le pronom *dont* ou *où* conviendrait à la place.

Attention ! *Dont* et *où* ne sont pas toujours les seules options.

Ex. : Merci à cet élève de ma classe ~~que~~ *qui* m'a aidée.

Lecture
Des textes en quête de lecteurs

Des images poétiques

Un mot vaut mille images! Même si on a tendance à croire qu'«une image vaut mille mots», en poésie, c'est plutôt le contraire. Pourquoi? Parce que les mots, quand on ferme les yeux, font voir, sur l'écran des paupières, des couleurs, des formes, du mouvement. Il n'y a pas de limite à ce que peut faire voir un mot. Le mot titille l'imagination. Mais alors, deux mots valent 2000 images? Eh bien non! Étonnamment, les règles mathématiques ne s'appliquent plus. Quand on met deux mots ensemble, dans un poème, ce sont des millions d'images qui apparaissent.

1. Lis ce poème et tente de « visualiser » les lieux décrits.

> Une île.
> Une fleur dans l'eau.
> Et la falaise abrupte qui porte les maisons.
> Des pêcheurs, des cultivateurs, des barges, des charrues,
> 5 Des granges, des entrepôts à poissons.
> Des chemins de terre sous des arbres. Croix et sorcières aux carrefours.
> Des nuits noires comme des trous, des matins comme des portes d'or.
> Des gens heureux, aveugles.
> Des enfants qui vont à l'école par les talus.
> 10 Un vent éternel qui souffle dans les cavernes et les oiseaux maigres aux
> grandes ailes qui s'en moquent.
> Le vent ! Un jour, debout comme un lion en colère, le lendemain
> couché.
> Suivez-moi, il y a fête sur l'île.
>
> Félix Leclerc, *Le fou de l'île*, Montréal, © Fides, 1962, p. 7.

a) À ton avis, l'île décrite dans ce poème est-elle accueillante ? Justifie ta réponse à l'aide d'exemples tirés du texte.

b) Lorsque Félix Leclerc parle d'une fête, que veut-il dire ? Emploie-t-il ce mot au sens propre ou au sens figuré ? Justifie ta réponse.

2. Trois peintres ont lu le poème et l'ont illustré de manière à mettre en évidence certains vers tirés du texte.

a) Détermine quels vers ont inspiré chaque artiste pour faire son tableau.

b) Associe chacun des énoncés suivants à l'une ou l'autre des peintures. Justifie ta réponse.

Ⓐ Cette peinture est inspirée des comparaisons du texte.

Ⓑ Cette peinture est inspirée des métaphores du texte.

Ⓒ Cette peinture est inspirée de l'énumération du texte.

c) En te référant à l'activité précédente, quelle est, selon toi, la différence entre une métaphore et une comparaison ? Explique ces procédés en citant deux vers du poème.

d) Valide ta définition en déterminant quel énoncé parmi les suivants représente une métaphore. Justifie ta réponse.

Ⓐ Pour Félix Leclerc, l'île est semblable à une fête, pleine de vie.

Ⓑ Pour Félix Leclerc, l'île est une fête, pleine de vie.

3. a) Lorsque Félix Leclerc parle des aveugles (au huitième vers), quelle image veut-il donner des habitants de l'île ?

b) Dans ce vers, Félix Leclerc a-t-il recours à la métaphore ou à la comparaison ? Justifie ta réponse.

4. Compare ces deux groupes du nom :

• Des nuits noires

• Des nuits noires comme des trous

a) À ton avis, quelle nuit est la plus noire ? Justifie ta réponse.

b) Crée une nouvelle comparaison en complétant l'énoncé suivant.

Des nuits noires comme...

c) Compare ta comparaison avec celles de tes camarades. Choisis la comparaison la plus réussie. Crois-tu que cette nuit est plus noire que celle de Félix Leclerc ?

 5. Si tu devais publier ce poème dans le dossier 5 du recueil (p. 158-179), dans quelle partie de ce dossier le classerais-tu (*La joie, La reconnaissance, La contestation, L'émerveillement*, etc.) ? Justifie ta réponse.

Mise au point

Les poètes créent des images qu'on ne voit pas avec les yeux, mais plutôt avec l'imagination. Ces images sont créées en associant des mots ou des idées de manière inattendue. Elles donnent de la force aux textes et témoignent du regard original que les poètes portent sur le monde. Pour créer ces images, ils ont recours à des figures de style, comme la métaphore, la comparaison, l'énumération, etc.

- La **comparaison** est facile à repérer dans un texte. On associe deux idées à l'aide d'un terme comparatif (*comme*, *tel*, *pareil à*, *semblable à*, *plus grand que*, etc.).

  Ex.: Ce cheval, telle une locomotive, fonce vers la porte de l'écurie.

  Dans une comparaison, il y a toujours une caractéristique commune entre l'élément comparé (ex.: le cheval) et l'élément comparant (ex.: la locomotive). Dans l'exemple, il s'agit de la force des deux éléments.

- La **métaphore** est très semblable à la comparaison, à la différence qu'elle ne contient pas de terme comparatif. Dans certains cas l'élément comparé et l'élément comparant sont énoncés clairement.

  Ex.: Tu es le soleil de mon été.

  Parfois, la métaphore est plus difficile à saisir. Seul l'élément comparant est énoncé. Il faut alors deviner l'élément comparé.

  Ex.: J'ai des barrières qui m'empêchent de me libérer.

  Quelles sont ces barrières? Les murs d'une maison? De la timidité? C'est ce côté mystérieux qui donne de la force aux métaphores, comme si les lecteurs devaient décrypter les textes afin de résoudre des énigmes.

- Finalement, les poètes utilisent souvent l'**énumération** pour ajouter un côté descriptif au poème. Ils enrichissent ainsi leur texte d'une multitude d'images en quelques vers.

  Ex.: Ce fut un été de soleil
  De lumière dans les yeux, de rires d'enfants, de soupers sur le quai,
  De tournois de fléchettes, de chants de cigales.

Le texte poétique, p. 434

1. Observe les énoncés suivants. Chacun d'eux présente soit une métaphore, soit une comparaison.

1 L'œil unique jette sa lumière dans la nuit mélancolique.

2 Le brasier diurne carbonise la peau.

3 Ta carte de souhaits est comme un baiser.

4 Dans sa chambre, comme une ourse,
Chaque hiver, Martha se repose.

5 Elle disparut sous le rideau de la pluie.

6 Dans le ciel, près de l'aéroport, on peut voir et entendre ces majestueuses cigognes qui portent les enfants de la terre aux quatre vents.

7 J'ai autant de peine qu'une jeune veuve.

8 Ce soir-là, dans la foule, Jérémie s'est senti comme un vulgaire mouton.

Remplis un tableau semblable à celui ci-dessous de manière à mettre en évidence l'association faite dans chacun des vers.

Énoncés	Métaphore ou comparaison?	Élément comparant	Élément comparé	Caractéristiques communes aux deux éléments
1	Métaphore	L'œil unique	La lune	La forme de la lune est semblable à celle de l'œil. L'adjectif unique rappelle aussi que la lune ne forme pas une paire avec une autre lune, contrairement à l'œil.

2. Lis les textes proposés et réponds aux questions suivantes concernant certaines métaphores et certaines comparaisons.

Textes	Questions
Musique (recueil, p. 178)	1 À quoi le poète compare-t-il le monde qui l'entoure ?
[*Mais je sais que ma bouche*] (recueil, p. 175)	2 Quel est le lien entre l'élément comparant (les bêtes) et l'élément comparé (les larmes) ?
Devant deux portraits de ma mère (recueil, p. 176)	3 À quoi Nelligan compare-t-il le regard de sa mère ? Pourquoi fait-il cette comparaison ?
Haïku (recueil, p. 172)	4 Pourquoi l'auteur compare-t-il les nuages à une pause ?
Haïku (recueil, p. 172)	5 Comment se sent-on quand on « marche sur les nuages » ? Quelle émotion est suggérée par cette métaphore ?
Haïku (recueil, p. 173)	6 À quoi compare-t-on les papillons ? Explique cette comparaison.
Mon école (recueil, p. 166)	7 Pourquoi le poète compare-t-il ses amis à des chats rétifs ?

3. Lis cette chanson célèbre en portant une attention particulière aux passages en gras.

Ne me quitte pas
Il faut oublier
Tout peut s'oublier
Qui s'enfuit déjà
5 Oublier le temps
Des malentendus
Et le temps perdu
À savoir comment
Oublier **ces heures**
10 **Qui tuaient parfois**
À coups de pourquoi
Le cœur du bonheur
Ne me quitte pas
Ne me quitte pas
15 Ne me quitte pas
Ne me quitte pas

Moi je t'offrirai
Des perles de pluie
Venues de pays
20 **Où il ne pleut pas**
Je creuserai la terre
Jusqu'après ma mort
Pour couvrir ton corps
D'or et de lumière
25 Je ferai un domaine
Où l'amour sera roi
Où l'amour sera loi
Où tu seras reine
Ne me quitte pas
30 Ne me quitte pas
Ne me quitte pas
Ne me quitte pas

Ne me quitte pas
Je t'inventerai
35 Des mots insensés
Que tu comprendras
Je te parlerai
De ces amants-là
Qui ont vu deux fois
40 Leurs cœurs s'embraser
Je te raconterai
L'histoire de ce roi
Mort de n'avoir pas
Pu te rencontrer
45 Ne me quitte pas
Ne me quitte pas
Ne me quitte pas
Ne me quitte pas

On a vu souvent
50 **Rejaillir le feu**
D'un ancien volcan
Qu'on croyait trop
vieux
Il est paraît-il
55 Des terres brûlées
Donnant plus de blé
Qu'un meilleur avril
Et quand vient le soir
Pour qu'un ciel flamboie
60 Le rouge et le noir
Ne s'épousent-ils pas
Ne me quitte pas
Ne me quitte pas
Ne me quitte pas
65 Ne me quitte pas

Ne me quitte pas
Je ne vais plus pleurer
Je ne vais plus parler
Je me cacherai là
70 À te regarder
Danser et sourire
Et à t'écouter
Chanter et puis rire
Laisse-moi devenir
75 **L'ombre de ton ombre**
L'ombre de ta main
L'ombre de ton chien
Ne me quitte pas
Ne me quitte pas
80 Ne me quitte pas
Ne me quitte pas.

« Ne me quitte pas »,
paroles & musique de
Jacques Brel, © 1959 & 1992
& 2004, Warner Chappel Music
France & Les Éditions
musicales & productions
cinématographiques
Pouchenel.

a) Tente d'expliquer chaque passage en gras en répondant aux questions suivantes.

1 Pourquoi les pourquoi peuvent-ils tuer?

2 Pourquoi le narrateur souhaite-t-il devenir l'ombre de l'ombre de quelqu'un?

3 Pourquoi l'amour brisé ressemble-t-il à un pays sans pluie?

4 Pourquoi le poète veut-il offrir des perles de pluie?

5 Pourquoi les volcans ressemblent-ils à l'amour?

b) Trouve au moins deux autres métaphores dans le texte. Explique-les.

c) Trouve dans le texte une énumération. Quels éléments y énumère-t-on?

4. Lis le texte de la chanson *Mes joies quotidiennes* (recueil, p. 179).

a) Dis en quelques mots sur quoi porte l'énumération présentée dans cette chanson.

b) Ajoute quelques vers à la chanson en poursuivant l'énumération à partir de ton expérience personnelle.

Je vais plus loin

1. Observe attentivement l'illustration suivante.

a) Quelle émotion s'exprime à travers cette œuvre?

b) Cherche dans le dossier 5 de ton recueil (p. 158-179) le poème qui a inspiré l'artiste et détermine quels vers particuliers ont été illustrés.

2. Choisis un poème qui te plaît et illustre ses métaphores, ses comparaisons et ses énumérations. Si tu préfères, cherche une photographie ou une œuvre d'art qui représente bien ton poème. Justifie ton choix.

Écriture
Des textes en devenir

Des procédés poétiques

Des contraintes qui donnent des ailes... Chacun et chacune de nous est poète à ses heures, ne serait-ce que dans la façon de ressentir une émotion ou de réagir à l'écoute d'une chanson. Il reste donc à exprimer avec les mots ce que nous ressentons profondément. Pour cela, nous pouvons choisir d'écrire en toute liberté, mais nous pouvons aussi choisir, comme beaucoup de poètes le font, de nous imposer des contraintes qui, curieusement, stimulent l'imagination. Poètes, à vos papiers !

1. Lis les quatre poèmes suivants.

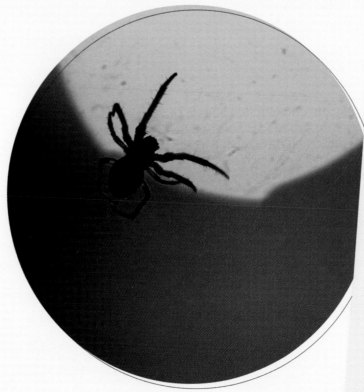

Poème 1

De nuit

Sur le papier blanc et nu
Les mots ne sont pas venus
Ai-je posé ce point noir
Je suis surpris de le voir

5 Mais le voici qui s'élève
Et monte jusqu'au plafond
Oh… Madame l'araignée
Peut-on savoir votre nom ?

Toute la nuit dépensée
10 À filer votre pensée
Ne vous en apprendrait rien

Nous n'avons de nom personne
Écrivez donc ce qui sonne
Au fond de votre chagrin…

Poème 2

Demain, dès l'aube…

Demain, dès l'aube, à l'heure où blanchit la campagne,
Je partirai. Vois-tu, je sais que tu m'attends.
J'irai par la forêt, j'irai par la montagne.
Je ne puis demeurer loin de toi plus longtemps.

5 Je marcherai les yeux fixés sur mes pensées,
Sans rien voir au dehors, sans entendre aucun bruit,
Seul, inconnu, le dos courbé, les mains croisées,
Triste, et le jour pour moi sera comme la nuit.

Je ne regarderai ni l'or du soir qui tombe,
10 Ni les voiles au loin descendant vers Harfleur,
Et quand j'arriverai, je mettrai sur ta tombe
Un bouquet de houx vert et de bruyère en fleur.

Il y a

Il y a ceux qui naviguent
et ceux qui comptent le faire, un jour, peut-être, si…

Il y a ceux qui prennent la mer
et ceux qui se font prendre par leur mère.

5 Il y a ceux qui dérivent, aux courants et aux vents,
et ceux sur la rive, courant sous l'auvent.

Il y a ceux qui courent toujours tous les risques
et ceux qui en prennent, à toujours les éviter.

Il y a ceux qui ont tant à perdre
10 et ceux qui perdent leur tant.

Il y a ceux qui le prennent, le temps,
et ceux qui le tuent.

Il y a ceux qui voient gros
et ceux qui n'en mènent pas large.

[…]

Matin ordinaire

C'est un matin ordinaire
Tout gris de nuit
Comme une taupe secoue la terre
Sur son pelage d'argent
5 Cligne des yeux au sortir
D'un long souterrain noir
Se remet à vivre
Lentement
Comme à regret
10 Tandis qu'une boule de feu
Derrière les nuages
Prépare sa lumière crue
Sans ménagement
Aiguise mille couteaux flamboyants.

Des mots qui parlent

251

À l'aide des textes des phylactères, associe chaque poème à son auteur ou à son auteure.

Francis Pelletier

Pour présenter les multiples facettes de l'humain, j'ai choisi une seule contrainte : la **répétition** qui, dans un jeu d'associations d'idées, incite à la réflexion.

Anne Hébert

Je n'aime pas les contraintes. Je préfère créer librement des images fortes à l'aide de **métaphores** et de **comparaisons**. Dans mon poème, ces images montrent comment la nuit cède la place au jour.

Gilles Vigneault

Les contraintes deviennent un jeu pour moi. J'ai donc écrit un **sonnet**, c'est-à-dire un poème de quatorze vers. Aussi, dans ce poème, chaque vers a **sept pieds**, soit sept syllabes. Et il y a des rimes ! Mais tout cela ne m'empêche pas de prendre la liberté de prêter des actions humaines à... un arachnide.

Victor Hugo

Mes vers ont douze pieds et ils riment. Les contraintes ne me font pas peur ! Mais voyez plutôt comment j'ai décrit mon état d'âme, grâce à l'**énumération**.

2. Relis le premier poème mentionné dans le tableau. Observe les procédés poétiques indiqués pour ce poème (la personnification et le vers mesuré), puis fais l'activité de récriture proposée. Procède ainsi pour chaque poème mentionné dans le tableau.

POÈMES	ACTIVITÉS D'OBSERVATION	ACTIVITÉS DE RÉCRITURE
De nuit	**La personnification**	
	1. Quelle minuscule forme de vie devient source de création pour le poète? 2. Comment l'auteur fait-il pour rendre cette forme de vie humaine? Donne des exemples en utilisant des mots ou des expressions du poème.	3. Et si l'araignée avait un nom… À toi de la faire parler comme si elle était une personne. • Complète la dernière strophe dont le début a été modifié. • Fais rimer deux des vers de cette strophe. Je vous soufflerai mon nom Si…
	Le vers mesuré	
	4. Chaque vers de ce poème a sept pieds, c'est-à-dire sept syllabes. Choisis un vers de ton choix et sépare-le en sept pieds à l'aide de traits (/). 5. Compte le nombre de pieds dans les vers 5 et 6. Comment fait-on pour obtenir sept pieds dans le vers 5? dans le vers 6? Émets une hypothèse.	6. Complète autrement les débuts de vers suivants, tirés du poème, pour qu'ils aient sept pieds. Ne fais pas attention aux rimes. Sur le papier… Les mots… Toute la nuit… À filer…
Demain, dès l'aube	**L'énumération**	
	7. Repère l'énumération dans la deuxième strophe du poème. 8. Quel sentiment est décrit à l'aide de cette énumération? 9. Quel mot de la troisième strophe nous confirme ce sentiment?	10. Relis seulement la première strophe et imagine que le poète va à la rencontre de sa bien-aimée. Ensuite, sers-toi de l'énumération pour écrire une seconde strophe, avec ce nouveau sentiment. Ne te préoccupe pas du nombre de pieds ni des rimes.
Il y a	**La répétition**	
	11. Quels mots répétés marquent le rythme du poème? 12. Que fait ressortir cette répétition de mots?	13. Procède par association d'idées pour écrire quatre vers à la manière de ce poème. Tu peux aussi choisir d'autres formules pour commencer tes vers. Ex.: Si certains… D'autres…

Matin ordinaire	La comparaison et la métaphore	
	14. Dans les vers 3 à 9, à quoi compare-t-on le «matin ordinaire»? À l'aide de quel mot fait-on cette comparaison?	16. Écris deux autres mots ou groupes de mots qu'on aurait pu utiliser pour établir la comparaison du «matin ordinaire».
	15. Qu'évoquent pour toi les mots «boule de feu» et «mille couteaux flamboyants»?	17. Transforme la métaphore de la «boule de feu» en comparaison.

3. Comment des contraintes d'écriture telles que la répétition, l'énumération ou l'emploi d'un même nombre de pieds dans chaque vers pourraient-elles stimuler ton imagination?

Mise au point — Écrire un poème avec ou sans contraintes

Écrire de la poésie, c'est créer un univers qui nous permet d'exprimer nos sentiments, nos émotions, notre imaginaire.

Quand ils créent cet univers, certains poètes ne s'imposent aucune contrainte d'écriture. Ils composent librement. Par exemple, ils écrivent en vers libres, c'est-à-dire sans faire de rimes et sans compter les pieds. D'autres poètes, cependant, voient les contraintes comme un jeu, un défi ou même un déclencheur de l'expression poétique. Ceux-ci s'imposeront alors de faire des rimes, de rythmer les vers, ou même d'écrire des poèmes à forme fixe comme le sonnet, le rondeau ou la ballade.

De nombreux procédés poétiques leur permettent de créer un rythme, une musicalité ou des images. Ce sont, par exemple, la strophe, le vers, la rime, la répétition, l'énumération, la comparaison, la métaphore ou la personnification.

Mais que ce soit avec ou sans contraintes, les poètes, d'une part, explorent le langage en utilisant les mots pour leur sonorité, leur rythme, leur musicalité. D'autre part, ils suggèrent, plus qu'ils ne disent les choses, à l'aide d'images qu'ils créent.

Le texte poétique, p. 434

1. Lis le poème *La différence* présenté à gauche.

   a) Récris quatre strophes de ce poème dont le début a été changé à droite. Procède par associations d'idées pour nous faire découvrir le meilleur et le pire de l'humain.

   b) Signe ton poème et dédie-le à une personne de ton choix.

La différence

à Martine

Pour chacun une bouche deux yeux
deux mains deux jambes

Rien ne ressemble plus à un homme
qu'un autre homme

5 Alors
   entre la bouche qui blesse
   et la bouche qui console

   entre les yeux qui condamnent
   et les yeux qui éclairent

10 entre les mains qui donnent
   et les mains qui dépouillent

   entre les pas sans trace
   et les pas qui nous guident

   où est la différence
15 la mystérieuse différence?

Jean-Pierre Siméon, «La différence».
À l'aube du buisson, Paris, © Cheyne éditeur.

La différence

à…

**Pour chacun une voix un regard
des gestes un cœur**

Rien ne ressemble plus à un homme
qu'un autre homme

5 Alors
   **entre la voix…
   et la voix…**

   **entre le regard…
   et le regard…**

10 **entre les gestes…
   et les gestes…**

   **entre le cœur…
   et le cœur…**

   où est la différence
15 la mystérieuse différence?

La Main de Dieu,
détail de *La Création
d'Adam,* Michel-Ange,
œuvre réalisée entre
1508 et 1512.

2. Lis les haïkus japonais du dossier 5 (recueil, p. 172-173) et remarque la force évocatrice de ces courts poèmes sur la nature.

a) Choisis deux haïkus et explique l'effet ressenti ou le fragment de vie saisi par chacun des poètes, à la manière d'un appareil photo qui capte l'image sur le vif.

b) Écris deux haïkus en t'inspirant des illustrations de ton recueil ou de toute autre illustration ou photographie. Respecte quelques caractéristiques du haïku :

- trois vers ; • absence de rime.

3. Associe un mot de l'encadré de gauche avec un mot de l'encadré de droite pour écrire deux comparaisons et deux métaphores.

Ex.: Comparaison ➤ Le ciel était rempli de **nuages** ronds comme autant de petits **moutons** blancs.

Métaphore ➤ Ces **glaçons** suspendus étaient de vraies **lames** d'épées prêtes à fondre sur nous.

nuage	lune	lame
jeunesse	neige	pluie
arbre	ciel	voix
	givre	

musique	toit	printemps
rideau	cristal	géant
mouton	ballon	glaçon
	tapis	

4. Lis le poème suivant.

Fantaisie **d'hiver**

Le nez rouge, la face blême,
Sur un pupitre de glaçons,
L'Hiver exécute son thème
Dans le quatuor des saisons.

5 Il chante d'une voix peu sûre
Des airs vieillots et chevrotants ;
Son pied glacé bat la mesure
Et la semelle en même temps ;

Et comme Haendel, dont la perruque
10 Perdait sa farine en tremblant,
Il fait envoler de sa nuque
La neige qui la poudre à blanc.

Théophile Gauthier.

a) Dans ce poème, Théophile Gauthier a réussi à faire ressentir le froid de l'hiver tout en l'associant, de façon originale, au thème de la musique. Relève les mots ou groupes de mots appartenant à ces deux champs lexicaux (le froid et la musique) et ajoute dix autres mots ou groupes de mots. Classe le tout dans un tableau semblable à celui-ci.

	Sensation : froid	Thème : musique
Mots ou groupes de mots du poème		
Mots ou groupes de mots ajoutés		

b) Compose une strophe de quatre vers à l'aide d'un des champs lexicaux que tu viens de constituer. Fais rimer tes vers comme dans le poème *Fantaisie d'hiver*.

Je vais plus loin

Préparation projet

Cette activité te permettra d'exprimer un sentiment, une émotion sous forme de poème.

Pour faciliter l'écriture de ce poème, choisis d'abord à qui tu veux l'adresser. Ensuite, laisse parler ton cœur et dis à ton ou à ta destinataire ce qui te rend triste, ce qui te révolte, ce que tu trouves beau ou ce que tu aimes par-dessus tout…

a) Comme point de départ, choisis une peinture, une photo, un souvenir ou une musique qui fait émerger en toi un sentiment ou une émotion.

b) Élabore un champ lexical dans un tableau semblable à celui ci-dessous. Associe ton sentiment ou ton émotion à un ou à des éléments concrets. Il sera ainsi plus facile de constituer ton champ lexical et d'en faire surgir des images. Par exemple, associe la tristesse à la pluie, l'ennui au désert, la révolte à la tempête, la beauté à la naissance de chatons ou à une motocyclette rutilante, l'amour à…

Vois-tu les images se dessiner dans ta tête ?

	Noms	Adjectifs	Verbes
Sentiment			
Élément(s) concret(s)			

257

c) Choisis le phylactère qui représente le mieux ce que tu vas faire dans ton poème et écris ton poème.

J'adore les contraintes! J'écrirai trois strophes de quatre vers. Mes vers auront le même nombre de pieds, et je ferai des rimes.

Mon poème sera écrit en vers libres; il en comptera douze en tout. Il contiendra quelques métaphores ou comparaisons. J'aime me sentir libre!

Je n'ai choisi qu'une seule contrainte pour mon poème de douze vers: la répétition. Je répéterai un mot ou un groupe de mots au début de chaque vers ou de chaque paire de vers.

d) Lis ton poème à haute voix ou fais-le lire par une ou un élève de ta classe. Cette relecture a pour but d'améliorer ton poème en y ajoutant, en y enlevant ou en y remplaçant certains éléments. Par exemple, vous éliminerez ce qui est inutile et nuit à la force de ton texte: les clichés, les répétitions (à moins qu'elles ne soient volontaires), les adjectifs superflus, ou trop explicites... N'oublie pas! La poésie est l'art de suggérer les choses.

Nymphéas,
Claude Monet, 1908.

Communication orale

Des voix qui portent

L'expression de la voix

Avez-vous de la voix ? Qui n'en a pas ? Ne serait-ce qu'une voix intérieure ! Même le silence est une voix, puisqu'il est absolument impossible de ne pas communiquer. À pleine voix ou sans voix, de vive voix ou par « voix interposée », avec des sourires ou des larmes dans la voix, vous avez voix au chapitre pour exprimer sentiments, émotions, intentions, perceptions…

Je réfléchis

1. **a)** Pour dégager diverses caractéristiques de la voix humaine, classe dans un organisateur graphique semblable à celui de la page suivante chacun des compléments du nom « voix » qui te sont proposés dans l'encadré ci-dessous. Pour y parvenir, cherche d'abord dans un dictionnaire le sens de certains termes génériques (intensité, timbre, etc.) qui te posent problème.

• grosse	• chaude	• de tête	• basse
• gutturale	• sombre	• enthousiaste	• éteinte
• grave	• de stentor	• flûtée	• grêle
• angélique	• perçante	• blanche	• désespérée
• rieuse	• glacée	• juste	• musicale
• cassée	• de fausset	• monocorde	• cuivrée
• mélancolique	• faible	• d'opéra	• amoureuse
• rauque	• chevrotante	• sinistre	• plaintive

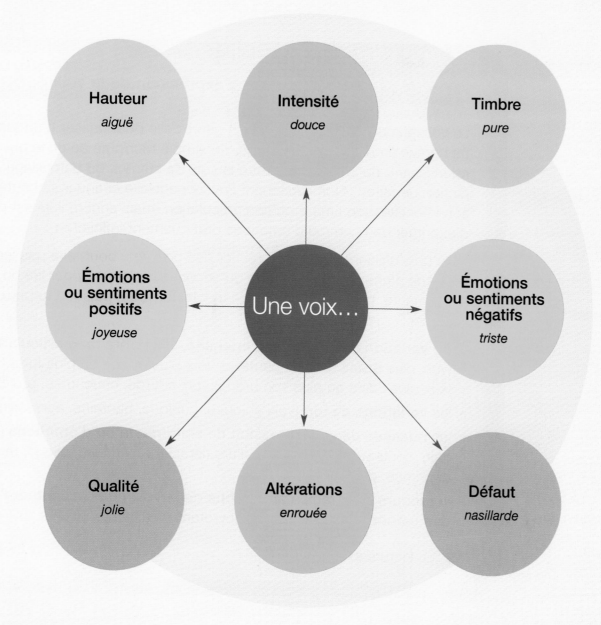

Une voix...

- **Hauteur**
  aiguë
- **Intensité**
  douce
- **Timbre**
  pure
- **Émotions ou sentiments positifs**
  joyeuse
- **Émotions ou sentiments négatifs**
  triste
- **Qualité**
  jolie
- **Altérations**
  enrouée
- **Défaut**
  nasillarde

b) En équipe de trois, mettez en commun vos réponses et, si cela vous semble nécessaire, justifiez votre classement. N'hésitez pas à consulter un dictionnaire pour en faire valoir la justesse. **Attention !** Certains des compléments de nom peuvent être classés dans plus d'une catégorie.

2. Complétez les diverses sections de l'organisateur graphique en y ajoutant des termes ou des expressions permettant de qualifier une voix.

Mise au point

L'expression de la voix

La voix humaine est unique en son genre : elle peut passer d'un ton très grave à une tonalité suraiguë, du simple murmure au cri le plus retentissant, de la voix d'enfant à la voix de stentor, du bafouillage à la diction parfaite… Non seulement la voix peut-elle changer sa hauteur, son intensité, son timbre ou son articulation, mais encore il lui est possible d'exprimer une gamme d'émotions pratiquement infinie.

Si tu dois utiliser ta voix pour réciter des poèmes, pour faire une lecture publique d'une pièce de théâtre ou encore simplement pour lire un texte à voix haute, prête attention aux aspects suivants, puisque tu peux les maîtriser :

* les **variations de hauteur, d'intensité, de timbre ou d'articulation** (voix plus basse ou plus haute… ; voix plus douce ou plus forte… ; voix plus claire ou plus sombre… ; voix sourde, chuchotée, projetée…) ;

* les **variations de ton** (voix enjouée, ironique, hautaine, agressive…) ;

* les **nuances dans l'expression de sentiments ou d'émotions** (voix gaie, contente, satisfaite, à l'allure fière… ; voix mélancolique, triste, déprimée, désespérée…) ;

* le **recours à certaines altérations de la voix pour accentuer l'effet des émotions** (voix cassée, chevrotante, haletante, éteinte…).

La lecture expressive, p. 447

Je m'entraîne

1. Écoute attentivement la vidéo en vue de caractériser les aspects suivants, à propos des voix entendues :

* les éléments paraverbaux (hauteur, intensité, timbre, articulation, etc.) ;

* les émotions ou les sentiments exprimés ;

* les qualités et les défauts observés.

2. Voici un «jeu dramatique» pour mettre à profit tes habiletés à t'exprimer à l'aide de ta voix.

Qui dit mieux?

Nombre de joueurs
Trois ou plus.

But du jeu
Interpréter des énoncés en vue de faire reconnaître par les autres les émotions exprimées à l'aide de sa voix.

Déroulement du jeu

1. Lire une première fois les énoncés présentés ci-dessous et dresser une liste des émotions qui pourraient être exprimées à l'aide de sa voix.

   Pour chaque énoncé, prévoir (et prendre en note) les trois sortes d'émotions qu'on tentera d'exprimer. On peut aussi indiquer comment on variera la hauteur, l'intensité ou le timbre de sa voix.

2. À tour de rôle, lire à trois reprises chacun des énoncés proposés en vue d'interpréter des émotions précises. Les autres joueurs prennent en note les qualificatifs qui caractérisent la voix entendue pour chaque interprétation de l'énoncé.

3. Lorsque tous les joueurs ont interprété l'énoncé, mettre en commun les caractéristiques relevées pour qualifier la voix des participants.

4. Procéder de même pour les six énoncés.

Décompte des points

S'attribuer deux points chaque fois qu'un ou une camarade reconnaît une caractéristique exacte notée au moment de la planification.

S'attribuer un point si le qualificatif proposé est un synonyme.

Énoncés

A. BELLE JOURNÉE!

B. JE VOUS ATTENDS À SEPT HEURES PRÉCISES.

C. AH NON! MAIS POURQUOI DONC?

D. LE VENT VA TOURNER, C'EST MOI QUI TE LE DIS.

E. «AH! COMME LA NEIGE A NEIGÉ!» (ÉMILE NELLIGAN)

F. «Ô TEMPS! SUSPENDS TON VOL.» (LAMARTINE)

3. a) Choisis un extrait de texte dans ton recueil, exerce-toi à le lire à voix haute, puis enregistre-toi à l'aide d'un magnétophone.

b) Écoute attentivement ta voix, plusieurs fois si cela est nécessaire, puis en t'inspirant de l'organisateur graphique que tu viens de créer, tente de la caractériser à l'aide de différents qualificatifs.

c) En équipe de quatre, fais une brève présentation des principales caractéristiques que tu as observées à l'écoute de ta voix et exprime comment tu perçois ce que tu entends.

d) Après chaque présentation, réagis aux perceptions que chacun et chacune se fait de sa voix et fais des commentaires à propos de son analyse critique.

Je vais plus loin

Préparation
projet

Voici une activité qui te permettra de dire un texte à haute voix en utilisant toutes les subtilités d'expression possibles.

a) Choisis un texte poétique que tu aimerais présenter à une personne qui t'est chère sous forme de «télégramme» récité. Tu peux en choisir un parmi les textes du dossier 5 présentés dans le recueil (p. 158-179).

b) Exerce-toi à lire à haute voix le texte que tu as choisi en tentant de moduler l'expression de ta voix. Pense aux différents tons que tu pourrais employer pour rendre ton interprétation plus vivante.

c) Enregistre deux versions très différentes du même texte.

d) Fais écouter ton enregistrement à un ou à une camarade, puis demande-lui de porter un jugement critique sur les deux versions du texte, en vue de retenir la meilleure et d'en améliorer la lecture expressive.

e) Répète ton texte en suivant les recommandations qui t'ont été faites, puis enregistre la version finale.

f) Fais écouter ton «télégramme» récité à ta ou à ton destinataire et prête attention à ses réactions.

L'accentuation de la voyelle « e »

DES ACCENTS qui changent tout

« Qu'est-ce qui est commun à l'accent aigu, à l'accent grave et à l'accent circonflexe ?
– Facile ! Ils chapeautent tous le « e ».
– Ont-ils autre chose en commun ?
– Euh !... »

Je réfléchis

Observe les mots du tableau suivant et compare les graphies employées en fonction des sons auxquels elles correspondent.

La graphie « e »	La graphie « è »	La graphie « é »	La graphie « ê »
cher	poème	poésie	forêt
étinceler	interprète	chérir	intérêt
modeler	progrès	révéler	blêmir
acheter	modèle	modéliser	conquête
étincelle	caractère	extrémité	fête
festoyer	exprès	inquiétude	extrême
intéressant		poétique	quêter
intéresser		révélation	blême
requérir		requérir	
		interprétation	
		inquiéter	

a) Dans chaque colonne, indique quel son correspond à la lettre en couleur.

b) Compare le contexte d'emploi des lettres en couleur, puis relève deux mots, dans chacune des colonnes concernées, en vue d'illustrer les observations suivantes.

Ⓐ Le son «è» à la fin d'un mot peut s'orthographier de diverses façons.

Ⓑ La lettre «e» s'écrit sans accent devant une consonne double.

Ⓒ Lorsque la lettre «e» est suivie d'une syllabe muette, elle prend un accent grave.

Ⓓ La voyelle «e» prend un accent aigu lorsqu'elle est suivie d'une syllabe qui n'est pas muette.

Ⓔ La voyelle «e» prend un accent circonflexe lorsqu'elle remplace l'ancienne graphie «es». Cette graphie apparaît d'ailleurs dans certains mots de même famille.

c) À l'aide des données du tableau, forme sept séries de mots de même famille. Que remarques-tu?

d) Consulte un guide de conjugaison pour vérifier comment se conjuguent au présent de l'indicatif les groupes de verbes suivants.

1 *geler* et *modeler*

2 *appeler* et *étinceler*

3 *acheter* et *haleter*

4 *révéler* et *intégrer*

Laquelle des observations Ⓐ à Ⓔ permet d'expliquer le changement de radical pour ces sortes de verbes?

e) Comment se forme le féminin des adjectifs *cher*, *amer*, *indiscret* et *inquiet*? Est-ce le cas de tous les adjectifs qui se terminent de cette façon? Justifie ta réponse à l'aide de quelques exemples. Consulte une grammaire au besoin.

Mise au point

À première vue, il semble que la voyelle «*e*» s'écrive différemment selon le son qu'elle permet de transcrire. C'est le cas des mots *pelure*, *défi*, *mère* ou *tête*. Même si un certain nombre de mots se conforment à cette convention, plusieurs autres se comportent autrement.

Ex.: net, bouquet, essentiel, excellent ; pied, premier ; médecin, céleri

De plus, tu peux observer l'emploi d'accents différents dans des mots de même famille.

Ex.: accès ➤ accessible, accéder
forêt ➤ forestier, déforestation

Ces changements d'accent ne se font pas au hasard : ils respectent en fait des règles précises, que ce soit dans la dérivation des mots, dans la conjugaison de certains verbes ou dans la formation du féminin. Voici quelques-unes de ces règles :

1. Il n'y a pas d'accent devant des consonnes doubles.

    Ex.: étiquette, ficelle

2. Le «*e*» devient «*è*» devant une syllabe muette.

    Ex.: sec ➤ sèche, mener ➤ je mène

3. Le «*é*» devient «*è*» devant une syllabe muette.

    Ex.: inquiéter ➤ tu inquiètes, inquiète

Attention ! Quelques modifications ont été proposées récemment pour rendre le système orthographique plus «cohérent». Ainsi, certains mots comme *céleri*, *réglementaire* ou *sécheresse* pourraient s'écrire *cèleri*, *règlementaire* ou *sècheresse* de manière à être conformes à la règle 2.

Concernant les verbes en *-eler* et *-eter*, ils pourraient tous se conformer au modèle des verbes *modeler* et *acheter*, sauf les verbes *appeler* et *jeter*.

Les particularités orthographiques de certains verbes en *-er*, p. 496

Orthographe lexicale

Des mots qui parlent

267

1. Classe dans un tableau semblable à celui ci-dessous des mots de même famille que chacun des verbes suivants. Attention aux accents que ces mots peuvent prendre. En cas de doute, consulte un dictionnaire ou un guide de conjugaison.

1 jeter **2** peler **3** haleter **4** espérer **5** appeler **6** sécher

Verbes à l'infinitif	Verbes conjugués	Noms	Adjectifs ou participes passés
Ex. : congeler	tu congèles nous congelons	dégel congélation	congelable

2. Écris les adjectifs suivants au féminin, puis classes-les en deux sous-groupes selon qu'ils prennent un « *e* » ou un « *è* » au féminin. Consulte un dictionnaire au besoin.

1 bref   **7** entier

2 aigrelet   **8** secret

3 fier   **9** rondelet

4 nouveau   **10** aérien

5 concret   **11** discret

6 violet   **12** étranger

Préparation
projet

Pour mettre à l'épreuve tes connaissances sur les relations de forme entre les mots, compose un poème en vers en te préparant de la manière qui suit.

a) Complète les listes suivantes en trouvant le plus de mots possible pour illustrer chacune des finales. Pour t'aider dans ta recherche, consulte un dictionnaire de rimes ou fais une recherche dans un dictionnaire électronique.

« è »
- *-ès* comme *succès, accès…*
- *-et* comme *violet, ballet…*
- *-êt* comme *forêt, arrêt…*
- *-ais* comme *palais, niais…*
- *-ait* comme *abstrait, distrait…*

« er »
- *-er* comme *cancer, fier…*
- *-ère* comme *prière, repère…*
- *-erre* comme *terre, pierre…*
- *-ert* comme *découvert, concert…*
- *-aire* comme *solitaire, volontaire…*

« en »
- *-en* comme *cyclamen, spécimen…*
- *-ène* comme *oxygène, phénomène…*
- *-enne* comme *indienne, persienne…*
- *-aine* comme *foraine, marjolaine…*

« et »
- *-et* comme *net, gadget…*
- *-ète* comme *poète, prophète…*
- *-ette* comme *dette, vedette…*
- *-ête* comme *tête, tempête…*
- *-aite* comme *défaite, stupéfaite…*

b) Compose un poème en vers de deux ou trois strophes en t'inspirant des mots de la liste que tu viens de dresser.

c) Révise l'orthographe de tous les mots de ton poème et demande à un pair, à ton enseignante ou à ton enseignant de les vérifier.

Mohammed Targai Ullug Beg ou Muhammad Taragay Ullugh Beg ? Oulug Beg ou Ulugh Bek ? Même si les historiens hésitent encore sur la manière d'orthographier mon nom en français, ils s'entendent tous pour affirmer que j'ai été le prince des étoiles. En effet, j'ai fait partie d'une grande famille royale et j'ai pu profiter de mon pouvoir et de ma fortune pour promouvoir la recherche scientifique. J'ai moi-même pratiqué les mathématiques et l'astronomie. Je suis surtout connu pour le gigantesque observatoire de forme circulaire que j'ai conçu à Samarkand, en Asie centrale. C'est de là que j'ai pu dresser un « catalogue des étoiles » comprenant les coordonnées de plus de 1000 d'entre elles. J'ai aussi étudié le mouvement des comètes et je suis parvenu à calculer l'année terrestre avec une précision exceptionnelle. Mes observations m'ont amené à corriger plusieurs erreurs de calcul du grand astronome Ptolémée. De plus, ma curiosité m'a poussé à l'étude de la théologie, de la musique, de la médecine et même de la poésie. Toutefois, je me suis fait bien des ennemis dans mon royaume : on trouvait que j'accordais beaucoup trop d'importance aux arts et aux sciences, mais pas assez à l'exercice du pouvoir. Qu'à cela ne tienne, ma passion pour la connaissance et l'importance de mes travaux scientifiques m'ont permis de passer à l'Histoire.

Ulug Beg
(1393-1449)

Ulug Beg était un prince dont la famille avait régné sur une bonne partie de l'Asie. Il était le petit-fils du grand Timur, connu aussi sous le nom de Tamerlan, un guerrier mongol qui avait élargi son royaume en poussant ses conquêtes jusqu'en Inde du Nord, en Turquie et en Égypte. À quinze ans, Ulug Beg a hérité du pouvoir de Samarkand, une importante ville d'Ouzbékistan. Il en fera la grande capitale des sciences. Il prendra cinq ans (entre 1424 et 1429) pour y ériger un immense observatoire. En 1447, à la mort de son père, il dirigera l'ensemble du royaume de sa famille. Incapable de maîtriser l'hostilité de ses adversaires, il mourra assassiné en 1449.

Projet
Transposer un récit qui se déroule dans l'espace en bande dessinée

Zoom culturel
Des connaissances et des compétences pour réaliser le projet

Lexique
Les néologismes

Grammaire
La cohérence textuelle : les mots de reprise et les marques du temps

Lecture
L'adaptation d'une œuvre

Écriture
L'adaptation d'un récit en bande dessinée

Communication orale
L'échange de points de vue

Projet

Transposer un récit qui se déroule dans l'espace en bande dessinée

Du firmament...
à la planche de BD !

Une nuit sans nuages, une zébrure dans le ciel… et ton imagination s'envole vers les étoiles! As-tu déjà passé un moment à contempler l'immensité céleste? L'Univers est une merveilleuse source d'inspiration pour les poètes, les romanciers, les bédéistes… Il l'est sûrement aussi pour toi.

Dans ce projet, en équipe de deux, vous devrez transposer en bande dessinée un récit de votre choix dont l'action se déroule dans l'espace. Pour ce faire, vous relirez attentivement le texte choisi, l'interpréterez et, finalement, l'adapterez en bande dessinée. Ainsi, vous ferez voir en images et en mots les éléments du récit qui vous auront inspirés.

Un exemple

La nouvelle *Le jardin de Mary* a été adaptée en bande dessinée par Michel Rabagliati (recueil, p. 189-192). Son travail te servira d'exemple pour réaliser ton projet. Tout d'abord, tu pourras comparer le début de la nouvelle et celui de la bande dessinée. Des esquisses et un extrait de la nouvelle annotée illustrent le travail de préparation nécessaire à l'adaptation du texte. Tu pourras ensuite lire le témoignage de Michel Rabagliati, qui explique comment il s'y est pris pour réaliser cette adaptation. Pour créer ta propre bande dessinée, suis les étapes de la démarche proposée à la page 275.

Le jardin de Mary

Quand Mary approcha de la mort, elle entra dans un délire lucide où elle redevenait enfant, avec toute espèce de vieilles croyances hier évanouies. Elle dit alors à celui qui l'aimait :

5 — Allons voir le jardin que j'habiterai!

Celui qui l'aimait savait bien qu'elle voulait parler du firmament et il se mit à pleurer. Mais Mary insista si fort que le médecin jugea mieux qu'elle allât voir le ciel que de s'attrister ainsi. On fit
10 chauffer le petit observatoire du toit, où Mary avait étudié les étoiles, puis on y transporta la mourante.

Dialogue

Actions

Personnages

Lieux

L'espace pour raconter

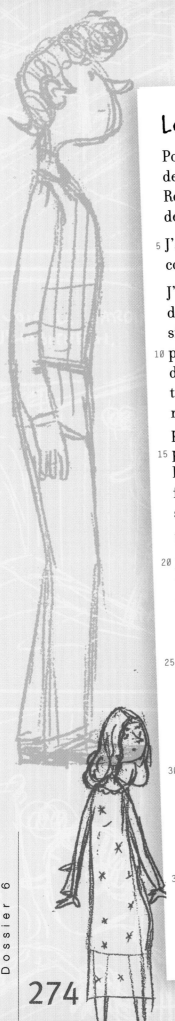

Le jardin de Mary – Adaptation en BD

Pour adapter le texte *Le jardin de Mary* en une bande dessinée de quatre pages, j'ai dû procéder à un élagage sévère du texte de Rosny. Il fallait aller à l'essentiel de l'histoire tout en essayant de garder intacte la poésie qui s'en dégageait.

5 J'ai donc travaillé comme un scénariste de cinéma qui doit condenser une histoire tirée d'un livre pour en faire un film.

J'ai d'abord découpé l'histoire en morceaux, en dessinant sur des feuilles de cartable des bonshommes allumettes pour vérifier si je pouvais compresser l'histoire en quatre planches. J'ai
10 placé les dialogues dans des bulles et j'ai supprimé les textes de descriptions d'étoiles et de constellations qui auraient occupé trop d'espace dans la courte BD. J'en ai fait plutôt des images muettes. Cependant, j'ai ajouté un détail dont l'auteur ne fait pas mention : un télescope. J'ai ralenti le rythme à la quatrième
15 page pour laisser des silences, qui illustrent l'intimité et l'amour intense entre les deux amoureux. J'ai aussi forgé une fin qui n'était pas dans le texte original, pour qu'il y ait une sorte de message.

Une fois assuré que l'histoire tenait bien en quatre planches,
20 j'ai conçu les trois personnages et imaginé les décors. Cette partie du travail est très amusante, car on invente un univers visuel seulement à partir d'un texte écrit. Tout est permis ! J'ai choisi de travailler en noir et blanc, sans couleurs, pour donner une atmosphère un peu vieillotte à la maison et aux personnages.
25 Je trouve que cela se rapprochait de l'atmosphère du texte de Rosny, qui semble se passer vers la fin du XIXe siècle.

Le reste du travail consiste à fournir des pages dessinées à l'encre, pour la reproduction. Je fais un crayonné au propre sur du papier à dessin et j'encre par-dessus. J'efface soigneusement
30 les traits de plomb par la suite.

Un autre auteur de BD ou une autre scénariste aurait sans doute adapté ce récit d'une tout autre façon. Mais voilà, ce qui est enrichissant dans le défi d'une adaptation, c'est la créativité et la vision personnelle du ou de la scénariste qui sont mises au
35 service du texte rédigé par une autre personne. À sa façon, même si le ou la scénariste n'a pas écrit l'histoire originale, il ou elle en offre une nouvelle lecture.

M. R.

La démarche

1 Quel récit choisirez-vous de transposer en bande dessinée ?

- Lisez le texte *L'Univers duplicata* du dossier 6 de votre recueil (p. 202-204) ou tout autre texte dont l'action se déroule dans l'espace, afin de choisir le texte que vous adapterez.

2 Quelles parties du récit illustrerez-vous ?

- À l'aide de la fiche «*Le jardin de Mary* : nouvelle ou BD», relevez l'information pertinente et remplissez la première colonne de la partie 1 «Fiche d'étude du texte». Puis, en vous référant au texte que vous avez choisi, procédez de la même façon et remplissez la deuxième colonne.
- Précisez les caractéristiques des personnages que vous illustrerez dans votre BD.
- Déterminez l'atmosphère que vous ferez ressentir par l'image.
- Construisez le schéma narratif du texte.
- Séparez le texte choisi en sections à illustrer.

3 Comment composerez-vous votre première version ?

- Planifiez votre scénario à l'aide de la planche de la partie 2 de la fiche reproductible.
- Écrivez et illustrez une première version en tenant compte des éléments suivants : développement de l'intrigue, illustration du lieu, précision des personnages, dialogue.
- Inspirez-vous du témoignage de Michel Rabagliati pour réaliser votre travail.

4 Comment vous y prendrez-vous pour réviser votre planche de BD ?

- Relisez votre planche de BD pour vérifier si votre histoire est fidèle au texte de la nouvelle et si les éléments du schéma narratif sont présents.
- Vérifiez si les illustrations représentent bien les personnages et l'atmosphère.
- Vérifiez si votre texte est cohérent : mots de reprise et marques du temps.
- Faites une nouvelle lecture pour réviser vos phrases, puis pour y corriger l'orthographe.
- Les stratégies d'écriture, p. 439
- **OÉ** Grille de révision de la grammaire du texte et de la phrase

5 De quelle façon présenterez-vous votre travail ?

- Si vous choisissez de réaliser votre BD à la main, dessinez la version finale de votre planche sur une feuille ou un grand carton.
- Si vous optez pour une version à l'ordinateur, utilisez un logiciel de présentation pour finaliser votre planche de BD.

6 Quelle évaluation faites-vous du déroulement de votre démarche ?

- Évaluez votre habileté à adapter un texte : votre plus grande difficulté et votre plus grand succès.

Zoom culturel

Des lectures

REEVES, Hubert. *Poussières d'étoiles*, Paris, Éditions du Seuil, 1994, 252 p. (Collection Points Sciences).

Cet essai propose une version scientifique de la création du monde qui suscite une profonde réflexion. On y apprend – avec des chiffres… astronomiques! – l'âge des planètes, du Soleil, des galaxies et de l'Univers. On explore les systèmes solaires connus et on imagine ceux qui pourraient exister.

BACHARAN, Nicole, et Dominique SIMONNET. *Némo dans les étoiles*, Paris, Éditions du Seuil, 2004, 220 p.

Dans un laboratoire d'astronomie juché à 3000 mètres d'altitude, Némo et Linda se trouvent mêlés à un complot scientifique en compagnie de savants fous. Ce roman policier captivera tous ceux qui aiment les sciences, l'astronomie et les grandes questions sur l'Univers et la vie.

Des observatoires

Pour découvrir le système solaire, participe à des soirées d'observation de la voûte céleste, assiste à des spectacles multimédias qui te feront voir des étoiles ou encore observe le ciel à l'œil nu ou au télescope. Tu peux aussi visiter un observatoire comme ceux du Parc national du Mont-Mégantic, du Centre des sciences du Cosmodôme de Montréal ou du cégep de Trois-Rivières.

Des sites virtuels et des encyclopédies

L'Univers et ses mystères t'intéressent ? Sur un moteur de recherche, tape les mots *planète*, *astre*, *astronomie*, *astronome*, *cosmologie*, *astrophysique* ou tout autre mot dérivé et découvres-en davantage sur ce sujet.

À la bibliothèque ou sur Internet, mets-toi au parfum des recherches et des découvertes d'astronomes célèbres : Ptolémée, Galilée, Aristote, Isaac Newton, Al-Battani, Edmond Halley, Zhang Heng, Edwin Hubble, Johannes Kepler, Charles-Eugène Delaunay, Stephen Hawking, Marie Cunitz, Caroline Herschel, etc.

Ulug Beg

Ulug Beg est le personnage-vedette du présent dossier. Passionné par l'astronomie, il a déterminé les coordonnées de 1018 étoiles, a conçu des calculs pour prévoir les éclipses et a écrit un atlas stellaire. Apprends-en davantage sur ce prince astronome en faisant une recherche sur Internet ou encore en consultant des ouvrages d'astronomie à la bibliothèque.

De la musique

Gustave Holst a composé, entre 1914 et 1917, une œuvre musicale intitulée *Les planètes*, qui rendait hommage à la splendeur des planètes de notre système solaire. Cette œuvre musicale a inspiré de nombreux artistes.

L'observatoire de Samarkand.

Consulte une encyclopédie, un ouvrage d'astronomie et Internet afin de repérer quelques constellations d'étoiles qui portent le nom d'un personnage mythologique (Cassiopée, Andromède, Orion, etc.). Choisis une constellation. Reproduis-la sur une page de ton carnet de lecture. Identifie-la avec précision, note ta référence bibliographique, puis ajoute quelques lignes qui la décrivent et qui expliquent le mythe ou la légende découlant du personnage évoqué par le nom de cette constellation.

Les néologismes

DES MOTS et des sens tout neufs

Mots nouveaux, vieux mots, mots disparus… Les mots n'évoluent pas tous de la même manière, tous n'en viennent pas à disparaître. Une chose est certaine cependant : tous les mots sont nés un jour, et il s'en crée sans cesse de nouveaux ! Même leurs sens sont parfois appelés à changer.

Je réfléchis

1. **a)** Compare ces deux articles tirés de deux différentes éditions du dictionnaire *Larousse pour les jeunes* : l'un a été publié en 1967, l'autre en 2000.

Article 1

souris n.f. Petit mammifère rongeur, de pelage gris clair, voisin du rat. (V. pl. MAMMIFÈRES.)

Nouveau Larousse élémentaire, © Larousse 1967.

Article 2

souris n.f. SENS 1. *Une souris a grignoté le fromage*, un petit mammifère rongeur. SENS 2. *Elle se déplace sur l'écran de son ordinateur grâce à la souris*, la pièce que l'on oriente et sur laquelle on appuie. […]

Dictionnaire Larousse des jeunes, © Larousse 2000.

Pourquoi le sens 2 donné dans le deuxième article de dictionnaire n'apparaît-il pas dans le premier article ?

b) Dans chaque ensemble de mots suivants, quel mot ne se trouve certainement pas dans l'édition du *Larousse* de 1967 ? Justifie tes choix.

1. internaute – astronaute – océanaute
2. grippe – sida – scorbut
3. vidéoclip – film – chanson
4. parachute – pente – parapente

c) Lis l'article de dictionnaire de la page suivante et relèves-y la mention qui précise :

1. quand le sens du nom *souris* est apparu pour désigner une pièce d'ordinateur ;
2. la façon dont ce nouveau sens s'est formé.

souris [SURI] n. f.

• XIVᵉ; *suriz* fin XIIᵉ; lat. pop. °*sorix, icis* (*i* long), class. *sorex, icis*

1. Petit mammifère rongeur (*muridés*), voisin du rat, dont l'espèce la plus répandue, au pelage gris, cause des dégâts dans les maisons. *Une souris grise.* […]

2. (1907) Fam. *Souris d'hôtel:* femme qui fait le «rat* d'hôtel». […]

3. Par anal. (1694; «partie charnue du bras, de la jambe» mil. XIIIᵉ) Muscle charnu à l'extrémité du gigot, contre l'os. […]

4. (1983; calque angl. *mouse*) Boîtier connecté à un terminal ou à un micro-ordinateur, que l'on déplace sur une surface plane afin de désigner un point sur l'écran de visualisation et d'agir sur lui. ⇒ plais. mulot. *Cliquer avec la souris.*

Extrait du *Petit Robert de la langue française*, version cédérom.

2. Les mots en couleur dans le tableau ci-dessous sont tous apparus après 1980. Observe ces mots nouveaux ainsi que les indications sur leur formation.

Néologismes	Formation
1 *Le truc est de savoir trouver des jeans qui nous vont bien et de savoir les accessoiriser pour en changer le look.* Extrait d'un article de *Bellemag.*	*accessoire + -iser = accessoiriser*
2 *L'Amérique, «État voyou»* Titre d'un article du journal *Le monde diplomatique* écrit par Noam Chomsky (août 2000).	*État + voyou = État voyou*
3 *La paléosismologie, c'est-à-dire la recherche des traces d'anciens tremblements de terre, est une science en plein essor.*	*paléo (du grec: «ancien»)* *+ sismo (du grec: «secousse»)* *+ logie (du grec: «théorie»)* *= paléosismologie*
4 *«Le photocopillage tue le livre»* Slogan pour éviter les abus de photocopies.	*photocopie + pillage = photocopillage*
5 *1980: On invente […] le disque optique qui est en fait l'ancêtre du cédérom.* Extrait d'un article de *European mediaculture online.*	**C**ompact **D**isc, **R**ead **O**nly **M**emory = CD-ROM ou *cédérom*
6 *Un sondage indique que 80 % des gens sont portés à zapper les publicités à la télévision...* D'après Paul Cochon, «Cinq heures par mois à la lecture des magazines», *Le Devoir*, 16 mai 2005.	*zap (mot anglais) + p + er = zapper*

En te basant sur tes observations précédentes, associe chaque mot nouveau en couleur à l'une des façons suivantes de former les mots.

(A) Dérivation : Formation d'un mot par l'ajout d'un préfixe ou d'un suffixe à un mot de base.

(B) Emprunt : Intégration au français d'un mot d'une autre langue.

(C) Abrègement : Formation d'un mot à l'aide des premières lettres d'un mot, ou formation d'un mot à l'aide de la première lettre de plusieurs mots.

(D) Composition savante : Formation d'un mot par la réunion d'éléments provenant du grec ou du latin.

(E) Composition : Formation d'un mot par la réunion de mots complets.

(F) Télescopage : Formation d'un mot par la fusion de deux mots.

Mise au point — Les néologismes

Le monde change, c'est pourquoi des mots apparaissent pour désigner des idées ou des réalités nouvelles. Pendant un temps, ces mots sont appelés «néologismes» («néo» signifie «nouveau»). Quand l'emploi d'un néologisme est répandu dans une communauté, il entre dans les dictionnaires où on peut le repérer grâce à sa date récente d'apparition ou, plus rarement, grâce à la mention *néol.*

Ex. : Styromousse pourrait un jour figurer dans les dictionnaires si son usage se répand.

Internaute, créé au cours des années 90, figure maintenant dans les dictionnaires.

internaute [ɛ̃tɛʀnɛt] n.

• 1995 ; de *Internet* et *-naute*
♦ Utilisateur du réseau Internet.

Extrait du *Petit Robert de la langue française*, version cédérom.

On crée également des néologismes pour se faire plaisir, amuser, séduire, provoquer, ou encore pour décrire un monde imaginaire. Les néologismes sont obtenus par dérivation, composition, télescopage, abrègement ou emprunt.

Ex. : Épouffroyable est une création de l'humoriste Marc Favreau, alias Sol. Il s'agit d'un mot-valise, obtenu par télescopage : épou~~vantable~~ + effroyable.

Jedi a été créé pour l'univers de science-fiction *La guerre des étoiles*. Il s'agit d'un emprunt au japonais.

La formation des mots, p. 449

1. **a)** Relève les néologismes mentionnés dans l'article de journal suivant.

Le Petit Larousse 2006 aura une centaine de nouveaux mots

Claude Casteran, Agence France-Presse, Paris

Reflet de l'époque, *Le Petit Larousse 2006*, présenté jeudi à Paris, comprend une centaine de mots nouveaux, venus parfois de Belgique, du Québec ou d'origine anglo-saxonne, 5 **souvent liés aux nouvelles technologies, au bien-être et à l'environnement.**

Le Petit Larousse illustré, dont la devise est: «instruire tout le monde sur toute chose», [...] comprend 10 15 millions de signes, 59 000 noms communs, 28 000 noms propres et 5000 illustrations.

L'an passé, le dictionnaire du centenaire proposait plus de 400 mots 15 et sens nouveaux. Le millésime 2006 n'en comprend qu'une centaine: «il y a en effet eu l'an passé un gros 20 renouvellement» de mots, a-t-on expliqué chez l'éditeur. [...]

Cette année, parmi les mots nouveaux, 25 on trouve [...] *cybercriminalité*, *docu-fiction*, [...] *écocitoyenneté*, *grunge* (style négligé), *jet-ski*, *pesto* (sauce italienne), *téléopérateur*, [...] *toc* ou *t.o.c.* (trouble obsessionnel 30 compulsif), *victimisation*, etc.

Claude Casteran, «Le Petit Larousse 2006 aura une centaine de nouveaux mots», Cyberpresse, AFP, jeudi 23 juin 2005.

b) Observe chaque néologisme que tu as relevé et détermine comment il a été obtenu.

1 Le néologisme est formé d'un mot existant déjà auquel s'ajoute un élément du grec, un préfixe ou un suffixe.

2 Le néologisme est composé d'un mot abrégé et d'un mot complet.

3 Le néologisme est formé des lettres initiales de plusieurs mots.

4 Le néologisme est un mot emprunté à une autre langue.

2. **a)** Repère les treize néologismes dans les phrases suivantes. Aide-toi d'un dictionnaire, au besoin. Si tu n'y trouves pas le mot cherché, c'est un bon indice sur son degré de nouveauté!

1 Vous pouvez me joindre par téléphone, par téléavertisseur, par courrier ou encore par courriel.

2 «Vive le mot *pourriel*!» s'est un jour exclamé le directeur de la Délégation générale à la langue française et aux langues de France.

3 On assiste à une vigoureuse promotion de l'achat de voitures personnelles, généralement les plus énergivores, et dotées de climatisation automatique.

Hubert Reeves

4 Le piratage est un acte très répandu, et pourtant illégal.

5 L'obésité et la malbouffe sont devenues des sujets particulièrement médiatisés.

6 Cette voiture est équipée d'un système GPS.

7 Une série très populaire aux États-Unis dans les années 90 mettait en scène des urgentistes.

8 J'adore les bagels servis chauds avec du fromage.

9 Pour copier-coller une image, suivez les indications.

10 Grâce au Web, nous avons accès aujourd'hui à une masse considérable de renseignements.

b) Indique par quel procédé chaque néologisme a été obtenu.

Ex.: téléavertisseur ➤ dérivation

télé- (élément du latin qui signifie «à distance») + avertisseur

3. Les phrases suivantes contiennent un néologisme emprunté à l'anglais. Propose un mot ou une formulation en français pour remplacer ces emprunts critiqués.

1 Les passionnés de véhicules téléguidés savent qu'il est maintenant possible de se procurer le matériel nécessaire pour *upgrader* certains modèles.

2 « À la fin des années 70, le *drop-out* réintègre l'école, quittée jadis, trop vite, trop tôt. »

Stéphane Baillargeon,
« S'inscrire en faux », *Le Devoir*, 16 mai 2000.

3 En 1998, le journaliste Brian Myles se déguise en *squeegee* et tente de relater l'existence montréalaise de ces individus marginalisés.

Marjorie Beauchemin

4. Les mots en couleur sont employés dans un sens nouveau. Emploie chacun de ces mots dans un sens qui n'est pas nouveau.

Ex. : Ce navigateur simple et pratique est recommandé pour les internautes débutants.
➤ Marco Polo était un grand navigateur.

1 La toile virtuelle universelle a complètement chamboulé le monde de l'information.

2 « L'ovni musical le plus étrange de la scène indépendante montréalaise est de retour. »

« Vitrine du disque », *Le Devoir*, 19 juillet 2003.

3 D'ici quelques années, nous pourrons acheter des cartes à puce utilisables dans les transports en commun.

4 Avec ce logiciel, il est maintenant très facile d'exporter des images.

5 « Voilà un type d'expérimentation musicale qui surprend et décoiffe. »

François Tousignant, « Des sorties de placard à souligner », *Le Devoir*, 23 juin 2001.

Je vais plus loin

Sers-toi de tes connaissances sur la formation des mots pour interpréter et créer des néologismes liés au monde imaginaire de l'espace et de la science-fiction.

a) Lis les extraits de textes suivants.

La disparition

Il fallait se rendre à l'évidence et agir vite. Le **1** **véhicule de transport en commun se déplaçant dans l'espace** avait disparu ! On fit donc appel à Waller, un des meilleurs spécialistes en **2** fuséologie de la station orbitale, afin d'essayer de comprendre ce qui avait bien pu se passer. Pourtant,
5 d'ordinaire, les voyages **3** **à l'intérieur de la galaxie** ne posaient aucun problème et les travailleurs **4** **transportés dans l'espace** arrivaient toujours à bon port.

Dossier « Bio »

Nolia avait eu l'ordre d'utiliser un nouveau **5** **système afin de coder les données** top secret de sorte que l'intrus qui chercherait à s'approprier leurs données ne verrait sur l'écran que des idéogrammes. Elle savait que ce travail était de la plus haute importance. Effectivement, on peut imaginer le désastre
5 qui s'ensuivrait si un **6** bioterroriste mettait la main sur ces données. Ce serait encore plus effrayant que si quelqu'un découvrait l'emplacement tout aussi secret de la **7** génothèque.

Un étrange safari

La **8** téléportation instantanée avait fonctionné. Les voyageurs étaient maintenant dans un autre lieu, un autre temps. En l'an 2467, sur cette planète, Fayo-17, se trouvaient une multitude d'humanoïdes mais, surtout, des **9** **créatures voisines du dinosaure**, ce qui créait un étrange effet
5 anachronique. Or, les voyageurs avaient hâte de gagner leurs **10** **véhicules spécialement conçus pour se déplacer à la surface de cet astre** et de commencer leur safari.

b) Montre comment chaque néologisme en couleur a été obtenu, puis rédige une courte définition du mot.

Ex. : détrivore : détri (de détritus) + -vore. Créature humanoïde qui se nourrit de détritus.

c) Pour chaque groupe de mots en gras, trouve un néologisme qui pourrait désigner cette réalité.

La cohérence textuelle : les mots de reprise et les marques du temps

DES MOTS pour
ne pas perdre
le fil

T'est-il déjà arrivé de te perdre... dans un texte ?
Certains mots d'un texte méritent une plus grande attention. Ils jouent le même rôle que les marques qui balisent un sentier en forêt : ils évitent aux lecteurs de s'égarer !

Je réfléchis

1. **a)** L'extrait de la page suivante présente le début d'une nouvelle littéraire, où il est question de deux personnages féminins. Lis cet extrait et, pendant ta lecture, associe aux mots en couleur l'un des symboles suivants, selon le personnage dont il est question.

O = Olivia   É = l'Étrangère

b) Compare les réponses que tu viens de trouver à celles d'un ou d'une camarade. Arrivez-vous aux mêmes résultats ? Sinon, relevez les mots en couleur dans le texte que vous associez à des symboles différents.

c) Voici des façons de désigner des personnages ou d'y faire référence dans un texte. Relève celles qui risquent davantage de t'embrouiller si tu ne fais pas attention en lisant. Justifie tes choix.

- Ⓐ Le personnage est désigné par un groupe du nom dont le noyau est un nom propre.

  Ex. : Olivia ; l'Étrangère

- Ⓑ Le personnage est désigné par un groupe du nom dont le noyau est un nom commun en lien avec les caractéristiques du personnage ou avec le contexte.

  Ex. : l'intruse ; la condamnée

- Ⓒ On fait référence au personnage à l'aide d'un pronom de la 3ᵉ personne.

  Ex. : elle ; la

- Ⓓ Le personnage se désigne lui-même ou désigne un autre personnage à l'aide d'un pronom de la 1ʳᵉ ou de la 2ᵉ personne.

  Ex. : je ; vous

- Ⓔ On fait référence au personnage à l'aide d'un déterminant possessif.

  Ex. : ses détracteurs ; votre livre

L'Univers duplicata

Le procès **avait débuté** depuis une heure déjà, et une foule dense s'entassait devant les portes de l'édifice. Parmi ces curieux, une jeune femme, une Étrangère, se faufilait en contournant les uns, en bousculant les autres, afin d'accéder au premier rang.

5 L'Étrangère **pénétra** à l'intérieur de l'édifice, **traversa** en vitesse l'allée centrale, pour se braquer devant les juges.

– Elle n'est pas coupable, **cria** l'intruse, ne la condamnez pas…

Son intervention eut l'effet d'une douche froide sur le dos d'un chat. Quelle femme osait les déranger en se présentant devant eux sans égard 10 au protocole? Quelle femme se permettait de proclamer haut et fort l'innocence d'une sorcière?

Car il s'agissait bien de condamner une sorcière. C'est pourquoi le procès d'Olivia Cavaleiri **avait attiré** tous ces gens. La savante astronome **avait publié** un ouvrage, *De la multiplicité des mondes célestes*, dans lequel 15 elle affirmait qu'il existait une infinité de systèmes solaires, donc une infinité de Soleils, une infinité de planètes semblables à la Terre. Son raisonnement allait plus loin: elle prétendait que la vie était la même sur toutes ces planètes; en d'autres mots, l'humanité existait en une infinité d'exemplaires. Un Univers duplicata.

20 L'Étrangère **s'avança** vers la condamnée. Cette dernière, pieds et mains enchaînés, gardait la tête haute face à ses détracteurs. Elle **fut** étonnée d'entendre l'inconnue lui avouer:

– J'ai lu votre livre. Je peux vous affirmer que ce que vous dites est vrai. […]

Jacques Lazure

2. a) Relis le passage ombré dans l'extrait de la nouvelle *L'Univers duplicata*. Si on supprimait ce passage, quels renseignements perdrait-on ?

b) Le passage ombré est ce qu'on appelle un retour en arrière. Sur une ligne de temps semblable à celle qui suit, situe l'évènement dont il est question dans ce passage.

LIGNE DU TEMPS DE L'EXTRAIT

⟵⟶

Avant   **Maintenant :**   **Après**
durant le procès

c) Situe aussi sur la ligne de temps ces évènements dont il est question dans l'extrait.

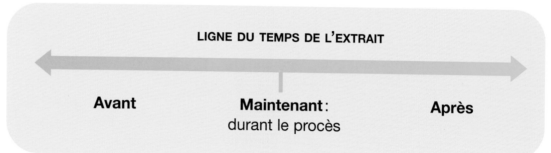

1 Beaucoup de gens se rendent au procès.
2 Le procès débute.
3 L'Étrangère pénètre dans l'édifice.
4 L'Étrangère clame l'innocence d'Olivia.
5 L'intervention de l'Étrangère choque les juges.
6 L'Étrangère s'avance vers Olivia pour lui parler de son livre.

d) Dans l'extrait, observe les verbes en gras conjugués au passé simple (ex. : elle parla) ou au plus-que-parfait (ex. : elle avait parlé). Quel temps est employé pour les évènements qui correspondent :

1 à « Maintenant » sur la ligne du temps ?
2 à « Avant » sur la ligne du temps ?

e) D'autres mots ou groupes de mots, avec les verbes conjugués, permettent de situer les évènements dans le temps, les uns par rapport aux autres. Dans le premier paragraphe de l'extrait, relève le groupe de mots qui joue ce rôle : il constitue la réponse à la question *Quand ?* ou *À quel moment ?*

Mise au point La cohérence textuelle

Mise au point

Pour bien comprendre un récit, tu dois prêter attention aux mots qui en assurent la cohérence.

1. **Les mots qui désignent les personnages ou qui y font référence**, en particulier les pronoms de la 3e personne (ex.: elle, lui) et les groupes du nom qui commencent par un déterminant défini (ex.: l'adolescente), démonstratif (ex.: **ce** membre de la famille) ou possessif (ex.: **sa** sœur-clone).

Ex.: Noéla était seule à la maison avec Léona, sa sœur-clone. Elle ne
la sœur-clone de Noéla   Noéla

trouvait pas toujours facile de s'entendre avec ce membre de la famille,
Léona

bien que celle-ci fût la copie conforme de l'adolescente, mais
Léona   Noéla

de deux ans plus jeune qu'elle.
Noéla

2. **Les mots qui situent les évènements dans le temps**, les uns par rapport aux autres, notamment les verbes conjugués à un temps composé (par exemple au plus-que-parfait), qui signalent que les évènements sont déjà accomplis par rapport à d'autres exprimés à l'aide de verbes conjugués à un temps simple (par exemple au passé simple).

Ex.: Léona dormait d'un sommeil profond depuis un bon moment.

Noéla, elle, était bien éveillée. Elle **se leva**, **alluma** et **se mit** à
verbes au passé simple

faire les cent pas. Une question la taraudait. Pourquoi ses parents
retour en arrière signalé par le verbe au plus-que-parfait

avaient-ils décidé de la cloner ?

La reprise de l'information, p. 479
Les pronoms de reprise, p. 481
L'expression du temps et du lieu, p. 450
Les principaux temps des verbes conjugués, p. 489
L'harmonisation des temps des verbes, p. 486

Je m'entraîne

1. Lis le début de ce récit de science-fiction.

Arrivée à la terrasse, Estelle avait déployé le minuscule planeur greffé entre ses omoplates. Cet appareil biotechnologique était pour la jeune Astartéenne le seul moyen de s'enfuir sans laisser de traces dans cette mégaville où toutes les allées et venues étaient filmées. Ses dix années d'efforts à dissimuler sa
5 véritable identité allaient enfin porter du fruit. C'en serait fini de la tyrannie galactique, grâce aux microdocuments que la valeureuse espionne emportait avec elle implantés dans sa nuque. S'étant élancée en vol plané du haut du 140ᵉ étage de la tour gouvernementale, la fugitive avait pu atterrir saine et sauve sur le toit d'un immeuble du voisinage. Elle n'avait plus maintenant
10 qu'à attendre que Séléna vienne l'y recueillir.

Celle-ci, à bord de son astronef fantôme, survolait déjà la ville à la rescousse de sa sœur jumelle, qu'elle n'avait pas revue depuis une décennie. Il lui fallait absolument la repérer avant le lever du jour. C'était là, du moins, le message que Séléna avait capté, grâce aux liens télépathiques qui unissent
15 toujours les jumelles nées sur Astarté. Le savant complot des deux héroïnes aurait d'ailleurs été impossible sans cette capacité dont la nature astartéenne les avait pourvues. Mais que se passait-il maintenant? Séléna avait beau se mettre aux aguets, rien ne lui parvenait plus de sa jumelle depuis que son engin était entré dans l'atmosphère de ce monde ténébreux…

a) Nomme les deux personnages dont il est question dans le texte, puis, dans un tableau à deux colonnes, classe les groupes du nom, les pronoms et les déterminants possessifs en couleur, selon le personnage qu'ils désignent.

b) Les énoncés suivants montrent comment une lectrice a associé chaque groupe du nom ou chaque pronom en couleur à un personnage. Illustre chaque énoncé à l'aide d'un nouvel exemple tiré du texte.

1 Je sais avec certitude de quel personnage on parle en premier, car il est désigné par son nom (ex.: Estelle).

2 Je sais avec certitude de quel personnage on parle en second lieu, car il est désigné par son nom (ex.: Séléna).

3 Pour savoir quels personnages sont désignés par les pronoms de la 3e personne, je m'interroge: qui nomme-t-on à proximité (généralement avant) et à qui le pronom pourrait-il logiquement faire référence? (ex.: le Elle de la dernière phrase du premier paragraphe reprend le groupe du nom la fugitive de la phrase précédente).

4 Pour savoir à quel personnage je dois associer le déterminant possessif, je vérifie qui est nommé à proximité (généralement avant) et je transforme le groupe du nom de la façon suivante: *son/sa/ses...* = *le/la/les... de...* (ex.: ses omoplates = les omoplates d'Estelle).

c) Connais-tu d'autres façons de faire pour savoir à quel personnage associer un groupe du nom, un déterminant possessif ou un pronom dans un récit? Si oui, lesquelles?

2. Lis cet extrait d'une autre nouvelle, où la science-fiction s'allie au mystère et au suspense.

«Écoutez, capitaine, je ne sais pas ce qui se passe…» dit la lieutenante en se laissant tomber lourdement dans le fauteuil de Liane, la pilote.

Il n'en fallut pas plus pour que Renée comprenne la gravité de la situation. C'était la troisième fois que Magalie rentrait bredouille dans la
5 cabine de pilotage, mais Renée ne l'avait jamais vue si agitée.

Détournant les yeux des écrans de bord, Renée fixa sa subalterne sans mot dire. Les silences de la capitaine en disaient plus que ses paroles.

Ce silence de Renée attisa l'angoisse de Magalie. L'imperturbable supérieure semblait donc éprouver, elle aussi, une vive inquiétude.

10 Renée fit défiler rapidement les évènements dans sa tête.

Lorsqu'elle avait regagné son poste ce matin, elle avait remarqué que Liane n'était pas dans son élément. Elle avait attribué l'étrange réaction de sa compagne au mal de l'espace, qui atteint les plus résistants lorsque le voyage prend les allures d'un exil interminable.

15 La pilote s'était ensuite excusée pour s'absenter quelques instants.

L'absence de Liane se prolongeant, elle l'avait fait
20 appeler par l'interphone.

La lieutenante était venue l'informer à deux reprises que Liane ne répondait à aucun appel.

25 Au terme des recherches menées par l'équipage dans tous les recoins du vaisseau, l'angoisse semblait gagner tout le personnel.

30 « Il se passe quelque chose d'inexplicable, en effet…, conclut la capitaine. Notre pilote ne peut pas être ailleurs qu'ici. Or, si elle était ici, notre vaisseau aurait infailliblement détecté sa présence… »

a) Voici deux listes qui présentent les principaux évènements de l'extrait. Quelle liste énumère les évènements dans l'ordre où ils sont racontés ? Laquelle les présente dans l'ordre chronologique ?

Liste 1

- Renée rejoint Liane dans la cabine de pilotage et devine que la pilote ne va pas bien.
- Renée pense que Liane souffre du mal de l'espace.
- Liane s'absente un moment en s'excusant auprès de Renée.
- Jugeant que Liane devrait être revenue à son poste de pilotage, Renée la fait appeler.

- Magalie apprend à Renée que Liane ne répond pas aux appels.
- L'équipage se met à la recherche de Liane, mais en vain.
- Magalie informe Renée une deuxième fois de l'insuccès des recherches.
- Renée devine l'agitation de Magalie et comprend qu'il se passe quelque chose de grave.

- Magalie regarde pensivement Renée.
- Magalie devine que la capitaine Renée est, elle aussi, inquiète.
- Renée récapitule mentalement les évènements.
- Renée conclut qu'il n'y a aucune explication logique à ce qui vient de se produire.

L'espace pour raconter

Liste 2

- Magalie informe Renée une dernière fois de l'insuccès des recherches.
- Renée devine l'agitation de Magalie et comprend qu'il se passe quelque chose de grave.
- Magalie regarde pensivement Renée.
- Magalie devine que la capitaine Renée est, elle aussi, inquiète.

- Renée récapitule mentalement les évènements.
- Renée rejoint Liane dans la cabine de pilotage et devine que la pilote ne va pas bien.
- Renée pense que Liane souffre du mal de l'espace.
- Liane s'absente un moment en s'excusant auprès de Renée.
- Jugeant que Liane devrait être revenue à son poste de pilotage, Renée la fait appeler.

- Magalie apprend à Renée que Liane ne répond pas aux appels.
- L'équipage se met à la recherche de Liane, mais en vain.
- Magalie informe Renée une deuxième fois de l'insuccès des recherches.
- Renée conclut qu'il n'y a aucune explication logique à ce qui vient de se produire.

b) Les verbes en couleur dans l'extrait servent à raconter des évènements en train de s'accomplir dans l'histoire. Quel est le temps de ces verbes ?

c) Le passage ombré dans l'extrait est un retour en arrière. Relève au moins trois verbes conjugués à un temps composé qui signalent ce retour en arrière.

d) Dans le passage ombré, relève les subordonnées ou groupes de mots qui permettent de situer les évènements l'un par rapport à l'autre dans le temps.

Voici des activités qui te permettront d'utiliser tes connaissances grammaticales pour mieux comprendre un texte littéraire.

1. Lis au complet la nouvelle *L'Univers duplicata* (recueil, p. 202-204).

2. Dans *L'Univers duplicata*, repère les trois phrases ci-dessous, puis relève le ou les mots qui te permettent de savoir à quel personnage renvoient les groupes du nom, les déterminants possessifs ou les pronoms en couleur.

   1. Les juges se remirent à hurler contre cette femme qui tenait des propos insensés. (lignes 41-42)

   2. Sa théorie paraissait pourtant beaucoup moins audacieuse que celle d'Olivia Cavaleiri. (lignes 54-55)

   3. On ignore ce qu'elle est devenue dans ce siècle qui n'était pas le sien. (lignes 59-60)

3. Lesquelles de ces illustrations sont fidèles au récit? Justifie ton choix en te référant au texte *L'Univers duplicata*.

4. a) Voici quinze évènements de *L'Univers duplicata*, énumérés dans l'ordre où ils sont évoqués dans la nouvelle. Classe ces évènements dans l'ordre chronologique. Pour y arriver, il te faut tenir compte des indications de temps dans la nouvelle (temps des verbes ; mots qui constituent la réponse à la question *Quand ?*).

1 Le procès débute.

2 L'Étrangère entre dans l'édifice.

3 L'Étrangère clame l'innocence d'Olivia.

4 Olivia publie un livre.

5 On condamne le livre d'Olivia.

6 L'Étrangère lit le livre d'Olivia.

7 L'Étrangère raconte son histoire.

8 La navette de l'Étrangère explose dans l'espace.

9 L'Étrangère se retrouve dans le désert.

10 L'Étrangère pense avoir voyagé dans le temps.

11 L'Étrangère comprend qu'elle se trouve sur une autre Terre, à une autre époque.

12 L'Étrangère rectifie la théorie d'Olivia.

13 Galilée prétend que la Terre tourne autour du Soleil.

14 Olivia va au bûcher.

15 Des astronautes meurent dans l'espace.

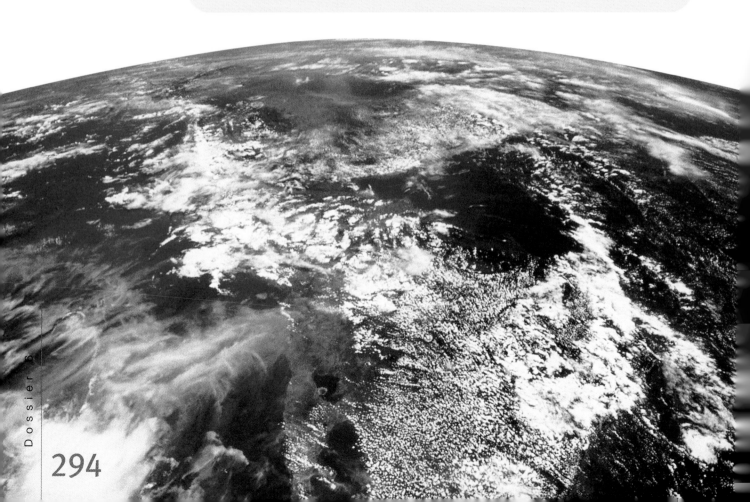

b) Observe les illustrations suivantes.

Si tu devais adapter *L'Univers duplicata* en bande dessinée, laquelle de ces illustrations choisirais-tu pour la première vignette ? Un autre dessin te conviendrait-il mieux ? Si oui, décris-le ou dessine-le.

c) Dans quel ordre présenterais-tu ensuite les évènements ? Numérote en conséquence les évènements que tu as classés précédemment. (Tu peux éliminer des évènements que tu jugerais inutile d'illustrer dans ta bande dessinée.)

d) Compare tes choix à ceux d'un ou d'une camarade. L'ordre des évènements est-il logique et cohérent dans chaque cas ? Y aurait-il lieu de prévoir des indications de temps pour situer certains évènements (ex. : En 1630, Trois ans plus tôt, Quatre cents ans plus tard) ? Si oui, lesquelles ?

Des textes en quête de lecteurs

L'adaptation d'une œuvre

Au cinéma, au théâtre, en bande dessinée, on adapte des romans, des contes ou des nouvelles. Des créateurs choisissent souvent un livre pour le transposer sur une scène, sur un écran ou dans un album de BD. L'exercice est complexe. Les créateurs se soucient de chaque détail du récit. Ils doivent lire, relire et relire le texte qu'ils souhaitent adapter. C'est un travail monumental!

1. a) Donne le titre d'un film adapté d'un roman.

   b) Donne le titre d'un livre qui a fait l'objet d'une adaptation. Comment ce livre a-t-il été adapté?

2. a) Que préfères-tu? Justifie ton choix.

   > A. Lire un roman.
   >
   > B. Voir un film adapté d'un roman.
   >
   > C. Lire un roman, puis voir le film qui en est l'adaptation.
   >
   > D. Voir une adaptation cinématographique et lire le roman après.

   b) Certaines personnes prétendent qu'un roman est toujours meilleur que son adaptation cinématographique. Qu'en penses-tu?

3. Parmi les récits que tu connais, lesquels feraient une bonne adaptation cinématographique? Justifie ta réponse.

4. Observe les annotations du début du roman de la page suivante. Elles ont été faites par un cinéaste qui cherchait à adapter cette histoire de science-fiction.

   a) Explique pourquoi le cinéaste:

      1 a surligné des mots en vert.

      2 a mis entre crochets certains éléments.

      3 a souligné des passages et mis des mots dans la marge de droite.

   b) Combien de comédiens seraient engagés pour tourner cette scène? Justifie ta réponse.

   c) Pourquoi le cinéaste a-t-il mis des L à certains endroits?

5. a) Crois-tu que cet extrait se prête bien à une adaptation au cinéma? Justifie ta réponse.

   b) À ton avis, combien de temps durerait cette scène dans un film? Justifie ta réponse.

   c) Si tu adaptais la même scène en bande dessinée, combien de vignettes prévoirais-tu? Pour répondre à cette question, nomme d'abord les actions que tu mettrais dans chacune des vignettes.

[Il était six heures pile] lorsque j'actionnai le sas du centre. On m'attendait *Gilles* *L* *L*

déjà à la rampe de lancement. Le ciel avait dû être magnifique cette nuit.
Il pétillait encore d'étoiles malgré l'aube naissante.

> – Eh bien, Gilles, tu as encore des morceaux de rêve autour
>
> 5 de la tête! me lança Kléber en apercevant ma mine égarée. *Kléber*
>
> – Ne t'en fais pas, va! Je suis tout là! Je cherchais là-haut ma bonne *Gilles*
>
> étoile…
>
> – Tu n'en auras pas besoin: tout ira très bien. Le temps est idéal. *Kléber*

Le couvercle de la capsule était déjà ouvert et j'entendais le grondement *L*

10 des dispositifs de préchauffage. Je me laissai couler dans l'habitacle. *bruits*
C'était d'ailleurs à peu près la seule façon de s'y introduire sans
s'empêtrer dans les commandes. *commandes*

Sur le tableau de bord, le voyant de préchauffage indiqua que les moteurs *voyant*
étaient parés à démarrer. Je pris une dernière bouffée d'air frais et jetai
15 un bref coup d'œil à la stratosphère avant de sceller mon casque et *casque*
d'actionner la fermeture de l'habitacle. J'allais être confiné pendant des
heures dans cette cabine où l'on pouvait à peine bouger le petit doigt. *cabine*

> – Tout va bien? me demanda Kléber par la radio. *Gilles*
>
> Je lui répondis par une boutade en espérant que ça me mettrait *Gilles*
> en train:
>
> 20 – J'ai oublié de prendre mes pilules pour le mal de l'air, mais à part ça, *Gilles*
> tout baigne!…

Mise au point

Adapter une œuvre, c'est transposer une histoire dans un genre littéraire différent, qui comporte des règles précises. Par exemple, transposer un roman en film; un conte en pièce de théâtre; un film en comédie musicale; un classique de la littérature en album pour enfants.

L'adaptation d'une œuvre est plus ou moins fidèle à l'œuvre originale. Parfois, la personne qui fait l'adaptation prend des libertés: elle coupe des éléments de l'histoire, élimine des personnages, ajoute des décors, transforme les dialogues, etc. D'autres créateurs sont cependant plus fidèles à l'œuvre qu'ils adaptent.

Quoi qu'il en soit, avant d'adapter une œuvre, il faut la lire en portant une grande attention aux éléments suivants.

- **Les actions importantes**

  D'abord, il faut relever les actions importantes pour créer des séquences, des scènes ou des vignettes de BD. Comment? En prêtant attention aux verbes, aux indices de temps et aux changements de lieux.

- **Les passages descriptifs**

  Ensuite, il faut s'attarder aux passages descriptifs, courts et longs. Les descriptions servent à planter le décor de l'action. Elles permettent de définir les lieux, de dessiner les personnages, d'habiller les acteurs, ou encore de choisir les accessoires, etc.

- **Les dialogues**

  Enfin, il faut examiner les dialogues. Lorsqu'il n'y en a pas, il faut les imaginer. Si les paroles sont rapportées dans un style indirect, on peut facilement les transposer dans un style direct de façon à les intégrer dans un phylactère ou à les inclure dans un scénario.

Une fois ces tâches accomplies, on peut s'engager dans un véritable travail d'adaptation et écrire un scénario qui respecte l'essentiel de l'œuvre.

La description, p. 432
La narration, p. 431
L'expression du temps et du lieu, p. 450

Je m'entraîne

1. Lis d'abord le texte de *L'île au trésor* dans ton recueil (dossier 2, p. 45-52). Tu compareras ensuite ce texte avec les deux extraits suivants.

Corteggiani, Faure, *L'île au trésor*,
Éditions Theloma, 2002.

LE LENDEMAIN, DE PLUS PRÈS, L'ASPECT DE L'ÎLE N'ÉTAIT PLUS LE MÊME. LE PITON DE LA " LONGUE VUE " AUX PAROIS ESCARPÉES DÉPASSAIT TOUS LES AUTRES MONTS AVEC UNE ALLURE DE SOCLE GIGANTESQUE ATTENDANT UNE STATUE.

LA MATINÉE DE TRAVAIL SE RÉVÉLA TRÈS PÉNIBLE CAR IL FALLUT HALER L'HISPANIOLA À SON MOUILLAGE SOUS L'ÎLE DU SQUELETTE ... ET LES HOMMES ÉTAIENT PLUS QUE NERVEUX DE SENTIR LA TERRE SI PROCHE ...

... QUAND ILS REGAGNÈRENT LE BORD, LA SITUATION ÉTAIT DEVENUE EXPLOSIVE ...

NOUS ALLONS LAISSER SILVER LES CALMER EN ENVOYANT À TERRE CEUX QUI LE DÉSIRENT ...

BONNE IDÉE. S'ILS DESCENDENT TOUS ... NOUS TIENDRONS LE BATEAU ...

... SINON, EH BIEN, NOUS NOUS BATTRONS !

SUR L'ÎLE ...

MESSIEURS ! LA MATINÉE A ÉTÉ RUDE... LES CANOTS ÉTANT ENCORE À L'EAU...

...QUE CEUX QUI VEULENT SE RENDRE À TERRE LE FASSENT !! JE FERAI TIRER UN COUP DE CANON AVANT LE COUCHER DU SOLEIL !

YAHOOOU !

VIVE LE CAP'TAIN SMOLLET !

PEU APRÈS, SIX MARINS RESTANT À BORD, LES DEUX CHALOUPES EMPORTÈRENT TREIZE HOMMES, DONT SILVER, JUSQU'À LA PLAGE... TREIZE HOMMES ET MOI QUI N'AVAIS PAS RÉSISTÉ À L'ENVIE FOLLE DE DÉBARQUER...

HÉ !?! ...ST JIM ...ST AVEC ??!

NOTRE EMBARCATION TOUCHA TERRE LA PREMIÈRE...
JE PUS SAUTER AU SOL, BONDISSANT DANS LES FOURRÉS SANS TENIR COMPTE DE SES APPELS...

JIM ! JIiiM !!

Hugo Pratt, *L'île au trésor*, Casterman, 1998.

vers la terre

APRÈS UNE... ...NUIT D'INSOMNIE...

SI QUELQU'UN DÉSIRE ALLER À TERRE, IL PEUT LE FAIRE. NÉANMOINS, IL FAUDRA RENTRER À LA TOMBÉE DU JOUR!

MERCI, MONSIEUR, LES HOMMES SONT FATIGUÉS...

VIVE LE CAPITAINE, LES GARS! IL NOUS LAISSE DESCENDRE À TERRE POUR NOUS PROMENER!

HOURRA!

TREIZE HOMMES S'EMBARQUÈRENT DANS DEUX CANOTS. À BORD DE LA GOÉLETTE IL EN RESTAIT SIX...

J'EUS UNE SUBITE INSPIRATION ET JE DÉCIDAI D'ALLER À TERRE MOI AUSSI...

EH, JIM, TU DÉSIRES ÉGALEMENT FOULER LE SOL?

OUI, MONSIEUR SILVER... SI VOUS ME FAITES DE LA PLACE.

BIEN ENTENDU, JIM! LORSQUE TU SERAS À TERRE, NE T'ÉLOIGNE PAS DE MOI.

OUI, MONSIEUR

TOUTEFOIS JE N'AVAIS PAS DANS L'IDÉE D'OBÉIR. LA QUILLE TOUCHAIT À PEINE LE FOND, QUE...

EH JIM! VIENS ICI!

92

2. Choisis une des deux bandes dessinées et mets entre parenthèses tous les passages que le bédéiste a volontairement négligés pour faire son adaptation.

3. Quel bédéiste a interprété le texte de Stevenson le plus librement ? Justifie ta réponse à l'aide d'exemples.

4. Quel extrait de bande dessinée as-tu préféré ? Justifie ta réponse.

5. Dessine les trois prochaines vignettes de l'une ou l'autre de ces bandes dessinées. Respecte le plus possible le récit original.

6. a) Si tu avais à adapter ce roman au cinéma, quels acteurs choisirais-tu pour jouer le rôle de :

   Ⓐ Jim ?   Ⓑ Long John Silver ?   Ⓒ Capitaine Trelawney ?

   b) Justifie ta réponse à l'aide d'éléments du texte.

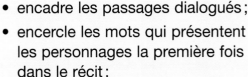

Préparation au projet

1. Lis la nouvelle aux pages suivantes et annote la copie qu'on te remettra en suivant la démarche proposée :

   • souligne les passages descriptifs ;

   • encadre les passages dialogués ;

   • encercle les mots qui présentent les personnages la première fois dans le récit ;

   • surligne les actions importantes ;

   • mets les indices de temps entre crochets ;

   • mets un « L » aux endroits qui indiquent un lieu.

L'espace pour raconter

Le rayon violet

Au moment où Greg sort de l'ascenseur, une vague lueur violette rayonne un bref instant autour de lui.

5 Le professeur Philip Johnson n'en croit pas ses yeux. Il fait défiler de nouveau la séquence sur son écran. Hélas ! il n'y a pas de doute. Le halo violacé est bel et bien perceptible. 10 Greg, un des membres importants de la CAEX*, serait donc soumis au pouvoir des mystérieux envahisseurs qu'il s'était juré de démasquer.

Le blanc visage de Lydia réapparaît 15 à l'écran, plus pâle que jamais :

– Tu as vu, Phil ?

– J'ai bien vu, Lydia…

De son local de la CAEX où elle est en poste, Lydia Delorme a envoyé à 20 Phil, son bon vieux collègue d'Angleterre, cette vidéo numérique enregistrée par une caméra.

– Personne d'autre n'est au courant, Lydia ? reprend Phil après s'être 25 branché sur le serveur sécurisé.

– Non, personne, et Greg ne sait peut-être pas lui-même qu'il est porteur d'un implant magnétique.

– Que dis-tu ? !

30 – On ne sait pas encore comment s'y prennent les « visiteurs » pour introduire leurs implants, mais une chose est certaine : leur procédé est simple, rapide et indolore.

35 – … De sorte que n'importe qui peut en être porteur sans le savoir ?

– C'est ce que je crois, Phil.

– Et dès lors l'« implanté » ne cherche plus à combattre les 40 envahisseurs ?

– C'est ce que nous avons constaté jusqu'ici, mon cher Phil.

* Cellule Anti-EXtraterrestre.

Johnson se prend la tête dans les mains. Si maintenant les principaux agents de la lutte anti-extraterrestre deviennent eux-mêmes victimes d'implantations sournoises, la situation est désespérée.

– … Écoute, Lydia, je consulte Susan et je te rappelle… À tout de suite !

– D'accord !

Susan Major, associée de Johnson, étudie actuellement les implants prélevés sur quelques-unes des victimes. Peut-être a-t-elle du nouveau sur la question. Le professeur compose son indicatif :

– Susan, c'est moi ! Peux-tu t'installer à ton ordinateur ?

Susan s'assoit vivement devant son écran, avec un air de satisfaction inattendu :

– Me voici, Phil.

– Susan, écoute, la situation s'aggrave. Y a-t-il du nouveau de ton côté ?

– J'allais justement t'appeler, Phil, parce que j'ai effectivement une bonne nouvelle !

– Laquelle ? Je t'écoute !

– Je suis sur une excellente piste. Je pense avoir découvert le mystère de ces implants. Je crois savoir comment il serait possible d'annuler…

Susan n'a pas le temps d'en dire plus : l'écran de Phil s'éteint brusquement. Il se met à tapoter les touches de son clavier. Rien n'y fait. L'écran reste mort. Il se rabat sur l'interphone. Pas un son. Plus rien ne fonctionne. Il se précipite vers la porte de son bureau. Figée. Le voilà donc prisonnier. Réduit à l'impuissance. Puis, soudain…

– Phil !

L'image de Susan réapparaît à l'écran.

– Phil ! Je ne sais pas ce qui s'est passé, mon ordinateur s'est éteint subitement…

– Le mien aussi ! C'est inexplicable…

– Écoute, Phil, ce que j'ai à te communiquer est tellement important qu'il vaut mieux que je monte tout de suite te voir. Attends-moi, j'arrive !

– Parfait !

Phil Johnson se lève pour aller au-devant de Susan, mais il reste soudain interdit… Un détail vient de retenir son attention. En quittant son poste, Susan semble avoir laissé derrière elle un étrange sillage… Johnson fait redéfiler sur son écran l'image enregistrée de ce moment… Horreur ! Ses yeux ne l'ont pas trompé : une faible irradiation violette a suivi Susan après sa sortie de l'écran…

Saisi par ce qu'il vient de voir, le professeur Johnson écoute, hébété, le pas étrangement lent de sa collègue dans l'escalier. Poum !… Poum !… Poum !… Elle sera bientôt là… et il sait qu'il ne pourra rien contre elle… ni contre les envahisseurs.

Xavier Roy

2. a) Imagine qu'une maison de production te demande d'étudier la possibilité d'adapter la nouvelle *Le rayon violet* pour en faire un film. Pour permettre aux producteurs de prendre une décision éclairée, remplis la fiche qu'on te remettra afin de mettre en évidence les caractéristiques du texte.

Projet d'adaptation cinématographique de la nouvelle
Le rayon violet

Synopsis (résumé de la nouvelle en 100 mots) :

Personnages :

Comédiens potentiels :

Décors à prévoir :

Effets spéciaux :

Accessoires à prévoir :

Durée :

b) Quelle difficulté particulière y aurait-il à adapter cette nouvelle ? Justifie ta réponse.

c) Si tu avais plutôt à mettre ce texte en bande dessinée, combien de vignettes prévoirais-tu ? Justifie ta réponse en décrivant brièvement chacune d'elles.

d) Selon tes observations, ce texte conviendrait-il mieux à une adaptation en bande dessinée ou en film ? Justifie ta réponse.

Écriture
Des textes en devenir

L'adaptation d'un récit en bande dessinée

Ce que les mots nous font voir. Souvent, les scénaristes de bandes dessinées ont des images dans leur tête, mais ce ne sont pas toujours eux qui les dessinent. Ils doivent donc, en mots, être le plus explicites possible et décrire avec justesse ce qu'ils veulent voir en dessins.

L'étrangère pénétra dans l'édifice.

1. Lis le texte suivant, puis regarde à la page 310 la façon dont une scénariste l'a transformé en bande dessinée.

COMPTE À REBOURS POUR CROBESMI

1 L'histoire se passe en 2354, à l'aube d'une journée d'avril qui s'annonce sans nuage, disons, sans pépin. Le soleil se lève à peine sur la base de lancement et sur les microvilles avoisinantes. Le seul endroit où l'on s'affaire, en fait, c'est à la base de lancement, car les habitants de la
5 région, eux, dorment paisiblement dans les multiples unités d'habitation ressemblant à des atomes agglomérés en diverses molécules.

Ce matin, l'astronef va décoller pour effectuer une mission sur une planète découverte récemment. Or, les conditions atmosphériques sont idéales pour le lancement et, comme ces mises à feu de fusées font
10 maintenant partie de la routine, le simple citoyen n'y assiste plus, ni en direct, ni en différé.

À la base, les préparatifs vont bon train.

– Prêts pour votre deuxième voyage de reconnaissance sur la planète Crobesmi?

15 La voix, diffusée par des haut-parleurs, se fait entendre partout: à l'intérieur des bâtiments, à l'extérieur et, surtout, dans l'astronef. D'où qu'on soit sur la base, on peut suivre le déroulement des activités et être en contact constant avec les astronautes qui sont à quelques minutes du lancement.

20 **2** À l'intérieur de la cabine de l'astronef, les membres de l'équipage s'activent à vérifier et à revérifier, chacun à son tableau de bord, des données cruciales pour la mise à feu et le voyage. Chacun et chacune a sa spécialité et obéit aux ordres de la commandante.

La commandante, elle, est en lien avec la «voix» et lui répond à
25 l'instant qu'ils sont tous prêts.

3 Mais depuis un moment, Docteur Poks semble ruminer de sombres pensées. Il devient livide. Des gouttes de sueur ruissellent sur son front et ses tempes. Serait-il complètement paniqué à l'idée de revoir les créatures de la planète ou est-ce autre chose qui le hante?

30 Jusqu'au nom de cette planète, Crobesmi, qui défile à répétition dans sa tête, insistant.

– CROBES**MICROBESMICROBES!!!** s'affole-t-il.

La « voix » se fait entendre de nouveau.

– La mise à feu aura lieu dans 10, 9, 8…

35 **4** Poks a des visions d'horreur. Des créatures étranges et terrifiantes envahissent son cerveau. Il les voit se multiplier à une vitesse stupéfiante et attaquer une caverne ressemblant à une bouche. Cette caverne

40 est ceinte pratiquement en entier de stalactites et de stalagmites jaunes comme des dents qui n'auraient pas été brossées depuis des lustres. Il y coule une

45 lave parfois soulevée par une lame de fond qui la transforme en écume blanchâtre telle une salive infestée de microbes géants…

50 Poks n'en peut plus. Il est effrayé, hurle et s'élance sur le bouton d'urgence.

– Nonnnnn!!!

5 C'est la commotion générale à

55 l'intérieur de l'astronef. L'émoi et l'inquiétude se lisent sur tous les visages. On craint le pire.

La commandante, un peu étonnée, demande :

– Que se passe-t-il, Poks ?

Le Docteur Poks revient peu à peu à un état de conscience. Il est

60 rouge et mal à l'aise. Affichant un demi-sourire crispé par la gêne et haussant les épaules en un geste d'impuissance, il parvient à murmurer :

– J'ai oublié mon dentifrice…

Ginette Rochon

COMPTE À REBOURS POUR CROBESMI

Les activités suivantes vont t'aider à mieux comprendre le travail d'adaptation de la scénariste.

2. a) Reconstitue le schéma narratif du texte *Compte à rebours pour Crobesmi*.

> Compte à rebours pour Crobesmi
>
> Situation initiale : C'est l'histoire…
>
> Élément perturbateur : Mais depuis un moment…
>
> Péripéties ou actions : Puis…
>
> Situation finale : Finalement…

b) Détermine le nombre de vignettes accordées par la scénariste pour chaque partie du schéma.

3. Au début de la bande dessinée (p. 310, vignette 1), le récitatif servant à situer le contexte est incomplet. Lequel parmi les suivants choisirais-tu pour commencer l'histoire ? Justifie ta réponse.

A L'histoire se passe en 2354, à l'aube d'une journée d'avril qui s'annonce sans nuage, disons, sans pépin. Le soleil se lève à peine sur la base de lancement et sur les microvilles avoisinantes. Le seul endroit où l'on s'affaire, en fait, c'est à la base de lancement, car les habitants de la région, eux, dorment paisiblement.

B L'histoire se passe en 2354. On s'affaire déjà à la base de lancement pendant que, dans les villes avoisinantes, les habitants dorment encore.

C L'histoire se passe en 2354, à l'aube d'une journée d'avril.

4. Fais les activités suivantes afin de bien distinguer les éléments qui doivent apparaître dans un scénario de bande dessinée.

SCÉNARIO DE *COMPTE À REBOURS POUR CROBESMI*	
Descriptions	**Dialogues**
a) Relève dans le texte (p. 308-309) les mots-clés qui devraient se trouver dans la description du scénario pour bien camper le décor de la vignette 1 .	b) Relève les paroles qui devraient apparaître dans le phylactère ombré de la vignette 1 (p. 310).
c) À partir du texte, résume en une phrase l'information qui permettrait de décrire les personnages, le décor et les actions à illustrer dans la vignette 2 . Sers-toi des mots-clés *cabine*, *astronautes*, *tableau de bord*, *commandante*.	d) Relève les paroles qui devraient apparaître dans le phylactère ombré de la vignette 2 (p. 310).
e) L'illustration du Docteur Poks dans la vignette 3 correspond-elle bien à la description de ce personnage dans le récit? Justifie ta réponse.	g) Selon toi, quel effet produit le lettrage de petit à gros dans le phylactère de pensée du Docteur Poks de la vignette 3 ?
f) Explique pourquoi la scénariste a demandé un gros plan sur le visage du personnage dans cette vignette. Quel effet cela produit-il?	

5. Lis le découpage du scénario (descriptions et dialogues) proposé pour la vignette 4 .

DÉCOUPAGE DU SCÉNARIO	
Descriptions	**Dialogues**
Angle de vue en contre-plongée Nos yeux sont à la hauteur du bouton d'urgence sur le tableau de bord (du genre table) sur lequel Poks s'élance pour arrêter le lancement de l'astronef. Plan moyen Les pieds de Poks ont déjà quitté le sol. Il hurle et est effrayé. On voit dans un phylactère de pensée une bouche qu'on peut à peine reconnaître (dents jaunes, langue, salive). Dans cette bouche, il y a des microbes géants qu'on croit être les créatures étranges et terrifiantes de la planète.	Phylactère éclaté, appendice en éclair, gros lettrage épais pour montrer qu'il crie. Docteur Poks: «NONNNNN!!!»

a) Quel moyen utilise-t-on dans le scénario pour faire voir que Poks a des visions d'horreur?

b) Pourquoi, selon toi, utilise-t-on l'angle de vue en contre-plongée?

c) Quels mots utilise-t-on pour faire voir que Poks « s'élance sur le bouton d'urgence » ?

d) Quels mots clés sont employés dans la description de la bouche?

6. Inspire-toi du découpage du scénario de la vignette 4 pour écrire celui de la vignette 5 dans un tableau semblable à celui de la page précédente. Aide-toi du texte et de la bande dessinée.

- Décris les éléments du récit (personnages, décors et actions) nécessaires.
- Indique l'angle de vue et le type de plan utilisés.
- Indique le lettrage utilisé pour les paroles de la commandante et du docteur Poks.

Mise au point — L'adaptation en bande dessinée

Avant de commencer à écrire le scénario d'une bande dessinée, tu dois inventer des personnages ou bien te les représenter s'ils proviennent d'une œuvre déjà existante. Ensuite, tu dois penser au moment et aux lieux où se déroule l'histoire. Enfin, tu dois construire un schéma narratif de cette histoire.

Pour écrire ton scénario, pense à ton histoire image par image. Retiens les images importantes et intéressantes, et pose-toi les questions suivantes:

- Quel sera **le contenu de la vignette**, c'est-à-dire quels seront les personnages, les éléments du décor et les actions à illustrer?
- D'où les lecteurs verront la scène, c'est-à-dire quels seront **les plans et les angles de vue** ?
- Avec **quelle émotion** les personnages s'exprimeront-ils?

Voilà autant de détails qui ne seront pas écrits, mais représentés à l'aide des dessins, des phylactères, du lettrage, etc.

1. Pour chaque illustration, imagine les descriptions que tu aurais données dans le scénario si tu étais scénariste. Utilise les notions d'angle de vue et de plan.

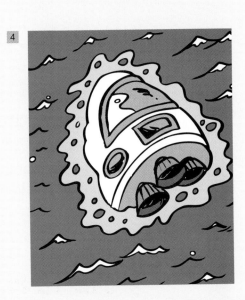

2. Pour faire comprendre l'émotion et l'intensité des pensées ou des paroles, il faut déterminer différentes sortes de phylactères et différents lettrages. Associe les phylactères ci-dessous aux parties de scénario de la page suivante.

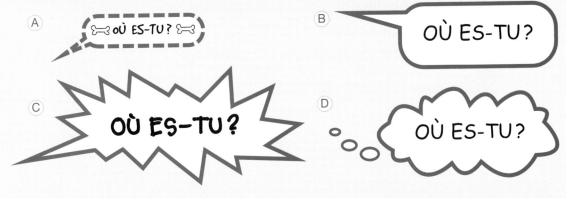

1 Pour faire fâcher son frère, Joëlle lui a subtilisé sa nouvelle bande dessinée. Comme elle sait que son frère se doute qu'elle est l'auteure du vol, elle s'est cachée. Philippe l'appelle.

2 Odile doit aller au cinéma avec sa meilleure amie. Elle l'attend à la sortie du métro. Mais Julie n'arrive pas. Odile se demande où elle peut bien être.

3 Marianne rentre de l'école et elle veut raconter à sa sœur aînée sa rencontre avec le beau Félix. Sa sœur n'est pas dans sa chambre, elle est dans la salle de lavage. Marianne l'appelle.

4 C'est la nuit. Alexis cherche le chiot qu'il vient de recevoir pour son anniversaire. Il a amené le chiot dans son lit, mais ce dernier est parti explorer la maison. Alexis appelle son chiot.

3. Écris un scénario plausible de cinq lignes qui aurait pu amener le dessinateur ou la dessinatrice à réaliser chacun de ces phylactères.

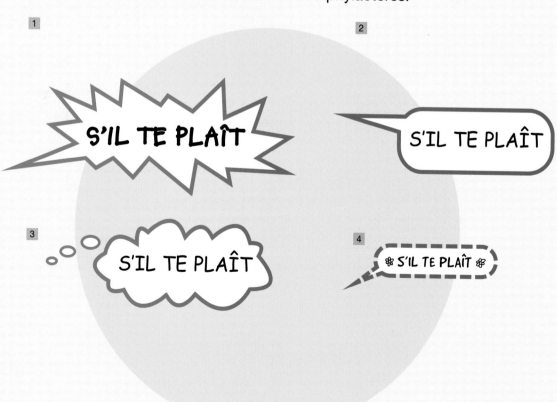

Préparation au projet

L'activité qui suit te permettra de rédiger un scénario de bande dessinée.

a) Dans un tableau semblable à celui ci-dessous, écris le scénario d'une bande dessinée de huit à dix vignettes, à partir de la nouvelle *Le rayon violet* de la section *Lecture* (p. 304-305).

Pour écrire tes dialogues et les descriptions de tes vignettes, sers-toi de tous les éléments que tu as relevés :

- les éléments du schéma narratif ;
- les passages descriptifs (lieux et temps) ;
- les passages dialogués ;
- les personnages ;
- les actions importantes.

SCÉNARIO DE *LE RAYON VIOLET*	
Descriptions	**Dialogues**

b) En équipe de trois, répondez aux questions suivantes relativement à chacun des trois scénarios.

1. L'essentiel de la nouvelle se trouve-il dans le scénario ?
2. La chronologie de la nouvelle a-t-elle été respectée ? Sinon, pourquoi ?
3. Combien de vignettes ont été prévues et quel a été le découpage ?
4. Quels sont les actions et les sentiments représentés ?
5. Des récitatifs ont-ils été nécessaires à la compréhension de la nouvelle ?

L'échange de points de vue

Point de vue : *endroit où une chose, un objet doit être placé pour être bien vu ; manière particulière dont une question peut être considérée ; opinion, optique, perspective.* Peu importe la définition du dictionnaire, qu'on contemple un point de vue ou qu'on donne son point de vue, tout dépend… du point de vue !

Lis les vignettes des bandes dessinées ci-dessous.

Vignette 1

Line Arsenault,
La vie qu'on mène,
1995, Mille-Îles,
p. 24.

Vignette 2

Line Arsenault, *Vaut
mieux être heureux*,
1997, Mille-Îles, p. 17.

Vignette 3

J'ai pas hâte d'être un ado. On ne sait jamais de quelle couleur nos cheveux vont devenir!

Line Arsenault, *On se faxe, on se digitalise, on se téléporte et on déjeune!*, 2002, Mille-Îles, p. 17.

a) Dans ces vignettes, quel but commun les personnages poursuivent-ils en prenant la parole? Choisis l'énoncé le plus approprié parmi les suivants.

A. Échanger des propos avec les autres.

B. Donner son opinion sur un sujet.

b) Quel thème est abordé dans chaque vignette? Associe chacune d'elles à l'un des thèmes suivants.

A. La mode chez les adolescents.

B. L'hiver.

C. La manifestation comme moyen d'action.

c) Quelle position cherche-t-on à défendre dans chaque vignette? Pour chacune d'elles, choisis la position (A ou B) exprimée par le locuteur ou la locutrice.

	Position A	Position B
Vignette 1	Pour qu'une manifestation soit efficace, il faut que le message sur les pancartes soit clair.	Organiser des manifestations est inutile pour améliorer son sort.
Vignette 2	Il n'y a rien qui puisse faire oublier les rigueurs de l'hiver.	L'été est parfois aussi désagréable que l'hiver.
Vignette 3	Selon les générations, la mode est très différente chez les adolescents, notamment en ce qui concerne la couleur des cheveux.	Les adolescents n'aiment pas toujours les modes qu'ils n'ont pas le choix de suivre.

d) Comment les personnages font-ils valoir leur point de vue ? Pour le savoir, choisis, parmi les procédés d'expression décrits dans le tableau ci-dessous, celui ou ceux employés dans chaque vignette. Relève les indices qui t'ont permis de les découvrir.

Procédés d'expression	Buts poursuivis	Exemples
• Les pronoms personnels et les déterminants possessifs de la 1re personne	• Pour s'engager dans ses propos	• *je / j', me / m', moi; nous* • *mon, ma, mes; notre, nos*
• Les pronoms personnels et les déterminants possessifs de la 2e personne	• Pour tenir compte de son interlocuteur ou de son interlocutrice	• *tu, te / t', toi; vous* • *ton, ta, tes; votre, vos*
• Des adjectifs, des adverbes et des verbes d'opinion	• Pour préciser ce que pense ou ressent le locuteur ou la locutrice	• Des adjectifs comme *seul, nouveau, dur* • Des adverbes comme *vraiment, même* • Des verbes comme *croire, détester, s'inquiéter, arriver à, falloir, avoir hâte, savoir*
• Des constructions de phrases qui interpellent le ou la destinataire, qui permettent d'exprimer une opinion avec force	• Pour attirer l'attention de ses interlocuteurs	• Des phrases interrogatives Ex.: Mais qui a bien pu avoir une idée pareille ? • Des phrases exclamatives Ex.: Je n'arrive pas à y croire ! J'y croirai quand je le verrai ! • Des phrases non verbales Ex.: Pas possible !

Mise au point

Tous les jours, tu dois donner ton opinion sur divers sujets. Pour que tes idées soient bien mises en évidence, il est important d'avoir recours à différents procédés permettant d'attirer l'attention de ton interlocuteur ou de ton interlocutrice. Voici quelques-uns de ces procédés les plus souvent utilisés.

- Employer **des pronoms personnels ou des déterminants possessifs**, ce qui permet de s'engager dans ses propos et de solliciter l'avis du ou de la destinataire.

  Ex. : *Je* ne sais pas ce que *vous* en pensez, mais à *mon* avis, cette musique est déplaisante. Elle *m'*ennuie à mourir.

- Utiliser des marques permettant de mettre en valeur l'expression du point de vue, comme **des adjectifs, des adverbes, des noms ou des verbes d'opinion**.

  Ex. : Cette musique est *vraiment très déplaisante*. Elle me *semble* d'un *ennui mortel*.

- Employer **des types de phrases, des formes de phrases ou des constructions particulières** qui permettent de nuancer le point de vue.

  Ex. : *Comme* cette musique est déplaisante ! On *ne* peut *pas* trouver pire. *Voici* la musique idéale pour mourir d'ennui.

- Le point de vue, p. 438
- Les types de phrases, p. 455
- Les formes de la phrase, p. 458
- Les phrases à construction particulière, p. 460

Je m'entraîne

1. Regarde attentivement la vidéo, puis relève les éléments suivants :

   - les positions (« pour » ou « contre ») de chaque participant et participante sur le sujet et les opinions ou points de vue qu'ils échangent ;

   - les procédés d'expression (pronoms personnels ; déterminants possessifs ; adjectifs, adverbes et verbes d'opinion ; constructions de phrases) employés pour exprimer les différents points de vue.

L'espace pour raconter

2. En équipe de trois, exercez-vous à exprimer votre point de vue en vous référant aux vignettes de bandes dessinées présentées dans la section *Je réfléchis*.

a) Formulez d'une autre manière les répliques d'une de ces vignettes.

b) Exprimez un point de vue différent sur l'un des thèmes abordés dans ces vignettes en utilisant certains des procédés d'expression du point de vue.

Je vais plus loin

Préparation au projet

Voici une activité en coopération qui vous permettra d'échanger des points de vue sur différents sujets liés à la thématique du dossier.

a) En équipe de quatre, sélectionnez l'un des sujets proposés en fonction de vos intérêts communs. Ensuite, formez des équipes de deux et décidez quelle équipe défendra la position « pour » et laquelle défendra la position « contre ».

Sujets	Pour	Contre
La science-fiction	A. La science-fiction est le genre par excellence pour stimuler l'imaginaire. B. La science-fiction a fait connaître des inventions existantes.	A. La science-fiction est trop centrée sur les développements technologiques. B. Dans les textes de science-fiction, les personnages proposés sont souvent peu sympathiques.
La bande dessinée	A. La bande dessinée s'adresse aux lecteurs de tous âges. B. La bande dessinée est plus agréable à lire grâce à la présence des illustrations.	A. La bande dessinée s'adresse aux lecteurs débutants qui aiment plus les images que le texte. B. La bande dessinée est limitée quant aux genres de textes qu'elle peut proposer aux lecteurs.
L'exploration de l'Univers	A. Explorer l'Univers est absolument nécessaire pour l'avenir de l'humanité. B. La science au service de l'exploration de l'Univers contribue à la découverte d'inventions fort utiles à l'humain sur Terre.	A. On dépense des sommes astronomiques pour l'exploration de l'Univers alors que des millions d'êtres humains ne mangent même pas à leur faim. B. Il y a tant de merveilles encore à découvrir sur Terre, alors pourquoi s'acharner à explorer l'Univers ?

b) Avec votre équipier ou votre équipière, procédez de la façon suivante.

- Retenez l'un des énoncés proposés (A ou B).
- Dressez une liste d'au moins quatre arguments en faveur du point de vue que vous avez choisi de défendre.

Vous pouvez consulter un ouvrage documentaire ou un site Internet pertinent pour trouver des idées ou appuyer vos propos.

c) Pour mieux mettre vos idées en valeur, pensez à utiliser des procédés comme des marques de point de vue (des pronoms personnels, des déterminants possessifs, des verbes d'opinion, etc.).

d) Place aux échanges de points de vue : les deux équipiers qui défendent la position « pour » expriment leurs idées à tour de rôle, puis ceux qui présentent la position « contre » font de même.

e) Évaluez les échanges de points de vue à l'aide des questions suivantes.

- Quelle position (« pour » ou « contre ») vous paraît avoir été mieux défendue ? Pourquoi ?
- Quels arguments vous ont semblé plus convainquants ? Donnez quelques exemples.
- Quels procédés d'expression du point de vue ont été utilisés ? Donnez quelques exemples.

Dossier 7

Merveilles
d'hier et
d'aujourd'hui

Je m'appelle Artémis et je suis une grande divinité mythologique. J'ai fait partie de l'imaginaire des Grecs de l'Antiquité, qui avaient inventé toutes sortes d'histoires pour expliquer l'inexplicable : la Lune, le Soleil, le vent, la mer, la guerre, etc. Les Grecs ont cru que des dieux et des déesses comme moi maîtrisaient ces forces de la nature. Ils nous ont nommés Artémis, Éole, Zeus, Dionysos, Arès, etc. Mais ils ont aussi voulu nous donner un visage. Alors des artistes nous ont sculptés, dessinés, représentés. On a érigé des temples pour nous glorifier. Dans toutes les cultures, les humains ont senti la nécessité de se créer des lieux de culte pour se rassembler et célébrer leur spiritualité. Le monde est rempli de ces merveilles : cathédrales, statues gigantesques et sanctuaires fastueux.

324

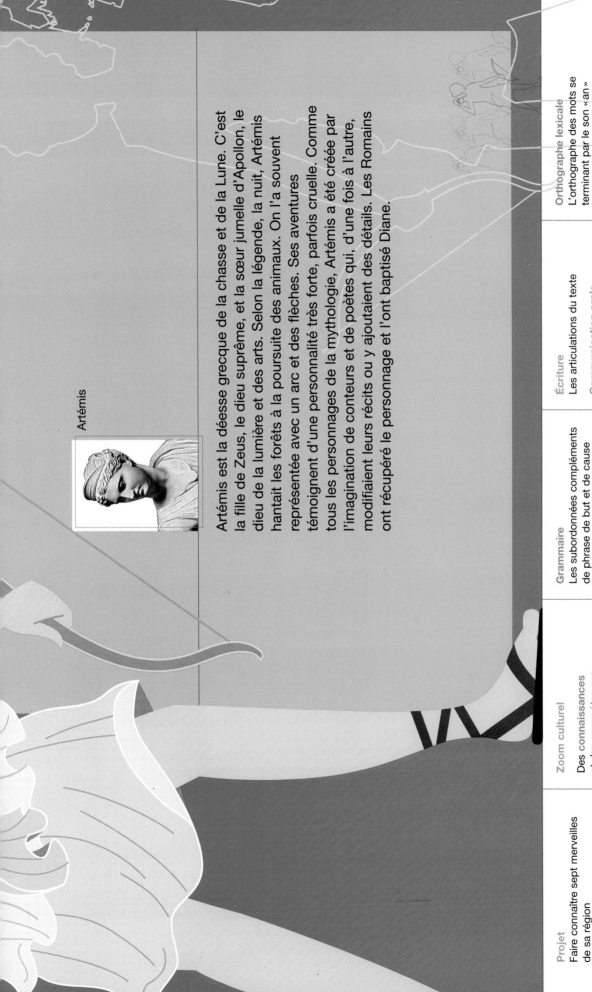

Artémis

Artémis est la déesse grecque de la chasse et de la Lune. C'est la fille de Zeus, le dieu suprême, et la sœur jumelle d'Apollon, le dieu de la lumière et des arts. Selon la légende, la nuit, Artémis hantait les forêts à la poursuite des animaux. On l'a souvent représentée avec un arc et des flèches. Ses aventures témoignent d'une personnalité très forte, parfois cruelle. Comme tous les personnages de la mythologie, Artémis a été créée par l'imagination de conteurs et de poètes qui, d'une fois à l'autre, modifiaient leurs récits ou y ajoutaient des détails. Les Romains ont récupéré le personnage et l'ont baptisé Diane.

Projet
Faire connaître sept merveilles de sa région

Zoom culturel
Des connaissances et des compétences pour réaliser le projet

Grammaire
Les subordonnées compléments de phrase de but et de cause
La phrase de forme passive

Lecture
Le fil conducteur d'une description

Écriture
Les articulations du texte
Communication orale
L'écoute active

Orthographe lexicale
L'orthographe des mots se terminant par le son « an »

Projet

Faire connaître sept merveilles de sa région

Un monde de merveilles

Nous évoluons tous dans un environnement qui cache des merveilles. Qu'il s'agisse de paysages exceptionnels, de réalisations architecturales uniques, de richesses culturelles particulières, d'œuvres d'art remarquables ou de tout autre aspect de notre milieu de vie, chaque coin de pays a ses petits secrets, souvent trop bien gardés.

Ce projet te suggère de créer un itinéraire qui fera découvrir sept merveilles de ta région. Tu devras tout d'abord tracer un trajet précis qui permettra d'accéder à des merveilles naturelles, urbaines, culturelles ou historiques. Puis tu devras concevoir un audioguide touristique qui donnera des précisions sur les endroits que tu veux faire découvrir.

Un exemple

Les pages suivantes (p. 327-328) te serviront d'exemple pour réaliser ton projet. Tu pourras y observer le texte qui a servi à l'élaboration d'un audioguide présentant la municipalité de Labelle, un village situé dans les Laurentides. Pour créer ensuite ton propre audioguide, suis les étapes de la démarche proposée à la page 329.

Les merveilles de ma région

Le village de Labelle, situé dans la région des Laurentides, compte de nombreux attraits que les visiteurs peuvent découvrir au cours d'une agréable promenade. Anciennement connu sous le nom de Chute-aux-Iroquois, le village a été rebaptisé Labelle le 5 février 1894, en l'honneur du curé Antoine Labelle. La municipalité est aujourd'hui considérée comme un centre urbain important, puisqu'elle dessert plusieurs petits villages tout autour.

Notre circuit débute à l'intersection de la piste cyclable, connue sous le nom de **parc linéaire Le P'tit-Train-du-Nord**, et de la rue Allard. La piste cyclable, dont un tronçon de 13 km traverse le village, est la plus longue au Canada. Elle est aménagée sur une ancienne voie ferrée (d'où son nom) et nous permet de découvrir les Laurentides sur 200 km, entre Saint-Jérôme et Mont-Laurier. On peut y faire de courtes randonnées d'une journée, mais on peut également la parcourir au complet en quatre ou cinq jours. La piste traverse des villages pittoresques et sillonne des espaces naturels d'une grande beauté.

Attrait naturel

Non loin de là, nous croisons la rue du Dépôt, où est située la **gare de Labelle**. Ce symbole vivant de l'histoire de la ville se dresse fièrement le long de la piste cyclable. C'est en 1893 que le tronçon du chemin de fer aboutissant à Labelle a été inauguré. La gare, de style « cottage orné », est un bâtiment rectangulaire, avec un toit en croupes dont les rebords sont soutenus par des consoles. Compte tenu de l'importante activité économique qu'elle engendrait, la gare, devenue trop petite et désuète, a été reconstruite en 1924. Aujourd'hui, elle est un point de services pour les visiteurs du parc linéaire, mais elle abrite également un musée où sont présentées deux expositions permanentes, l'une sur le train, l'autre en hommage au skieur de fond Jackrabbit. On y présente aussi des expositions temporaires d'artistes de la région.

Attrait culturel

Près de la vieille gare, sur le terrain de la piste cyclable, nous pouvons voir également le **cadran solaire fleuri de la gare de Labelle** inauguré en juin 2002. Il est entièrement construit avec des matériaux récupérés de la voie ferrée, c'est-à-dire des dormants, des rails, des clous, et… des fleurs! Ce projet très original a été conçu par l'ingénieur Claude Naud. La réalisation est intéressante et ravissante. Un dépliant expliquant comment lire l'heure et la date sur le cadran est disponible à l'intérieur de la gare.

Attrait culturel

Nous empruntons ensuite le pont de la bien nommée rue du Pont qui surplombe la rivière Rouge. À gauche, nous pouvons observer la **chute aux Iroquois**. L'endroit doit son nom à une légende amérindienne racontant qu'il y a fort longtemps, plusieurs Iroquois se noyèrent dans les rapides vigoureux de la chute en tentant de traverser la rivière Rouge en canot. Le nom commémore donc le triste évènement.

Attrait naturel

Quant à la **rivière Rouge**, elle coule sur environ 235 km de long. Elle trouve sa source dans le lac Rouge situé dans les Hautes-Laurentides, descend en dessinant de multiples courbes entre les montagnes des Laurentides et finit dans la rivière des Outaouais à la hauteur de la municipalité de Grenville-sur-la-Rouge. C'est une des grosses rivières parmi celles situées près de Montréal. Mais son eau est-elle vraiment rouge? Eh oui! Selon les constatations découlant de l'étude chimique de certains échantillons prélevés, le lac Rouge, d'où coule la rivière, contiendrait des roches provenant du Bouclier canadien. Or, ces roches renferment une concentration d'oxyde de fer assez élevée pour donner cette coloration rouge caractéristique à la splendide rivière.

Un peu plus loin, à l'intersection de la rue du Pont et de la rue principale du village, la route 117 (aussi appelée à Labelle «rue du Curé-Labelle»), se dresse la majestueuse **statue du curé Antoine Labelle**. Elle est l'œuvre du réputé sculpteur Alfred Laliberté et a été érigée en l'honneur du célèbre religieux, surnommé le «Roi du Nord», qui a marqué l'histoire du village au XIXe siècle. Il s'agit d'une imposante statue de bronze reposant sur un tout aussi imposant socle de granit.

HOMMAGE AU CURÉ LABELLE (1834 — 1891)

Terminons ce circuit sur une note historique. Le **chemin de fer du P'tit-Train-du-Nord**, qui a tracé le parcours de l'actuelle piste cyclable, a été le rêve du légendaire curé Antoine Labelle. Construit entre 1876 et 1909, il a favorisé l'essor de toute la région laurentienne. Ses années de gloire ont été de 1920 à 1940. Des gens quittaient alors la région urbaine de Montréal afin de s'adonner à un nouveau sport hivernal très en vogue: le ski! Le dernier transport de voyageurs par train s'est effectué en 1981 et le dernier transport de marchandises, en 1989. Depuis son aménagement en parc linéaire, les gares ont été transformées en points de services pour cyclistes, skieurs de fond, patineurs et motoneigistes, selon les tronçons et les saisons. Ainsi, le rêve du curé Labelle reste vivant, puisque la piste du Nord attire encore un flot incessant de visiteurs.

La démarche

1 Quelle région présenteras-tu et quelles merveilles mettras-tu en valeur?

- Lis les textes du dossier 7 dans ton recueil (p. 208-241) afin de voir comment sont présentées les diverses merveilles du monde.
- Choisis sept merveilles (naturelles, culturelles ou historiques) de ta région que tu aimerais faire découvrir aux autres.

2 Quelles sources de documentation consulteras-tu?

- Consulte des guides touristiques, des atlas, des sites Internet, des ouvrages historiques, afin de trouver des renseignements sur chacune de ces merveilles.

3 Comment produiras-tu la première version de ton audioguide?

- Sélectionne des renseignements qui te semblent intéressants pour décrire les sites ou pour présenter des faits historiques ou anecdotiques.
- Prévois un itinéraire et une façon d'organiser ton texte.
- Compose un court texte pour décrire chaque merveille. Soigne l'organisation de chaque description.

4 Comment t'y prendras-tu pour réviser ton texte?

- Relis ton texte pour vérifier si les renseignements que tu y donnes sont exacts et intéressants pour les éventuels visiteurs.
  - Vérifie si le vocabulaire utilisé est juste et précis.
  - Vérifie si tu as bien mis en évidence l'organisation de ton texte en créant des liens entre les phrases et entre les paragraphes.
- Fais une nouvelle lecture pour réviser la structure de tes phrases, puis pour corriger l'orthographe.

Les stratégies d'écriture, p. 439

OÉ Grille de révision de la grammaire du texte et de la phrase

5 De quelle façon présenteras-tu ton travail?

- Transpose ton texte sur une bande audio (cassette ou disque compact) afin d'en faire un audioguide. Prête attention aux éléments suivants: intonation, rythme, débit, prononciation et articulation.
- Identifie ton enregistrement (nom de lieu et auteur ou auteure).

6 Quelle évaluation fais-tu du déroulement de ta démarche?

- Évalue ton habileté à donner des renseignements justes, précis et intéressants.
- Évalue ton habileté à communiquer oralement.

Merveilles d'hier et d'aujourd'hui

Zoom
culturel

Des lectures

Tourisme Québec, *Guides touristiques officiels du Québec*, Bibliothèque nationale du Québec.

Chaque année, des guides touristiques sont mis à jour par le gouvernement du Québec afin de promouvoir les activités et les services offerts dans les différentes régions de la province. Consulte-les pour trouver des renseignements sur ta localité et ta région.

BRADSHAW, Gillian. *Le phare d'Alexandrie*, Paris, Albin Michel, 1988, 461 p.

Ce roman historique ramène les lecteurs à l'époque où le célèbre phare existait encore.

Un atlas

La bibliothèque de ton école ou de ton quartier contient, entre autres, divers atlas qui te permettent de parcourir le monde… sans te déplacer.

Des films

Des films tels que *Astérix et Cléopâtre* et *Les aventuriers de l'Arche perdue* te permettent d'observer des reconstitutions cinématographiques de merveilles aujourd'hui parfois disparues.

De la science

Intéresse-toi aux ouvrages d'archéologie qui te fourniront des détails passionnants sur les techniques de fouilles ou sur les splendides objets trouvés.

Un conteur

Fred Pellerin, un conteur bien de chez nous, raconte à sa façon des légendes, des anecdotes, des rumeurs, des potins issus et inspirés de Saint-Élie-de-Caxton, un petit village de la Mauricie, qu'il enjolive (très souvent) par son imagination parfois fort poétique et, à l'occasion, extrêmement pratique.

Dans ton répertoire d'œuvres, consigne les références de textes documentaires, de romans, de journaux, de guides touristiques ou de tout autre document qui traite de ton coin de pays, de ta région, de ta ville, de ton village. Après avoir fait la lecture de ces documents, indique ceux qui, à ton avis, présentent le mieux l'endroit où tu habites.

Les subordonnées compléments de phrase de but et de cause

DES PHRASES qui disent pourquoi

Afin que... De peur que... Parce que... C'est ce que tu voulais préciser, le pourquoi de la chose. Eh bien! les subordonnées de but et de cause t'en donnent l'occasion.

Je réfléchis

1. Lis chacune des phrases suivantes une première fois, puis relis-les en omettant les parties en couleur.

1. Un pont suspendu a été construit en surplomb de la chute Montmorency pour que les visiteurs puissent en apprécier toute la puissance.

2. Alexandra n'a pas voulu traverser le pont parce qu'elle était prise de vertige.

3. Nous traverserons le pont suspendu afin d'admirer la force de cette chute.

a) Observe les parties en couleur. Lesquelles contiennent un verbe conjugué ?

b) Les parties en couleur sont des subordonnées compléments de phrase. Selon toi, pourraient-elles s'employer seules ? Justifie ta réponse.

c) Quel type de précision (ex. : temps, lieu, but, cause, opposition) ces phrases subordonnées apportent-elles dans chaque phrase ?

d) Classe les éléments de ces subordonnées dans un tableau semblable à celui-ci.

SUBORDONNÉES COMPLÉMENTS DE PHRASE			
Subordonnants	Groupes du nom sujet	Groupes du verbe prédicat	Groupes compléments de phrase (facultatif)
▬	▬	▬	▬

2. Montre ce que tu as appris au sujet de la subordonnée en décrivant sa fonction et sa construction.

3. Lis les phrases suivantes, dans lesquelles les subordonnées compléments de phrase en couleur expriment le but ou la cause.

1. Je vous distribuerai des dépliants touristiques **afin que** vous ayez un avant-goût de notre visite au parc des Champs-de-Bataille.

2. Le parc des Champs-de-Bataille est intéressant à visiter **parce qu'**il a été le lieu d'évènements historiques.

3. Ce parc a été aménagé **pour que** la mémoire des combattants français soit honorée.

4. Vous noterez quelques dates associées aux évènements présentés **de peur que** vous ne les oubliiez.

Merveilles d'hier et d'aujourd'hui

a) Relis chacune des quatre phrases précédentes. À l'aide du subordonnant en gras et des explications suivantes, détermine s'il s'agit d'une subordonnée exprimant un but ou d'une subordonnée exprimant une cause.

Ⓐ La subordonnée de but exprime dans quelle intention ce qui est énoncé dans le reste de la phrase a été fait. Elle répond à la question *Dans quel but ?* ou *Avec quel objectif ?*

Ⓑ La subordonnée de cause donne la raison ou l'explication de ce qui est énoncé dans le reste de la phrase. Elle répond à la question *Pour quelle raison ?* ou *Qu'est-ce qui explique cela ?*

b) Observe le mode du verbe dans chacune des subordonnées de la page précédente. Quel est le mode du verbe utilisé dans une subordonnée de but ? dans une subordonnée de cause ?

Mise au point

Les subordonnées compléments de phrase de but et de cause

Les subordonnées compléments de phrase apportent une précision à la phrase. Le subordonnant au début de ces subordonnées indique la valeur de cette précision.

- Pour exprimer le **but**, les subordonnants le plus souvent utilisés sont *afin que*, *pour que*, *de peur que*, *de crainte que*.

  Ex.: Julien a loué des audioguides **afin que** nous appréciions la visite.
  Il a remis aux participants un plan du circuit **de peur que** certains d'entre nous (ne) s'égarent.

  Ici, le *ne* entre parenthèses n'exprime pas une négation. On l'appelle le «*ne* explétif». Il est facultatif, mais souvent utilisé avec les subordonnants *de peur que* et *de crainte de*.

- Pour exprimer la **cause**, le principal subordonnant est *parce que*.

  Ex.: Julien a loué des audioguides **parce qu'**il souhaitait nous faire apprécier la visite.

Attention!

- Les subordonnées de but et de cause ne s'emploient pas seules: elles complètent un groupe du nom sujet et un groupe du verbe prédicat. Elles ont la fonction de complément de phrase. Elles sont effaçables et généralement déplaçables.

  Ex.: Julien a loué des audioguides afin que nous appréciions la visite.
  ➤ Julien a loué des audioguides.
  ➤ Afin que nous appréciions la visite, Julien a loué des audioguides.

- Le mode du verbe de la subordonnée de cause est l'indicatif. Celui de la subordonnée de but, cependant, est le subjonctif.

  appréciions
  Ex.: Julien a loué des audioguides **afin que** nous ~~apprécions~~ la visite.

◉ Les subordonnées compléments de phrase, p. 474

1. Lis le texte suivant en prêtant attention au sens des parties en couleur.

Deux trésors d'enfance

Suis-moi **1** afin que je te fasse découvrir deux trésors de mon coin de pays. Quand j'étais petite, mon préféré, c'était le champ de maïs que tu vois, là, **2** parce qu'il me servait de labyrinthe. Nous pouvions y jouer pendant des heures, ma sœur et moi. Je me cachais, puis, **3** pour qu'elle
5 me trouve, je croassais comme la corneille qui nous avait réveillées au petit matin. J'y retourne marcher, encore aujourd'hui, simplement **4** pour réfléchir et discuter… avec les épis. Mon deuxième trésor en ce temps-là, c'était le lac. **5** Afin de s'y rendre, il faut marcher jusqu'au bout de la 3ᵉ Avenue. Regarde comme c'est beau! On a ici une impression
10 d'immensité **6** parce qu'on voit à peine l'autre côté du lac. Quand il est calme et que le ciel s'y reflète, la beauté du paysage s'en trouve décuplée. Plus jeune, j'y allais souvent à la tombée du jour, car j'aimais par-dessus tout le voir changer de couleur. Je te suggère que nous y retournions dès ce soir **7** pour que tu fasses quelques photos avec ton
15 nouvel appareil.

a) Détermine les parties en couleur qui apportent une précision de but et, ensuite, celles qui apportent une précision de cause.

b) Écris les phrases contenant des subordonnées de but et de cause. Dans ces subordonnées, entoure le subordonnant et souligne le verbe conjugué. Surligne ensuite les subordonnées compléments de phrase.

Ex. : Je t'emmènerai de nouveau dans mon coin de pays (pour que) tu puisses contempler mes merveilles d'hiver.

2. Les phrases suivantes contiennent toutes une subordonnée de but ou de cause. Pour chaque subordonnée, écris quel est le subordonnant et précise s'il s'agit d'une subordonnée de but ou de cause.

1 Afin qu'il soit protégé des intempéries, on a construit un musée de verre tout autour de ce vieux bateau égyptien.

2 Parce qu'elle était conçue avec deux puits de ventilation, la chambre funéraire du roi à l'intérieur de la pyramide était bien aérée.

3 Il nous conseilla de presser le pas de peur que la pluie ne nous surprenne.

4 Les visiteurs ont interrompu leur visite parce qu'il pleuvait à torrents.

5 Il nous accorda deux heures pour que nous visitions la grotte.

3. Choisis le subordonnant qu'il convient de mettre au début des subordonnées de but en couleur.

1 Elle arriva tôt (pour que / de peur que) l'autobus ne parte sans elle.

2 Elle arriva tôt (pour que / de peur que) l'autobus ne parte pas sans elle.

3 Il a demandé des dépliants en français (afin que / de crainte que) nous comprenions bien.

4 Il a demandé des dépliants en français (afin que / de crainte que) nous ne comprenions mal.

5 Il a pris son nouvel appareil (pour que / de crainte que) les photos ne soient pas gâchées.

6 Il a pris son nouvel appareil (afin que / de peur que) les photos ne soient gâchées.

7 Elle nous accorda une courte halte (pour que / de peur que) nous ne soyons pas trop fatigués.

8 Elle nous accorda une courte halte (afin que / de crainte que) nous ne soyons trop fatigués.

4. Récris chaque subordonnée de but ou de cause en couleur en suivant les consignes ci-dessous.

- Utilise un des subordonnants proposés dans les encadrés.
- Conjugue le verbe entre parenthèses au présent de l'indicatif ou du subjonctif, selon le sens de la subordonnée, et accorde-le correctement.

Subordonnants de but
pour que
afin que
de peur que
de crainte que

Subordonnant de cause
parce que

Ex. : Quelques sites naturels sont fort connus, comme l'incontournable rocher Percé, d'autres sont méconnus, ▬▬ le développement urbain ou touristique (défigurer) une partie de leurs abords.

> ➤ **parce que** le développement urbain ou touristique **défigure** une partie de leurs abords.

1 Quelques sites exceptionnels, comme le mont D'Iberville dans les Torngat, sont carrément inconnus ▬▬ ils (être) inaccessibles pour la plupart des gens.

2 Le gouvernement du Québec se prépare à aménager un parc national dans les Torngat, ce massif montagneux à cheval sur le Nunavik et le Labrador, ▬▬ ce site (devenir) plus accessible aux touristes.

3 ▬▬ l'érosion lui (faire) perdre 300 tonnes de pierre par an, le rocher Percé n'aura probablement plus d'arche dans environ 400 ans.

Le rocher Percé.

Les îles Mingan.

4 Les visites aux îles de Mingan sont rigoureusement contrôlées ▓▓▓▓ ce milieu fragile (subir) des dommages irréparables.

5 Je vous emmènerai sur la terrasse du Manoir Montmorency ▓▓▓▓ vous (avoir) une vue extraordinaire sur le fleuve et l'île d'Orléans.

6 L'île d'Anticosti est en droit de disputer à plusieurs déserts de la planète le titre de territoire le moins densément peuplé du monde ▓▓▓▓ elle (compter) environ 280 habitants pour un territoire de 8000 kilomètres carrés.

7 On a tourné le film *La grande séduction* à l'île Harrington ▓▓▓▓ elle (être) la seule des îles de la Basse-Côte-Nord à abriter un village.

8 Un organisme de Tête-à-la-Baleine a aménagé un gîte dans le presbytère de l'église Sainte-Anne, à l'île Providence, ▓▓▓▓ les touristes (pouvoir) y séjourner le temps de découvrir, entre autres, l'archipel du Petit Mécatina de la Basse-Côte-Nord.

9 ▓▓▓▓ elles y (trouver) le krill, le plancton et d'autres micro-organismes constituant l'essentiel de leur régime alimentaire, treize espèces de baleines passent l'été dans l'estuaire du Saint-Laurent.

D'après André Désiront, « Les sept merveilles du Québec », © *La Presse*, 27 juin 2005.

Merveilles d'hier et d'aujourd'hui

Préparation
du projet

Je vais plus loin

Les activités suivantes te permettront de vérifier ton habileté à utiliser les subordonnées compléments de phrase pour exprimer un but ou une cause.

Utilise d'abord ces subordonnées dans de simples phrases, puis dans un court texte ressemblant à ceux qui, dans le projet, serviront à nous faire découvrir des paysages naturels ou des constructions humaines qui t'émerveillent.

1. Récris les phrases ci-dessous en ajoutant à chacune une subordonnée de but ou de cause à l'endroit proposé dans la phrase. Respecte les consignes suivantes.

   - Utilise le subordonnant de but *de peur que* ou *de crainte que* au moins une fois.
   - Assure-toi que le verbe est au bon mode dans la subordonnée.
   - Ajoute la ponctuation nécessaire.

   Ex. : [Subordonnée de but] je commencerai la visite de mon quartier par ce jardin.

   ➤ **Pour que les gens soient charmés dès le départ**, je commencerai la visite de mon quartier par ce jardin.

   1 Les dessins sur le rocher sont en partie effacés [Subordonnée de cause] .

   2 Elle observait le magnifique papillon sans bouger [Subordonnée de but] .

   3 [Subordonnée de but] on a construit un escalier de 487 marches.

   4 Ce monument est impressionnant [Subordonnée de cause] .

   5 Patrick nous a demandé de ne pas oublier nos parapluies [Subordonnée de but] .

   6 [Subordonnée de cause] la visite des merveilles du quartier n'a pas été agréable.

2. Fais-nous découvrir, en un paragraphe, une de tes merveilles en respectant les consignes ci-dessous.

   - Emploie au moins deux subordonnées de but et deux subordonnées de cause dans ton texte.
   - Après avoir écrit ton texte, encadre les subordonnants au début des subordonnées de but et de cause, et assure-toi qu'ils conviennent.
   - Vérifie que le verbe est au bon mode dans la subordonnée.
   - Assure-toi que la ponctuation utilisée est correcte.

La phrase de forme passive

UNE PHRASE
qui bouleverse
l'ordre des choses

Une personne passive n'agit pas : elle subit les choses. C'est en quelque sorte ce qui arrive au sujet de la phrase passive !

Je réfléchis

1. Lis les paires de phrases suivantes.

1 Phrase active :
   Cet artisan de renom   restaurera   les vitraux.

   Phrase passive :
   Les vitraux   seront restaurés   **par** cet artisan de renom.

2 Phrase active :
   Notre communauté   connaît bien   ce talentueux artisan.

   Phrase passive :
   Ce talentueux artisan   **est** bien **connu**   **de** notre communauté.

a) La phrase active et la phrase passive signifient-elles la même chose ?

b) Compare la construction de la phrase active et de la phrase passive : que remarques-tu à propos du sujet et du complément du verbe ?

c) Observe les verbes en couleur dans les phrases ci-dessus, puis complète les énoncés suivants.

1 Dans la phrase active, le verbe *restaurer* est conjugué au futur simple.

   Dans la phrase passive, il a subi une transformation : il est formé de *être*, conjugué au ▬▬, et du participe passé du verbe ▬▬.

2 Dans la phrase active, le verbe *connaître* est conjugué au ▬▬.

   Dans la phrase passive, il est formé de ▬▬, conjugué au ▬▬, et du ▬▬ du verbe *connaître*.

Vitrail,
Jean Beaulieu
et le projet
MargiArt.

2. Toutes les phrases actives ne sont pas transformables en phrases passives. Observe les transformations suivantes.

Transformations passives possibles
Phrase active : Une citoyenne a posé une importante question.
Phrase passive : Une importante question a été posée par une citoyenne.
Phrase active : La mairesse invitera un spécialiste à se pencher sur la question.
Phrase passive : Un spécialiste sera invité par la mairesse à se pencher sur la question.
Transformations passives impossibles
Phrase active : La mairesse n'a pas répondu à la question.
Phrase passive : ~~La question n'a pas été répondue par la mairesse~~.
Phrase active : Un spécialiste participera à la prochaine assemblée.
Phrase passive : ~~La prochaine assemblée sera participée par un spécialiste~~.

a) Précise la fonction des groupes de mots en couleur, puis termine l'énoncé suivant de façon qu'il soit juste.

> Pour qu'une phrase active soit transformable en phrase passive, son verbe doit avoir…
>
> Ⓐ un complément direct.
>
> Ⓑ un complément direct ou un complément indirect.
>
> Ⓒ un complément indirect.

b) En principe, la transformation passive de la phrase suivante est possible. Pourquoi ? Le résultat de la transformation te semble-t-il acceptable ?

Phrase active : La mairesse inspire un très grand respect.

Phrase passive : Un très grand respect est inspiré par la mairesse.

3. La phrase passive peut se construire sans le complément du verbe.

Phrase active : L'artisan restaurera les vitraux.

Phrase passive : Les vitraux seront restaurés.

Dans le texte qui suit, pourquoi n'est-il pas utile d'exprimer le complément du verbe dans la partie de phrase en couleur ?

À l'automne, on a confié la restauration des vitraux de l'église à un artisan de renom. Ainsi, durant l'hiver, les vitraux seront restaurés ~~par l'artisan~~ et, au printemps, les visiteurs pourront admirer les couleurs d'origine de ces fameuses pièces d'art.

Mise au point   La phrase de forme passive

La phrase active et la phrase passive ont un sens équivalent, bien que leur construction soit différente, et que leur verbe se distingue.

Phrase active :

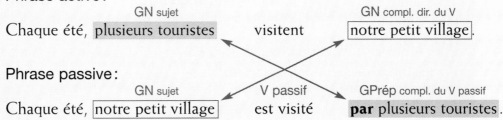

GN sujet   GN compl. dir. du V

Chaque été, plusieurs touristes   visitent   notre petit village.

Phrase passive :

GN sujet   V passif   GPrép compl. du V passif

Chaque été, notre petit village   est visité   **par** plusieurs touristes.

Dans la phrase passive :

- le verbe (appelé *verbe passif*) est formé ainsi : *être* + participe passé ;

  – *Être* se met au même temps que le verbe de la phrase active.

  – Le participe passé est formé à partir du verbe de la phrase active.

- le verbe est suivi d'un groupe qui commence par *par* ou *de*. Ce groupe est un complément du verbe passif.

On n'exprime pas le complément du verbe passif si on veut taire l'information qu'il apporterait, si on ignore cette information ou si elle est peu importante et se devine aisément.

Compl. du V passif

Ex. : L'église de notre village a été dessinée par l'architecte Joseph-Pierre Ouellet. Elle a été érigée en 1917.

(On a jugé important de préciser qui a fait les plans de l'église, mais pas qui l'a construite… sans doute des hommes du village.)

Les formes de la phrase, p. 458

Je m'entraîne

1. Transforme les phrases ci-dessous en phrases passives en comblant les espaces gris.

Phrases actives	Phrases passives
1 Le frère Marie-Victorin a fondé le Jardin botanique de Montréal en 1931.	▨▨▨ a été fondé ▨▨▨ en 1931.
2 Tous les Montréalais connaissent le Jardin botanique de Montréal.	▨▨▨ est connu ▨▨▨.
3 Les expositions, peu importe la saison, vous enchanteront.	▨▨▨ serez enchantés ▨▨▨, peu importe la saison.

Le Jardin de Chine du Jardin botanique de Montréal.

2. **a)** Remplace les espaces gris par le verbe passif qui convient dans la phrase passive.

Phrases actives	Phrases passives
1 Cité Historia offre des visites guidées en train balade à l'Île-de-la-Visitation.	Des visites guidées en train balade ▨▨▨ par Cité Historia à l'Île-de-la-Visitation.
2 Un guide vous racontera l'histoire du Sault-au-Récollet.	L'histoire du Sault-au-Récollet vous ▨▨▨ par un guide.
3 Tous ont apprécié la balade en train et l'animation théâtrale.	La balade en train et l'animation théâtrale ▨▨▨ de tous.

b) Vérifie les verbes passifs que tu as ajoutés.

- Assure-toi que le verbe *être* est conjugué au même temps que le verbe de la phrase active et vérifie l'accord de *être* en personne et en nombre avec le sujet.
- Vérifie l'accord du participe passé en genre et en nombre avec le sujet.

3. a) Transforme les phrases suivantes en phrases passives. Dans tes phrases passives, prête attention au temps de conjugaison, à l'accord du verbe *être* et à l'accord du participe passé.

  1 Des pèlerins du monde entier visitent la chapelle Notre-Dame-de-Bon-Secours.

  2 Un feu avait détruit cette chapelle en 1754.

  3 Des bateaux miniatures décorent la «chapelle des marins».

b) Dans les phrases passives, encadre le complément du verbe passif.

4. Les phrases suivantes ont une construction en apparence très semblable. Laquelle est une phrase passive?
Justifie ton choix en transformant la phrase à la forme active.

  1 L'artisan est arrivé par le premier autobus.

  2 L'artisan est accueilli par la mairesse.

345

5. Lis les trois phrases suivantes. Selon toi, pourquoi a-t-on décidé de supprimer le complément du verbe passif ? Pour chaque phrase, choisis une réponse parmi les énoncés Ⓐ, Ⓑ ou Ⓒ.

1. Certaines personnes du village soupçonnent que le grand vitrail de l'église a été vandalisé ~~par une ou des personnes~~.

2. Le vandalisme étant si rare dans notre village, personne ne pense que le grand vitrail de l'église a été vandalisé ~~par quiconque~~.

3. On sait de source sûre que le grand vitrail de l'église a été vandalisé ~~par le fils de M. Untel~~.

On décide de ne pas exprimer le complément du verbe passif :
Ⓐ parce qu'on préfère taire l'information, on ne veut pas la révéler.
Ⓑ parce qu'on ignore l'information.
Ⓒ parce qu'on juge l'information peu importante, on considère qu'elle se devine aisément.

Vitrail, Jean Beaulieu et le projet MargiArt.

Je vais plus loin

Préparation au projet

Dans cette activité, tu auras à utiliser tes connaissances sur la transformation de phrases actives en phrases passives pour améliorer un texte.

Lis le texte de la page suivante, qui contient quelques maladresses.

La gare Windsor

La gare Windsor est l'un des bâtiments les plus majestueux de la ville de Montréal. Des gens l'ont construite de 1887 à 1889, juste après le premier chemin de fer transcontinental du pays. La Ville a confié sa conception à l'architecte américain Bruce Price. Celui-ci a adopté un
5 style inspiré de l'architecture romane médiévale. En 1900-1903 et en 1910-1913, des architectes canadiens ont considérablement agrandi la gare. Lors d'une troisième phase de construction, quelqu'un a ajouté une tour de quinze étages à l'ensemble.

Les rails, s'ils suivent le même escarpement qu'en 1889, s'arrêtent
10 désormais plus à l'ouest. Un corridor relie aujourd'hui ces rails à la gare. Le bâtiment n'en demeure pas moins un joyau du patrimoine canadien. Il fait partie des 30 plus anciens grands terminus ferroviaires métropolitains d'Amérique du Nord.

D'après le Site Web officiel du Vieux-Montréal

a) Avant de récrire ce texte, lis les consignes suivantes.

1 Transforme les phrases en couleur en phrases passives. Si le résultat de la transformation est inacceptable, conserve la phrase de forme active.

2 Dans les phrases passives, supprime le complément du verbe passif si l'information qu'il apporte est peu importante et se devine aisément.

b) Souligne les verbes passifs dans le texte que tu as récrit.

- Le verbe *être* est-il conjugué au bon temps? Est-il accordé correctement en personne et en nombre avec le sujet?

- Le participe passé est-il accordé en genre et en nombre avec le sujet?

Lecture

Lecture

Des textes en quête de lecteurs

Le fil conducteur d'une description

Le cerveau humain aime l'organisation ! Il fonctionne grâce à des réseaux complexes de connexions. Lorsqu'une personne lit, son cerveau traite l'information, cherche à la comprendre, puis l'emmagasine dans la mémoire à long terme. C'est ainsi qu'on finit par interpréter un texte et par retenir l'essentiel de ce qu'on lit !

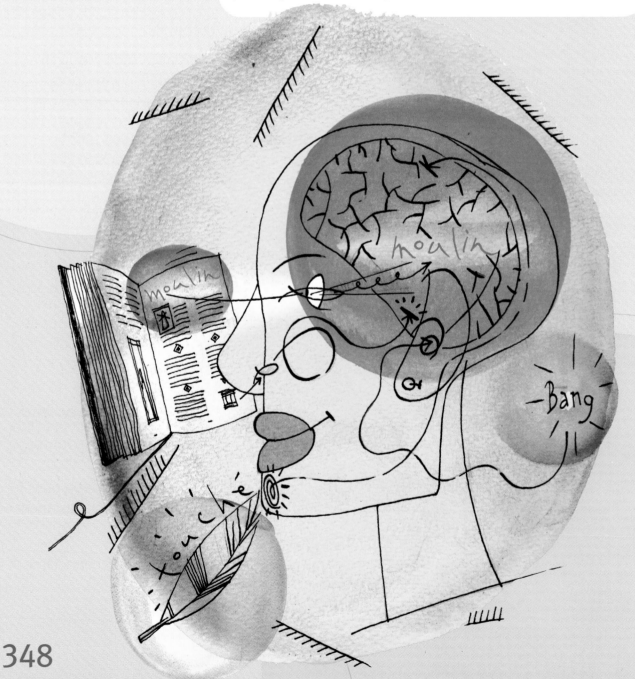

Je réfléchis

1. Lis le texte sur les pyramides d'Égypte dans ton recueil (p. 212-218).

a) Afin de voir si tu as bien compris le texte, réponds aux questions du tableau ci-dessous en inscrivant tes réponses dans la colonne du centre.

Questions sur le texte	Réponses	Stratégies utilisées
1. De quel type d'ouvrage est tiré ce texte ?	▬	▬
2. Ce texte est divisé en huit parties. Quelles sont ces parties ?	▬	▬
3. Dans quel ordre les aspects sont-ils présentés ?	▬	▬
4. Pourquoi le Sphinx n'a-t-il plus de nez ?	▬	▬
5. Quelle est la pyramide la plus petite ? et la plus grande ?	▬	▬
6. Quel effet ressent-on quand on est à l'intérieur de la pyramide ?	▬	▬
7. Quel est le sujet du texte ?	▬	▬
8. À quel autre livre as-tu pensé en lisant ce texte ?	▬	▬

b) Remplis la colonne de droite en déterminant quelles stratégies, parmi les suivantes, t'ont permis de répondre aux questions.

Ⓐ Comme il s'agit d'une description de lieu, j'essaie de me situer dans l'espace en lisant le texte. Je fais comme si j'y étais.

Ⓑ En lisant le texte, j'ai tenté de me rappeler les romans, les bandes dessinées ou les articles d'encyclopédies que j'avais déjà lus sur le sujet.

Ⓒ En lisant, j'ai remarqué de nombreuses expressions qui situent les renseignements dans l'espace.

Ⓓ J'ai cherché dans le texte les passages où l'on comparait les éléments entre eux.

Ⓔ J'ai d'abord déterminé la partie qui parlait de ce monument. J'ai ensuite cherché le paragraphe où il était question de ce sous-aspect.

Ⓕ J'ai lu, à la fin, la source du texte.

Ⓖ J'ai observé les illustrations et le titre du texte.

Ⓗ J'ai observé les intertitres.

Merveilles d'hier et d'aujourd'hui

349

2. Lis les deux textes suivants et compare-les avec le texte de ton recueil (p. 212-218). Réponds ensuite aux questions qui suivent afin de mettre en évidence le contenu et l'organisation de ces textes.

Texte 1

LA PYRAMIDE DE CHÉOPS
UNE DES SEPT MERVEILLES DU MONDE

Imaginons que nous prenions place dans la machine à explorer le temps de H. G. Wells et que nous remontions quarante-cinq siècles en arrière.
5 Si alors nous survolions l'Europe occidentale, nous ne verrions aucune de ces grandes villes qui sont notre orgueil. À la place de Paris, il n'y aurait que des îles verdoyantes, et
10 sur les berges de la Seine nous pourrions simplement apercevoir quelques cabanes en branchages et des hommes pêchant. Peut-être parviendrions-nous à surprendre des
15 groupes d'hommes entassant des pierres plates non équarries pour constituer les voûtes de salles rudimentaires recouvertes de terre et de pierraille : ce sont les premières
20 tombes mégalithiques de l'Irlande et de la Bretagne. Si d'aventure nous survolions la Crète, nous ne verrions aucun de ces magnifiques palais qui ne seront édifiés qu'un demi-
25 millénaire plus tard. Il faudrait aller jusqu'en Mésopotamie pour contempler des temples et des palais déjà vastes, construits en briques crues. Mais nulle part, nous ne découvririons une
30 véritable architecture de pierre : nulle part, excepté dans la vallée du Nil. Là, non seulement les Égyptiens ont été les premiers à faire usage de la pierre pour leurs édifices, mais ils
35 ont élevé des monuments gigantesques, véritables montagnes artificielles : les pyramides. Un travail de titans, certes, mais ne requérant pas uniquement la force et le nombre. Ce sont les fruits
40 d'un génie inventif impliquant autant d'habileté que d'expérience.

Le plus remarquable, le plus grand, le plus ingénieusement conçu de ces monuments, est la pyramide dite de
45 Chéops. Elle a été élevée sur un plateau rocheux cristallin, en bordure du désert libyque (près de l'actuelle ville du Caire), vers 2600 avant notre ère.

50 Depuis l'Antiquité, tous les voyageurs qui l'ont vue ont manifesté leur étonnement devant ses proportions. La base, un carré d'environ 230 mètres de côté, couvre 5 hectares. Le sommet,
55 aujourd'hui décapité de quelques assises, s'élevait à plus de 147 mètres. Il faudra attendre les cathédrales du Moyen Âge pour que soient construits des monuments dépassant cette
60 hauteur : tour de Cologne (160 m), flèche de Rouen (150 m).

Chefs-d'œuvre du génie humain,
© Sélection du Reader's Digest, 1986.

Mais comment ces diables d'Égyptiens montaient-ils si haut des blocs si lourds ?
À cette question, qui a nourri
5 tous les délires, il faut répondre : ni par la roue, ni par la grue, toutes deux inconnues sous l'Ancien Empire. Les Égyptiens ont usé de leur
10 principal atout : une main-d'œuvre abondante. Et de gros traîneaux de bois, hissés sur des chemins rendus glissants par le limon du Nil. Au fil des
15 travaux, une rampe inclinée, à base de terre maintenue par des murs de brique, permettait d'acheminer les blocs, couche par couche, toujours plus haut. Jusqu'où ? Tout dépend de sa forme. Ici, nous avons retenu l'hypothèse d'une rampe perpendiculaire, dont l'existence est absolument certaine. Cependant, une telle rampe ne pouvait monter jusqu'au sommet : il lui aurait
20 fallu être longue de 2 à 3 km pour garder une pente d'environ 12°, limite à ne pas dépasser. Il est donc très probable que ladite rampe grimpait jusqu'au quart ou au tiers. Et ensuite ? L'utilisation de cordes et de leviers suffisait sans doute, d'autant que les besoins en pierres avaient nettement décru. À mi-hauteur, le nombre de blocs nécessaires n'était que le 1/4 de celui de
25 la base ; aux 3/4, il n'était que de 1/16. Aux 7/8, de 1/64. Par ailleurs, le poids des blocs diminuait aussi : ceux de la pyramide de Chéops atteignaient 1,4 t à 90 m de haut – contre 2,5 t à la base – et « seulement » 800 kg à 132 m.

Extrait de l'article « À quelle rampe se vouer », © Olivier Voizeux/*Science et Vie Junior*, Hors série n° 49, juillet 2002, p. 16.

a) De façon générale, les trois textes (en incluant celui du recueil) traitent du même sujet. Quel est ce sujet ?

b) Chacun des textes présente le même sujet, mais sous un angle différent. Associe chacun de ces énoncés à l'un ou l'autre des trois textes à l'étude.

Ⓐ Le texte présente le sujet sous un angle plus technique.

Ⓑ Le texte présente le sujet sous un angle plus historique.

Ⓒ Le texte présente le sujet sous un angle plus touristique.

c) Dans le texte 1, à quel moment présente-t-on le sujet du texte ? Quel effet voulait-on créer en attendant ce moment pour introduire le sujet ?

d) Quel texte développe surtout une organisation dans l'espace ? Relève trois groupes de mots qui révèlent cette organisation.

e) Quel texte développe surtout une organisation dans le temps ? Relève trois groupes de mots qui révèlent cette organisation.

f) Quel texte développe une organisation en phases ou en étapes ? Relève trois groupes de mots qui révèlent cette organisation.

g) Dans le texte 1, on fait quelques comparaisons pour faire comprendre le sujet. Retrace deux de ces comparaisons.

h) Quel texte est le plus facile à diviser en aspects et en sous-aspects ? Pourquoi ?

Mise au point — Le fil conducteur d'une description

Lire des descriptions exige d'abord de pouvoir trouver le sujet, ainsi que les aspects du sujet. Il s'agit donc de dégager de quoi il est question dans la description.

Le fait de comprendre la structure du texte facilite la lecture, car on parvient alors à bien suivre la pensée de la personne qui écrit. Il faut donc trouver le fil conducteur de la description.

- Si l'information du texte est présentée dans un **ordre chronologique**, il faut situer les évènements dans le temps, comparer les durées et les mettre en relation avec des évènements historiques connus.

- Si le texte présente plutôt une **organisation spatiale**, il faut visualiser la description et faire comme si on était devant l'objet, le lieu ou la personne. Bref, il suffit de s'imaginer en train de tourner autour du sujet !

- Si le texte présente la **description d'un fonctionnement**, il faut anticiper la présentation des phases comme si on visitait une usine ou comme si on était un ou une scientifique.

Mais il est aussi important de « sortir » du texte, de s'en détacher, pour comparer les renseignements présentés avec ce que l'on sait déjà sur le sujet. Bien lire, c'est faire des liens entre le texte et ses lectures antérieures. C'est aussi penser à toutes ses expériences de manière à greffer l'information nouvelle à ce que l'on possède comme connaissances.

La description, p. 432

1. Dans le dossier 7 de ton recueil, il y a un texte descriptif qui présente une organisation en étapes (ou en phases).

   a) De quel texte s'agit-il ?

   b) Quel aspect de cette merveille du monde est abordé ?

   c) Dans quel ordre devrait-on lire les paragraphes de ces pages ? Cet ordre est-il important ? Justifie ta réponse.

2. Le texte des pages 222-223 est tiré du même ouvrage que le texte dont il était question dans le numéro précédent.

   a) Quelle est la différence entre ces deux textes ?

   b) Faut-il lire les paragraphes de ce texte dans un ordre particulier ? Justifie ta réponse.

3. a) Participe à ce jeu de mémoire afin de voir si tu sais organiser l'information du texte dans ton esprit.

Lis le texte sur la statue de Zeus (recueil, p. 224-227). Prête une attention particulière à la structure du texte, mais aussi à l'information importante que tu devrais retenir. Puis, ferme ton recueil de textes.

Réponds aux questions suivantes sans relire le texte. Tu devrais pouvoir te souvenir d'un certain nombre de renseignements.

1–ㅤOlympie est...
   a. Une ville.
   b. Un sanctuaire religieux.
   c. Un sanctuaire religieux et sportif.

2–ㅤQu'appelle-t-on l'Altis ?
   a. L'enceinte sacrée d'Olympie.
   b. Le nom du temple de Zeus.
   c. L'endroit où l'on trouvait les installations sportives.

3–ㅤQu'a dit le philosophe grec Dion au sujet de la statue de Zeus ?
   a. Qu'elle avait la taille d'un navire.
   b. Qu'elle était plus solide que les flancs de la montagne Olympe.
   c. Qu'il suffisait de la regarder pour oublier tous ses chagrins.

4- Qu'est-ce que l'hippodrome de la Grèce antique?

a. C'est un édifice à l'intérieur de l'Altis où on présentait des courses d'athlétisme.

b. C'est un édifice à l'extérieur de l'Altis où on présentait des courses de chars et de chevaux montés.

c. C'est un édifice à l'extérieur de l'Altis où on présentait des courses d'athlétisme.

5- Comment s'appelait le sculpteur qui a réalisé la statue de Zeus?

a. Phidias.

b. Midas.

c. Héraclès.

6- Combien de temps a-t-on pris pour ériger la statue de Zeus?

a. Environ un an.

b. Environ cinq ans.

c. Environ 100 ans.

7- Quels matériaux ont servi à ériger la statue de Zeus?

a. Le bois, l'ivoire et l'or.

b. L'ébène et le granit.

c. Le bronze et le marbre.

8- Comment se fait-il que nous connaissions autant de détails sur la statue de Zeus?

a. Parce que des archéologues en ont trouvé les vestiges.

b. Parce qu'on a trouvé des pièces de monnaie qui la représentaient en effigie.

c. Parce qu'on peut l'admirer dans un musée en Grèce.

9- Quelle est la hauteur de la statue de Zeus?

a. Environ huit fois la taille d'un être humain.

b. Environ deux fois la taille d'un être humain.

c. Environ 100 fois la taille d'un être humain.

10- Depuis quand a-t-on entrepris des fouilles dans le site enfoui d'Olympie?

a. Depuis environ 50 ans.

b. Depuis environ 300 ans.

c. Depuis environ 500 ans.

11- En réalité, le sujet de ce texte n'est pas vraiment la statue de Zeus. Quel est-il?

a. Il s'agit du site d'Olympie.

b. Il s'agit de la Grèce antique.

c. Il s'agit du temple de Zeus.

12- Quel est le dernier aspect abordé dans le texte?

a. La construction du temple de Zeus.

b. Les fouilles archéologiques.

c. Les héros de la mythologie.

b) Vérifie les réponses dans ton recueil. Tente d'expliquer pourquoi tu as retenu certains renseignements en sélectionnant une ou plusieurs raisons parmi les suivantes.

J'ai retenu l'information, parce que :

1- je me passionne pour l'Antiquité ;

2- j'ai comparé l'information avec des choses que je savais déjà (des dates, des dimensions, des mots que je connaissais) ;

3- j'ai déjà visité la Grèce ;

4- j'ai déjà lu des choses sur les merveilles du monde ;

5- j'ai bien compris les différentes parties du texte et ainsi j'ai pu classer dans ma mémoire tout ce qui concernait l'Altis, la statue de Zeus et l'aspect des fouilles archéologiques ;

6- certains aspects m'ont semblé spectaculaires.

c) Tente d'expliquer pourquoi tu as eu certaines mauvaises réponses en sélectionnant une ou plusieurs raisons parmi les suivantes.

Je n'ai pas retenu l'information, parce que :

1- je ne connaissais rien de ce sujet avant de lire le texte ;

2- je ne connais pas le sens des mots « sanctuaire », « mythologie », « hippodrome ». Le vocabulaire utilisé était trop difficile ;

3- le sujet du texte ne m'intéressait pas ;

4- généralement, quand je lis, j'oublie tout immédiatement ;

5- je n'ai aucune idée de la durée d'un siècle, je ne sais même pas où est la Grèce, et je ne sais pas situer l'Antiquité dans l'histoire ;

6- je n'ai pas bien saisi l'organisation du texte. J'avais l'impression qu'on fournissait plein de renseignements dans un ordre que je ne comprenais pas.

355

1. De bons lecteurs savent, notamment, comparer des éléments du texte qu'ils sont en train de lire avec des choses qu'ils connaissent déjà. Pour chacune des sept merveilles du monde, choisis un monument qui lui ressemble. Pour y arriver, observe les consignes suivantes.

a) Survole chacun des textes du dossier 7 dans ton recueil et, en effectuant une lecture rapide, repère l'essentiel des descriptions des sept merveilles du monde.

b) Remplis un tableau semblable à celui ci-dessous de manière à mettre en évidence les ressemblances entre les deux constructions choisies.

Merveilles du monde antique	Merveilles du monde moderne	Ressemblances
Le colosse de Rhodes	La statue de la Liberté, à New York	• Deux statues gigantesques. • Dans un port, à l'entrée d'une très grande ville. • La pose de la statue (le bras droit qui tient un flambeau).

2. Aux pages 235 à 239 de ton recueil, on présente les sept merveilles du monde sous un nouvel éclairage. En équipe, élaborez un résumé sur l'une de ces sept merveilles en respectant les étapes suivantes.

(Étape 1)

Place-toi en équipe avec deux ou trois élèves qui ont choisi la même merveille du monde que toi.

(Étape 2)

Relis le texte, puis rédige ton propre résumé.

(Étape 3)

Compare ta version à celles de tes équipiers en vue d'en arriver à un consensus sur l'information essentielle à mettre en valeur.

(Étape 4)

En équipe, rédigez la version finale de votre résumé.

(Étape 5)

Affichez le résumé de l'équipe sur le babillard de la classe, après l'avoir agrémenté d'une illustration.

Écriture
Des textes en devenir

Les articulations du texte

Un texte sans articulations, c'est comme un pantin en pièces détachées! Un pantin retient l'attention lorsqu'il gesticule, grâce aux articulations qui lient sa tête et ses membres au tronc. Il en va de même avec les idées ou l'information que tu veux communiquer à l'écrit: pour produire leur effet, elles doivent être judicieusement articulées entre elles.

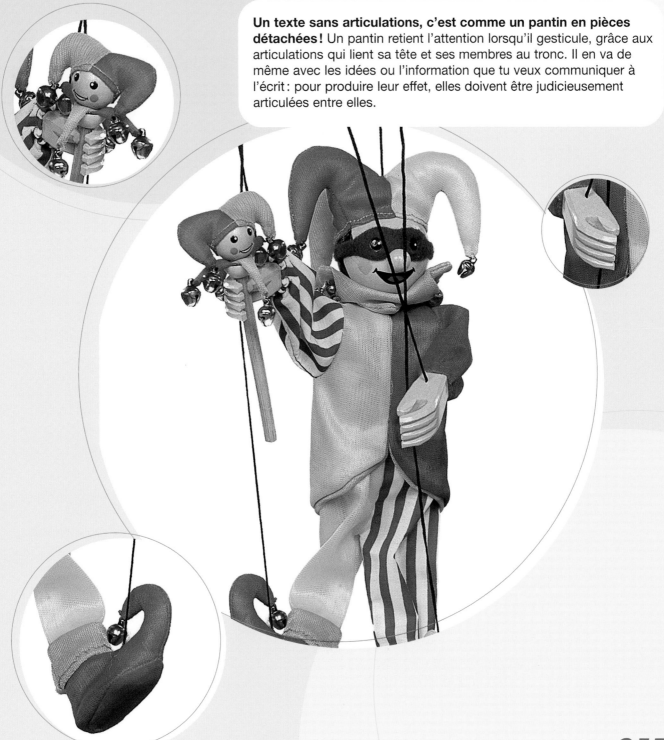

Je réfléchis

a) Lis le texte 1 ci-dessous en prêtant attention aux mots en couleur.

Texte 1 (original)

Une mer de paysages

Le Saint-Laurent traverse le Québec et baigne au passage les rives de quatorze de ses vingt régions. Quand on s'approche de l'océan, le fleuve s'élargit et ses eaux deviennent plus salées. Dans le golfe, où l'on ne voit guère l'autre rive, on se plaît à le surnommer la « mer » ! Au niveau de

5 l'estuaire, l'eau, mi-salée, reçoit chaque été la visite de baleines et d'autres grands mammifères marins. Entre le lac Saint-Pierre

10 (formé à même le fleuve Saint-Laurent) et le lac Ontario, le tronçon fluvial est généralement calme. Mais attention ! On y

15 découvre aussi des rapides impressionnants à Lachine, près du centre-ville de Montréal. Des Grands Lacs jusqu'à l'Atlantique, de saison en saison, le fleuve ne cesse de se transformer. Il faut le voir en hiver, lorsqu'il gèle

20 et devient tout blanc !

« Une mer de paysages », http://www.bonjourquebec.com, ministère du Tourisme du Québec.

Texte 2 (modifié)

Une mer de paysages

Le Saint-Laurent traverse le Québec et baigne au passage les rives de quatorze de ses vingt régions. Le fleuve s'élargit et ses eaux deviennent plus salées quand on approche de l'océan. On se plaît à le surnommer la « mer » dans le golfe, où l'on ne voit guère l'autre rive ! L'eau, mi-salée,

5 reçoit chaque été la visite de baleines et d'autres grands mammifères marins au niveau de l'estuaire. Le tronçon fluvial est généralement calme entre le lac Saint-Pierre (formé à même le fleuve Saint-Laurent) et le lac Ontario. Mais attention ! On y découvre aussi des rapides impressionnants à Lachine, près du centre-ville de Montréal. De saison en saison, le fleuve

10 ne cesse de se transformer des Grands Lacs jusqu'à l'Atlantique. Il faut le voir en hiver, lorsqu'il gèle et devient tout blanc !

Dossier 7

L'organisation de la description du fleuve présentée dans le texte 1 te semble-t-elle logique ? Sers-toi de la carte suivante pour justifier ta réponse.

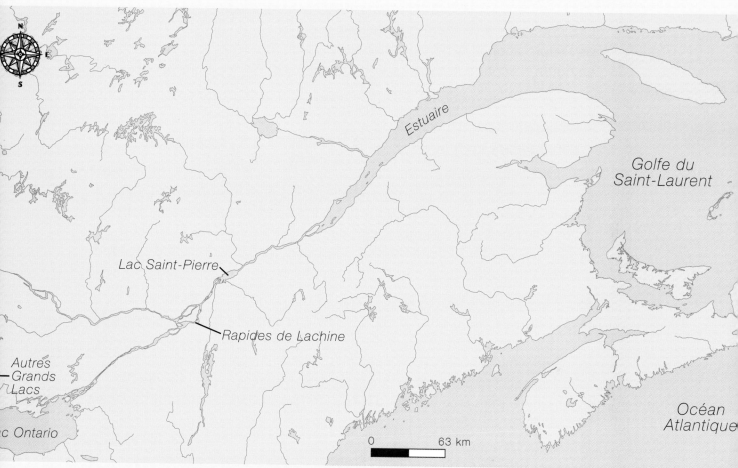

b) Poursuis ta réflexion sur l'organisation du texte en répondant aux questions suivantes.

1 Quel lien fais-tu entre les mots en couleur et la façon d'organiser l'information du texte ?

2 Selon toi, est-il possible que la personne qui a rédigé ce texte ait réfléchi aux mots en couleur au moment où elle a planifié son texte ? Explique ta réponse.

c) Lis le texte 2, compare-le au texte 1, puis réponds aux questions suivantes.

1 Les deux textes apportent-ils la même information ? Laquelle ?

2 Quelle différence observes-tu au sujet des mots en couleur ?

3 Quel texte présente l'information en faisant clairement ressortir les aspects du fleuve dans la description ?

4 Quelle place occupent habituellement les mots qui marquent l'organisation du texte (comme ceux qui sont en couleur) ?

Mise au point

Les articulations du texte

Mise au point

Lorsque tu veux rédiger un texte, par exemple un texte qui vise à donner de l'information, il est important d'en prévoir l'organisation. Par la suite, en cours d'écriture, il te faut mettre cette organisation en évidence :

- s'il y a lieu, en groupant tes idées et les renseignements en paragraphes ;

- en créant des articulations dans le texte, c'est-à-dire des liens entre les paragraphes et entre les phrases à l'intérieur des paragraphes.

Les articulations sont créées dans le texte grâce à des mots qui situent les renseignements les uns par rapport aux autres (par exemple, dans le temps, dans l'espace, selon un ordre particulier). Il est généralement préférable de placer ces mots, appelés **organisateurs de texte** ou **organisateurs textuels**, en début de phrase ou de paragraphe : ils sont ainsi mis en évidence et marquent plus clairement l'organisation du texte.

Ex. : Vers 1608, le seul moyen de franchir la haute falaise de Québec consiste à emprunter un chemin étroit et sinueux, tracé en partie par les eaux de pluie. Par la suite, on construit de nombreux escaliers de bois (une centaine, apparemment !) que les piétons doivent gravir courageusement. À la fin du XIXe siècle, Québec se modernise et remplace ses escaliers par d'autres, solides et bien droits, qui sont bâtis de fer et de fonte.

De nos jours, il resterait presque une trentaine de ces escaliers, qui ont bien sûr été restaurés au fil des ans. Les marcheurs les plus courageux peuvent toujours gravir leurs nombreuses marches, mais les plus « pantouflards » préféreront sans doute utiliser le funiculaire (le seul du genre au pays) qui les conduira de la

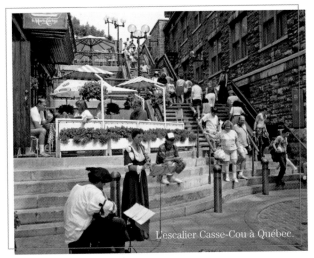

L'escalier Casse-Cou à Québec.

Place-Royale à la Terrasse Dufferin. La montée leur permettra d'admirer alors, sans s'essouffler, le majestueux fleuve Saint-Laurent et la basse-ville.

Les marques d'organisation du texte, p. 483

1. Les mots mis en couleur dans le texte suivant servent à situer des faits dans le temps. Récris ce texte en déplaçant ces mots de manière à mettre en évidence les organisateurs textuels.

> La statue de la Liberté est un cadeau de la France aux États-Unis. Elle célébrait, à l'époque, l'amitié entre les deux pays. Elle symbolise aujourd'hui une valeur fondamentale dans la culture étasunienne : la liberté.

2. a) Lis le texte suivant et relève dans les phrases en couleur les groupes de mots qui permettent de situer dans l'espace les objets dont on parle.

> La statue de la Liberté représente une femme drapée, brandissant une torche de la main droite. La date de l'indépendance américaine, le 4 juillet 1776, est inscrite en chiffres romains sur une tablette qu'elle tient à la main gauche. On trouve les chaînes brisées de l'esclavage à
> 5 ses pieds. Sur une plaque de bronze du piédestal est gravé un poème d'Emma Lazarus, intitulé *The New Colossus*.
>
> « La petite histoire de la Statue de la Liberté », http://www.comanalysis.ch/ComAnalysis/Publication54.htm.

b) Récris le texte en mettant en évidence les groupes relevés précédemment, de façon à créer des articulations plus claires entre les phrases.

3. Voici le premier paragraphe d'un texte qui précise les étapes prévues d'une visite touristique. Marque l'organisation du paragraphe en ajoutant trois mots ou groupes de mots qui expriment l'ordre dans lequel ces endroits seront vus.

> ▩ 1 , nous nous rendrons au Village Historique Acadien par la route du littoral acadien. Nous visiterons différents édifices comme la homarderie, la tonnellerie, le Château. ▩ 2 , nous irons à
> 5 Hopewell Rocks dans la baie de Fundy. C'est là, semble-t-il, qu'il y a les plus hautes marées au monde et les rochers en forme de pots de fleurs. ▩ 3 , nous remonterons la route panoramique de la vallée pour nous rendre à Grand-Sault,
> 10 où nous pourrons faire une randonnée en chaland à moteur tout au fond de la gorge.

4. Lis le texte suivant, dans lequel on a volontairement caché le deuxième paragraphe.

En route vers le fleuve

Pour découvrir le fleuve en voiture, empruntez l'une des nombreuses routes panoramiques qui longent ses rives, comme le Chemin du Roy, la Route de la Nouvelle-France, la Route des navigateurs, la Route du fleuve ou encore la Route des baleines. Des paysages époustouflants ainsi 5 qu'une foule de charmants villages ancestraux seront au rendez-vous !

«En route vers le fleuve», http://www.bonjourquebec.com, ministère du Tourisme du Québec.

Observe maintenant ce plan qui aurait pu servir à la rédaction du texte *En route vers le fleuve*.

> **Moyens pour découvrir les attraits du fleuve et de ses rives**
>
> | 1er aspect : en voiture | 2e aspect : en bateau |
> |---|---|
> | • attraits : vastes paysages, villages pittoresques | • attraits : îles, faune aquatique (oiseaux marins, phoques, baleines, etc.) |

a) Dans le texte, relève l'organisateur textuel qui annonce le premier aspect présenté dans le plan ci-dessus.

b) Trouve un organisateur textuel qui pourrait servir à introduire le deuxième aspect présenté dans le plan ci-dessus.

c) Rédige un court paragraphe qui développera le deuxième aspect présenté dans le plan. Dans ton paragraphe, place de façon stratégique l'organisateur textuel que tu viens de trouver.

5. **a)** Voici les notes d'une personne qui se propose de décrire l'intérieur de la statue de la Liberté. Sers-toi de ces notes pour rédiger un court texte et utilise des organisateurs textuels pour situer dans l'espace ce dont tu parles.

Intérieur de la statue de la Liberté

- Structure en acier sous le drapé de cuivre de la statue.
- Escalier en colimaçon de 354 marches à l'intérieur de la structure en acier. L'escalier mène à la couronne percée de baies qui donne sur l'océan.
- Plate-forme d'observation (elle peut recevoir 20 personnes) dans la couronne de la statue. La plate-forme n'est plus accessible depuis les attentats du 11 septembre 2001.
- Petit musée retraçant l'histoire de la statue à l'intérieur du socle.
- Torche d'origine exposée dans le hall du musée.

b) Encadre les organisateurs textuels dans ton texte.

Préparation
au
projet

1. Imagine qu'on te demande de rédiger un court texte destiné aux visiteurs d'un musée virtuel sur les sept merveilles du monde. Ta commande est celle-ci : «guider» les visiteurs pendant qu'ils observent une illustration en trois dimensions du temple d'Artémis. Pour planifier ton texte, respecte les étapes suivantes.

a) Observe attentivement l'illustration du temple d'Artémis aux pages 222-223 de ton recueil et, à l'aide des légendes de l'illustration, complète le schéma suivant.

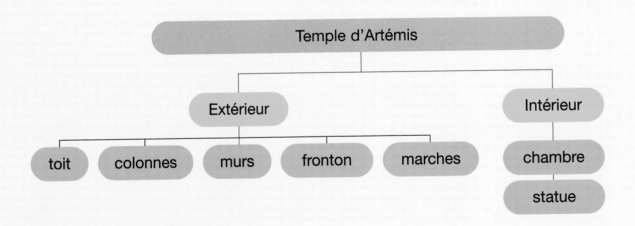

b) Choisis au moins trois parties du temple sur lesquelles tu aimerais attirer l'attention des visiteurs, puis détermine un ordre logique dans lequel tu présenteras ces parties (par exemple, de la base du temple au toit, ou l'extérieur, puis l'intérieur).

2. Rédige une première version de ton texte.

- Tiens compte du fait que les visiteurs du musée, en écoutant ton texte, pourront simultanément observer une illustration 3D du temple.

- Dans ton texte, intègre les renseignements pertinents fournis dans les légendes de l'illustration aux pages 222-223 de ton recueil.

- Utilise des organisateurs textuels afin que tes auditeurs suivent bien le « parcours visuel » que tu souhaites leur voir faire.

   Ex. : D'abord, observez les extrémités du toit. (organisateur qui indique un ordre)

   À chacune de ces extrémités se dresse un griffon. (organisateur qui situe dans l'espace)

3. Avec un ou une camarade de classe, lisez vos textes à voix haute, puis évaluez-les selon les critères suivants.

1 L'information du texte…
- est-elle pertinente ?
- est-elle exacte et suffisante ?

2 L'organisation du texte…
- est-elle cohérente ?
- est-elle marquée à l'aide d'organisateurs textuels qui permettent aux auditeurs de suivre la progression de l'information ?

4. Récris ton texte en tenant compte de l'évaluation faite précédemment.

L'écoute active

Écoute… Combien de fois par jour entend-on cette directive, qui est même devenue un tic de langage ? Peut-être est-ce parce qu'«on peut voir celui qui regarde, mais qu'on ne peut pas entendre celui qui écoute», comme le faisait remarquer Marcel Duchamp, un artiste surréaliste. C'est sans doute aussi pour attirer l'attention sur l'importance d'écouter, et surtout d'être écouté. Mais savoir écouter, ce qui semble simple à première vue (ou à première écoute !), c'est tout un art : «La connaissance parle, mais la sagesse écoute. » (Jimi Hendrix)

a) Considères-tu que tu sais bien écouter? Pour répondre à cette question, dresse ton profil d'auditeur ou d'auditrice en faisant le test suivant. Note tes réponses sur une feuille et analyse le résultat.

① Lorsque j'étais plus jeune...

A. on me faisait souvent des remarques parce que j'avais tendance à être « dans la lune ».

B. j'aimais bien écouter les autres, mais je préférais prendre la parole.

C. je préférais me taire pour mieux « enregistrer » tout ce qui se disait.

② Si on me laisse le choix...

A. je préfère faire du sport ou travailler de mes mains (bricoler, dessiner, réparer, etc.).

B. j'aime mieux être avec mes amis pour discuter, rire, m'amuser.

C. je préfère écouter de la musique ou des chansons, visionner des films ou des vidéoclips.

③ Quand je suis dans un endroit public (dans un autobus, par exemple)...

A. je n'écoute jamais ce que les gens se disent, cela ne me regarde pas.

B. j'ai tendance à regarder les gens et, s'ils me paraissent sympathiques, j'essaie de tendre l'oreille pour écouter ce qu'ils se disent.

C. c'est plus fort que moi, j'écoute ce que les gens disent parce que je m'amuse à deviner ce qu'ils sont ou ce qu'ils font.

④ Il faut que je fasse bien attention quand j'écoute...

A. parce que j'ai tendance à comprendre l'information à partir de l'image.

B. parce que les bruits environnants me distraient facilement.

C. parce que retenir l'information essentielle n'est pas si facile.

Merveilles d'hier et d'aujourd'hui

⑤ **Quand j'assiste à une conversation entre amis ou à une discussion en classe…**

A. j'écoute ce qu'on dit d'une oreille distraite sans chercher à donner mon point de vue.

B. je pense souvent à autre chose ou à ce que je vais dire.

C. je pose des questions pour vérifier que j'ai bien compris, pour en savoir davantage ou pour demander plus de précisions.

⑥ **Pendant que j'écoute une émission…**

A. je « zappe » souvent, je me lève, je parle avec mes amis au téléphone, je me laisse déranger sans problème.

B. j'aime faire d'autres activités en même temps (je bricole, je clavarde sur Internet, je m'entraîne, etc.).

C. je fais le silence autour de moi, car j'ai besoin de concentration pour bien comprendre.

⑦ **Lorsqu'on me donne des consignes pour faire un travail…**

A. j'ai besoin d'illustrations ou d'exemples concrets pour bien comprendre.

B. je comprends bien les explications, mais je désire vérifier ma compréhension à l'aide d'images ou de notes écrites.

C. je saisis facilement toute l'information, sans avoir besoin d'illustrations.

⑧ **Si une personne me demande de répéter ce qu'elle vient de dire…**

A. je ne me sens pas toujours capable de le faire.

B. je peux redire l'essentiel, mais je ne me souviens pas nécessairement des détails.

C. je suis habile à résumer l'information, et je pourrais même, dans certains cas, répéter mot à mot ce qui a été formulé.

⑨ **Si l'on m'explique une démarche à suivre…**

A. je vois assez bien l'ensemble de la tâche, mais j'ai tendance à l'adapter en fonction de mes besoins ou de mes habiletés.

B. je sais distinguer l'essentiel et je suis les étapes que je juge pertinentes.

C. je fais exactement ce qu'on me demande et je suis toutes les étapes proposées.

⑩ **Lorsque j'écoute un documentaire ou un bulletin de nouvelles, par exemple,…**

A. il y a toujours des moments où je rêvasse, je pense à autre chose ou je parle en même temps.

B. je prête suffisamment attention si l'information est accompagnée d'exemples ou d'images.

C. je veux saisir tous les renseignements pertinents : je ne manque aucune parole, je veux tout comprendre.

⑪ **Lorsque je suis en classe en train d'écouter des explications…**

A. je copie les notes que l'enseignante ou l'enseignant écrit au tableau.

B. je reprends les notes proposées par l'enseignante ou l'enseignant, mais j'y ajoute des renseignements supplémentaires que je juge importants.

C. je prends des notes à ma manière, en tentant de retenir uniquement ce qui me paraît utile.

⑫ **Pour bien écouter, il faut…**

A. prêter attention au moindre détail et chercher à retenir toute l'information.

B. trier l'information connue et se concentrer sur les nouveaux renseignements.

C. s'appuyer sur ce que l'on sait pour retenir l'essentiel et établir les liens entre les renseignements.

⑬ **Si l'on me fait la remarque que je sais bien écouter…**

A. j'ai l'impression que ce n'est pas nécessairement positif comme commentaire.

B. j'apprécie qu'on le reconnaisse, mais j'aurais préféré qu'on me dise que je sais bien parler.

C. j'éprouve de la fierté parce que je considère que savoir écouter est un atout vraiment indispensable.

b) Compte le nombre de A, de B et de C que tu as obtenus. Analyse ton résultat.

Résultats

Une majorité de

A

Tu sais qu'il faut bien écouter, mais tu as une légère tendance à la rêverie. Spontanément, tu optes pour l'action, l'image, la parole. Quand tu écoutes, tu ne cherches pas nécessairement à extraire l'essentiel; les détails attirent souvent ton attention. Tu gagnerais à pratiquer l'écoute active pour retenir davantage l'information importante. Mais pour ce faire, tu dois d'abord et avant tout te placer dans un environnement propice à l'écoute, qui favorise le maintien du degré de concentration nécessaire pour que tu puisses traiter cette information.

Une majorité de

B

Tu es autant de type auditif que visuel et tu privilégies les situations où il te faut à la fois écouter et parler. Tu te concentres généralement sur l'essentiel, mais tu apprécies qu'on te soutienne dans ta compréhension des choses. Tu te donnes naturellement des intentions d'écoute, mais cette tendance t'amène à sélectionner l'information qui te paraît importante, sans que tu puisses établir les liens entre ces renseignements. Il te faudrait pratiquer l'écoute active pour arriver à retenir ce qui est le plus pertinent.

Une majorité de

C

Écouter attentivement est très important pour toi et tu parviens assez naturellement à extraire l'information essentielle. Tu arrives à prendre des notes en laissant de côté ce que tu sais déjà et en retenant ce qui est le plus approprié de te rappeler. Tu comprends qu'écouter est fondamental pour apprendre et demande un effort. Pour y parvenir, tu dois vérifier ta compréhension, poser des questions, demander des explications, etc.

Mise au point
L'écoute active

Écouter paraît si naturel qu'il est tout à fait normal de croire qu'on a peu de choses à apprendre en ce domaine. Tu as déjà une bonne expérience en tant qu'auditeur ou auditrice, mais il y a des situations, à l'école ou ailleurs, dans lesquelles il te faut une plus grande attention. Parfois, il est même nécessaire de recourir à différents moyens pour retenir toute l'information à traiter… D'autant plus que tes habiletés d'écoute peuvent s'avérer quelque peu différentes selon que :

- tu es de type auditif ou visuel ;

- tout ce qui est verbal (exprimer des émotions ou faire valoir des idées, par exemple) ou non verbal (privilégier l'action concrète ou l'image, par exemple) a tendance à t'attirer ;

- tu préfères réaliser une tâche en t'attardant à la façon de faire, aux étapes à suivre, ou encore en te laissant guider plus intuitivement par le but à atteindre.

En fonction de tes habiletés, tu peux adopter une ou plusieurs stratégies d'écoute, par exemple :

- **activer tes connaissances sur le sujet** (anticiper le contenu abordé, relier des idées entre elles, mettre l'information nouvelle en relation avec tes connaissances, etc.) ;

- **prévoir une façon appropriée de noter l'information importante** (transcrire les idées principales, construire un schéma, remplir un tableau, etc.) ;

- **réagir au message** (poser des questions, demander des explications, inviter le locuteur ou la locutrice à formuler autrement ce qui vient d'être énoncé, etc.).

Les stratégies d'écoute, p. 448

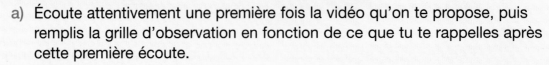

a) Écoute attentivement une première fois la vidéo qu'on te propose, puis remplis la grille d'observation en fonction de ce que tu te rappelles après cette première écoute.

b) Réécoute la vidéo et remplis ou modifie la grille d'observation, à l'aide d'un crayon d'une autre couleur.

c) En équipe de trois, comparez les données recueillies dans vos grilles respectives à l'aide des questions suivantes.

- À la première écoute, quelle information avez-vous notée ? Quels genres de renseignements avez-vous eu tendance à oublier ?

- Après la seconde écoute, quelles différences importantes observez-vous ?

- Quelles conclusions pouvez-vous tirer à propos de votre profil d'auditeur ou d'auditrice ? Ce profil correspond-il à celui que vous avez établi à l'aide du test précédent ?

Je vais plus loin

Préparation au projet

Dans l'activité proposée, fais appel à tes habiletés d'écoute tout en te sensibilisant aux principales caractéristiques d'un audioguide.

a) Écoute une première fois l'audioguide présenté et remplis la première section de la fiche en vue de découvrir :

- comment est structuré le « texte descriptif » lu par le présentateur ou la présentatrice ;

- quelles formules sont employées pour introduire et conclure la présentation, et pour indiquer les transitions entre les « sites » à observer.

b) Écoute une seconde fois l'audioguide et relève deux aspects importants à utiliser dans ce type de présentation orale :

- des marques exprimant le point de vue du présentateur ou de la présentatrice ;

- des indices de variété de la langue standard exigée dans cette situation.

L'orthographe des mots se terminant par le son « an »

DES MOTS intrigants : ressemblants ou différents ?

> « **Han! Comment?** Faut-il écrire -*an*, -*ant*, -*anc*, -*and*, -*ang*, -*amp*, -*ent*, -*end* ou -*ens*?
> – Guet-apens?
> – Pas vraiment!

Je réfléchis

1. Observe le tableau suivant qui présente des mots de diverses classes se terminant par le son « an ».

Classes de mots	-an	-ant	-ent	Autres graphies
Noms	tympan océan	décapant suppléant occupant dirigeant	impotent confident convalescent envoûtement	étang marchand suspens différend
Adjectifs	anglican birman	frappant grimpant insultant excitant	insolent compétent intermittent éloquent	franc gourmand allemand friand
Adverbes		auparavant dorénavant autant	souvent parfaitement récemment	dedans longtemps sur-le-champ

a) Quelles stratégies ou quels trucs pourrais-tu utiliser pour retenir l'orthographe de la finale de ces mots? Celle-ci diffère-t-elle vraiment en fonction de la classe de mots?

b) En équipe de trois, dressez une liste de mots de différentes classes (noms, adjectifs, adverbes, prépositions, etc.) qui se terminent par le son « an ». Selon chaque classe de mots à laquelle ils appartiennent, quelle en est l'orthographe la plus fréquente?

2. a) Compare les syllabes finales des mots du tableau suivant. Dans les quatre ensembles de mots proposés (1, 2, 3 ou 4), que remarques-tu de particulier, selon que ce sont des verbes au participe présent ou des adjectifs?

b) Comment t'y prends-tu pour distinguer un adjectif d'un verbe au participe présent?

	Verbes à l'infinitif	Participes présents	Adjectifs
1	Percer	en perçant	un cri perçant
	Retentir	en retentissant	un échec retentissant
2	Fatiguer	en fatiguant	un travail fatigant
	Intriguer	en intriguant	un problème intrigant
3	Provoquer	en provoquant	un style provocant
	Communiquer	en communiquant	un vase communicant
	Convaincre	en convainquant	un argument convaincant
4	Exceller	en excellant	un projet excellent
	Négliger	en négligeant	un responsable négligent
	Précéder	en précédant	un jour précédent
	Équivaloir	en équivalant	un prix équivalent

un criiiiiii perçant

Mise au point

Il est vrai que le son «an» peut s'orthographier de multiples façons en fin de mot. Cependant, certaines graphies sont très peu fréquentes (ex.: *-anc*, *-and*, *-ang*, *-amp*, *-end* et *-ens*), alors que d'autres sont plus souvent utilisées (ex.: *-ant*, *-ent* et *-an*).

En ce qui concerne les graphies plus fréquentes, il est intéressant de remarquer les régularités suivantes:

- les noms et les adjectifs dérivés d'un verbe ont souvent un suffixe en *-ant*;

  Ex.: occuper ➤ occupant (nom); accueillir ➤ accueillant (adjectif)

- de nombreux noms et la plupart des adverbes se terminent par *-ment*.

  Ex.: isolement, compartiment, ensoleillement;
  gravement, habituellement, forcément

Pour trouver plus facilement la finale appropriée à un mot qui se termine par le son «an», tu peux appliquer les stratégies suivantes:

- recourir à des mots de même famille;

  Ex.: sang ➤ sanguin;
  éléphant ➤ éléphanteau

- associer la forme féminine et masculine du mot;

  Ex.: persan ➤ persane;
  gourmand ➤ gourmande

- décomposer le mot;

  Ex.: polyvalent ➤ poly + valent;
  contretemps ➤ contre + temps

- comparer le mot avec d'autres mots semblables.

  Ex.: slogan comme ouragan, volcan, charlatan, chenapan, etc.

@ Les stratégies de mémorisation de
l'orthographe des mots, p. 499

Orthographe lexicale

Je m'entraîne

1. Complète les mots suivants en employant l'orthographe appropriée pour transcrire les sons des syllabes finales proposées. Si tu ne connais pas certains mots ou si tu doutes de leur orthographe, fais une hypothèse, puis valide-la dans un dictionnaire.

« san »	« zan »	« kan »	« gan »
en ▨	courti ▨	élo ▨	arro ▨
pur- ▨	bienfai ▨	tou ▨	ori ▨
offen ▨	dépay ▨	fré ▨	frin ▨
sous-ja ▨	parme ▨	trafi ▨	élé ▨
commer ▨	fai ▨	grandilo ▨	on ▨

« man »	« ran »	« tan »	« van »
dé ▨	ha ▨	gi ▨	au ▨
caï ▨	ty ▨	comp ▨	di ▨
défor ▨	inhé ▨	contre ▨	para ▨
infini ▨	tisse ▨	charla ▨	éprou ▨
talis ▨	exubé ▨	ventripo ▨	dissol ▨

2. À l'aide d'un dictionnaire, d'un tableau de conjugaison ou d'une grammaire, trouve trois verbes à l'infinitif:

1 dont le participe présent et l'adjectif sont de forme identique;

Ex.: émouvoir ➤ en émou**vant** son public ; un spectacle émou**vant**

2 dont le participe présent et l'adjectif sont de forme différente.

Ex.: influer ➤ en influ**ant** sur les autres ; un politicien influ**ent**

Orthographe lexicale

Je vais plus loin

Préparation au projet

Ce jeu d'orthographe te permettra de mettre à l'épreuve tes connaissances sur l'orthographe des mots se terminant par le son «an».

Mots manquants

Nombre de joueurs
Former des équipes de quatre.

But du jeu
Trouver la solution du plus grand nombre de devinettes possible.

Déroulement du jeu

1. Survoler les textes du dossier 7 du recueil et noter une dizaine de mots se terminant par le son «an».

2. Inventer une devinette, à partir de certains des mots choisis, en s'inspirant de la définition du dictionnaire.

   Ex.: *J'ai volé plusieurs objets dans les pyramides. Par ailleurs, même si je suis un escroc, à cause de mon nom, je ne volerais jamais un fromage ni une pièce de vêtement qui recouvre la main.*

   Je suis un BRIGAND (Brie + gant).

3. Soumettre les devinettes aux camarades d'une autre équipe. Fournir des indices supplémentaires si certains mots sont plus difficiles à deviner.

Points
Les points sont comptés de la façon suivante:
- Chaque mot trouvé vaut un point.
- Chaque mot bien orthographié vaut deux points.

Orthographe lexicale

377

Merveilles d'hier et d'aujourd'hui

Dossier8 Un monde de culture

Gabrielle

« Mademoiselle Roy ! Mademoiselle Roy ! » C'est ainsi que m'appelaient mes élèves. J'ai enseigné pendant près de dix ans. Ce furent des années inoubliables ! J'ai commencé ma carrière d'institutrice dans des écoles de rang, dans la vaste campagne manitobaine. Puis, j'ai enseigné à Winnipeg, dans une école réservée aux garçons. Quand je suis devenue romancière, des années plus tard, j'ai tenu à témoigner de cette belle époque de ma jeunesse. J'ai fait le portrait de mes élèves les plus marquants. Mon livre *Ces enfants de ma vie* raconte les aventures de ces jeunes. Grâce à la littérature, tout le monde peut désormais faire la connaissance de Vincento, de Demetrioff ou de Médéric.

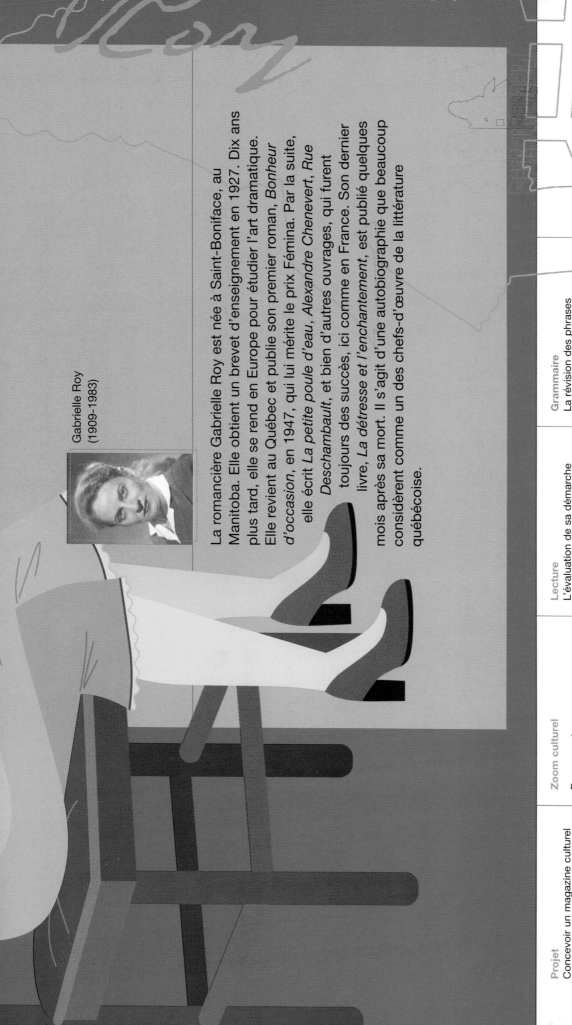

Gabrielle Roy
(1909-1983)

La romancière Gabrielle Roy est née à Saint-Boniface, au Manitoba. Elle obtient un brevet d'enseignement en 1927. Dix ans plus tard, elle se rend en Europe pour étudier l'art dramatique. Elle revient au Québec et publie son premier roman, *Bonheur d'occasion*, en 1947, qui lui mérite le prix Fémina. Par la suite, elle écrit *La petite poule d'eau*, *Alexandre Chenevert*, *Rue Deschambault*, et bien d'autres ouvrages, qui furent toujours des succès, ici comme en France. Son dernier livre, *La détresse et l'enchantement*, est publié quelques mois après sa mort. Il s'agit d'une autobiographie que beaucoup considèrent comme un des chefs-d'œuvre de la littérature québécoise.

Projet
Concevoir un magazine culturel

Zoom culturel
Des connaissances
et des compétences
pour réaliser le projet

Lecture
L'évaluation de sa démarche
en lecture

Écriture
L'efficacité des stratégies d'écriture

Grammaire
La révision des phrases
et de l'orthographe

Communication orale
Les difficultés liées à la
communication orale

Projet

Concevoir un magazine culturel

Un magazine culturel souvenir

L'année se termine et tu aimerais garder un souvenir de quelques-uns de tes coups de cœur. Quels sont les plus beaux textes que tu as écrits? Quels livres, quelles chansons, quelle musique, quels films ont retenu ton attention? Voici une occasion rêvée de les faire connaître en créant un magazine qui rendra compte de tes plus grandes réalisations et découvertes culturelles de l'année.

Pour concevoir ce magazine et le mettre en forme, tout le monde mettra la main à la pâte! Avec tes camarades de classe, choisis les rubriques que vous présenterez: poèmes ou récits inédits, critiques de livres ou de films, etc. Reprendrez-vous votre meilleur texte et le retravaillerez-vous? Déciderez-vous de créer une nouvelle «œuvre»? De nombreuses possibilités s'offrent à vous!

Un exemple

Les pages suivantes (p. 381-382) te serviront d'exemple pour t'aider à réaliser ton projet. Lis tout d'abord l'éditorial rédigé par l'enseignante d'un groupe du secondaire ainsi que la table des matières du magazine culturel produit par ce groupe d'élèves. Puis, pour créer ton propre magazine, suis la démarche proposée à la page 383.

Éditorial

Le mot de l'enseignante

Quelle belle année nous venons de passer ! Plusieurs de vos projets ont été de grandes réussites.

Voici donc un magazine culturel qui représente bien notre groupe-classe. Chaque élève y a participé pour témoigner de ce qu'il ou elle a pu voir, entendre, lire et écrire de mieux cette année, en classe de français. La présentation de ce magazine est intéressante. La qualité des illustrations, des photos et de la mise en pages est indéniable. Les heures passées devant l'ordinateur ont visiblement porté des fruits.

Bref, l'ensemble de ces pages représente bien ce qu'on a vécu au cours de cette deuxième année du secondaire. Chers élèves, rangez ce magazine précieusement dans un tiroir. Ressortez-le dans un an, dans cinq ans, dans dix ans, dans trente ans ! Je vous garantis une petite boule d'émotion dans la gorge...

Louise Georges

P.-S. : Un gros merci aux parents de Lara, qui nous ont donné un solide coup de main pour la reliure. Merci également à Monique, la bibliothécaire, qui nous a aidés à organiser le lancement de notre magazine.

RÉDACTEURS EN CHEF Nathan Gagné • Manon Talbot **COLLABORATEURS** Les élèves de la classe de Louise Georges • Martin Trudel, père de Flavia, notre conseiller en graphisme • Claude et Laudie Karazivan, nos aides-relieurs • Monique Leblanc, notre bibliothécaire **ILLUSTRATIONS** Camille Jimenez • Adrien Dolbec **PHOTOS** Olivier Diallo • Pablo Dinatale **MISE EN PAGES** Flavia Trudel • Lara Karazivan

3

sommaire

À lire

À voir

La démarche

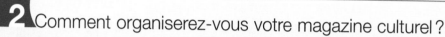

1 Que proposeras-tu comme contenu dans le magazine culturel de ta classe ?

- Passe en revue tes réalisations de l'année et retiens celles que tu trouves les plus réussies. Rappelle-toi les lectures que tu as faites : lesquelles recommanderais-tu à tes camarades ? Quels autres produits culturels aimerais-tu faire connaître ?

2 Comment organiserez-vous votre magazine culturel ?

- Feuilletez des magazines. Examinez la façon d'organiser le contenu : sections, disposition en colonnes, titres et intertitres, chapeaux (texte sous le titre qui présente l'article), photos, illustrations, légendes sous les images, etc.
- Déterminez le contenu de votre magazine et la façon de l'organiser en sections.
- Imaginez l'allure générale de votre magazine.

3 Comment vous répartirez-vous le travail d'édition ?

- Prévoyez des tâches précises pour chacun et chacune (direction du projet, collecte des textes, mise en pages, etc.).

4 Comment produiras-tu la première version de ton texte ?

- Rédige ton texte en tenant compte du contexte particulier dans lequel il paraîtra et des stratégies d'écriture que tu as développées.
- Si tu reprends un de tes textes, donne-le à lire à des amis et écoute leurs commentaires. Retravaille ton texte en tenant compte de ces commentaires et du contexte particulier dans lequel il paraîtra.

5 Comment t'y prendras-tu pour réviser ton texte ?

- Relis ton texte en tenant compte du fait qu'il sera « publié » et qu'il s'adresse à tes camarades de classe : vérifie la structure des phrases, le choix du vocabulaire, la ponctuation. Corrige l'orthographe.

Les stratégies d'écriture, p. 439

OÉ Grille de révision de la grammaire du texte et de la phrase

6 De quelle façon présenterez-vous vos textes ?

- Déterminez quels textes doivent être disposés d'une façon particulière (modifications des caractères pour mettre des mots en évidence, ajouts d'images et de légendes, etc.).
- Composez le sommaire et prévoyez une capsule qui précise de quelle manière chacun ou chacune a participé à la réalisation du magazine.
- Concevez une page couverture qui donne un aperçu du contenu de votre magazine.

7 Quelle évaluation fais-tu de ton travail et de ta démarche ?

- Évalue ta capacité à rendre un texte « publiable », tant sur le plan des idées que de la langue.

Un monde de culture

Zoom culturel

Les théâtres d'été

Les théâtres d'été présentent des œuvres qui divertissent, mais qui font aussi parfois réfléchir. Certains théâtres d'été offrent des spectacles familiaux, avec des marionnettes géantes, des effets spéciaux, des décors et des costumes spectaculaires. Porte une attention particulière à ce qui sera à l'affiche dans ta région cet été.

Des lectures

La saison estivale est une belle période pour les amateurs de romans. Les vacances fournissent des moments de détente qui permettent de lire pendant de nombreuses heures à l'ombre d'un arbre. Certaines personnes disent d'ailleurs qu'elles ont des « lectures d'été ». Durant cette période, elles choisissent des livres plus volumineux, qui présentent des histoires captivantes.

La Bibliothèque nationale du Québec

La Bibliothèque nationale du Québec est un organisme gouvernemental qui conserve les livres d'ici et offre des services de documentation gratuits à tous les Québécois. Son centre est situé à Montréal, dans la Grande Bibliothèque de la rue Berri. Si tu n'as pas la chance de visiter ce magnifique bâtiment, tu peux néanmoins profiter de ses services puisqu'il est possible de faire venir les livres de sa collection par la bibliothèque de ta municipalité.

Les festivals

On compte plus de 200 fêtes et festivals au Québec chaque année. Parmi les plus intéressants, notons le Festival de cinéma international d'Abitibi-Témiscamingue, le Festival Juste pour rire de Montréal, le Festival de théâtre de rue de Shawinigan, le Festival international des arts de la marionnette de Jonquière, le FestiJazz international de Rimouski, le Festival en chanson de Petite-Vallée, le Festival International de la Poésie de Trois-Rivières.

La télévision

Même si elle est souvent l'objet de critiques, la télévision est un merveilleux véhicule de la culture. Certaines émissions traitent de spectacles, de chansons, de littérature, de théâtre, etc. Grâce à la télé, tu peux aussi satisfaire ta passion pour le cinéma en visionnant un film parmi les centaines que l'on y présente chaque semaine. Pour faire un choix éclairé, consulte un guide de télé. Tu verras que les films sont classés selon une cote de 1 (chef-d'œuvre) à 7 («navet»).

Le Festival International de la Poésie de Trois-Rivières.

Le Festival Juste pour rire de Montréal.

Préparation au projet

1. Survole l'ensemble de ton carnet de lecture et fais un palmarès des dix plus beaux moments de lecture que tu as vécus depuis le début du cycle.

2. Choisis une des pages de ton carnet de lecture en pensant à ton voisin ou à ta voisine de classe. Montre-lui cette page afin de lui fournir une suggestion de lecture pour la saison estivale qui approche.

Lecture
Des textes en quête de lecteurs

L'évaluation de sa démarche en lecture

Depuis le premier cycle du primaire, tu as vraiment fait des progrès étonnants en lecture! Lire régulièrement t'a permis de mieux comprendre des textes de plus en plus complexes, d'y réagir et aussi de déterminer tes préférences. Mais l'apprentissage de la lecture n'est jamais terminé. Avant de relever de nouveaux défis, il est important que tu saches où tu en es présentement.

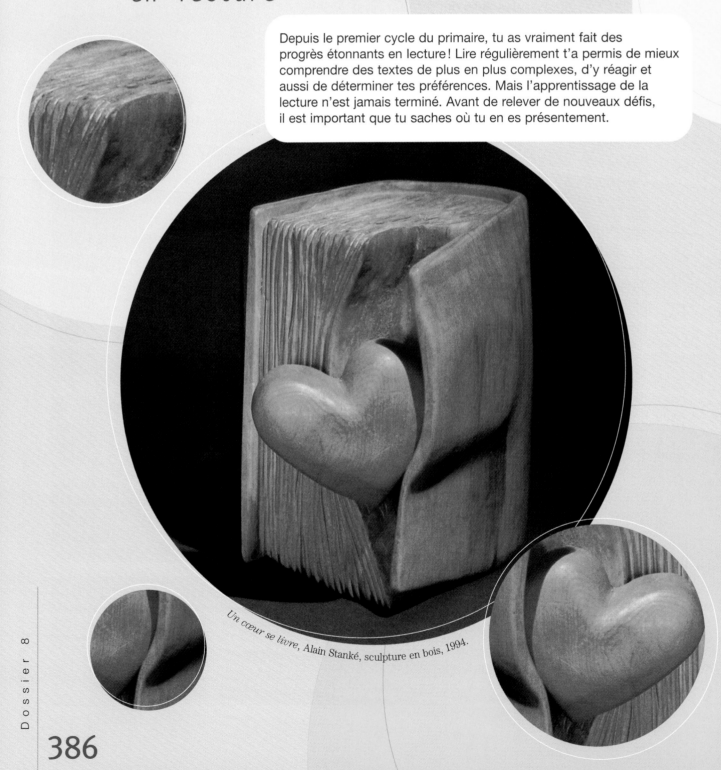

Un cœur se livre, Alain Stanké, sculpture en bois, 1994.

1. a) Pour cerner ton profil de lecteur ou de lectrice, réponds à chacune des questions suivantes. Tu peux choisir l'une des réponses suggérées ou en formuler une plus personnelle.

1. À quel point aimes-tu lire ?

A J'aime beaucoup lire, mais je préfère choisir mes lectures, car ce qui compte le plus, selon moi, c'est l'intérêt qu'on a pour tel ou tel livre.

B J'aime bien lire à l'occasion un texte qui m'est conseillé, mais je ne ressens pas le besoin de lire régulièrement juste pour le plaisir.

C Je n'aime pas beaucoup la lecture, même si je suis assez habile à comprendre la plupart des textes proposés. Je lis toujours des textes qui me sont imposés.

D J'apprécie peu la lecture et je n'ai pas vraiment de motivation pour réaliser les tâches de lecture en classe ou à la maison.

2. Selon toi, pourquoi tant de gens aiment-ils lire ?

A Pour rêver, s'évader, se désennuyer.

B Pour s'informer, se cultiver, apprendre.

C Pour approfondir leurs connaissances sur soi et sur les autres.

D Pour satisfaire aux exigences de l'école, avoir de meilleures notes.

Un monde de culture

3. D'après toi, quelles sont les conditions essentielles pour devenir un bon lecteur ou une bonne lectrice?

A Aimer lire et avoir des livres intéressants à sa disposition.

B Lire fréquemment différents genres de textes.

C Avoir beaucoup d'imagination.

D Avoir envie de tout connaître et avoir de la facilité à l'école.

E Avoir des amis qui lisent et aimer discuter de ses lectures.

F Être capable de bien se concentrer et avoir un bon vocabulaire.

4. Quelle place la lecture prendra-t-elle dans ta vie? Serait-il possible qu'elle soit importante dans l'emploi que tu occuperas plus tard?

A Je crois que la lecture fera partie de mes loisirs et qu'elle sera primordiale dans mon travail.

B Je pense bien qu'il faudra que je sois un bon lecteur ou une bonne lectrice, compte tenu du genre de profession que j'aimerais exercer. Je lirai surtout pour m'informer et, à l'occasion, pour me distraire.

C Ma compétence en lecture ne sera sûrement pas déterminante pour obtenir un emploi. Plus tard, je vais peut-être feuilleter des journaux ou des revues, lire quelques articles de temps à autre, mais pas davantage.

D Ce qu'on apprend en lecture ne me sera d'aucune utilité dans mon emploi futur. Quand j'aurai terminé l'école, il serait bien étonnant que je lise fréquemment.

5. Quels genres de livres préfères-tu ?

A   Des romans de différents genres.

B   De la poésie.

C   Des contes ou des légendes.

D   Des magazines et des journaux.

E   Des bandes dessinées ou des albums pour jeunes.

F   Des romans-photos ou des mangas.

6. Parmi les genres de romans suivants, lesquels préfères-tu ?

A   Policiers.

B   Fantastiques.

C   Historiques.

D   D'aventures.

E   De science-fiction.

F   D'amour.

G   D'apprentissage.

H   D'anticipation.

7. Quelles sont tes principales forces en lecture ?

A   Comprendre les éléments importants d'un texte.

B   Donner du sens aux mots peu familiers.

C   Trouver l'information importante et être capable de la résumer.

D   Exprimer mes réactions par rapport au texte et en interpréter le contenu.

E   Comparer des textes entre eux.

F   Avoir recours à des stratégies de lecture appropriées.

8. En te référant aux énoncés précédents, que devrais-tu améliorer en lecture ?

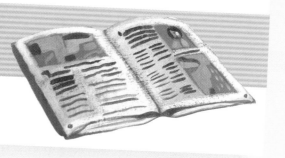

b) À l'aide de tes réponses au questionnaire précédent, remplis un organisateur graphique semblable à celui qui suit en vue d'esquisser ton profil de lecteur ou de lectrice.

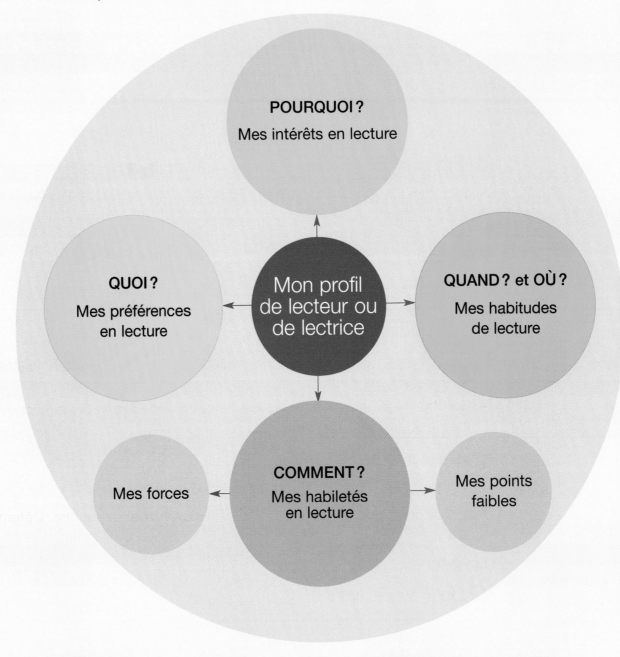

c) À l'aide de ton organisateur graphique, décris brièvement ton profil de lecteur ou de lectrice. Pour conclure, invente une expression pour nommer ce profil (ex. : lecteur passionné, lectrice d'occasion).

Ex. : Ce que j'aime le plus, c'est lire un bon roman policier le soir au lit. Ce genre de livre me change les idées et me détend. J'aime bien quand je réussis à découvrir qui est coupable, mais je bute souvent sur des mots difficiles à comprendre. Je dirais que je suis un lecteur qui découvre le plaisir de lire.

2. En groupe, avec trois camarades qui ont des profils différents du tien, examinez les profils de chacun et de chacune. Au cours de la discussion, comparez vos profils en vous inspirant des questions suivantes.

- Qu'est-ce que vous avez en commun?
- Qu'est-ce qui vous distingue les uns des autres?
- Que pourriez-vous faire pour vous améliorer en lecture?

Mise au point — Améliorer ses compétences en lecture

La lecture est un passe-temps formidable! Elle peut t'offrir de longues heures de divertissement, mais aussi t'apporter de nouvelles connaissances. Voici quelques conseils pour t'aider à améliorer tes compétences en lecture.

- N'hésite pas à discuter avec d'autres lecteurs des textes que tu lis et à partager ta compréhension avec eux.
- Assure-toi de bien comprendre la tâche qu'on te demande de faire à la suite de la lecture d'un texte.
- Utilise des stratégies de lecture et évalue fréquemment leur efficacité. Avant de lire un texte, fais-tu un survol du texte? Comment réagis-tu lorsque tu ne comprends pas un mot? Es-tu capable de dégager l'organisation du texte? Es-tu habile à reconnaître les idées principales, à comprendre les liens entre les phrases et entre les paragraphes, etc.?

Pour t'encourager, note tes progrès dans ton carnet de lecture. Détermine ce que chaque texte lu t'apporte sur le plan scolaire et le plan personnel.

Le texte...

- te permet-il de rêver un peu?
- te permet-il d'acquérir de nouvelles connaissances?
- te fait-il douter?
- te donne-t-il envie d'aller plus loin en poursuivant la lecture d'autres romans, d'autres articles, d'autres poèmes, etc.?
- te donne-t-il envie de te fixer de nouveaux défis de lecture?

Les stratégies de lecture, p. 427

1. Observe attentivement les quatre illustrations suivantes.

Bibliothèque 1

Bibliothèque 2

Bibliothèque 3

Bibliothèque 4

a) Essaie de deviner qui sont les propriétaires de ces bibliothèques (âge, sexe, goûts personnels, etc.) et quel est leur profil de lecteur ou de lectrice.

b) Laquelle de ces bibliothèques préférerais-tu? Pourquoi?

c) Donne le titre d'un ou deux livres que tu ajouterais à cette bibliothèque.

d) Nomme quelques livres «coups de cœur» qui représenteraient le mieux ta personnalité.

2. Afin de poursuivre ta réflexion sur tes intérêts et tes compétences en lecture, lis les textes suivants et réponds aux questions qui s'y rapportent.

1

Le cœur de ma vie

C'est la langue qui court dans les rues de la ville,
Comme une chanson d'amour au refrain malhabile ;
Elle est fière et rebelle et se blesse souvent
Sur les murs des gratte-ciel, contre les tours d'argent…

5 Elle n'est pas toujours belle, on la malmène un peu,
C'est pas toujours facile d'être seule au milieu
D'un continent immense où ils règlent le jeu,
Où ils mènent la danse, où ils sont si nombreux…

Elle n'est pas toujours belle, mais vivante, elle se bat,
10 En mémoire fidèle de nos maux, de nos voix,
De nos éclats de rire et de colère aussi,
C'est la langue de mon cœur et le cœur de ma vie…

C'est une langue de France aux accents d'Amérique,
Elle déjoue le silence à grands coups de musique ;
15 C'est la langue de mon cœur et le cœur de ma vie,
Que jamais elle ne meure, que jamais on ne l'oublie…

Il faut, pour la défendre, la parler de son mieux,
Il faut la faire entendre, faut la secouer un peu ;
Il faut la faire aimer à ces gens près de nous
20 Qui se croient menacés de nous savoir debout…

Il faut la faire aimer à ces gens de partout
Venus trouver chez nous un goût de liberté ;
Elle a les mots qu'il faut pour nommer le pays,
Pour qu'on parle de lui en le chantant tout haut…

25 C'est une langue de France aux accents d'Amérique,
Elle déjoue le silence à grands coups de musique ;
C'est la langue de mon cœur et le cœur de ma vie,
Que jamais elle ne meure, que jamais on ne l'oublie…

Le cœur de ma vie, paroles et musique de Michel Rivard, 1989.

2 FRANÇAIS

Le français est mon instrument de musique. J'en joue comme d'autres jouent du piano. Ses mots sont les 5 notes de mon clavier, ses rimes sont mes accords.

« Pourquoi n'écrivez-vous pas directement en anglais ? » me demandent toujours les 10 Américains (et même les Français !). Réponse : « Est-ce qu'on demande à un violoncelliste pourquoi il ne joue pas de la trompette ? » […]

15 Le français est une langue du cœur, qui dit et chante l'amour de la façon la plus douce qui soit. Le français est aussi une langue de tête, 20 une langue intellectuelle, philosophique, scientifique, diplomatique, d'une précision et d'une richesse de vocabulaire qui n'ont 25 d'égal dans aucune langue occidentale. […]

Le français est une langue mondiale, un passeport pour le monde : qu'on soit à 30 Moscou, à Pékin, à Buenos Aires ou à Rome, on trouve toujours quelqu'un qui veut parler en français. C'est une chance que nous avons, 35 nous, Québécois, de parler une des langues les plus belles et les plus aimées du monde […]

Luc Plamondon, parolier
« 101 mots pour comprendre le Québec », *L'actualité*, édition spéciale, 15 décembre 2005, vol. 30, n° 20, p. 68.

Un monde de culture

3 Au début, ça allait, mais, plus je tournais les pages, moins je trouvais de réponses. Je commençais à paniquer. Le pire, c'était un paragraphe de quelques lignes ; l'énoncé disait : «Retrouvez et corrigez les erreurs de ce texte.» C'était affreux, je n'en voyais aucune. J'étais vraiment le plus nul des nuls. C'était

5 plein de fautes, et je ne les voyais même pas ! Il y avait une boule dans ma gorge, qui remontait tout doucement, et mon nez commençait à me piquer. J'ouvrais grand les yeux. Je ne devais pas pleurer. Je ne voulais pas pleurer. JE NE VOULAIS PAS, vous comprenez ?

[...]

«Bon, monsieur Jérémiades, tu

10 me préviens quand tu arrêtes ton char. Qu'on puisse bosser un peu, tous les deux.»

Qu'est-ce que c'était que cette histoire ? J'ai regardé partout

15 dans la pièce pour voir s'il y avait des caméras ou des micros. Mais qu'est-ce que c'était que cette histoire ! J'étais entré dans la quatrième dimension ou quoi ?

20 «Grand-Léon, c'est toi ?»
«Qui veux-tu que ce soit, gros nigaud ? Le pape ?»
«Mais... comment c'est possible ?»
«De quoi ?»

25 «Ben... que tu sois là, que tu puisses me parler comme ça ?»
«Ne dis pas de bêtises, Toto, j'ai toujours été là, et tu le sais très bien. Bon, assez plaisanté. Concentre-toi un peu. Prends un crayon à papier et souligne-moi tous les verbes conjugués... Non, pas celui-là, tu vois bien qu'il se termine par

30 "er". Maintenant, trouve leurs sujets... Voilà... Fais des petites flèches... C'est bien. Réfléchis, il faut que chaque verbe soit bien accordé... Là, regarde, le sujet, c'est quoi ?... Oui, c'est "tu", donc un "s", c'est bien. Après, fais la même chose avec les noms communs, souligne-les... Trouve leurs déterminants et contrôle. Contrôle tout. Et les adjectifs ? Ça ne te paraît pas bizarre ce "bouilli"

35 là, pour "des nappes" ? "es", c'est bien, tu vois que tu peux y arriver si tu fais attention. Retourne un peu en arrière maintenant, j'ai vu des choses affreuses en calcul...»

[...]

J'avais l'impression de dormir éveillé, j'étais super concentré et super détendu en même temps. J'écrivais sur des nuages. C'était vraiment une sensation étrange.

40 « Voilà, Toto, je vais te laisser, maintenant. C'est la rédaction, et là, je sais que tu es beaucoup plus fort que moi... Si, si. C'est vrai. Je vais te laisser, mais attention à l'orthographe, hein ? Tu fais comme tout à l'heure : des petites flèches et des contrôles. Dis-toi que tu es le flic des mots. À chacun, tu leur demandes leurs papiers avant de les laisser circuler : — Vous, là ! Comment

45 vous vous appelez ? — Adjectif. — Avec qui vous roulez, mon garçon ? — Avec " chiens ". — Bon, alors, qu'est-ce qu'il vous faut ? — Un *s*, monsieur. — C'est bon, circulez. Tu vois ce que je veux dire ? »

— Oui, ai-je répondu.

— Ne parlez pas à voix haute, jeune homme ! s'est exclamée la surveillante.

50 Vous devez vous taire. Je ne veux rien entendre !

Je me suis bien relu. Au moins cinquante-sept fois. Et je lui ai rendu mon cahier. Une fois dans le couloir, j'ai murmuré :

— Grand-Léon, t'es toujours là ?

Aucune réponse.

[...]

Anna Gavalda, *35 kilos d'espoir*, Paris, Bayard Éditions Jeunesse, 2002, p. 89-95.

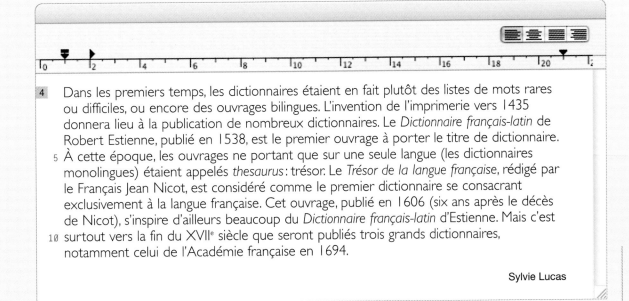

4 Dans les premiers temps, les dictionnaires étaient en fait plutôt des listes de mots rares ou difficiles, ou encore des ouvrages bilingues. L'invention de l'imprimerie vers 1435 donnera lieu à la publication de nombreux dictionnaires. Le *Dictionnaire français-latin* de Robert Estienne, publié en 1538, est le premier ouvrage à porter le titre de dictionnaire.

5 À cette époque, les ouvrages ne portant que sur une seule langue (les dictionnaires monolingues) étaient appelés *thesaurus* : trésor. Le *Trésor de la langue française*, rédigé par le Français Jean Nicot, est considéré comme le premier dictionnaire se consacrant exclusivement à la langue française. Cet ouvrage, publié en 1606 (six ans après le décès de Nicot), s'inspire d'ailleurs beaucoup du *Dictionnaire français-latin* d'Estienne. Mais c'est

10 surtout vers la fin du XVIIe siècle que seront publiés trois grands dictionnaires, notamment celui de l'Académie française en 1694.

Sylvie Lucas

Un monde de culture

a) Dans un tableau semblable à celui ci-dessous:

- indique, sur la première ligne du tableau, le type des textes que tu viens de lire (utilise les chiffres ☐1 à ☐4);
- détermine ensuite ton appréciation de chaque texte à l'aide d'une cote de 1 (j'adore) à 5 (je déteste);
- détermine enfin ton degré de compréhension de chaque texte à l'aide d'une cote de 1 (facile) à 5 (difficile).

	TEXTES LITTÉRAIRES		TEXTES COURANTS	
	Texte narratif	Texte poétique	Texte descriptif	Texte présentant des opinions
Texte nº…	▬	▬	▬	▬
Appréciation	▬	▬	▬	▬
Compréhension	▬	▬	▬	▬

b) Observe ton tableau et réponds aux questions suivantes.

☐1 Quel est le thème commun de ces textes?

☐2 Quel texte trouves-tu le plus difficile à lire? Pourquoi (mots peu familiers, phrases complexes, idées principales difficiles à déterminer, etc.)?

☐3 Quel texte trouves-tu le plus facile à lire? Pourquoi?

☐4 Y a-t-il un lien entre ta cote d'appréciation et ta cote de compréhension? Justifie ta réponse.

☐5 Y a-t-il un lien entre ta cote d'appréciation et tes habiletés en lecture? Réfère-toi à ton profil de lecteur ou de lectrice pour justifier ta réponse.

3. Relis les textes (p. 393-395) et réponds aux questions qui se rapportent à chacun d'eux.

1. *Le cœur de ma vie* de Michel Rivard

    a) À qui ou à quoi l'auteur compare-t-il la langue ?

    b) Explique en une ou deux phrases le sens de ce texte.

2. Le mot *Français* de Luc Plamondon

    a) Quelles sont les quatre raisons présentées par l'auteur pour expliquer l'importance de la langue française ?

    b) Selon toi, quelle est la principale difficulté de ce texte ? Justifie ta réponse à l'aide d'exemples tirés du texte.

3. *35 kilos d'espoir* d'Anna Gavalda

    a) À l'aide d'indices tirés du texte, fais un portrait sommaire du narrateur ou de la narratrice. Est-ce un garçon ou une fille ? De quel âge environ ? Donne aussi quelques renseignements sur sa personnalité.

    b) Selon toi, qui est Grand-Léon ? Justifie ta réponse à l'aide d'exemples tirés du texte.

4. *Dictionnaire* de Sylvie Lucas

    a) Dans quel genre d'ouvrage pourrait-on trouver ce type de texte ?

    b) Résume ce texte dans tes mots.

Je vais plus loin

Survole le dossier 8 dans ton recueil de textes (p. 242-264).

a) Détermine l'élève qui aurait un profil de lecteur ou de lectrice semblable au tien. Justifie ta réponse.

b) Détermine l'élève qui aurait un profil de lecteur ou de lectrice très différent du tien. Justifie ta réponse.

c) En t'inspirant du dossier 8 du recueil, crée deux pages qui illustrent ton propre univers culturel. Fais d'abord ta présentation, puis rédige une note critique sur un livre de ton choix.

Écriture

Des textes en devenir

L'efficacité des stratégies d'écriture

Que c'est beau! Pour y arriver, l'artiste a certainement eu un coup de génie, une inspiration incroyable, une idée sensationnelle! Oui… mais il ou elle y a mis aussi beaucoup de temps.

Les artistes ne travaillent pas tous de la même façon. Ils ont une démarche artistique personnelle qui les conduit à l'œuvre achevée. C'est qu'ils ont développé des stratégies au fil du temps. Et toi, quelles stratégies as-tu développées en écriture? Quelles sont celles qui t'ont permis d'obtenir des textes… achevés?

1. Lis les trois situations d'écriture suivantes, puis réponds aux questions qui s'y rattachent.

Situation d'écriture 1

À l'école de Joëlle, on a annoncé la tenue d'auditions pour recruter les élèves qui feront partie de la pièce de théâtre présentée à la fin de l'année scolaire. Joëlle adorerait faire partie de la distribution, mais elle est paralysée à l'idée de devoir passer une audition. Que penseraient ses amis Ingrid et Paolo si elle était choisie ? Et si elle ne l'était pas ? Raconte l'histoire de Joëlle.

Situation d'écriture 2

Tu as assisté à la première représentation de la pièce de théâtre montée par la troupe de ton école. Tu veux faire connaître cette pièce à tous les élèves de l'école. Rédige un article dans le journal étudiant pour raconter ce que tu en penses.

Situation d'écriture 3

Tu es responsable de la conception et de la fabrication du costume pour le personnage principal de la pièce de théâtre qui sera présentée à ton école. Fais part de tes idées par écrit aux enseignants et aux élèves membres du comité organisateur.

a) Parmi les trois situations d'écriture :

1. laquelle aurais-tu le plus envie de réaliser ?

2. laquelle te semble la plus difficile à réaliser ?

Justifie tes réponses.

b) Pour laquelle des trois situations devrais-tu écrire :

1 une critique ?   2 un récit ?   3 une description ?

c) Parmi les trois plans suivants, lequel utiliserais-tu pour chaque situation d'écriture ?

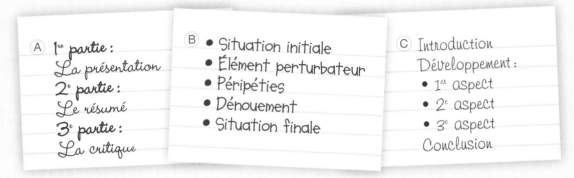

(A) 1re partie :
La présentation
2e partie :
Le résumé
3e partie :
La critique

(B) • Situation initiale
• Élément perturbateur
• Péripéties
• Dénouement
• Situation finale

(C) Introduction
Développement :
• 1er aspect
• 2e aspect
• 3e aspect
Conclusion

d) Parmi les trois banques de mots suivantes, laquelle choisirais-tu pour chaque situation d'écriture ? Justifie tes réponses.

(A) le premier personnage • les habits • les souliers • les accessoires • le maquillage • etc.

(B) hier • aujourd'hui • demain • à l'heure du dîner • en revenant de l'école • etc.

(C) parce que • car • pour toutes ces raisons • je pense que • etc.

2. Corrine et Véronique sortent en même temps de la salle de classe. Elles viennent de terminer la rédaction d'un texte pour laquelle elles ont disposé de 150 minutes. Observe comment ces deux élèves ont réparti leur temps selon les différentes étapes d'écriture. Puis, réponds aux questions qui suivent.

OUF ! J'AI FINI JUSTE À TEMPS. J'ÉTAIS EN TRAIN DE RELIRE MON TEXTE AU PROPRE QUAND LA CLOCHE A SONNÉ. POURTANT, J'AVAIS GARDÉ **30 MINUTES** POUR RECOPIER MON TEXTE ET LE RELIRE UNE DERNIÈRE FOIS. ET TOI ?

MOI AUSSI, J'AI FINI À TEMPS. IL ME RESTAIT **10 MINUTES** POUR RECOPIER MON TEXTE AU PROPRE : J'AI FAIT ÇA EN VITESSE. MAIS J'AVOUE QUE JE N'AI PAS EU LE TEMPS DE LE RELIRE. J'ESPÈRE QUE JE N'AI PAS OUBLIÉ DE PARAGRAPHES.

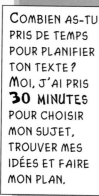

a) Lorsque tu écris un texte, ton emploi du temps ressemble-t-il davantage à celui de Corrine ou à celui de Véronique?

b) Quelle étape trouves-tu la plus exigeante: celle de la planification, celle de la rédaction ou celle de la révision? Justifie ta réponse.

Un monde de culture

c) Y a-t-il des étapes ou des tâches à l'intérieur de certaines étapes que tu laisses tomber, volontairement ou tout simplement parce que tu n'y penses pas?

Mise au point — Choisir des stratégies d'écriture efficaces

Pour arriver à écrire un bon texte, il est important de développer des stratégies d'écriture et d'en évaluer l'efficacité selon les différentes situations d'écriture.

Voici les principales stratégies d'écriture qui te permettront d'atteindre ton but et d'achever ton texte.

- **Stratégies de planification**

  La planification est essentielle. Généralement, il est plus facile d'écrire un texte lorsqu'on a d'abord réfléchi à son sujet, fait un plan, constitué quelques champs lexicaux, rédigé des fiches de personnages, choisi le point de vue et les destinataires, etc.

- **Stratégies de rédaction**

  La rédaction s'effectue en plusieurs étapes. Il faut d'abord faire un brouillon, se relire pendant qu'on le rédige, organiser ses idées en paragraphes, faire des liens entre les idées, etc.

- **Stratégies de révision**

  La révision est indispensable. Il faut relire son texte dans son ensemble ou le faire relire par une personne de son entourage afin de l'améliorer. Comment? En vérifiant si le texte convient aux destinataires et s'il tient compte du sujet et de l'intention d'écriture. Puis, en s'assurant que le texte est clair, cohérent, et qu'il y a des liens pertinents entre les idées. Finalement, en corrigeant la syntaxe, la ponctuation et l'orthographe.

- **Stratégies d'évaluation**

  L'évaluation est très utile. Une fois le texte écrit, marque une pause pour évaluer ta démarche d'écriture. Cette évaluation des aspects à améliorer, de tes forces ou de tes progrès contribue à rendre ta démarche plus efficace encore.

Comme l'œuvre achevée, chaque texte planifié, rédigé, révisé et évalué est un beau défi relevé!

Les stratégies d'écriture, p. 439

1. Lis les textes de trois élèves qui ont vu la pièce de théâtre présentée par la troupe de leur école et prends connaissance des commentaires qu'une enseignante a inscrits sur leurs copies. Réponds ensuite aux questions.

Edmond Dantès

Plan respecté :
- *présentation ;*
- *résumé ;*
- *critique.*

Première partie du *Comte de Monte-Cristo* d'Alexandre Dumas père

Pièce de théâtre présentée à l'auditorium de l'école Beausoleil du 18 au 21 mai, 19 h 30

L'action se passe en 1815. Edmond Dantès vient d'être nommé capitaine, mais, par des manigances de jaloux et d'envieux, il est enfermé au château d'If, la veille de ses noces avec la belle Mercédès, sa fiancée.

Le cachot où le pauvre se voyait croupir dans l'oubli devient cependant tout autre chose grâce à une rencontre : celle de l'abbé Faria. Le destin d'Edmond va changer.

J'ai adoré la pièce de théâtre. D'abord, l'interprétation des comédiens était excellente, même s'il s'agissait de comédiens amateurs. Ensuite, la mise en scène était très inventive. Il fallait nous faire croire qu'il y avait plein de déplacements. *alors que tout* Tout se passait sur une assez petite scène. *Enfin, je* Je peux ajouter que les costumes et les maquillages étaient très réussis et originaux.

1 *Manque de liens entre les idées.*

J'ai passé une excellente soirée et, devinez quoi, la troupe va monter la deuxième partie pour Noël, l'an prochain ! Dans cette partie, Edmond Dantès, après s'être évadé, revient en Comte de Monte-Cristo.

Violaine
Ma cote : 6/10

2 *6/10 pour cette pièce que tu as encensée?!?*

La troupe de théâtre de l'école Beausoleil présente *Edmond Dantès* (1ʳᵉ partie du *Comte de Monte-Cristo*) d'Alexandre Dumas père, les 18, 19, 20 et 21 mai, à 19 h 30.

J'ai moyennement aimé la pièce de théâtre que j'ai trouvée trop longue après l'entracte. Dans la pièce, Edmond Dantès est un jeune capitaine qui connaît des gens qu'il croit être ses amis. Mais parmi ceux-ci, il y en a qui sont jaloux de lui. Le procureur du roi, Villefort, réussit à le faire accuser faussement à l'aide d'une lettre anonyme. Nous avons trouvé que les comédiens étaient bons, mais il y en a qui ne parlaient pas assez fort, et nous perdions un peu de l'histoire. À la fin, c'est là que sa vie bascule : il est emprisonné au château d'If. Mais il rencontre quelqu'un et... Je peux vous dire que les décors et les éclairages étaient beaux. Ils nous faisaient vraiment croire qu'on était dans un cachot.

Luiz

Commentaires sur les comédiens, les décors et les éclairages : très pertinents dans une critique !

3 *Tu passes du coq à l'âne !*

4 *La partie critique est écrite parfois à la 1ʳᵉ personne du singulier, parfois à la 1ʳᵉ personne du pluriel.*

DUMAS, Alexandre. *Le comte de Monte-Cristo*, Paris, Édition Hachette jeunesse, 1976 (Collection Bibliothèque verte).

C'est le récit d'Edmond Dantès qui devait épouser Mercédès, une belle Catalane, et qui se fait incarcérer. C'est la preuve qu'Edmond Dantès n'a pas que des amis loyaux. Edmond Dantès rencontre un abbé en geôle et réussit à s'échapper.

Là, il trouve le trésor de l'abbé Faria et décide de se venger de tous ceux qui lui ont fait du mal. Il va prendre son temps et réussir une vengeance meurtrière, mais...

Le soir où j'ai assisté à la pièce, il y avait beaucoup de monde dans la salle. Il y a eu un entracte de 15 minutes, et on peut dire que les gens ont été attentifs. Les comédiens saluent deux fois sur scène et le comédien qui joue Edmond reçoit des fleurs.

Sandy

5 *Information non pertinente.*

6 *Personnage principal toujours désigné de la même manière : répétitions !*

Excellent travail de vocabulaire : « épouser », « incarcérer », « geôle »...

7 *Paragraphe hors sujet. C'est la 2ᵉ partie de l'histoire, qui n'était pas dans la pièce.*

8 *Ton opinion ? Tu ne peux pas te contenter de rapporter objectivement des faits.*

9 *Pourquoi avoir changé de temps de verbe ?*

a) Lors de leur rédaction, Violaine, Luiz et Sandy ont utilisé plusieurs bonnes stratégies. Observe leurs textes et les commentaires en marge et associe leur nom à chaque stratégie suivante :

1 Reprendre l'information pour désigner le personnage d'Edmond Dantès.

2 Faire et respecter un plan.

3 Utiliser un dictionnaire de synonymes.

4 Vérifier qu'il n'y ait pas de contradictions dans le texte.

5 Cerner l'intention de communication.

b) Associe chaque commentaire numéroté dans les textes à un énoncé ci-dessous, exprimant ce que l'élève aurait pu faire pour améliorer son texte. Un énoncé peut convenir à plus d'un commentaire.

1 Maintenir le point de vue adopté dans son texte.

2 Utiliser des procédés de reprise de l'information : des mots substituts (pronoms, synonymes, mots génériques) ou des groupes substituts.

3 Choisir uniquement l'information pertinente en fonction de la situation d'écriture.

4 Cerner l'intention de communication au départ et adopter un point de vue propice à cette intention.

5 Utiliser des marqueurs de relation et des organisateurs textuels.

6 Choisir un temps de verbe principal pour son texte et le garder jusqu'à la fin.

7 Éviter que des éléments dans son texte soient en contradiction.

8 Organiser son texte de manière cohérente en respectant le plan prévu.

c) Analyse les stratégies de planification utilisées par Violaine, Luiz et Sandy.

1. Parmi les trois situations d'écriture proposées à la page 399, laquelle a servi à écrire ces trois textes?

2. La critique est un genre de texte approprié à cette situation d'écriture. Pourquoi?

3. Quel point de vue (objectif ou subjectif) doit-on adopter dans une critique? Qui, de Violaine, Luiz ou Sandy, n'adopte pas ce point de vue? Justifie ta réponse.

4. Selon toi, qui de Violaine, Luiz ou Sandy a mal compris la consigne d'écriture et l'intention de communication?

5. Le fait de ne pas avoir fait de plan a nui grandement à l'organisation d'un des trois textes. Lequel?

d) Utilise quelques stratégies de révision pour améliorer les textes de Violaine, Luiz et Sandy.

1. Violaine aurait pu facilement modifier son texte pour éliminer la contradiction qu'on y trouve. Effectue cette modification.

2. Récris le texte de Luiz afin de séparer le résumé de la critique. Fais ensuite la correction nécessaire pour que sa critique exprime uniquement sa pensée.

3. Effectue les modifications suivantes dans le texte de Sandy.

- Ajoute quelques phrases au début de son texte en guise de présentation.
- Récris, en l'améliorant, le premier paragraphe de son résumé.
- Récris le dernier paragraphe pour en faire une critique de la pièce. Porte une attention particulière aux temps de verbe principal.

Préparation
au
projet

Cette activité te permettra de mettre en pratique diverses stratégies d'écriture et de déterminer celles que tu aurais avantage à utiliser plus souvent afin d'améliorer tes textes. Elle te permettra également de te préparer à l'écriture de ton texte pour le magazine culturel de ta classe.

1. Choisis une des deux propositions ci-dessous

> **Proposition 1**
>
> Sélectionne un texte de ton portfolio que tu aimerais améliorer. Poursuis la tâche avec l'activité 2.

> **Proposition 2**
>
> Écris un texte d'environ 200 mots. Il peut s'agir d'un texte narratif, d'un texte descriptif ou d'une critique (livre, film, disque, etc.).

a) Avant d'écrire ton texte, note sur une feuille:

- ton intention de communication (ex.: raconter une intrigue, informer, donner ton opinion);
- les caractéristiques des destinataires (ex.: élèves de ta classe, adultes);
- le point de vue que tu comptes adopter;
- le genre de texte que tu as choisi (ex.: récit, portrait, critique).

b) Sur cette même feuille:

- note toutes les idées qui te viennent en tête;
- coche les idées que tu retiens pour ton texte;
- organise ces idées selon un plan qui convient.

c) Sur une autre feuille, écris ton texte à double interligne en utilisant les stratégies de rédaction que tu connais (rédaction du brouillon, relecture en cours de rédaction, révision, correction, etc.).

Un monde de culture

407

2. Dans ton texte, révise la grammaire du texte à l'aide de la grille ci-dessous. Vérifie chacun des critères d'adaptation à la situation d'écriture et de cohérence du texte. Apporte ensuite les corrections nécessaires.

GRAMMAIRE DU TEXTE	
A	**Adaptation à la situation d'écriture**
A1	Le genre de texte (récit, portrait, capsule d'information, critique, etc.) tient compte de la situation de communication.
A2	Les destinataires (jeunes enfants, camarades de classe, adultes, etc.) sont ciblés et leurs caractéristiques sont prises en compte.
A3	L'intention de communication (informer, raconter une intrigue, etc.) est claire et justifiée.
A4	Le point de vue est adapté à l'intention de communication.
Co	**Cohérence du texte**
Co1	L'information est pertinente en fonction de la situation d'écriture.
Co2	Le contenu est organisé en fonction du type de texte (narratif, descriptif, etc.).
Co3	Le texte est bien découpé (paragraphes).
Co4	Les idées sont bien enchaînées (organisateurs textuels et marqueurs de relation).
Co5	Les moyens pour reprendre l'information sont adéquats.
Co6	Le texte est exempt de contradiction.
Co7	Le point de vue est maintenu.
Co8	Le système verbal est cohérent (choix du temps principal des verbes et harmonisation des temps des verbes).
Co9	Les marques du discours rapporté sont adéquates.

 3. Fais lire ton texte à un ou à une camarade et demande-lui, toujours à l'aide de la grille, de relever les points qui semblent nuire à la clarté ou à l'intérêt du texte. Discutez ensemble d'une façon de corriger ces problèmes.

La révision des phrases et de l'orthographe

DES ERREURS à détecter

> **Chaque chose en son temps!** Pour que le texte soit fluide et que fleurissent les idées quand on écrit, il ne faut pas avoir l'esprit trop encombré par la grammaire. Cependant, il ne faut pas oublier de ménager un peu de temps pour revoir la construction des phrases et l'orthographe des mots, que ce soit pendant ou après l'écriture.

Je réfléchis

1. Lis la réflexion suivante.

Le Penseur, Auguste Rodin, statue en bronze.

« Je sais que je dois réviser mes phrases et l'orthographe dans mes textes, mais je préfère ne pas le faire, car j'ai l'impression de perdre mon temps. Généralement, je transcris mon brouillon sans beaucoup le modifier, en soignant simplement ma calligraphie. »

Arthur, 14 ans.

Comment réagis-tu aux propos d'Arthur? Choisis l'une des réponses suivantes ou élabore une réponse personnelle.

Ⓐ Comme Arthur, je n'aime pas réviser mes textes et je me sens inefficace quand je le fais.

Ⓑ Pour moi, réviser mes textes est important. Je les relis pour chercher les phrases boiteuses et les erreurs d'orthographe de toutes sortes. J'en corrige généralement un bon nombre. Je modifie donc beaucoup mon brouillon avant de le mettre au propre.

409

2. **a)** De façon générale, à quel moment revois-tu la construction des phrases et révises-tu l'orthographe dans tes textes ? Ta démarche ressemble-t-elle plutôt à celle de François, de Manon ou de Jamilla ?

François

Après avoir écrit quelques phrases, je m'arrête pour les relire et, au besoin, corriger leur construction, puis je poursuis ma rédaction. À la fin, je fais une dernière lecture pour vérifier l'orthographe.

Manon

Pendant que je rédige un texte, je m'interroge sur l'orthographe des mots au fur et à mesure. Après avoir écrit une phrase, je m'arrête pour me demander si sa construction est correcte.

Jamilla

Je rédige mon texte sans trop me soucier des règles de grammaire et d'orthographe. Une fois que je suis satisfaite du contenu de mon texte, je révise la construction des phrases et l'orthographe.

b) Avec un ou une camarade qui procède autrement que toi pour réviser ses textes, trouvez les avantages et les désavantages de vos démarches.

c) Ta démarche te paraît-elle efficace ? Devrais-tu la modifier pour qu'elle le soit davantage ? Si oui, comment ?

3. Survole ce tableau qui présente des aspects à vérifier lorsqu'on révise la construction des phrases et l'orthographe.

Aspects à vérifier	Exemples d'erreurs
Structure de la phrase et ponctuation	• Une phrase interrogative est construite comme une phrase de la langue parlée. Ex.: ~~Cette maladie existe depuis quand ?~~ plutôt que Depuis quand cette maladie existe-t-elle ? • Il manque le *ne* dans une phrase négative. • Un verbe n'est pas accompagné du bon complément. Ex.: ~~Cela **lui** a beaucoup aidée~~ au lieu de Cela l'a beaucoup aidée. • Il n'y a rien qui relie ou sépare deux phrases. • Le choix d'un pronom relatif est incorrect. Ex.: ~~Malgré la maladie **qu'**il est atteint~~… au lieu de Malgré la maladie **dont** il est atteint… • Il manque la majuscule au début d'une phrase. • Dans une phrase, l'emploi de la virgule est incorrect. • À la fin d'une phrase, le signe de ponctuation n'est pas le bon.
Orthographe grammaticale	• Il manque la marque du pluriel à un nom. • Un déterminant, un adjectif, un verbe ou un participe passé est mal accordé avec le nom ou avec le pronom. • Un adverbe (mot invariable) est écrit avec la marque du pluriel « *s* ». • Un mot a été confondu avec un mot homophone. Ex.: a / à
Orthographe d'usage et conjugaison	• Un mot n'est pas écrit tel qu'on le trouve dans le dictionnaire. • Le féminin d'un adjectif est mal formé. Ex.: ~~discrette~~ au lieu de discrète • Un nom propre est écrit sans majuscule. • Un verbe n'est pas formé correctement. Ex.: elle ~~prena~~ au lieu de elle prit

Associe chaque erreur corrigée ci-dessous à l'un des trois aspects du tableau de la page précédente.

4. Observe ces outils qui aident à la correction de bon nombre d'erreurs.

(A) Un dictionnaire de langue

(B) Une règle énoncée dans une grammaire

(C) Un tableau de conjugaison

(D) La phrase de base

(E) Une stratégie pour reconnaître un mot ou pour réviser les accords

a) Détermine lequel ou lesquels de ces outils pourraient aider à la correction de chacune des erreurs relevées dans le texte de la page 412.

Ex.: erreur 1 : (A) Le dictionnaire. (B) Une règle énoncée dans une grammaire.

b) Parmi les outils illustrés précédemment, lesquels as-tu l'habitude d'utiliser lorsque tu éprouves une difficulté en révisant tes textes? Lesquels devrais-tu utiliser davantage?

5. a) As-tu déjà utilisé un correcteur informatisé lorsque tu écris à l'ordinateur? Crois-tu que cet outil a ses limites? Lesquelles?

b) On a joué un mauvais tour à un correcteur grammatical informatisé (soi-disant le plus avancé du moment). Lis la phrase qu'on a soumise à ce correcteur (*Il doit se faire à cette idée*) et observe les propositions qu'il fait.

En tenant compte de ton observation, dis si chaque énoncé ci-dessous est vrai ou faux.

1 Le correcteur a déchiffré le sens de la phrase avant de faire des propositions de corrections.

2 Le correcteur analyse les groupes de mots (ex.: les groupes du nom) et est capable de détecter des erreurs d'orthographe grammaticale.

3 Le correcteur analyse les mots isolément et signale des erreurs d'orthographe d'usage.

c) Observe cette autre phrase soumise au même correcteur.

Des deux corrections proposées, une seule devrait être acceptée. Laquelle? Justifie ta réponse.

d) Conclus les observations que tu viens de faire en relevant les commentaires des élèves qui utilisent des stratégies inappropriées.

Élève 1 : J'accepte en bloc les corrections que propose mon correcteur informatisé. Grâce à lui, je n'ai plus besoin de réviser mes textes moi-même !

Élève 2 : Lorsque j'utilise un correcteur informatisé, j'évalue une à une les corrections proposées en tenant compte du sens de ma phrase. Je refuse certaines propositions de correction.

Élève 3 : Les correcteurs informatisés ne sont bons à rien. Je refuse de les utiliser, même pour vérifier l'orthographe d'usage dans mes textes.

Élève 4 : Même si j'utilise un correcteur informatisé, je révise moi-même mes textes, car certaines sortes d'erreurs lui échappent.

Mise au point — La révision des phrases et de l'orthographe

Avant de soumettre un texte à qui que ce soit, il est important de le relire pour détecter et corriger les erreurs qu'il peut encore contenir. Ton principal mot d'ordre doit être : « DOUTER ». Ce travail de révision suppose les étapes suivantes.

1. Relire les phrases en t'interrogeant sur leur construction et sur la ponctuation.

2. T'interroger sur l'orthographe des mots.

3. Corriger chaque erreur détectée et, dans un cas plus complexe, recourir à l'outil qui convient pour t'aider à résoudre une difficulté :

   • tes stratégies pour vérifier la construction d'une phrase, pour reconnaître les classes de mots et les groupes de mots, pour appliquer les règles d'accord, etc. ;

   • des ouvrages de référence (un dictionnaire, une grammaire, un guide de conjugaison) ;

   • la section *Points de repère* ( ) de ton manuel.

Attention ! Si tu utilises un correcteur informatisé pour réviser tes textes, tu dois mettre en doute les propositions qu'il te fait, car si tu les approuves aveuglément, tu risques d'accroître ton nombre d'erreurs au lieu de le réduire ! Tu dois aussi avoir à l'esprit qu'aucun correcteur informatisé n'est à même de détecter une phrase qui n'a pas de sens ou qui est trop longue.

Je m'entraîne

1. Observe les phrases suivantes en vue d'en vérifier l'orthographe.

a) Corrige les cinq erreurs d'orthographe d'usage signalées par un correcteur informatisé. Utilise un dictionnaire au besoin.

b) Relève cinq erreurs grammaticales que le correcteur a été incapable de détecter. Au besoin, réfère-toi à tes stratégies ou à une grammaire.

1. Les wagons en acier blanc imaculé impressionne par leur forme futuriste.

2. Dans la descente, les passagers ont l'impression de pesé quatre fois leur poid.

3. Chaque passagers s'imagine aux commendes de l'engin.

4. Le facteur G est négligable a la descente.

5. Ce sont les montagnes russes les plus terrifiente que vous connaîtrez.

415

2. Observe le texte suivant. Bianca, son auteure, en a commencé la révision et a laissé des traces de son travail. Poursuis la révision de son texte et évalue ta performance en suivant les étapes **a)** à **f)**.

> ○ U
>
> B
> *Le projet blair Witch*
>
> É.-U. 1999. Drame d'horreur de Daniel Myrick et d'Edouardo Sanchez avec Heather Donahue, Michael Williams et Joshua Leonard.
>
> G
> G   S
> [Des étudiant voulant tourner un documentaire sur la sorcière de Blair disparaisse dans la forêt] U un an plus tard, au cours d'une battue on trouvent les vidéocassettes qui témoingnent de leur expédition, mais qui ne font pas la lumière sur le sort qui leurs a été réservé.
>
> ○
> Plus que l'histoire (une légende urbainne), ces la part d'inventivitée qui m'a séduite dans ce film. Avec le maximum de réalisme et un minimum de frais, les réalisateur, ont réussi a leurrer bon nombre de personnes aux États-Unis. Des gens ont pris cette fiction pour un véritabe documentaire !
>
> Les esprits plus rationnel trouverons sans doute à redire à l'histoire les vrai amateurs de fantastique se régaleront. Préparez vous à vivre des moments d'angoisse extrême.
>
> Bianca Moriello

a) Lis attentivement la copie du texte de Bianca, que ton enseignant ou ton enseignante te remettra. Chaque fois que tu détectes une erreur, souligne-la et, selon la nature de cette erreur, indique en marge l'un des codes suivants.

Codes	Nature de l'erreur
S	Erreur dans la structure de la phrase (incluant la ponctuation)
G	Erreur d'orthographe grammaticale (genre et nombre du nom, accords, etc.)
U	Erreur d'orthographe d'usage

b) Pour faire un bon travail de révision, relis à nouveau le brouillon de Bianca de façon à détecter le maximum d'erreurs. (Son texte en contient 20.) Note le nombre d'erreurs que tu as détectées.

c) Consulte ton enseignant ou ton enseignante pour :

- t'assurer que les erreurs que tu as détectées sont bien des erreurs ;
- noter les erreurs que tu n'as pas réussi à détecter.

d) Selon le nombre d'erreurs que tu as détectées, accorde-toi une note sur 20 et lis le commentaire qui te concerne.

16 erreurs et plus : 20 POINTS	Entre 10 et 15 erreurs : 15 POINTS	Moins de 10 erreurs : 10 POINTS
Tu te poses beaucoup de questions en relisant un texte et tu sais mettre à profit tes connaissances en grammaire ! Consolide tes connaissances et ton savoir-faire en faisant l'exercice suivant. En prenant un ou une camarade de classe comme témoin, révise le texte de Bianca en indiquant à voix haute et au fur et à mesure tout ce que tu fais. Laisse l'autre élève commenter ta démarche et réponds à ses questions.	Tu as détecté un bon nombre d'erreurs. Bravo ! Cependant, tu pourrais encore t'améliorer. Peut-être ton attention se relâche-t-elle à la fin. Peut-être y a-t-il une sorte d'erreurs que tu détectes plus difficilement (des erreurs de structure de phrase, des erreurs d'orthographe d'usage, etc.). Avec un ou une autre élève qui a obtenu 15 points, détermine ce que tu peux faire pour rendre ta démarche plus efficace.	Tu gagnerais à douter davantage en révisant un texte. Peut-être ne le relis-tu pas assez attentivement. Associe-toi à un ou à une camarade qui a obtenu 20 points : demande-lui de réviser le texte de Bianca à voix haute, observe sa façon de faire et pose-lui des questions. Cible au moins une de ses stratégies que tu pourrais intégrer à ta propre démarche de révision. Et surtout, cultive le DOUTE !

e) Propose une correction pour chacune des 20 erreurs que le brouillon de Bianca contient.

f) Avec un ou une camarade, comparez vos corrections. Si elles sont différentes, entendez-vous sur une correction commune. Au besoin, utilisez vos stratégies ou des ouvrages de référence (dictionnaire, grammaire, guide de conjugaison).

Je vais plus loin

Cette activité t'invite à écrire et à conserver un court texte qui donne un reflet juste de tes compétences en syntaxe et en orthographe. Qui en sera juge ? Toi-même, à la fin de ta troisième secondaire ou dans quelques années, avec les nouvelles connaissances que tu posséderas alors…

a) Fabrique une carte postale et illustre-la à ton goût.

b) Sur une feuille, écris le brouillon de ton texte. Le sujet est libre, mais ton texte doit contenir un minimum de 50 mots.

Voici quelques sujets si tu es en panne d'inspiration.

- Ta meilleure réalisation ou ton plus grand succès.
- Le meilleur moment que tu as vécu à l'école cette année.
- Une activité que tu te promets de faire au cours de l'été.

c) Relis ton texte en ayant en tête le format de la carte postale et les idées qui te tiennent le plus à cœur. Fais les modifications qui s'imposent.

d) Avant de transcrire ton texte au dos de ta carte, revois attentivement :

- la construction des phrases et leur ponctuation ;
- l'orthographe des mots.

Redouble de vigilance si tu n'as pas du tout prêté attention à ces aspects durant l'écriture. N'hésite pas à recourir à des outils pour résoudre tes difficultés (tes stratégies, un dictionnaire, la section *Points de repère* 💿 , etc.).

e) Transcris ton texte au propre au dos de ta carte postale.

Cette carte postale, tu ne la posteras jamais, mais tu la conserveras aussi longtemps que tu voudras. Puis, dans un, deux, cinq ou dix ans, tu la reliras… et sans doute que tu t'épateras toi-même !

Communication orale

Orale

Des voix qui portent

Les difficultés liées à la communication orale

Timidité, angoisse, trac, trou de mémoire, bafouillage... Autant d'«obstacles» qui se dressent devant l'experte en communication comme devant le novice en la matière. Pour qui que ce soit, peu importe l'expérience accumulée, prendre la parole, en public ou en groupe plus restreint, n'est jamais simple...

Un monde de culture

Lis les énoncés suivants qui décrivent diverses difficultés qu'on peut éprouver au cours d'un exposé ou d'une discussion en groupe. Réponds ensuite aux questions.

Durant un exposé

A. Avant de faire une présentation, j'ai une boule dans la gorge et dans l'estomac ; il m'arrive même de trembler un peu, d'avoir des sueurs froides ou des nausées.

B. Je suis vraiment timide et j'ai horreur de me trouver devant la classe parce que je sens qu'on me juge.

C. J'ai peur de perdre tous mes moyens et de me faire ridiculiser par les autres.

D. Plus je vis un stress important, plus je parle vite et plus je bafouille. Résultat : je saute des mots et j'en déforme même d'autres, ce qui fait rire toute la classe.

E. J'ai toujours peur d'oublier des parties de ma présentation ou d'avoir des trous de mémoire.

F. J'ai tendance à avoir des tics de langage et à chercher mes mots quand je m'exprime devant un groupe.

G. Je fais beaucoup trop de gestes en parlant et je sais que cela distrait les autres.

H. Je ne parle jamais assez fort et je ne regarde presque pas les gens à qui je m'adresse.

I. Je me sens mal à l'aise d'utiliser une variété de langue standard : je n'ai pas l'habitude de bien parler et il me semble que j'ai l'air ridicule.

J. Quand je fais une présentation, j'ai tendance à ne pas respecter mon plan et à parler sans tenir compte du temps qui m'est accordé.

Le cri, Edvard Munch, 1893.

K. J'ai tendance à parler en même temps que les autres, à les interrompre, à changer de sujet.

L. Je préfère le silence : au cours d'une discussion, je prends rarement la parole et je réponds brièvement aux questions quand on m'en pose. De cette manière, personne ne peut porter de jugement négatif sur ce que je pense.

M. J'écoute peu les autres, je ne fais pas référence à ce qu'ils ont dit : j'aime avoir le « pouvoir de la parole » au cours des échanges.

N. J'ai souvent tendance à critiquer les idées des autres pour faire valoir les miennes.

O. Je ne prends pas assez de temps pour organiser mes idées avant de parler.

P. Je ne fais que penser à ce que je vais dire, sans chercher à lier mes idées à celles des autres.

Q. Je formule trop de phrases incomplètes, j'hésite souvent, j'emploie trop de mots de remplissage (comme *t'sais*, *genre*, *faque*) ou des mots typiques de la langue familière.

a) Parmi les énoncés précédents, relèves-en deux ou trois qui caractérisent bien les difficultés que tu as déjà éprouvées ou que tu éprouves encore de temps à autre lorsque tu dois prendre la parole devant la classe ou au cours d'une discussion en groupe. Justifie tes choix en précisant comment tu vis ces difficultés.

b) Quels sont les énoncés qui semblent caractéristiques des difficultés les plus fréquentes que tu as observées chez tes camarades dans ces deux types de situation ? Relèves-en quatre ou cinq qui sont les plus significatifs.

c) Parmi les conseils suivants, lesquels pourraient t'aider à surmonter tes principales difficultés ? Associe un seul conseil à chacune des difficultés relevées au numéro précédent.

1. Fais comme si tu interprétais un rôle : tu auras ainsi la distance nécessaire pour te sentir davantage en confiance et pour utiliser un langage approprié à la situation.

2. Élabore un aide-mémoire et efforce-toi d'en respecter la structure.

3. Fais des exercices de détente pour parvenir à décontracter tes muscles et pour arrêter d'avoir des idées noires.

4. Convaincs-toi que tes camarades n'ont aucune raison de se moquer de toi, puisqu'ils pourraient tout aussi bien subir le même sort.

5. Enregistre-toi ou filme-toi pour observer ta façon de t'exprimer, tes manies, ta manière de te tenir, etc.

6. Répète ton exposé pour devenir à l'aise avec le sujet et pour revoir les parties qui comportent des mots sur lesquels tu pourrais buter.

7. Fais de la visualisation pour apprivoiser la situation et pour la percevoir de manière plus juste.

8. Fais confiance à ta mémoire. Si ta préparation est bonne, il n'y a pas de raison que tu oublies quoi que ce soit. Si tu as un trou de mémoire, reste calme, exprime ton malaise ouvertement, consulte tes notes et tout va rentrer dans l'ordre.

9. Si tu échanges des propos avec d'autres, le respect est essentiel : il faut d'abord les écouter activement sans les interrompre ni les critiquer inutilement. Ensuite, construis tes interventions en t'appuyant sur leurs idées.

10. Prends tout ton temps avant de parler : une courte pause te permettra de préciser et d'organiser ta pensée, et ainsi de mieux préparer la formulation de tes idées.

11. Quand tu discutes avec tes camarades, ne t'attarde pas trop sur la formulation de tes idées : dans une telle situation, il est possible qu'on hésite, qu'on recoure à des répétitions ou qu'on utilise à l'occasion des mots familiers, sans que ce soit à proprement parler un « problème ».

12. Il ne faut pas avoir peur de se compromettre : la participation de chacun et de chacune est primordiale pour faire progresser les discussions en toute confiance.

Mise au point

Les difficultés liées à la communication orale

Pour beaucoup de personnes, et peut-être es-tu de ce nombre, la communication orale cause souvent des difficultés de tous ordres. En voici quelques-unes :

- des **émotions à gérer** (des problèmes affectifs en lien avec la gestion du stress, la timidité ou la peur du jugement des autres) ;

- des **habiletés à développer** (des problèmes de mémoire ou d'organisation des idées, des difficultés d'adaptation à la situation ou des problèmes de planification de ses interventions) ;

- des **comportements à ajuster** (un manque d'écoute durant les discussions, une forte tendance à dominer les autres ou à les critiquer ou encore un manque de participation pendant une discussion) ;

- une **articulation à améliorer** (des bafouillages, des hésitations, des tics de langage, un débit trop rapide, une voix peu assurée ou une intonation trop monotone) ;

- des **comportements non verbaux à corriger** (trop de gesticulation, un manque de considération à l'égard des interlocuteurs – regard fuyant, signes d'indifférence ou d'antipathie, rires inappropriés – ou un manque de maîtrise de certains tics nerveux).

Pour toutes ces difficultés, il existe de nombreuses solutions que tu peux adapter en fonction de tes besoins : relaxation, visualisation, aide-mémoire, estime de soi, observation systématique, écoute active, respect des autres, participation soutenue aux discussions, jeu de rôles, etc.

423

Un monde de culture

Prends connaissance des scénarios suivants, qui décrivent les attitudes et les comportements de quatre élèves en situation de communication orale.

a) Relève les difficultés qu'ils éprouvent dans ce genre de situation.

b) Formule quelques conseils que ces élèves auraient avantage à suivre pour améliorer leurs interventions.

1 Rose est toujours très à l'aise lorsqu'elle doit prendre la parole devant la classe. Comme elle se fait entièrement confiance, elle prépare à peine ses exposés. Elle soutient qu'il vaut mieux improviser sans aide-mémoire, comme font certains animateurs de radio ou de télévision. Elle bafouille ou hésite de temps à autre, et se reprend au besoin. Elle se dit qu'il faut apprendre de ses erreurs et qu'il est plus important d'être naturelle que de «réciter» un texte sans expression.

2 Amir, dont le français n'est pas la langue maternelle, a souvent peur du ridicule quand il discute en équipe. Il préfère écouter attentivement les échanges, pour s'imprégner de la langue parlée par ses camarades. Si on lui demande son avis, il répond le plus simplement possible pour ne pas risquer de se tromper. En dehors de la classe, il se tient avec des amis qui parlent l'arabe, comme lui.

3 Hugo se sent mal chaque fois qu'il doit faire un exposé. Il a beau se préparer avec soin en apprenant par cœur tout ce qu'il veut dire, sa présentation orale est, selon lui, toujours «minable»: ce qu'il raconte ne semble intéresser personne, il n'ose pas regarder son auditoire, il parle trop vite et d'un ton qui lui semble tellement monotone, toute la classe lui paraît mal à l'aise.

4 Catherine, qui a une forte personnalité, prend beaucoup de place au cours d'une discussion en équipe. Elle a plein d'idées et n'hésite pas à interrompre les autres pour les faire valoir. Comme elle aimerait que le plus grand nombre de ses propositions soient retenues, elle prend tous les moyens nécessaires: elle demande souvent la parole, défend vivement ses idées, s'oppose à celles des autres, juge même sévèrement ceux qui expriment des positions différentes des siennes. Elle ne fait pas confiance aux autres dans un travail en coopération: la réussite de l'équipe semble dépendre uniquement de sa participation.

Préparation
projet

Pour dresser un bilan de tes forces et des aspects qu'il te faudrait améliorer au cours d'une discussion, participe à la discussion en groupe présentée ci-dessous. Elle t'invite à discuter du dossier que tu as préféré dans ton manuel.

Avant la discussion

a) Effectue un survol de ton manuel afin de déterminer ton dossier préféré.

b) Note quelques idées que tu aimerais faire valoir lors de la discussion afin d'expliquer pourquoi tu préfères ce dossier.

c) Joins-toi à trois camarades de classe qui ont préféré des dossiers différents du tien.

Pendant la discussion

a) Nommez un animateur ou une animatrice.

b) Participez à la discussion en tenant compte des points suivants.

1. Expliquer clairement son opinion.

2. Respecter les autres membres de l'équipe en les écoutant attentivement lorsqu'ils s'expriment.

3. Réagir aux propos énoncés par ses coéquipers.

Après la discussion

a) Évaluez votre démarche et vos habiletés à communiquer oralement en vous aidant des questions suivantes.

1. Que pensez-vous de la discussion qui vient d'avoir lieu?

2. Avez-vous tenu compte des trois points à respecter lors d'une discussion?

3. Quels ont été les problèmes majeurs éprouvés lors de la discussion?

4. Comment devrait-on se comporter lors d'une discussion?

b) Faites part de votre évaluation à toute la classe.

Points de repère

Lecture

Écriture

Communication orale

Lexique

Grammaire de la phrase et du texte

Conjugaison

Orthographe lexicale

N = Nouveau

Nouveau

Les stratégies de lecture

p. 38, 89, 391

STRATÉGIES	EXEMPLES DE QUESTIONS À SE POSER	
	Texte littéraire	**Texte courant**
PLANIFIER SA LECTURE		
Préciser son intention de lecture.	**Dans quel but lit-on le texte ?**	
	• S'agit-il d'une lecture pour le plaisir ou lit-on le texte pour réaliser une tâche ?	• À quels besoins d'information le texte doit-il répondre ?
Déterminer sa manière de lire.	**Comment doit-on lire le texte ?**	
	• Faut-il se renseigner sur l'auteur, l'auteure ou sur son œuvre ? • Faut-il survoler le texte avant de le lire en entier ?	• Faut-il survoler le texte ou le lire en entier ? • Faut-il lire rapidement ou lire avec grande attention certaines sections ?
Prévoir une façon de noter l'information.	**Quelle est la tâche de lecture ?**	
	• Comment faut-il annoter le texte ? • Faut-il faire un résumé ?	• Faut-il préciser le genre d'information à retenir ? • Faut-il construire un organisateur graphique ? • Faut-il faire un résumé ?
Anticiper le contenu du texte, faire appel à ses connaissances antérieures et faire des prédictions.	**De quoi le texte traitera-t-il ?**	
	• Dans quel univers narratif va-t-on se plonger ? • Que connaît-on de l'auteur, de l'auteure ou de son œuvre ?	• Que sait-on déjà sur le sujet ? • De quoi le texte traite-t-il ?
COMPRENDRE ET INTERPRÉTER UN TEXTE		
Dégager le sujet du texte.	**Quels aspects du sujet sont abordés ?**	
	• Quel est le thème principal du texte ?	• Quels aspects du sujet sont traités ?
Dégager la structure générale du texte.	**Comment le texte est-il organisé ?**	
	• Quelles sont les principales composantes du schéma narratif ?	• Sur quels indices peut-on s'appuyer pour cerner la structure du texte ?

(Suite à la page 428)

STRATÉGIES	EXEMPLES DE QUESTIONS À SE POSER	
	Texte littéraire	Texte courant
COMPRENDRE ET INTERPRÉTER UN TEXTE (suite)		
Effectuer une lecture méthodique : – dégager l'information importante ; – établir des liens entre les idées ; – tirer profit de l'information véhiculée par le discours rapporté ; – déduire de l'information.	**Sur quels aspects doit-on concentrer sa lecture ?**	
	• Où et quand se passe l'histoire ? • Quelles sont les principales caractéristiques des personnages ? • Qu'est-ce qui les pousse à agir ? • Comment se développe l'intrigue ?	• Quelles sont les idées principales de chaque paragraphe ? Quels liens les unissent ? • De quelle information peut-on tirer profit ? • Qu'apprend-on par le discours rapporté ?
Déterminer le point de vue adopté.	**Quel point de vue adopte-t-on dans le texte ?**	
	• Comment la narration est-elle menée ?	• Sur quels aspects porte-t-on un jugement critique ?
Résoudre des problèmes d'ordre lexical ou syntaxique.	**Qu'est-ce qui nuit à la compréhension du texte ?**	
	• Quel est le sens des mots qui sont moins familiers ? • Quels passages sont plus difficiles à comprendre ? Pourquoi ?	• Quel est le sens des termes scientifiques ou techniques ? • Comment peut-on reformuler certaines constructions plus difficiles à comprendre ?
Faire une seconde lecture.	**Sur quels aspects précis devrait-on prêter attention lors de la relecture ?**	
RÉAGIR À UN TEXTE		
Se construire une opinion sur le texte.	**Sur quels critères se fonde l'appréciation du texte ?**	
	• Que pense-t-on du thème, de l'univers décrit, des personnages, de l'intrigue, etc. ?	• Que pense-t-on du sujet retenu, de l'information présentée, de la position défendue, des idées avancées, etc. ?
Expliciter ses réactions.	**De quelle façon peut-on préciser et nuancer sa pensée ?**	
ÉVALUER L'EFFICACITÉ DE SA DÉMARCHE DE LECTURE		
Estimer l'efficacité de ses stratégies.	**À quel point a-t-on compris le texte ?**	
Noter ses progrès et les points à améliorer.	**Quelles stratégies ont été les plus utiles pour comprendre le texte ?** **Quelles stratégies gagneraient à être retravaillées ?**	

Le schéma narratif

p. 89

Le chaton égaré

Un petit chat marche dans les ruelles de la ville. Il explore son territoire. L'obscurité ne l'empêche pas d'avancer. Après bien des détours, il se rend compte qu'il est perdu. Il est vrai que la poursuite d'un vieux rat l'a entraîné au-delà des limites du quartier.

Effrayé, il tente de retrouver son chemin en prenant des rues au hasard. Hélas ! il semble s'enfoncer dans la ville qui lui paraît maintenant inhospitalière. Il s'efforce de reconnaître des odeurs, mais il n'y parvient pas. Il y a tant de parfums qui s'échappent des cuisines des humains. Il ne s'y retrouve plus.

Quelques jours plus tard, épuisé et affamé, il aperçoit, au coin d'une rue, Max, son ennemi juré. Max est le gros berger allemand qui vit au-dessus de chez lui. Tous les jours, son maître fait une longue promenade avec lui. Le chaton est ravi. Il n'a plus qu'à les suivre à distance. Jamais il n'aurait cru qu'un jour ce chien méchant allait lui sauver la vie. Après une bonne heure et demie de marche, le chat arrive à sa maison. Il gratte à la porte en miaulant. Sa propriétaire ouvre la porte et l'aperçoit. Tout heureuse, elle le prend dans ses bras.

En vieillissant, le chaton devient prudent. Il reste toujours près de sa maison.

1 La situation initiale d'équilibre

Marque le début de l'histoire : personnage principal, temps, lieu, époque et contexte.

2 L'élément perturbateur

Présente le problème qui fait démarrer l'histoire.

3 Le déroulement d'actions ou d'évènements

Présente ce que pense, dit et fait le personnage principal en réaction à l'élément perturbateur.

4 Le dénouement

Dévoile le dernier évènement ou la dernière action qui vient régler les problèmes du personnage principal. Parfois le récit s'arrête là.

5 La situation finale d'équilibre

Indique comment l'aventure a transformé la vie des personnages.

Les univers narratifs

p. 89, 195

Les univers narratifs

Monde fictif, vraisemblable ou fantaisiste, où évoluent les personnages créés par l'auteur ou l'auteure.

Époques

Exemples :
- Antiquité égyptienne
- Rome antique
- Moyen Âge
- Colonisation de la Nouvelle-France
- Colonisation de l'Ouest américain
- Première Guerre mondiale (1914-1918)
- Seconde Guerre mondiale (1939-1945)
- Époque actuelle
- Futur imaginaire

Personnages

- Héros ou héroïnes
- Personnages secondaires

Lieux

Exemples :
- Ville
- Campagne
- Forêt
- Jungle
- Désert
- Île
- Continent
- Pays réel ou imaginaire
- Planète
- Espace

Univers narratifs

- Récit policier
- Récit fantastique
- Récit historique
- Récit d'aventures
- Récit de science-fiction
- Récit d'amour
- Récit d'apprentissage
- Récit d'anticipation

Quête (enjeu, intrigue)

Exemples :
- Conquête amoureuse
- Efforts pour survivre sur une île déserte
- Enquête sur un crime
- Exploration d'une nouvelle planète
- Fuite pour survivre à un danger
- Lutte contre des envahisseurs
- Recherche d'un trésor
- Sauvetage d'une personne

Actions

Ce qui est fait pour réaliser la quête qu'on entreprend (et rétablir ainsi l'équilibre initial).

Exemples :
- Les actions pour parvenir au but à atteindre.
- Les actions pour éviter le résultat qu'on craint.

Atmosphère et ton

Exemples :
- Fantaisiste
- Grave
- Humoristique
- Lyrique
- Réaliste

La narration

p. 299

La narration

« Voix » qui raconte l'histoire et non celle de l'auteur ou de l'auteure.

Narrateur ou narratrice « voix » fictive	≠	**Auteur ou auteure** « voix » réelle

Narration à la 1ʳᵉ pers. (*je*) :
- narrateur participant
- narrateur témoin

Narration à la 3ᵉ pers. (*il, elle*) :
- narrateur omniscient

TROIS SORTES DE NARRATIONS		
Narrations	**Explications**	**Exemples**
Narration à la 1ʳᵉ personne (narrateur participant)	Le narrateur participant raconte ce qu'il a personnellement vécu, ce qu'il vit ou ce qu'il vivra.	*Du temps que je gardais les bêtes sur le Luberon, je restais des semaines entières sans voir âme qui vive, seul dans le pâturage avec mon chien Labri et mes ouailles.* Alphonse Daudet, *Lettres de mon moulin*, 1869.
Narration à la 1ʳᵉ personne (narrateur témoin)	Le narrateur témoin est un personnage secondaire qui raconte une histoire dont il a été témoin ou une histoire qui lui a été racontée.	*Celle que j'aimais dans ma jeunesse et dont aujourd'hui je trace, posément et distinctement, ce souvenir, était la fille unique de l'unique sœur de ma mère depuis longtemps défunte. Eléonora était le nom de ma cousine.* Edgar Allan Poe, *Eléonora*, 1842.
Narration à la 3ᵉ personne (narrateur omniscient)	Le narrateur omniscient est un personnage qui s'efface complètement. On ne le connaît pas ; c'est la « voix » qui raconte. Il peut même lire dans les pensées des personnages. Il sait tout et peut être partout à la fois.	*Allongé sur la crête de la dune, respirant l'odeur fade du sable, Ousmane scrutait l'horizon.* *Il était sûr d'avoir vu un point noir, tout à l'heure, un point noir très lointain.* Évelyne Brisou-Pellen, *L'héritier du désert*, Hachette Jeunesse, 2003, 250 p. (Collection Le livre de poche).

La description

p. 38, 299, 352

La description

Texte ou passage visant à faire connaître différents aspects d'une réalité (un objet, un animal, un lieu, un évènement, un fonctionnement, etc.).
On trouve des descriptions dans les textes courants et dans les récits.

Sujet ou thème

1ᵉʳ aspect → 1ᵉʳ sous-aspect, 2ᵉ sous-aspect, etc.

2ᵉ aspect → 1ᵉʳ sous-aspect, etc.

etc.

La mouette rieuse d'Amérique

La mouette rieuse est très commune **sur les côtes des océans d'Amérique du Nord**. On la trouve aussi **au bord des rivières ou des lacs**. Parfois, elle s'aventure dans **les champs**.

L'aile de la mouette est grise sur le dessus, mais le dessous est blanc, comme le reste du corps de l'animal. La tête est noire.

On la confond parfois avec la mouette bonaparte, qui a, elle aussi, une tête noire. La mouette rieuse est cependant un peu plus grande.

1 Le sujet du texte

2 1ᵉʳ aspect
Habitat de l'oiseau.

3 2ᵉ aspect
Description physique de l'oiseau.

1ᵉʳ sous-aspect
Couleur de l'oiseau.

2ᵉ sous aspect
Taille de l'oiseau.

DES EXEMPLES D'ASPECTS ET DE SOUS-ASPECTS
POUVANT ÊTRE TRAITÉS DANS UNE DESCRIPTION

Sujet de la description	Quelques aspects	Quelques sous-aspects
Une personne, un personnage	portrait physique	taille, cheveux, visage, mains, odeur, etc.
	habillement	tissu, couleurs, motifs, formes, etc.
	personnalité, tempérament	caractère, qualités, défauts, etc.
	enfance ou passé	évènements marquants, études, loisirs, etc.
Un animal	traits physiques	pelage, peau, couleur, taille, forme, etc.
	caractéristiques physiologiques	mode de reproduction, gestation, longévité, etc.
	caractéristiques sociales	façon de vivre en bande ou seul, etc.
Un objet	apparence	parties, forme, couleurs, matériaux, etc.
	utilité	effets, avantages, inconvénients, etc.
	fonctionnement	mode d'emploi, étapes à suivre, etc.
Un lieu	emplacement géographique	continent, pays, province, région, ville, village, voisinage, alentours immédiats, édifice, etc.
	dimensions	superficie, forme, etc.
	apparence	couleurs, objets, etc.
	climat	température, végétation, etc.

Le texte poétique

p. 229, 244, 254

Le texte poétique

Texte qui utilise divers jeux de langage pour susciter des émotions et créer des images.

Texte poétique

Jeux de sons
- allitération
- assonance
- contrepèterie
- rimes
- etc.

Jeux de rythmes
- rimes
- répétition du nombre de pieds ou de syllabes des vers
- etc.

Jeux de formes
- calligramme
- disposition des mots
- grosseur et forme des lettres
- longueur des vers et des strophes
- etc.

Jeux de sens
- comparaison
- mot-valise
- métaphore
- etc.

Jeux de lettres
- acrostiche
- lipogramme
- etc.

La neige tombe

Toute **b**lanche dans la nuit **b**rune
La neige tom**b**e en volet**ant**
Ô, pâquerettes ! une à une
Toutes **b**lanches dans la nuit **b**rune

Qui donc là-haut **plume la lune** ?
Ô/ **frais**/ **du**/**vet**/ ! flo/cons/ flot/**tants** !
Toute **b**lanche dans la nuit **b**rune
La neige tom**b**e en volet**ant**

Jean Richepin, « La neige tombe », tiré de *Poésies du monde pour l'école*, Hachette Éducation, 1999, 271 p.

1 Jeux de sons
- Allitération : répétition du son « b » dans certains vers.
- Rimes mêlées.

2 Jeux de sens
- Comparaison de la neige à des pâquerettes et à un duvet.
- Utilisation du verbe *plumer* dans un sens imagé.
  Ex. : *Plumer la lune pour faire de la neige.*

3 Jeux de rythmes
- Vers de huit pieds (ou huit syllabes).
- Répétition du nombre de pieds ou de syllabes des vers.

4 Jeux de formes
Même nombre de vers dans les deux strophes (paragraphes).

QUELQUES PROCÉDÉS POÉTIQUES

Procédés	Définitions	Exemples
Acrostiche	Texte poétique où la première lettre de chaque vers compose un mot.	*Le vent siffle* *Éternel enfant* *Obéis à ton souffle*
Allitération	Répétition d'une ou de plusieurs consonnes dans des mots qui se suivent.	*J'aime les joues joufflues.*
Assonance	Répétition des mêmes voyelles dans des mots qui se suivent.	*Une souris vit le nid d'une pie qui a gémi.*
Calembour	Jeu de mots fondé sur la différence de sens entre des mots qui se prononcent de manière identique ou presque.	*Je vais à l'univers cité par la professeure.*
Calligramme	Texte poétique dont la disposition représente l'objet, l'être ou le phénomène présenté dans le poème.	*lier* *ca* *L'es*
Comparaison	Rapprochement, parfois inattendu, entre deux éléments à l'aide des mots *comme*, *tel*, *ressemble à*, *pareil à*, etc.	*La page blanche, comme un rêve oublié, me troublait.* On compare la page blanche à un rêve oublié à l'aide du mot *comme*.
Contrepèterie	Interversion de lettres ou de syllabes d'un ensemble de mots afin de créer un effet comique.	*Il ment quand il sort.* *Il sent quand il mord.*
Énumération	Suite d'éléments faisant partie d'un tout.	*L'enfant avançait* *Le pas léger,* *L'œil rieur,* *Le pourpre aux joues,* *Heureux.* On énumère des éléments qui nous permettent de voir que l'enfant est heureux.
Lipogramme	Texte écrit de façon à éviter l'utilisation d'une lettre.	*Elle n'aime guère le pluriel, car pour elle, il faut éviter la lettre infâme qui a la forme d'un reptile...* (texte écrit sans la lettre « s »)

Nouveau

(Suite à la page 436)

Points de repère

Procédés	Définitions	Exemples
Métaphore	Comparaison, mais sans l'aide de mots de comparaison.	*Ses paroles étaient des aiguilles qui me lacéraient le cœur.* On compare les *paroles* à des *aiguilles*, sans utiliser de mot de comparaison.
Mot-valise	Mot amusant formé en joignant deux mots.	*Vélo + hélicoptère ➤ vélocoptère* *Poésie + hésitation ➤ pohésitation*
Non-sens	Énoncé amusant qui défie les règles de la sémantique.	*J'ai dormi les yeux ouverts, debout, allongée dans mon lit.*
Personnifi-cation	Actions ou sentiments humains prêtés à des idées, à des animaux ou à des êtres inanimés.	*L'épouvantail, l'air ahuri, nous regardait courir dans le champ.* *L'épouvantail* est personnifié par le verbe *regardait.*
Répétition	Reprise d'un mot ou d'un groupe de mots afin de le faire ressortir ou d'établir un certain rythme.	*Si tu viens me voir,* *Je t'ouvrirai ma porte.* *Si tu viens me voir,* *Je réchaufferai ton cœur.* *Si tu viens me voir,* *Tu sauras tout l'amour que j'ai pour toi.* Les vers 1, 3 et 5 rythment le poème. Ils se font aussi insistants.
Rimes	Retour d'un ou de plusieurs sons à la fin de deux ou de plusieurs vers.	*Je viens apporter des nouvelles* *Qui sont aussi bonnes que belles ;* *[...]* Poète anonyme, *Les menteries.* Les sons « è » et « l » reviennent à la fin des vers.
	Disposition des rimes : • plates ou suivies (a – a – b – b) • alternées ou croisées (a – b – a – b) • embrassées (a – b – b – a)	*Superbe,* a *Le Verbe* a *Traite en pantin* b *Le Sujet et son destin.* b Andrée Chédid, «La tyrannie du verbe», *Grammaire en fête*, © Éditions Flammarion. Les rimes sont plates ou suivies.

Procédés	Définitions	Exemples
Rimes (suite)	Qualité des rimes : • riche (trois sons communs ou plus) • suffisante (deux sons communs) • pauvre (un son commun)	*tomber – succombé* (sons : « on » – « b » – « é ») *aiglon – grêlon* (sons : « l » – « on ») *chanta – aima* (son : « a »)
Strophe	Ensemble de vers qui a une unité de sens. La strophe est l'équivalent d'un paragraphe. Les ensembles de quatre vers (quatrain) et de trois vers (tercet) sont les plus courants.	*Le Vaisseau d'or* *Ce fut un grand Vaisseau taillé* * dans l'or massif :* *Ses mâts touchaient l'azur,* * sur des mers inconnues ;* 1ʳᵉ strophe *La Cyprine d'amour, cheveux* * épars, chairs nues,* *S'étalait à sa proue, au soleil excessif.* *Mais il vint une nuit frapper* * le grand écueil* *Dans l'Océan trompeur* 2ᵉ strophe * où chantait la Sirène,* *Et le naufrage horrible inclina sa carène* *Aux profondeurs du Gouffre,* * immuable cercueil.* *Ce fut un Vaisseau d'Or,* * dont les flancs diaphanes* *Révélaient des trésors* * que les marins profanes,* 3ᵉ strophe *Dégoût, Haine et Névrose,* * entre eux ont disputés.* *[...]* Émile Nelligan, *Le Vaisseau d'or.* Les deux premières strophes du poème ont quatre vers, la troisième compte trois vers.
Vers	Assemblage de mots qui se trouve généralement sur une ligne dans un poème. Il existe deux formes de vers : les vers mesurés, qui obéissent à des règles strictes, et les vers libres. Contrairement à ces derniers, les vers mesurés ont un nombre de pieds (ou syllabes) précis. Les plus courants sont les alexandrins (12 pieds), les décasyllabes (10 pieds), les octosyllabes (8 pieds) et les heptasyllabes (7 pieds).	*Oi/seau/ de/ fer/ qui/ dit/ le/ vent* *Oi/seau/ qui/ chante/ au/ jour/ le/vant* *Oi/seau/ bel/ oi/seau/ que/rel/leur* *[...]* Louis Aragon, *Coq.* Les vers ont 8 pieds (octosyllabes).

p. 46, 141, 321

Nouveau

Le point de vue

Le point de vue

Position que prend la personne qui écrit un texte
par rapport à son sujet et à son ou sa destinataire.

Point de vue objectif	**Point de vue subjectif**
L'auteur ou l'auteure choisira plutôt :	L'auteur ou l'auteure pourra, au contraire :
• de ne pas indiquer sa présence dans le texte (ex. : absence de *je, nous*) ;	• indiquer sa présence dans le texte (ex. : présence de *je, nous*) ;
• de ne pas interpeller le ou la destinataire (ex. : absence de *tu, vous*) ;	• interpeller le ou la destinataire (ex. : présence de *tu, vous*) ;
• de rester neutre, c'est-à-dire de ne pas prendre position par rapport à son sujet (ex. : absence de vocabulaire connoté).	• faire preuve d'expressivité, c'est-à-dire prendre position par rapport à son sujet (ex. : présence de vocabulaire connoté).

Dans un texte, le point de vue peut être plus ou moins objectif, ou plus ou moins subjectif. Par exemple, il est possible de donner de l'information rigoureuse sur un sujet tout en exprimant à l'occasion une opinion, un doute ou une émotion.

DEUX SORTES DE POINT DE VUE

Point de vue objectif	Point de vue subjectif
Jadis, on souhaitait simplement s'élever dans les airs pour voler comme les oiseaux. De nos jours, on cherche à explorer l'espace jusque dans ses plus lointains recoins. Au moyen de sondes, de satellites et de fusées, l'être humain parviendra peut-être à découvrir si d'autres espèces habitent la même galaxie que lui. D'ici là, l'exploration spatiale emploie de nombreux spécialistes, favorise le développement de technologies utiles sur Terre et fait rêver les plus aventureux.	Vous avez sans doute déjà vu des images de courageux inventeurs qui s'élançaient dans le vide afin de flotter dans les airs. Ce rêve insensé de voler comme un oiseau, le génie humain l'a réalisé. Il l'a même dépassé ! De nos jours, à coups de spectaculaires lancements de sondes, de satellites et de fusées, on voyage dans l'espace intersidéral quasi aussi banalement que si on allait au dépanneur du coin ! Découvrirons-nous sous peu des colocataires de notre galaxie ? Mystère ! En attendant, l'exploration spatiale procure à certains des emplois ; à d'autres, un plus grand confort dans nos vies et à tous, des rêves merveilleux !

Nouveau

Les stratégies d'écriture

p. 7, 69, 119, 151, 173, 221, 275, 329, 383, 402

STRATÉGIES	EXEMPLES DE QUESTIONS À SE POSER
PLANIFIER L'ÉCRITURE DE SON TEXTE	
Choisir différents éléments en fonction de la situation d'écriture	• Quel sera le sujet du texte? • Quel sera le but de ce texte (informer, raconter une intrigue, etc.)? • Quel sera le ou la destinataire du texte et quelles sont ses caractéristiques? • Quel point de vue devra être adopté, plutôt objectif ou plutôt subjectif? • Quel genre de texte conviendrait à la situation d'écriture?
Choisir le contenu et le mode d'organisation du texte	• Quelles sont toutes les idées à ce sujet? • Quel sera le mode d'organisation des idées? • Quelles idées retenues pourraient être regroupées? • Quel devrait être le contenu de l'introduction et de la conclusion?
RÉDIGER SON TEXTE	
Rédiger un brouillon	• Le vocabulaire et la syntaxe sont-ils appropriés au point de vue? • Le texte est-il divisé en paragraphes? • Des liens sont-ils établis au fur et à mesure entre les différentes parties du texte? • Des relectures sont-elles faites régulièrement en cours de rédaction pour vérifier l'enchaînement des idées, la cohérence des propos, les erreurs syntaxiques, orthographiques et lexicales évidentes? • Le plan est-il modifié au besoin? • Quel est le titre du texte et quels sont les intertitres, s'il y a lieu?
RÉVISER, AMÉLIORER ET CORRIGER SON TEXTE	
Vérifier si tous les éléments de la situation d'écriture ont été pris en compte	• Le but du texte (informer, raconter une intrigue, etc.) est-il atteint? • Les caractéristiques du ou de la destinataire sont-elles prises en compte? • Le point de vue adopté est-il approprié à l'intention de communication? • Le genre de texte convient-il à la situation d'écriture?
Examiner le contenu et l'organisation du texte	• Les idées sont-elles pertinentes en fonction de la situation d'écriture? • Le mode d'organisation des idées convient-il? • Le texte est-il bien découpé en paragraphes? • Les paragraphes sont-ils bien structurés?

(Suite à la page 440)

STRATÉGIES	EXEMPLES DE QUESTIONS À SE POSER
RÉVISER, AMÉLIORER ET CORRIGER SON TEXTE (suite)	
Vérifier la cohérence du texte	• Le texte est-il exempt de contradictions ? • Le point de vue est-il maintenu ? Quels moyens sont utilisés pour l'exprimer ? • Le système verbal est-il cohérent ? • Les procédés de reprise de l'information sont-ils adéquats ? • Les idées sont-elles bien enchaînées ?
Vérifier la construction des phrases	• Les phrases respectent-elles les règles de construction propres à leur type et à leur forme ?
Vérifier la ponctuation	• Les signes de ponctuation sont-ils appropriés aux types de phrases ?
Vérifier le vocabulaire	• Y a-t-il des répétitions de mots ou des imprécisions ? • Le vocabulaire convient-il à la variété de langue et au contexte ?
Vérifier l'accord des mots	• Les donneurs d'accord (noms ou pronoms) sont-ils bien précisés ? • Les receveurs (déterminants, adjectifs, verbes et participes passés) sont-ils accordés correctement avec leurs donneurs ? • Les verbes sont-ils conjugués correctement ?
Vérifier l'orthographe d'usage de certains mots	• Certains mots ont-ils des particularités (accents, consonnes simples ou doubles, tréma, apostrophe, etc.) ? • Certains mots ont-ils des homophones ?
ÉVALUER L'EFFICACITÉ DE SA DÉMARCHE D'ÉCRITURE	
Évaluer l'efficacité de ses stratégies	• Dans quelle mesure les stratégies utilisées ont-elles été efficaces pour élaborer mon texte ? • Quelles stratégies ont été très efficaces ? • Lesquelles ont été moins efficaces ?
Noter ses points forts, ses progrès et les points à améliorer	• Quelles sont mes forces ? • Quels sont mes points faibles et ceux que je pourrais améliorer ?
Reconnaître les connaissances acquises	• Quelles sont les nouvelles connaissances acquises à la suite de l'écriture de ce texte (sur le sujet, la langue, le mode d'organisation, etc.) ?

Les références bibliographiques

Les références bibliographiques

Ensemble de renseignements qui permettent de savoir d'où vient une œuvre qu'on cite, une information qu'on rapporte.

Quand noter une référence ?

Lorsqu'on prend des notes tirées :
- d'un livre ;
- d'un article de revue ou de journal ;
- d'un site Internet ;
- d'une brochure ;
- etc.

Comment noter une référence ?

En cherchant les renseignements appropriés (prénom et nom du ou des auteurs, titre, année de publication, etc.) :
- sur la page couverture et dans les premières pages de l'ouvrage consulté ;
- sur la page d'accueil du site Internet.

UNE FAÇON DE PRÉSENTER LES RÉFÉRENCES BIBLIOGRAPHIQUES

Livre

NOM, Prénom. *Titre*, Lieu de publication, Nom de l'éditeur, date de publication, nombre de pages. (Nom de la collection, s'il y a lieu).

Ex. : CHASTENAY, Pierre. *Je deviens astronome*, Waterloo, Éditions Michel Quintin, 2002, 48 p. (Collection Astro-jeunes).

Article de journal ou de revue

NOM, Prénom. « Titre de l'article », *Nom du journal ou de la revue*, numéro de la revue, date de publication, pages de l'article.

Ex. : COISNE, Sophie. « Tête à tête avec une tête », *Science et Vie junior*, n° 56 hors série, avril 2004, p. 56-67.

Site Internet

NOM DE L'AUTEUR, Prénom ou NOM DE L'ORGANISME OU DE LA SOCIÉTÉ. « Titre de la page consultée », [en ligne], année du copyright [date de consultation de la page]. <adresse de la page consultée>

Ex. : LA LANGUE OFFICIELLE. « Présentation des rectifications orthographiques », [en ligne], 2004, [référence du 26 septembre 2004]. <www.langueofficielle.com>

La prise de notes

DES STRATÉGIES POUR LA PRISE DE NOTES	
Stratégies	**Exemples**
Lire avec une intention précise en tenant compte du ou de la destinataire : « Pourquoi et pour qui est-ce que je veux écrire ? »	*Je veux informer des enfants sur les différentes sortes d'intelligences.*
Lire en sélectionnant l'information pertinente.	*Dans ce paragraphe, on donne des exemples pour illustrer les différentes sortes d'intelligences : je retiens ces exemples et je les note.* *Dans cet autre paragraphe, on définit tous les critères que les chercheurs ont observés pour déterminer leurs catégories d'intelligences : je ne retiens pas ces critères parce qu'ils sont trop complexes pour mes destinataires.*
Transcrire les renseignements sélectionnés en les reformulant : • éviter de transcrire, tels quels, plus de cinq mots qui se suivent ; • transcrire surtout les noms et ne conserver que les adjectifs qui apportent des précisions essentielles ; • transcrire très peu de verbes conjugués ; • remplacer certains mots par des synonymes, des mots de même famille, etc. ; • utiliser des abréviations ; • présenter les renseignements sous forme de tableau, de schéma ou de liste à puces.	**Texte :** « L'intelligence visuo-spatiale vous permet de "voir" des objets imaginaires dans votre tête, de les manipuler virtuellement mais aussi de vous repérer dans l'espace ou de mémoriser un itinéraire. Les navigateurs, géographes, architectes, artistes peintres ou sculpteurs en ont à revendre. » © Sylvie Redon-Clauzard. « Une faculté aux mille visages », *Science et Vie Junior*, n° 56 hors série, avril 2004, p. 32. **Prise de notes à partir du texte :** *Intell. visuo-spatiale :* • *imaginer des objets dans sa tête ;* • *se repérer dans l'espace ;* • *se rappeler un itinéraire.* *Ex. : navigateurs, architectes, géographes, peintres, etc.*

La justification

p. 212

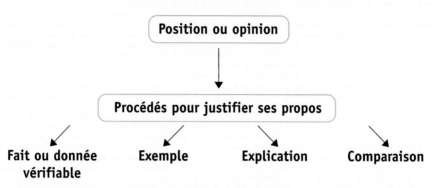

La justification

Texte ou passage visant à faire valoir une position, à appuyer des propos
ou à fonder une opinion, une appréciation, un jugement.
On utilise la justification à l'oral comme à l'écrit.

Position ou opinion

↓

Procédés pour justifier ses propos

Fait ou donnée vérifiable   **Exemple**   **Explication**   **Comparaison**

LA JUSTIFICATION	
Différents procédés	**Exemples**
Fait ou donnée vérifiable	*La langue française est complexe. Pour s'en convaincre, il n'y a qu'à considérer les erreurs non négligeables commises autant par les jeunes que par de nombreux adultes instruits.*
Exemple	*De nombreuses personnes ont un immense plaisir à explorer la langue française, par exemple les poètes, les chansonniers, et les écrivains adorent manier les mots de cette langue.*
Explication	*Pour ceux qui s'intéressent vraiment à la langue française, l'étude du grec et du latin est utile parce qu'elle renseigne sur l'origine de nombreux mots de cette langue.*
Comparaison	*Si plusieurs graphies servent à transcrire un même son en français, il en va de même en anglais où de multiples graphies servent fréquemment à transcrire un même son.*

La prise de parole dans différentes situations de communication

p. 51

La prise de parole dans différentes situations de communication

Situation informelle
Emploi d'une variété de langue plus familière.

en famille   entre amis   etc.

Ex. : *Checkez vos phrases, pis enlevez tout' qu'est-ce qui est pas utile.*

choix de mots familiers
prononciation plus relâchée
construction de phrases
qui s'éloigne de l'écrit

Situation formelle
Emploi d'une variété de langue standard plus soutenue.

présentation orale   entrevue   etc.

Ex. : *Relisez vos phrases, puis supprimez tout ce qui est inutile.*

choix de mots standard et précis
prononciation soignée
construction de phrases
qui se rapproche du français écrit

DES EXEMPLES DE FORMULES ORALES DANS DEUX SITUATIONS DE COMMUNICATION

Situation informelle : une conversation entre amis	Situation formelle : un jeu-questionnaire télévisé
• Se saluer Ex. : *Allô ! Comment ça va ?*	• Saluer l'auditoire Ex. : *Bonjour, bienvenue à...*
• S'informer Ex. : *Qu'est-ce' tu fais de bon ces temps-ci ?*	• Présenter les participants Ex. : *J'inviterais nos participants à se présenter.*
• Se donner rendez-vous Ex. : *Quand est-ce qu'on s'voit ?*	• Se présenter Ex. : *Je m'appelle X et je viens de...*
• Annoncer son départ Ex. : *Y faut que j'parte, j'suis déjà en retard.*	• S'informer Ex. : *Comment allez-vous ?*
• Se saluer pour clôturer l'échange Ex. : *À la prochaine !*	• Lire ses questions Ex. : *Voici une première question...*
	• Féliciter ou encourager les participants Ex. : *C'est exact ! Bravo ! La question n'était pas facile...*

Les règles de la discussion

p. 101, 157

DES RÈGLES POUR AMÉLIORER LA DISCUSSION	
Règles générales	**Règles particulières ou stratégies**
Écouter activement les autres	• Adopter une attitude d'ouverture et une posture d'écoute : bien écouter les autres et tenir compte de leurs propos. • Vérifier sa compréhension des interventions des autres : poser des questions, tenter de reformuler (redire dans ses mots) les propos entendus pour en valider le contenu. Ex. : *Si j'en juge à partir de ce que tu viens de dire, tu n'es pas d'accord avec moi. Est-ce que j'ai bien compris ?* • Résumer les interventions de temps à autre : faire le point pour mieux orienter les échanges.
Explorer et partager des idées	• Demander le droit de parole avant de faire une intervention : respecter le rôle de l'animateur ou de l'animatrice qui désigne les participants. • Respecter le sujet de discussion : faire avancer les échanges en faisant des interventions en lien avec le sujet. • Formuler clairement ses idées : chercher à préciser sa pensée, à clarifier ses propos, à justifier ses opinions, à illustrer ses idées à l'aide d'exemples. Ex. : *Pour moi, le conseil de classe est un bon moyen de régler les problèmes parce que tout le monde peut s'exprimer librement.* • Dégager des liens entre les propos : relier entre elles les idées proposées de façon à faire avancer les échanges.
Réagir aux propos des autres	• S'appuyer sur les idées des autres : tenir compte de ce que les autres proposent pour trouver de nouvelles idées. • Poser des questions ou y répondre : amener les autres à préciser leur pensée, à choisir d'autres mots en cas d'incompréhension. Ex. : *Peut-on savoir pourquoi vous refusez de participer au conseil de classe ? Il me semble qu'en tant qu'élèves, il est de notre devoir de trouver ensemble des solutions à ce problème.* • Commenter les propos des autres.

Nouveau

Les règles du consensus

p. 101

DES RÈGLES POUR AMÉLIORER LE CONSENSUS	
Règles générales	**Règles particulières ou stratégies**
Mettre ses idées en valeur	• Utiliser des formules qui introduisent le point de vue comme *Je pense que, Je partage l'opinion que, Je crois que*, etc. • Employer des procédés de mise en relief comme *Mon point de vue, c'est..., Selon moi, c'est... qui* ou *c'est... que*, etc. • S'exprimer à l'aide d'un ton, d'un rythme et d'un débit qui font preuve de confiance en soi.
Justifier son point de vue	• Invoquer des raisons (ou des arguments) qui clarifient et nuancent le point de vue. • Répondre adéquatement aux arguments des autres. • Amener l'autre à adhérer à ses idées en tenant compte de ses réactions.
Expliciter ses réactions	• Se référer à ses goûts, à ses valeurs, à ses connaissances, etc. • Exprimer ouvertement son opinion à l'égard des idées des autres. • Utiliser un vocabulaire nuancé pour éviter les conflits ou les affrontements.
Respecter ses interlocuteurs	• Garder une attitude d'ouverture en tout temps. • Utiliser un langage empreint de marques de politesse, de savoir-vivre, de respect des idées des autres. • Prêter attention à l'intensité de sa voix, à ses mimiques, à son regard, bref à tout ce qui pourrait blesser l'autre.
Mettre en pratique les règles de la discussion	Les règles de la discussion, p. 445.

La lecture expressive   p. 262

LA LECTURE À HAUTE VOIX	
Aspects à surveiller	**Stratégies**
Destinataires	• S'adapter au niveau de lecture de l'auditoire. • Lever les yeux vers l'auditoire à l'occasion.
Voix	• Varier l'intensité de sa voix (plus fort / plus faible). • Adapter sa voix en fonction du narrateur ou de la narratrice, ou du personnage. • Utiliser l'accentuation pour mettre certains mots en évidence.
Intonation	• Varier le ton (ascendant / descendant). • Éviter le ton monotone.
Débit et pauses	• Lire à une vitesse appropriée. • Ralentir ou accélérer le débit pour créer un effet expressif. • Faire des pauses plus ou moins longues en fonction de certains indices du texte, comme les marques du dialogue, la ponctuation.
Expression du visage	• Soutenir le sens du texte à l'aide d'une expression faciale appropriée. • Varier l'expression en fonction du changement de voix ou d'intonation.

Nouveau

Les stratégies d'écoute

p. 371

DES STRATÉGIES POUR AMÉLIORER SON ÉCOUTE	
Stratégies générales	**Stratégies particulières**
Se préparer à écouter	• Déterminer avec précision ses besoins d'information pour mieux cibler l'information essentielle à privilégier. • Faire appel à ses connaissances antérieures sur le sujet abordé. • Anticiper les aspects abordés sur le sujet qui sera présenté. • Prévoir une façon appropriée de noter l'information pertinente (mots clés, idées essentielles, organisateur graphique, etc.). La prise de notes, p. 442
Faire preuve de concentration et d'attention durant l'écoute	• S'appuyer sur la structure de la présentation pour comprendre l'ensemble de l'information dont il faut tenir compte. • Dégager uniquement l'information importante ou utile. • Déduire de l'information en s'appuyant sur ses connaissances antérieures ou sur ce qui vient d'être dit.
Réagir durant ou après l'écoute (si la locutrice ou le locuteur est présent)	• Vérifier sa compréhension: – en posant des questions; – en demandant des explications supplémentaires; – en invitant le locuteur ou la locutrice à formuler autrement ce qui vient d'être énoncé.
Réagir après l'écoute (si la locutrice ou le locuteur est absent)	• Revenir sur la présentation entendue: – en formulant dans ses mots ce qui vient d'être dit; – en faisant un résumé de la présentation.
Évaluer son écoute	• Porter un jugement sur son niveau de compréhension. • Réagir au contenu et au message transmis. • Comparer sa compréhension à celle des autres.

La formation des mots

p. 123, 280

LES PRINCIPAUX PROCÉDÉS DE FORMATION DES MOTS			
Procédés	**Définitions**	**Précisions**	**Exemples**
Abrègement	Réduction d'un mot par le retranchement d'une ou de plusieurs de ses syllabes.	Beaucoup de mots abrégés appartiennent à la langue familière. Dans les dictionnaires, ils sont signalés à l'aide de la mention *fam.*	• *photo* = *photo*~~graphie~~ • *ordi* (fam.*)* = *ordi*~~nateur~~
	Création d'un mot (appelé «sigle») à l'aide de la première lettre de deux ou de plusieurs mots.	Si le sigle est prononcé comme un mot ordinaire (ex. : *ovni*), il s'agit d'un acronyme.	• *OGM* = *organisme génétiquement modifié*
Composition	Création d'un mot (appelé «mot composé») par la réunion de deux ou de plusieurs mots.	Les mots réunis portent un sens et s'utilisent seuls dans d'autres contextes.	• *tiers-monde* • *terre à terre* • *rouge vin*
Composition savante	Création d'un mot par la réunion d'éléments provenant du latin ou du grec.	Les éléments latins ou grecs portent un sens, mais ne sont pas autonomes.	*carnivore* = *carni (chair) + vore (manger)*
Dérivation	Création d'un mot (appelé «mot dérivé») à partir d'un mot de base auquel s'ajoute un préfixe (avant) ou un suffixe (après).	Les préfixes et les suffixes portent un sens, mais ne sont pas autonomes.	• *défaire* • *terrien* • *enterrement*
Emprunt	Intégration au français d'un mot appartenant à une autre langue.	L'orthographe des mots empruntés est de plus en plus souvent francisée. Dans les dictionnaires, la mention *anglic.* indique un emprunt à l'anglais qui est critiqué.	• *sushi* (mot japonais) • *bogue* (de l'anglais *bug*)
Télescopage	Création d'un mot (appelé «mot-valise») par la réunion de parties de mots.	Les parties de mots portent chacune un sens, mais ne sont pas autonomes.	*franglais* = *fran*~~çais~~ + ~~an~~*glais*

Les préfixes – Les suffixes – Les éléments grecs et latins

L'expression du temps et du lieu

p. 288, 299

❶ Temps

Marque qui situe dans le temps de façon objective.

Cette marque de temps peut être comprise sans tenir compte de la situation de communication.

> Marque qui situe dans le temps de façon subjective.

Pour comprendre cette marque de temps, il faut tenir compte de la situation de communication. Dans cette situation, *Quand je suis arrivée ici* correspond à l'année 1990.

Un dur apprentissage

« Le plus difficile, c'est la langue, explique Rana, une jeune Libanaise de 12 ans. **Quand je suis arrivée ici** , je parlais le français, mais pas le québécois. »

Rana vit **au Québec depuis 1990** et fréquente **l'école Harfang-des-Neiges à Pierrefonds**. C'est ainsi qu'elle a appris, à l'exemple des 215 autres élèves provenant des différentes communautés ethniques, que « demandzi » voulait dire « va lui demander » et que « clââss » signifiait « classe ».

D'après Michèle Ouimet, « Le plus difficile, c'est la langue »,
La Presse, 9 avril 1991.

---

❷ Lieu

Marques qui situent dans l'espace de façon objective.

Ces marques de lieu peuvent être comprises sans tenir compte de la situation de communication.

> Marque qui situe dans l'espace de façon subjective.

Pour comprendre cette marque de lieu, il faut tenir compte de la situation de communication. Dans cette situation, *ici* désigne le Québec.

Les moyens pour situer dans le temps – Les moyens pour situer dans l'espace

Les relations de sens entre les mots p. 12

Quel français parlons-nous?

À l'**école**, nous **apprenons** la **norme**: de quelle façon construire les **phrases** et comment ne pas faire de **fautes d'orthographe**, par exemple. Il existe en effet un «**bon usage**» qui établit «ce qui est **correct**» et «ce qui est **incorrect**». Cependant, les **règles** qui sont **enseignées** à l'école ne sont pas **mises en pratique** en tout temps. C'est normal: nous ne **parlons** pas tout à fait comme nous **écrivons** et, lorsque nous **parlons**, nous ne nous **exprimons** pas de la même façon avec nos **amis**, notre **grand-mère** ou des **inconnus**, par exemple. En somme, selon que nous écrivons ou que nous parlons et selon les **personnes** auxquelles nous nous **adressons**, nous nous **approchons** ou nous nous **écartons** de la norme.

La plupart des mots courants ont un sens différent selon le contexte. Pour utiliser un vocabulaire varié et éviter la répétition lorsqu'on écrit, il est important de recourir à des mots de sens voisin (synonymes), à des mots de sens contraire (antonymes), à des mots de sens plus général (génériques), à des mots dont le sens est plus précis (spécifiques) et à des ensembles de mots qui se rapportent à une même idée (champ lexical).

1 Champ lexical
Ensemble de mots qui se rapportent à une même idée ou à un même thème.

2 Antonymes
Mots de sens contraire dans le même contexte.

3 Synonymes
Mots de sens voisin dans le même contexte.

4 Générique et spécifiques
Générique: mot qui englobe d'autres mots plus précis, appelés «spécifiques».

Grammaire de la phrase et du texte

Les manipulations syntaxiques

p. 26, 229

LES PRINCIPALES UTILITÉS DES MANIPULATIONS SYNTAXIQUES		
Manipulations	**Utilités**	**Exemples**
Effacement ou soustraction	Repérer les groupes obligatoires ou facultatifs dans la phrase.	GN sujet — G complément de phrase *Plusieurs populations parlent le français dans le monde.* GN sujet — G complément de phrase facultatif ➤ *Plusieurs populations parlent le français ~~dans le monde~~.* GN sujet obligatoire ➤ *~~Plusieurs populations~~ parlent le français dans le monde.*
	Analyser la construction d'un groupe en distinguant le mot noyau de ses expansions facultatives.	*Plusieurs personnes de la région de Montréal parlent le français.* noyau — expansion facultative ➤ *Plusieurs personnes ~~de la région de Montréal~~ parlent le français.*
Déplacement	Trouver la fonction d'un groupe de mots dans la phrase.	*Plusieurs personnes parlent le français dans le monde.* ➤ *Dans le monde, plusieurs personnes parlent le français.* ➤ *Plusieurs personnes, dans le monde, parlent le français.* *Dans le monde* est un complément de phrase parce qu'il se déplace.
Addition	Enrichir un groupe en ajoutant des expansions.	*Plusieurs personnes parlent le français.* ➤ *Plusieurs personnes que je connais parlent le français.*

Manipulations	Utilités	Exemples
Remplacement ou substitution	Délimiter un groupe de mots en le remplaçant par un pronom.	Plusieurs populations parlent le français dans le monde. *Plusieurs populations = Elles = GN* ➤ Elles parlent le français dans le monde.
	Identifier la classe à laquelle appartient un mot.	*Plusieurs personnes parlent le français dans le monde.* *Plusieurs / des / les / certaines = déterminants* ➤ *Plusieurs personnes parlent le français dans le monde.*
	Identifier une fonction syntaxique.	*Plusieurs personnes parlent le français.* compl. direct du V *parlent* ➤ *Plusieurs personnes le parlent.*
Encadrement	Repérer et délimiter un groupe dont la fonction est sujet en l'encadrant par l'expression *c'est... qui* ou *ce sont... qui*.	Plusieurs personnes parlent le français et l'anglais. GN sujet ➤ **Ce sont** plusieurs personnes **qui** *parlent le français et l'anglais.*
	Repérer et délimiter un groupe complément en l'encadrant par l'expression *c'est... que*.	*Plusieurs personnes parlent* le français . GN compl. direct **C'est** le français **que** *parlent plusieurs personnes.*

La phrase de base

p. 19, 229

La phrase de base

Modèle de phrase utilisé pour décrire et analyser la plupart des phrases.

Groupes de base obligatoires	+	Groupe de base facultatif

GN sujet   GV prédicat   G complément de phrase

Ex.: *Diverses populations*   *parlent le français*   *dans le monde*.

Le sujet est généralement un groupe du nom (GN) ou un pronom.

Le prédicat est toujours un groupe du verbe (GV), qui a un verbe conjugué comme noyau.

Le complément de phrase a diverses constructions.

Dans une phrase de base, les différents groupes de mots doivent apparaître selon l'ordre suivant:
GN sujet + GV prédicat + G complément de phrase.

LES PRINCIPALES CARACTÉRISTIQUES DES GROUPES DE BASE

GN sujet	GV prédicat	G complément de phrase
• Le GN sujet ne peut être effacé. Si on l'efface, la phrase n'a plus de sens. Ex.: ~~Diverses populations~~ *parlent le français dans le monde.* • Il peut être encadré par l'expression *c'est… qui* ou *ce sont… qui.* Ex.: **Ce sont** *diverses populations* **qui** *parlent le français dans le monde.* • Il peut être remplacé par un pronom (*il, ils, elle* ou *elles*). *Elles* Ex.: *Diverses populations parlent le français dans le monde.*	• Le GV prédicat est obligatoire. Si on l'efface, la phrase n'a plus de sens. Ex.: *Diverses populations* ~~parlent le français~~ *dans le monde.* • Il est généralement placé après le sujet. Ex.: *Diverses populations* parlent le français *dans le monde.*	• Le G complément de phrase est facultatif. On peut l'effacer. Ex.: *Diverses populations parlent le français* ~~dans le monde~~ *.* • On peut le placer à divers endroits dans la phrase. Ex.: *Dans le monde, diverses populations parlent le français.* Ex.: *Diverses populations, dans le monde, parlent le français.* • Il peut être précédé de l'expression *cela se passe* ou *il le fait, elles le font…* Ex.: *Diverses populations parlent le français* **et cela se passe** *dans le monde.*

Les types de phrases

p. 157, 321

Les types de phrases

Quatre types de phrases qui peuvent être décrits et analysés à l'aide de la phrase de base.
(La phrase de base est de type déclaratif.)

Phrase de type déclaratif
Ex.: *Tu es attentif à la prononciation des mots.*

↑

Phrase de type impératif
Ex.: *Sois attentif à la prononciation des mots.*

← [**Types de phrases**] →

Phrase de type exclamatif
Ex.: *Comme tu es attentif à la prononciation des mots* [!]

↓

Phrase de type interrogatif
Ex.: *Es-tu attentif à la prononciation des mots* [?]
À quoi es-tu attentif [?]

Une phrase est soit déclarative, soit impérative, soit interrogative, soit exclamative.

LES PRINCIPALES CARACTÉRISTIQUES DES QUATRE TYPES DE PHRASES

Type déclaratif

Le plus souvent, la phrase déclarative est utilisée pour déclarer quelque chose (donner une information, exprimer un jugement, un sentiment, etc.).

- Parmi les quatre types de phrases, seule la phrase déclarative peut être conforme à la phrase de base.
  – La phrase déclarative a toujours un GN sujet, généralement placé avant le GV prédicat, et elle peut avoir un ou plusieurs G compléments de phrase.
- À l'écrit, la phrase déclarative se termine généralement par un point.

Ex.: P de base: [*Diverses populations*] [*parlent le français*] [*dans le monde*].

GN sujet   GV prédicat   G complément de phrase

P déclaratives: [*Diverses populations*] [*parlent le français*] [*dans le monde*].

G complément de phrase   GN sujet   GV prédicat

[*Dans le monde*] , [*diverses populations*] [*parlent le français*].

(Suite à la page 456)

Type impératif

Le plus souvent, la phrase impérative est utilisée pour inciter à agir (donner un ordre, un conseil, une consigne).

- La phrase impérative n'est jamais conforme à la phrase de base.

  – Son verbe est au mode impératif. Par conséquent, le GN sujet n'est pas exprimé.

- La phrase impérative se termine généralement par un point ou un point d'exclamation.

  Ex.: P de base :   <u>Tu</u> *observes attentivement cet idéogramme.*

  GN sujet   V

  P impérative :   *Observe attentivement cet idéogramme.*
         – Remplacement du mode indicatif par le mode impératif.

  P de base :   *Tu l'observes attentivement.*

  P impérative :   *Observe-le attentivement.*
         – Remplacement du mode indicatif par le mode impératif.
         – Déplacement du pronom complément *le* après le verbe.
         – Addition d'un trait d'union entre le verbe et le pronom complément.

Attention !

Le ou les pronoms placés après le verbe à l'impératif sont liés au verbe par un trait d'union.

Type exclamatif

Le plus souvent, la phrase exclamative est utilisée pour exprimer avec force un jugement, une émotion, etc.

- La phrase exclamative n'est jamais conforme à la phrase de base parce qu'elle contient un marqueur d'exclamation, comme *que / qu'*, *que de*, *comme*, *quel / quels / quelle / quelles*.

- La phrase exclamative se termine par un point d'exclamation.

  Ex.: P de base :   *Cet idéogramme est compliqué.*

  P exclamative :   *Comme cet idéogramme est compliqué* **!**
         – Addition du marqueur d'exclamation *Comme*.
         – Remplacement du point par un point d'exclamation.

  P de base :   *Elle étudie le chinois avec beaucoup de sérieux.*

  P exclamative :   *Avec quel sérieux elle étudie le chinois* **!**
         – Déplacement et remplacement du groupe *avec beaucoup de sérieux*.
         – Remplacement du déterminant *beaucoup de* par le marqueur d'exclamation *quel*.
         – Remplacement du point par un point d'exclamation.

Les marqueurs d'interrogation et d'exclamation

Type interrogatif

Le plus souvent, la phrase interrogative est utilisée pour obtenir un renseignement (poser une question, s'interroger). On distingue deux sortes d'interrogation : l'interrogation totale (réponse par *oui* ou par *non*) et l'interrogation partielle (réponse autre que *oui* ou *non*).

- La phrase interrogative n'est jamais conforme à la phrase de base parce qu'elle contient des marques d'interrogation.
  - Le GN sujet (ou le pronom sujet) se trouve après le verbe, ou un pronom reprend le GN sujet après le verbe. Sinon, la phrase est marquée par *est-ce que* (ou *est-ce qui*).
  - Si l'interrogation est partielle, la phrase est marquée par un marqueur d'interrogation comme *qui, que / qu', quoi, où, combien de, pourquoi, quand, quel / quels / quelle / quelles*.
- La phrase interrogative se termine par un point d'interrogation.

Ex. : P de base : *Tu sais comment ton nom s'écrit en chinois.*

P interrogative : *Sais-tu comment ton nom s'écrit en chinois* ?
(interrogation totale)
- Déplacement du pronom sujet *tu* après le verbe.
- Addition d'un trait d'union entre le verbe et le pronom sujet.
- Remplacement du point par un point d'interrogation.

P de base : *Tu sais comment ton nom s'écrit en chinois.*

P interrogative : *Est-ce que tu sais comment ton nom s'écrit en chinois* ?
(interrogation totale)
- Addition de *Est-ce que*.
- Remplacement du point par un point d'interrogation.

P de base : GN sujet [*Mon nom*] *s'écrit de cette façon en chinois.*

P interrogative : *Comment s'écrit* GN sujet [*mon nom*] *en chinois* ?
(interrogation partielle)
- Déplacement du GN sujet après le verbe.
- Déplacement du groupe *de cette façon* et remplacement par le marqueur d'interrogation *Comment*.
- Remplacement du point par un point d'interrogation.

Attention !

Le pronom sujet placé après le verbe est lié au verbe par un trait d'union (ou un « t » entre traits d'union lorsque deux voyelles se rencontrent).

Ex. : P de base : GN sujet [*Mon nom*] *s'écrit de cette façon en chinois.*

P interrogative : *De quelle façon* GN sujet [*mon nom*] *s'écrit-il en chinois* ?
(interrogation partielle)
- Reprise du GN sujet par le pronom *il*.
- Déplacement du groupe *de cette façon*.
- Remplacement de *cette* par le marqueur d'interrogation *quelle*.
- Remplacement du point par un point d'interrogation.

Les marqueurs d'interrogation et d'exclamation

Points de repère

457

Les formes de la phrase

p. 321, 343

Les formes de la phrase

Formes de la phrase qui peuvent être décrites et analysées à l'aide de la phrase de base.
(La phrase de base est positive, active, neutre et personnelle.)

Forme positive
Ex. : *Je parle le chinois.*
Forme négative
Ex. : *Je ne parle pas le chinois.*

↑

Forme active
Ex. : *Cette population parle le français.*
Forme passive
Ex. : *Le français est parlé par cette population.*

← (Formes de la phrase) →

Forme personnelle
Ex. : *Une lettre manque à ce mot.*
Forme impersonnelle
Ex. : *Il manque une lettre à ce mot.*

↓

Forme neutre
Ex. : *Notre langue française est belle.*
Forme emphatique
Ex. : *Elle est belle, notre langue française.*

Une phrase combine toujours quatre formes.

LES PRINCIPALES CARACTÉRISTIQUES DES FORMES DE LA PHRASE

Formes positive / négative

- La phrase positive et la phrase négative ont un sens contraire.

- La phrase négative n'est jamais conforme à la phrase de base : elle contient au moins un marqueur de négation.

  Ex. : P de base positive : *Je parle le chinois.*
  P négative : *Je ne parle pas le chinois.*
  – Addition de marqueurs de négation *ne* et *pas*.

  P de base positive : *Quelqu'un parle le chinois parmi nous.*
  P négative : *Personne ne parle le chinois parmi nous.*
  – Remplacement de *Quelqu'un* par le marqueur de négation *Personne*.
  – Addition du marqueur de négation *ne*.

Les marqueurs de négation

Grammaire de la phrase et du texte

Nouveau

Formes active / passive

- La phrase active et la phrase passive ont un sens équivalent, mais elles ne présentent pas l'information dans le même ordre.
- La phrase passive n'est jamais conforme à la phrase de base : elle contient un verbe passif. Le verbe passif est formé du verbe *être* (conjugué au même temps que le verbe de la phrase active) et du participe passé du verbe de la phrase active.

  Ex. : P de base active :   *Cette population* $\boxed{parle}$ *le français.*

       P passive :   *Le français* $\boxed{est\ parlé}$ *par cette population.*

  - Déplacement des groupes *Cette population* et *le français.*
  - Addition de la préposition *par.*
  - Remplacement de *parle* par le verbe passif correspondant *est parlé.*

       P de base active :   *On* $\boxed{parlera}$ *encore le français ici dans 100 ans.*

       P passive :   *Le français* $\boxed{sera\ encore\ parlé}$ *ici dans 100 ans.*

  - Effacement du pronom *On.*
  - Déplacement du groupe *le français.*
  - Remplacement de *parlera* par le verbe passif correspondant *sera parlé.*

Formes personnelle / impersonnelle

- La phrase personnelle et la phrase impersonnelle ont un sens équivalent, mais elles ne présentent pas l'information dans le même ordre.
- La phrase impersonnelle n'est jamais conforme à la phrase de base si son verbe peut être employé avec un sujet autre que le pronom « il ».

  Ex. : P de base personnelle :   *Une lettre manque à ce mot.*
       P impersonnelle :   *Il manque une lettre à ce mot.*

  - Déplacement du groupe *Une lettre.*
  - Addition du pronom impersonnel *Il.*

Formes neutre / emphatique

- La phrase neutre et la phrase emphatique ont un sens équivalent, mais elles ne présentent pas l'information de la même façon.
- La phrase emphatique n'est jamais conforme à la phrase de base : elle contient une marque d'emphase.

  Ex. : P de base neutre :   *Notre langue est riche.*
       P emphatique :   *Elle est riche, notre langue.*

  - Déplacement du groupe *Notre langue.*
  - Addition du pronom *Elle.*

Les phrases à construction particulière

p. 321

Les phrases à construction particulière

Trois sortes de phrases qui ne peuvent être ni décrites ni analysées à l'aide de la phrase de base.

Phrase non verbale
Ex. : *Quelle merveille !*

← **Sortes de phrases à construction particulière** →

Phrase infinitive
Ex. : *Ne pas toucher.*

↓

Phrase à présentatif
Ex. : *Voici un idéogramme chinois.*

LES PRINCIPALES CARACTÉRISTIQUES DES PHRASES À CONSTRUCTION PARTICULIÈRE

Phrase non verbale

La phrase non verbale n'a ni GN sujet ni GV prédicat. Elle est constituée d'un ou de plusieurs groupes de mots : généralement d'un GN, parfois d'un GAdj, d'un GPrép ou d'un GAdv.

GN
Ex. : *Défense de toucher* .

GAdv
Pourquoi ?

Phrase infinitive

La phrase infinitive est construite autour d'un verbe à l'infinitif. Elle est constituée d'au moins un GV prédicat à l'infinitif.

Ex. : *Comment lire les idéogrammes ? Premièrement, les observer attentivement.*

Phrase à présentatif

La phrase à présentatif commence par l'un des présentatifs suivants : *voici / voilà*, *il y a* (*il y avait, il y aura*, etc.), *c'est* (*c'était, ce sera*, etc.).

Ex. : *Voilà une excellente idée !*
Y a-t-il de grandes différences entre l'écriture chinoise et l'écriture japonaise ?
C'est complexe !

Les classes de mots

p. 19

Les classes de mots

Huit ensembles de mots qui ont des caractéristiques communes.

	Prép			Dét	N	Adj	V	Conj	Pron		Adv	

Ex.: *Dans notre société, la langue française évolue, car elle est bien vivante.*

Classes de mots variables : déterminant, nom, adjectif, pronom, verbe.
Classes de mots invariables : adverbe, préposition, conjonction.

LES PRINCIPALES CARACTÉRISTIQUES DES CLASSES DE MOTS

Déterminant

SENS : • Il précise ce que désigne le nom.

SYNTAXE : • Il précède le nom, mais il y a parfois un adjectif entre le déterminant et le nom
(ex. : *des mots / de nouveaux mots*).

m. pl.

• Il reçoit le genre et le nombre du nom qu'il accompagne (ex. : *des mots*).

FORME : • Il varie généralement en genre et en nombre (ex. : *un accent / une origine / des lettres*).
Parfois, il est invariable (ex. : *cinq élèves, chaque élève*).

Quelques déterminants : *le / la / l' / les* (déterminants définis) ; *au / aux, du / des* (déterminants contractés) ; *un / une / des* (déterminants indéfinis) ; *ce / cet / cette / ces* (déterminants démonstratifs) ; *mon / ma / mes* (déterminants possessifs) ; *deux / trois / quatre* (déterminants numéraux).

Nom

SENS : • Il désigne une chose concrète (personne, animal, objet, etc.) ou abstraite (émotion, phénomène, etc.).

SYNTAXE : • Il est le noyau du groupe du nom (GN).

• Il donne son genre et son nombre au déterminant et à l'adjectif ; au verbe, il donne sa personne et son nombre.

f. s.   3ᵉ pers. s.

Ex. : *La langue française évolue.*   *La langue française évolue.*

FORME : • Il varie en nombre (singulier ou pluriel) ; parfois en genre (masculin ou féminin).

(Suite à la page 462)

Adjectif

SENS : • Il désigne la qualité d'une chose (ex. : *un mot bizarre*) ou la catégorie à laquelle elle appartient (ex. : *un mot français / anglais / polonais*).

SYNTAXE : • Il est le noyau du groupe de l'adjectif (GAdj).

• Il reçoit le genre et le nombre du nom ou du pronom avec lequel il est en relation.

Ex. : *une orthographe douteuse ; elle semble douteuse.*

FORME : • Il varie généralement en genre et en nombre (ex. : *un mot inconnu ; des mots inconnus / une expression inconnue ; des expressions inconnues*).

Pronom

SENS : • Il reprend un ou plusieurs mots (pronoms de reprise) ou désigne une ou plusieurs personnes dans des situations de communication.

Ex. : *J'aime* notre langue française : elle *est belle.*

Ex. : *J'aime ce mot.*

SYNTAXE : • Il donne son genre et son nombre à l'adjectif. Au verbe, il donne son nombre et sa personne.

Ex. : *Elle est belle, notre langue.*   *Elle est belle, notre langue.*

FORME : • Il varie généralement selon le genre, le nombre et la personne.

3ᵉ pers. m. pl.
Ex. : *Ils sont Québécois.*

Quelques pronoms : *tu, te / t', toi, il / elle / ils / elles, le / la / l' / les, lui / leur, eux / elles* (pronoms personnels) ; *le mien / la nôtre* (pronoms possessifs) ; *celui / celle / ceux / celles* (pronoms démonstratifs) ; *qui, que / qu', dont, où* (pronoms relatifs) ; *on, chacun / chacune, plusieurs* (pronoms indéfinis).

Verbe

SENS : • Il exprime une action concrète (ex. : *je marche*), une activité abstraite (ex. : *je pense*), un état (ex. : *Je suis Québécoise.*), etc.

SYNTAXE : • Il reçoit le nombre et la personne du sujet.

Ex. : *Je ne suis pas Québécoise.*

• Il peut être encadré par l'expression *ne... pas* ou *n'... pas*.

Ex. : *Je **ne** suis **pas** Québécoise.*

• Il est le noyau du groupe du verbe (GV).

FORME :
- Il se conjugue. Il varie en mode (ex. : *tu parles* / *parle*) [indicatif / impératif], en personne (ex. : *je parle* / *tu parles*) [1ʳᵉ pers. / 2ᵉ pers.], en nombre (ex. : *il parle* / *ils parlent*) [s. / pl.] et en temps (ex. : *il parle* / *il parlait* / *il parlera*) [présent / imparfait / futur simple].

- Dans les temps simples, il est formé d'un radical et d'une terminaison (ex. : *elle parle*). Dans les temps composés, il est formé de l'auxiliaire *avoir* ou *être* suivi d'un participe passé (ex. : *elle **a parlé***).

Adverbe

SENS :
- Il exprime plusieurs valeurs différentes : temps, lieu, manière, etc.

SYNTAXE :
- Il est le noyau du groupe de l'adverbe (GAdv).

- Il peut jouer le rôle de modificateur du verbe, de l'adjectif ou d'un autre adverbe.

  Ex. : *La langue française est variée.* ➤ *La langue française est extrêmement variée.*

- Il peut jouer le rôle de coordonnant.

FORME :
- Il est invariable.

Quelques adverbes : *lentement*, *vite* (adverbes de manière) ; *beaucoup*, *environ*, *à peine* (adverbes de quantité) ; *peu*, *plus* (adverbes d'intensité) ; *ensuite*, *bientôt*, *déjà*, *tard* (adverbes de temps) ; *ailleurs*, *ici*, *partout*, *dedans*, *loin* (adverbes de lieu) ; *ne... pas*, *ne... plus* (adverbes de négation).

Préposition

SENS :
- Elle exprime le lieu (ex. : *chez moi*, *de Québec à Montréal*), le temps (ex. : *pendant des siècles*, *à l'époque*), le but (ex. : *pour parler*), la cause (ex. : *à cause de cette erreur*), etc.

SYNTAXE :
- Elle est le noyau du groupe prépositionnel (GPrép).

- Elle a obligatoirement une expansion à droite (ex. : *avec lui*). [*lui* = expansion]

FORME :
- Elle est invariable.

Quelques prépositions : *à* (*au* / *aux*), *de* (*du* / *des*), *en*, *pour*, *sans*, *avec*, *jusqu'à*, *après*, *pendant*, *depuis*, *grâce à*, *dès*.

Conjonction

SENS :
- Elle exprime le temps (ex. : *quand il parle*), le but (ex. : *pour qu'elle réussisse*), la cause (ex. : *parce qu'ils ont tort*), l'addition (ex. : *toi et moi*), etc.

SYNTAXE :
- Elle relie des groupes de mots ou des phrases. Certaines conjonctions (coordonnants) servent à la coordination (ex. : *J'apprends l'anglais et l'espagnol.*), d'autres (subordonnants) servent à la subordination d'une phrase (ex. : *J'apprends l'anglais depuis que j'ai huit ans.*).

FORME :
- Elle est invariable.

Quelques conjonctions : *mais*, *ou*, *et*, *car*, *ni*, *puis* (coordonnants) ; *que* / *qu'*, *quand*, *lorsque*, *afin que* / *qu'*, *parce que* / *qu'*, *si*, *ainsi que* / *qu'* (subordonnants).

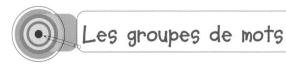

Les groupes de mots

p. 19, 186

Les groupes de mots

Unités syntaxiques (un ou plusieurs mots) construites à partir d'un noyau (mot le plus important du groupe) auquel s'ajoutent une ou des expansions obligatoires ou facultatives.

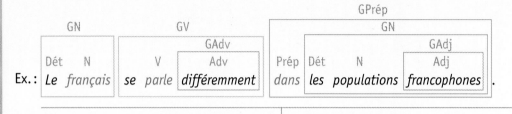

Le noyau donne son nom au groupe.
Un groupe de mots peut être inséré dans un groupe plus grand.

LES PRINCIPALES CONSTRUCTIONS DES GROUPES DE MOTS

Groupe du nom (GN)

Le GN a un nom commun ou un nom propre comme noyau. Le nom commun est généralement précédé d'un déterminant.

```
         GN
  ┌──────────────┐
  │ Dét      N   │
Ex.:│Cette population│ est francophone.
```

• Le nom peut avoir une ou plusieurs expansions ayant la fonction de complément du nom.
Les principaux compléments du nom sont le GAdj, le GPrép, la subordonnée relative et, parfois, un autre GN.

```
                        GN
             ┌──────────────────────┐
             │              GAdj     │
             │           ┌─────────┐ │
Ex.: Connaissez-vous│ces populations│francophones│ │?
```

```
                        GN
             ┌──────────────────────────┐
             │              GPrép        │
             │           ┌─────────────┐ │
   Connaissez-vous│ces populations│de la francophonie│ │?
```

```
                        GN
             ┌──────────────────────────────────┐
             │              sub. rel.            │
             │           ┌──────────────────────┐│
   Connaissez-vous│ces populations│qui font partie de la francophonie││?
```

```
                        GN
             ┌──────────────────────────────┐
             │              GN               │
             │           ┌──────────────────┐│
   Connaissez-vous│ces populations,│des francophones d'Afrique││?
```

Groupe du verbe (GV)

Le GV a un verbe conjugué comme noyau.

- Le GV peut être formé d'un verbe seul ou avoir une ou plusieurs expansions qui ont la fonction de complément du verbe.

Ex. : *Les langues* |GV *évoluent*|.

Ces anglophones |GV GN compl. direct du V *aiment* |*le français*|| *et* |GV GPrép compl. indirect du V *songent* |*à l'apprendre*||.

Groupe de l'adjectif (GAdj)

Le GAdj a un adjectif comme noyau.

- Le GAdj peut être formé d'un adjectif seul ou avoir une ou plusieurs expansions qui ont la fonction de complément de l'adjectif.

Ex. : *Je ne connais pas ces populations* |GAdj *francophones*|.

Le français d'ici est |GAdj *différent* |GPrép compl. de l'Adj *du français parlé ailleurs*||.

Je suis |GAdj *étonné* |sub. complét. compl. de l'Adj *que le français varie autant d'une population à l'autre*||.

- L'adjectif qui exprime une qualité peut être accompagné d'un modificateur.

Ex. : *Le français peut être* |GAdj |GAdv modif. de l'Adj *extrêmement*| *différent*| *d'une population à l'autre.*

- Le GAdj remplit la fonction de complément du nom ou la fonction d'attribut du sujet.

Ex. : *Je ne connais pas ces populations* |GAdj compl. du N *francophones*|.

Ces populations sont |GAdj attr. du S *francophones*|.

(Suite à la page 466)

Groupe de l'adverbe (GAdv)

Le GAdv a un adverbe comme noyau.

- Le GAdv est souvent formé d'un adverbe seul. Parfois, il est précédé d'une expansion (un autre adverbe) qui a la fonction de modificateur de l'adverbe.

  GAdv
  Ex. : *Elle parle* couramment *le français.*

  GAdv
  Adv modif. de l'Adv
  Elle parle très couramment *le français.*

- Le GAdv peut être formé de deux adverbes de négation.

  Ex. : *Il* ne parle pas *le français.*

- Le GAdv peut avoir différentes fonctions.

  GAdv modif. du V
  Ex. : *Elles parlent* couramment *le français.*

  GAdv modif. de l'Adj
  Le français peut être très *différent d'une population à l'autre.*

Groupe prépositionnel (GPrép)

Le GPrép a une préposition comme noyau.

- Le GPrép a généralement une expansion à droite qui a la fonction de complément de la préposition.

  GPrép
  GN
  Ex. : *Des francophones* de l'Alberta

Attention !

Le GPrép peut commencer par le déterminant contracté *au, aux, du* ou *des*, qui inclut la préposition *à* ou *de*.

  (de le)
  Ex. : *Des francophones* de l'Alberta *et* du Québec

- Le GPrép peut avoir différentes fonctions.

  GPrép compl. de P
  Ex. : *Nous parlons le français* au Québec .

  GPrép compl. indirect du V
  Nous parlons à nos amis .

  GPrép compl. du N
  Des francophones de l'Alberta

Les fonctions syntaxiques dans la phrase

QUELQUES FONCTIONS SYNTAXIQUES

Complément du nom

Le complément du nom est une expansion du nom dans le GN ; il dépend donc du nom.

- Il est généralement facultatif (on peut l'effacer).
- Il n'est généralement pas déplaçable.
- Les principaux compléments du nom sont le GAdj, le GPrép, le GN et la subordonnée relative.

```
                         GN
                    ┌─────────────┐
                    │   GPrép     │
                    │ compl. du N │
Ex. : Les étudiants │ de l'école  │ apprennent l'espagnol.
                    └─────────────┘
```

Complément direct du verbe

Le complément direct du verbe est une expansion du verbe dans le GV ; il dépend donc du verbe.

- Il est généralement un GN.
- Il est toujours placé à droite du verbe, sauf si c'est un pronom personnel ou un pronom relatif.
- Il ne peut être déplacé à l'extérieur du GV.
- Selon le verbe, il peut être obligatoire ou facultatif.
- Il peut être remplacé par *quelqu'un* ou *quelque chose* et par les pronoms compléments directs *le*, *la*, *les*, *l'*, *ça*, *cela* et, parfois, *en*.

```
                                  GV
                            ┌──────────────┐
                            │   GN compl.  │
                            │  direct du V │
Ex. : Diverses populations  parlent │ le français │ aux quatre coins du monde.
                            └──────────────┘
```

```
                              GV
                        ┌──────────────┐
                        │  Pron compl. │
                        │ direct du V  │
➤ Diverses populations  │ le │ parlent  aux quatre coins du monde.
                        └──────────────┘
```

(Suite à la page 468)

Grammaire de la phrase et du texte

Complément indirect du verbe

Le complément indirect du verbe est une expansion du verbe dans le GV ; tout comme le complément direct, il dépend du verbe, mais il se construit avec une préposition.

- Il est généralement un GPrép ou un pronom.
- Il est toujours placé à droite du verbe, sauf si c'est un pronom personnel ou un pronom relatif.
- Il ne peut être déplacé à l'extérieur du GV.
- Il peut être remplacé par une préposition (ex. : *à*, *de*) + *quelqu'un*, *quelque chose* ou par *quelque part* et par les pronoms compléments indirects *lui*, *leur*, *en* et *y*.

Ex. : *Ces provinces font partie de la francophonie*. ➤ *Elles en font partie*.

Attribut du sujet

L'attribut du sujet est une expansion du verbe attributif dans le GV ; il dépend donc du verbe, mais est en relation étroite avec le sujet.

- Il est généralement un GAdj ou un GN.
- Il est placé à droite du verbe attributif (ex. : *être*, *paraître*, etc.), sauf si c'est un pronom personnel.
- Il ne peut généralement pas être effacé. Si on l'efface, la phrase devient incorrecte.

Ex. : *Le français est différent d'une population francophone à l'autre.*

➤ *Le français est ~~différent~~ d'une population francophone à l'autre.*

- Il peut généralement être remplacé par *le*, *l'*.

Ex. : *Le français est différent d'une population francophone à l'autre.*

➤ *Il l'est d'une population francophone à l'autre.*

Modificateur

Le modificateur est une expansion du verbe, de l'adjectif ou de l'adverbe.

- Il est généralement un GAdv.
- Il peut être effacé.
- Il ne peut être déplacé à l'extérieur des groupes qu'il modifie (GV, GAdj, GAdv).

Ex. : *Le français est vraiment différent d'une population francophone à l'autre.*

La phrase de base, p. 454.

Points de repère

468

La juxtaposition et la coordination

La juxtaposition et la coordination

Façons de joindre des mots, des groupes de mots ou des phrases
de même niveau syntaxique dans une phrase graphique
(phrase qui commence par une majuscule et se termine par un point).

La juxtaposition	**La coordination**
Jonction à l'aide d'un signe de ponctuation : virgule, deux-points ou point-virgule.	Jonction à l'aide d'un coordonnant : *et, ou, puis, car, mais,* etc.

↓ ↓

Ex.: *J'aimerais apprendre* une , deux , trois *autres langues !*

Ex.: *Le Canada a-t-il* une *ou* deux *langues officielles ?*

Plusieurs langues (le français , l'italien , *etc.) sont issues du latin.*

Le français *et* l'italien *sont des langues issues du latin.*

Le français est une langue romane , l'anglais est une langue germanique .

Léa veut devenir linguiste , *car* elle s'intéresse aux langues .

Il y a un rapport de sens (addition, opposition, etc.) entre les mots,
les groupes de mots ou les phrases juxtaposées ou coordonnées.
Dans la juxtaposition, ce rapport de sens est implicite.
Dans la coordination, il est exprimé par le coordonnant.

Les conjonctions et les adverbes dans la coordination

Nouveau

La subordination

p. 130, 236

La subordination

Insertion d'une phrase dans une autre à l'aide d'un subordonnant : *qui, que, dont, où, quand, depuis que, parce que, si, afin que,* etc.

Subordonnée complément de phrase

Ex. : *Le latin est une langue dite* morte
parce qu'elle n'est plus parlée.

Sortes de phrases subordonnées

Subordonnée relative

Ex. : *Le latin,* *qui n'est plus parlé,*
est une langue morte.

Subordonnée complétive

Ex. : *On dit* *que le latin est une langue morte.*

La subordonnée relative

p. 151, 236

La subordonnée relative

Phrase subordonnée qui remplit la fonction de complément du nom
et dont le subordonnant est un pronom relatif. La subordonnée relative apporte
une précision au nom (parfois au pronom) qu'elle complète.

GN

| | sub. rel. |
| | compl. du N |

Ex. : *Une langue* | *qui n'est plus parlée* | *est une langue morte.*

↓

Pronom relatif (subordonnant)

- Le pronom relatif reprend un nom déjà mentionné (son antécédent).
  Dans l'exemple, *qui* reprend *langue*.

- Il joue le rôle de subordonnant, car il sert à insérer une phrase dans
  une autre.

- Il a une fonction syntaxique dans la subordonnée. Dans l'exemple,
  qui remplit la fonction de sujet du verbe *est parlée*.

L'EMPLOI DE QUELQUES PRONOMS RELATIFS		
Pronoms relatifs	**Emplois principaux**	**Exemples**
qui	Remplace un groupe du nom sujet dans la subordonnée relative.	*On appelle* langue morte *une langue* qui n'est plus parlée. GN sujet du V *est parlée* **Cette langue** *n'est plus parlée.*
que / qu'	Remplace un groupe du nom complément direct du verbe dans la subordonnée relative.	*Une langue qu'on ne parle plus est appelée* langue morte. GN compl. dir. du V *parle* *On ne parle plus* **cette langue** .

(Suite à la page 472)

Nouveau

Pronoms relatifs	Emplois principaux	Exemples
dont	Remplace un groupe introduit par *de / d'* (ou *du*, *des*) dans la subordonnée relative. Ce groupe prépositionnel a la fonction de complément indirect du verbe, de complément du nom ou de complément de l'adjectif.	*Une langue* dont *l'usage a cessé à l'oral* *est appelée* langue morte. GPrép compl. du N *usage* *L'usage* **de cette langue** *a cessé à l'oral*.
où	Remplace un groupe qui indique le lieu ou le temps dans la subordonnée relative. Ce groupe a la fonction de complément indirect du verbe ou de complément de phrase.	*Une langue est appelée* langue morte *au moment de son histoire* où *on ne la parle plus*. GPrép compl. de P (temps) *On ne la parle plus* **à ce moment**.

Nouveau

La subordonnée complétive

p. 130

La subordonnée complétive

Phrase subordonnée qui peut remplir diverses fonctions dans la phrase
(le plus souvent un complément direct du verbe).
Elle apporte une information essentielle dans le groupe du verbe qu'elle complète.

GV

| | sub. complétive compl. direct du V |
Ex.: *Les linguistes* | *estiment* | *qu'il existe environ 6000 langues dans le monde* |.

↓

Conjonction (subordonnant)

- La conjonction n'a pas d'antécédent (contrairement au pronom relatif *que* au début de la subordonnée relative).
- Elle joue le rôle de subordonnant, car elle sert à insérer une phrase dans une autre.

Le mode subjonctif dans les subordonnées

L'EMPLOI DE QUELQUES SUBORDONNANTS AU DÉBUT DE LA SUBORDONNÉE COMPLÉTIVE COMPLÉMENT DIRECT DU VERBE		
Subordonnants	**Classes de mots**	**Exemples**
que si	Conjonction	*Les linguistes soutiennent* qu'aucune langue n'est plus logique qu'une autre . *Je me demande* s'ils ont raison .
quand comment pourquoi	Adverbe	*Ce linguiste étudie* comment le français a évolué au Québec . *Nous apprendrons* pourquoi la langue française n'est pas parlée de la même façon partout .
qui où	Pronom	*Je sais* qui peut répondre à ma question .
quel/quels/ quelle/quelles combien de	Déterminant	*J'ignore* quelle langue on parle dans ce pays .

Les subordonnées compléments de phrase p. 161, 335

La subordonnée complément de phrase

Phrase subordonnée qui remplit la fonction de complément de phrase.
Elle apporte une précision au sujet et au prédicat qu'elle complète.

GN sujet   GV prédicat   sub. de but compl. de P

Ex. : *Je* *te parlerai en anglais* *pour que tu puisses apprendre cette langue*

sub. de cause compl. de P

et *parce que j'aime cette langue*.

↓

Conjonctions (subordonnants)

La conjonction précise la relation de sens entre les deux phrases. Dans le premier exemple, *pour que* exprime un rapport de but. Dans le deuxième exemple, *parce que* exprime un rapport de cause. Dans les deux exemples, la conjonction joue le rôle de subordonnant, car elle sert à insérer une phrase dans une autre.

Le mode subjonctif dans les subordonnées

L'EMPLOI DES PRINCIPALES CONJONCTIONS AU DÉBUT DES SUBORDONNÉES COMPLÉMENTS DE PHRASE

Conjonctions	Sens	Exemples
quand lorsque alors que comme	Temps simultanéité (deux faits ou deux évènements ont lieu en même temps)	*Le français est devenu l'unique langue officielle du Québec* quand le projet de loi 101 a été adopté en 1977.
avant que jusqu'à ce que	Temps antériorité ou postériorité (un fait ou un évènement a lieu avant ou après un autre)	*Quel était le statut du français* avant que le projet de loi 101 soit adopté ?
après que une fois que		*Quel était le statut de l'anglais* après que le projet de loi 101 eut été adopté ?
afin que pour que	But	*Je te prêterai mon dictionnaire anglais* afin que tu découvres de nouveaux mots.
parce que	Cause	*J'aimerais avoir un nouveau dictionnaire* parce que le mien ne contient pas les mots récents de la langue.

La ponctuation à la fin de la phrase   p. 151

	LES PRINCIPAUX EMPLOIS DU POINT, DU POINT D'INTERROGATION ET DU POINT D'EXCLAMATION	
Signes	**Emplois principaux**	**Exemples**
Point .	À la fin des phrases déclaratives.	*Chaque idéogramme chinois représente un mot d'une syllabe*. *Tu sais comment ton nom s'écrit en chinois*.
	À la fin de la plupart des phrases impératives.	*Reproduis ces idéogrammes à l'aide d'un pinceau*.
	À la fin de la plupart : • des phrases non verbales ; • des phrases infinitives.	*La calligraphie, un art à l'égal de la peinture*. (phrase non verbale) *Lire à haute voix*. (phrase infinitive)
Point d'interrogation ?	À la fin des phrases interrogatives.	*Sais-tu comment ton nom s'écrit en chinois*? *Comment ton nom s'écrit-il en chinois*?
	À la fin d'autres phrases si elles sont utilisées pour poser des questions.	*Tu sais comment ton nom s'écrit en chinois*? (phrase déclarative, registre familier) *Comment*? (phrase non verbale) *Apprendre le chinois*? (phrase infinitive)
Point d'exclamation !	À la fin des phrases exclamatives.	*Comme cette écriture est fascinante*!
	À la fin d'autres phrases si elles sont utilisées pour exprimer quelque chose avec force.	*L'écriture chinoise me fascine complètement*! (phrase déclarative) *N'essayez même pas de comprendre*! (phrase impérative) *Quelle merveille*! (phrase non verbale) *Ne pas toucher*! (phrase infinitive)

La ponctuation à l'intérieur de la phrase

p. 76, 151

LES PRINCIPAUX EMPLOIS DE LA VIRGULE ET DU DEUX-POINTS		
Signes	**Emplois principaux**	**Exemples**
Virgule ,	Pour isoler un complément de phrase placé ailleurs qu'à la fin de la phrase.	*Chaque année , de nouveaux mots entrent dans nos dictionnaires.* *Les gens , dans le langage courant , emploient environ 5000 mots.*
	Pour isoler un complément du nom qui apporte une explication non essentielle.	*Les sinophones , qui parlent chinois , sont plus d'un milliard.*
	Pour isoler une phrase incise (c'est-à-dire une phrase qui indique qui parle).	*Aucune langue n'est plus logique qu'une autre , affirment les spécialistes.* *Aucune langue , affirment les spécialistes , n'est plus logique qu'une autre.*
	Dans une énumération, pour joindre des mots, des groupes de mots ou des phrases (juxtaposition).	*Le français , l'italien et le portugais appartiennent à la même famille.* *Je parle le français , je chante en anglais et je rêve en espagnol.*
	Devant les coordonnants autres que *et, ou, ni*.	*Cette nouvelle arrivante apprendra le français , puis l'anglais.*
Deux-points :	Pour joindre des phrases (juxtaposition).	*Les langues anglaise et française ne sont pas des langues sœurs : leur langue mère n'est pas la même.*
	Pour introduire une énumération.	*Voici des langues issues du latin, comme le français : l'italien, l'espagnol, le portugais, le roumain.*
	Pour introduire des paroles rapportées entre guillemets ou précédées de tirets.	*Une spécialiste m'a dit : «Aucune langue n'est plus logique qu'une autre. »*

Les accords

p. 26

Les accords

Il y a accord quand un mot appelé « receveur d'accord » reçoit le genre et le nombre ou la personne et le nombre d'un autre mot appelé « donneur d'accord ».

Donneurs d'accord	Receveurs d'accord
• Nom • Pronom	• Déterminant (genre et nombre) • Adjectif ou participe passé (genre et nombre) • Verbe ou auxiliaire *avoir* ou *être* (personne et nombre)

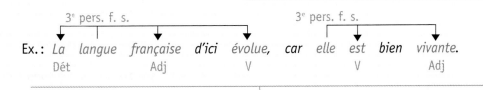

3ᵉ pers. f. s.   3ᵉ pers. f. s.

Ex.: *La   langue   française   d'ici   évolue,   car   elle   est   bien   vivante.*
Dét   Adj   V   V   Adj

Les adverbes, les prépositions et les conjonctions sont des mots invariables.
Ils ne sont ni donneurs ni receveurs d'accord.

Le nombre du nom

LES RÈGLES D'ACCORD DANS LE GROUPE DU NOM (GN)	
Règles	**Exemples**
Accord du déterminant Le déterminant s'accorde avec le nom qu'il précède : il reçoit le genre et le nombre de ce nom.	m. pl. f. s. *Tous ces gens parlent notre belle langue.*

(Suite à la page 478)

Règles	Exemples
Accord de l'adjectif • **complément du nom** L'adjectif complément du nom s'accorde avec le nom qu'il complète : il reçoit le genre et le nombre de ce nom.	m. pl. *Les différents créoles parlés dans certaines îles* f. pl. *sont des langues nées du contact de deux langues.*
• **attribut** L'adjectif attribut du sujet s'accorde avec le sujet : il reçoit le genre et le nombre du pronom sujet ou du noyau du groupe du nom sujet.	f. pl. *Bien qu'elles soient très différentes, les* f. pl. *langues française et italienne demeurent parentes.*

LES PRINCIPALES RÈGLES D'ACCORD DANS LE GROUPE DU VERBE (GV)

Règles	Exemples
Accord du verbe **(ou de son auxiliaire)** Le verbe s'accorde avec le sujet : il reçoit la personne et le nombre du pronom sujet ou du noyau du groupe du nom sujet.	1re pers. pl. *Nous parlons un français particulier.* 3e pers. pl. *Les façons de parler le français ont évolué de diverses manières.*
Accord du participe passé • **employé avec *être*** Il s'accorde avec le sujet. Il reçoit le genre et le nombre du pronom sujet ou du noyau du groupe du nom sujet.	f. s. *La langue française est née du latin, comme l'italien.* f. s. *Elle est parlée par environ 120 millions de personnes.*
• **employé avec *avoir*** Il s'accorde avec le complément direct si ce complément le précède. Il reçoit le genre et le nombre du pronom complément direct ou du noyau du groupe du nom complément direct placé avant le verbe.	f. s. *La dernière langue qu'il a apprise est l'inuktitut.* *(qu' = langue)*

La reprise de l'information

p. 123, 151, 288

1 L'information est donnée une première fois.

Ex. : *Broca*
(nom propre)

L'information est reprise.

Ex. : *il*
(pronom de reprise)

Ex. : *Broca*
(même nom)

Ex. : *son découvreur*
(GN dont le noyau est un nom différent.)

(Ce nom est en lien avec le contexte : c'est Broca qui a découvert qu'une aire du cerveau produit le langage.)

Le cerveau et le langage

Le cerveau fut examiné de très près par des médecins neurologues tels que **Broca**. En 1861, **il** reçoit **un malade qui ne peut plus parler**. **Ce malade** meurt bientôt, et **Broca** examine son cerveau. **Il** découvre alors que **l'homme** souffrait d'une lésion à un endroit du cerveau qui se nomme depuis l'aire de Broca, du nom de **son découvreur**. L'aire de Broca est donc un centre de production du langage.

D'après Sylvie Baussier, *Petite histoire des langues*,
Syros jeunesse, 2002, (Collection Petites histoires des hommes).

---

2 L'information est donnée une première fois.

Ex. : *un malade qui ne peut plus parler*
(GN dont le noyau est un nom commun introduit par un déterminant indéfini : *un*.)

L'information est reprise.

Ex. : *Ce malade*
(GN dont le noyau est le même nom précédé d'un déterminant démonstratif : *ce*.)

Ex. : *l'homme* (GN dont le noyau est un nom différent. Il s'agit d'un générique précédé d'un déterminant défini : *l'*.)

(Suite à la page 480)

LES PRINCIPAUX PROCÉDÉS POUR REPRENDRE L'INFORMATION	
Procédés	**Exemples**
Pronom de reprise	*Paul Broca est célèbre pour ses recherches sur le cerveau. C'est* lui *qui a découvert la région du cerveau responsable de la production du langage.*
GN dont le noyau est le même nom précédé d'un déterminant défini ou démonstratif	*Un jour, Broca reçoit un malade incapable de parler.* *Bien qu'il veuille communiquer,* le malade *ne trouve plus les mots pour le faire.*
GN dont le noyau est un nom synonyme précédé d'un déterminant défini ou démonstratif	*Un jour, Broca reçoit un malade incapable de parler.* *Bien qu'il veuille communiquer,* le patient *ne trouve plus les mots pour le faire.*
GN dont le noyau est un nom générique précédé d'un déterminant défini ou démonstratif	*Un jour, le chirurgien Paul Broca reçoit un malade incapable de parler.* *Après la mort de* l'homme *, Broca examine son cerveau.*
GN dont le noyau est un nom, précédé d'un déterminant défini ou démonstratif, en lien avec le contexte (un nom qui résume l'information, un nom de même famille)	*Paul Broca est célèbre pour ses recherches sur le cerveau. C'est* ce neurologue *qui a découvert la partie du cerveau responsable de la production du langage.* La découverte de Broca *permet aujourd'hui de mieux comprendre certains troubles du langage.*
GN dont le noyau est précédé d'un déterminant possessif	*= de l'homme* *Après la mort de l'homme, Broca examine* son cerveau *.*

Les pronoms de reprise

p. 288

1 | Les pronoms de reprise (ou substituts)

Pronoms qui font référence à un ou à plusieurs mots déjà mentionnés dans la phrase et dans le texte.

Ex. : *Il*
   (Ce pronom fait référence à *un modeste facteur*.)

Ex. : *lui*
   (Ce pronom fait aussi référence à *un modeste facteur*.)

Une ardente patience

Un modeste facteur a pour unique client Pablo Neruda, un grand poète. **Il** *s'interroge : qu'est-ce qu'une métaphore ? Neruda* **lui** *répond :*

— Eh bien, quand **tu** dis que le ciel pleure : qu'est-ce que **tu** veux exprimer ?

— C'est facile ! Qu'**il** pleut, voyons !

— Eh bien, c'est ça, une métaphore.

Antonio Skármeta, *Une ardente patience*,
© Éditions du Seuil, 1987 pour la traduction française,
(Collection Point virgule) nouvelle série, 2001.

2 | Des pronoms qui ne sont pas des pronoms de reprise

Ex. : *tu*
   (Ce pronom désigne la personne à qui l'on parle.)

Ex. : *il*
   (Ce pronom est vide de sens. C'est un pronom impersonnel.)

Les pronoms de reprise les plus courants

p. 76, 130, 141

Nouveau

Le discours rapporté

Le discours rapporté

Il y a discours rapporté lorsqu'on rapporte une parole émise dans un autre contexte ou qu'on cite un passage écrit.

Discours rapporté direct ← **Sortes de discours rapportés** → **Discours rapporté indirect libre**

Ex.: *Dans cette encyclopédie, on définit ainsi le mot île:* «*terre isolée de tous côtés par les eaux*».

↓

Discours rapporté indirect

Ex.: *Dans cette encyclopédie, on indique qu'une île est une terre entourée par les eaux.*

Ex.: *Selon cette encyclopédie, une île est une terre entourée par les eaux.*

De mystérieuses îles

La scène se déroule sur la rive du fleuve Saint-Laurent, où deux femmes voient apparaître très nettement de petites îles qui leur sont habituellement invisibles.

Voici donc toutes à l'appel, sur l'horizon bleu sombre, vingt et une îles dont plusieurs sont à peine plus que des ronds d'herbe de terre cernés d'herbe de mer…

Alors on se reprend à rêver.

— Comment sont-elles? <u>ai-je</u> cent fois <u>demandé</u> à Berthe.

Elle me <u>répond</u> qu'elle n'en sait pas grand-chose. Elle se souvient tout juste d'avoir entendu son père <u>raconter</u> que son père à lui allait en «chaloupe à rames» dans l'une ou l'autre récolter le foin sauvage.

— Il couchait dans une des îles?

— Oui, sans doute, dit Berthe.

Gabrielle Roy, *Cet été qui chantait*, © Fonds Gabrielle Roy, Les Éditions du Boréal, 1993, p. 154 (Collection Boréal Compact, n° 45).

1 **Discours rapporté direct**

La parole rapportée est exposée telle qu'elle a été formulée.

Marques:
- <u>verbe de parole</u>;
  Ex.: *ai demandé*
- guillemets;
  Ex.: «*chaloupe à rames*»
- incise (expression qui comprend un verbe et un groupe du nom ou pronom sujet inversé);
  Ex.: *ai-je cent fois demandé à Berthe*
- tirets qui marquent le changement d'interlocutrice dans le dialogue.

2 **Discours rapporté indirect**

La parole rapportée est intégrée dans la phrase et peut être reformulée.

Marques:
- <u>verbe de parole</u>;
  Ex.: *répond*
- subordonnée complétive.
  Ex.: *qu'elle n'en sait pas grand-chose*

Nouveau

Les marques d'organisation du texte   p. 360

Les marques d'organisation du texte

Marques qui traduisent l'organisation du contenu d'un texte.
Grâce à ces marques, la lecture se trouve facilitée.

Marques non linguistiques
Marques graphiques et typographiques qui dirigent visuellement la lecture du texte.

Marques linguistiques
Mots, groupes de mots ou phrases qui marquent la transition entre les parties du texte.

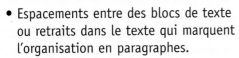
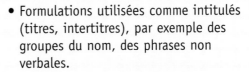

- Espacements entre des blocs de texte ou retraits dans le texte qui marquent l'organisation en paragraphes.
- Subdivisions du texte à l'aide de lettres, de chiffres ou de puces (dans une énumération, par exemple).
- Modifications des caractères (italique, gras, soulignement, grosseur, etc.) pour mettre en relief des mots clés, les titres et sous-titres, etc.

- Formulations utilisées comme intitulés (titres, intertitres), par exemple des groupes du nom, des phrases non verbales.
- Organisateurs textuels (de temps, de lieu, d'ordre, etc.), généralement placés en début de phrase et même en début de paragraphe afin de bien structurer le texte en marquant l'ordre ou la progression.

(Suite à la page 484)

QUELQUES ORGANISATEURS TEXTUELS		
Transitions	**Organisateurs**	**Exemples**
D'espace, de lieu	à côté, à droite, à gauche, à l'est, à l'extérieur, à l'intérieur, à l'ouest, au milieu, dans un pays lointain, de l'autre côté, derrière, dessous, dessus, en bas, en haut, plus loin, tout près, etc.	*À l'intérieur du cercle familial, Louma parle arabe. C'est normal, puisqu'elle vient du Liban et n'est au Québec que depuis quelque temps. D'ailleurs, ses parents suivent des cours de français, mais non sa grand-mère qui vit avec eux…* *À l'extérieur du cercle familial, elle apprend et parle le français. Ce n'est pas facile, mais ses nouveaux amis, à l'école, l'aident autant qu'ils le peuvent…*
De temps	au cours du XXe siècle, auparavant, de nos jours, depuis ce jour-là, dorénavant, en 1967, jadis, le lendemain, maintenant, pendant ce temps, puis, quelques mois plus tard, soudain, tout à coup, etc.	*Autrefois, dans les écoles, on enseignait le grec et le latin. L'enseignement de ces langues renseignait sur l'étymologie, c'est-à-dire sur l'origine des mots, mais donnait également accès à ces civilisations anciennes…* *Aujourd'hui, on donne la priorité à l'enseignement de langues comme l'espagnol, plus en accord avec les besoins du marché du travail. Aussi, le mandarin pourrait…*
D'ordre, d'énumération	d'abord, dans un premier temps, en premier lieu, pour commencer, premièrement, etc.	*Pour commencer son concert intitulé Un tour du monde en musique, la chorale a interprété quelques vieux airs de la Nouvelle-France, ainsi que des airs de la France et d'autres, plus particulièrement, de la Provence. Nous avons savouré les paroles autant que…*
	après, de plus, en outre, deuxièmement, en deuxième lieu, ensuite, puis, etc.	*Ensuite, il y a eu des chansons de l'Angleterre, que nous avons pu facilement comprendre, et des chansons de l'Allemagne et de la Pologne, tout à fait incompréhensibles pour nous. Cependant, nous avons apprécié les musiques et les sonorités de ces langues aux accents expressifs…*
	à la fin, en conclusion, en dernier lieu, en terminant, enfin, finalement, pour conclure, pour terminer, etc.	*Pour terminer la soirée, les chants d'Italie et de pays hispanophones nous ont transportés de joie. En effet, ces musiques et ces textes en langues d'origine latine nous ont bercés de leurs accents colorés, pleins de soleil.*

Le temps verbal principal du texte

Le choix d'un temps verbal principal dans un texte

Passé simple	**Passé composé**	**Présent**
Temps qui crée un effet d'éloignement dans le passé.	Temps qui donne l'impression que les évènements se sont déroulés dans un passé assez récent. Contrairement au passé simple, il est aussi employé à l'oral.	Temps qui donne l'impression que les évènements se déroulent au moment où on lit le texte.

Textes généralement écrits au passé simple :

- contes
- légendes
- fables
- romans
- poèmes classiques
- pièces de théâtre classique
- notices biographiques

Textes généralement écrits au passé composé :

- romans contemporains
- journaux intimes
- récits relatant des faits vécus
- articles de journaux (faits divers et comptes rendus d'évènements culturels, sportifs, politiques, etc.)
- textes explicatifs

Textes généralement écrits au présent :

- romans contemporains
- poèmes contemporains
- chansons
- journaux intimes
- articles de revue à caractère informatif
- lettres d'opinion

L'harmonisation des temps des verbes

Version 1

Jesaitout **grimpa** sur un énorme meuble dans lequel étaient alignés de gros livres à l'air imposant et après avoir cherché les lettres M et P, il **fit** tomber les deux volumes. Il **descendit** et, d'une griffe très courte, usée à force de feuilleter les livres, il **tourna** les pages. Les trois chats **gardaient** un silence respectueux tandis qu'il **marmottait** des miaulements presque inaudibles.

— Je **crois** qu'on **va** y être. Comme c'**est** intéressant ! Merlan, Migration, Milan. Comme c'**est** intéressant ! Écoutez ça : Il **semble** que le milan **est** un oiseau terrible ! Terrible ! Il est considéré comme l'un des rapaces les plus cruels ! Terrible ! **s'exclama** Jesaitout avec enthousiasme.

Luis Sepúlveda et Miles Hyman, *Histoire d'une mouette et du chat qui lui apprit à voler*, coédition Seuil–Anne-Marie Métailié, 1996 pour la traduction française.

Temps principal

1 Passé simple :

Temps qui marque la succession des évènements qui font avancer le récit.

Exemples de temps d'accompagnement

2 Imparfait :

Temps qui sert à décrire des personnages, des objets, des lieux et des actions inachevées qui se prolongent dans le passé.

3 Présent :

Temps qui sert à rapporter les paroles du personnage et à présenter des connaissances générales.

Version 2

Jesaitout **a grimpé** sur un énorme meuble dans lequel étaient alignés de gros livres à l'air imposant et après avoir cherché les lettres M et P, il **a fait** tomber les deux volumes. Il **est descendu** et, d'une griffe très courte, usée à force de feuilleter les livres, il **a tourné** les pages. Les trois chats **gardaient** un silence respectueux tandis qu'il **marmottait** des miaulements presque inaudibles.

— Je **crois** qu'on **va** y être. Comme c'**est** intéressant! Merlan, Migration, Milan. Comme c'**est** intéressant! Écoutez ça: Il **semble** que le milan **est** un oiseau terrible! Terrible! Il est considéré comme l'un des rapaces les plus cruels! Terrible! **s'est exclamé** Jesaitout avec enthousiasme.

D'après Luis Sepúlveda et Miles Hyman, *Histoire d'une mouette et du chat qui lui apprit à voler*, coédition Seuil–Anne-Marie Métailié, 1996 pour la traduction française.

Temps principal

1 Passé composé:
Temps qui marque la succession d'évènements qui font avancer le récit.

Exemples de temps d'accompagnement

2 Imparfait:
Temps qui sert à décrire des personnages, des objets, des lieux et des actions inachevées qui se prolongent dans le passé.

3 Présent:
Temps qui sert à rapporter les paroles du personnage et à présenter des connaissances générales.

Version 3

Jesaitout **grimpe** sur un énorme meuble dans lequel sont alignés de gros livres à l'air imposant et après avoir cherché les lettres M et P, il **fait** tomber les deux volumes. Il **descend** et, d'une griffe très courte, usée à force de feuilleter les livres, il **tourne** les pages. Les trois chats **gardent** un silence respectueux tandis qu'il **marmotte** des miaulements presque inaudibles.

— Je **crois** qu'on **va** y être. Comme c'**est** intéressant! Merlan, Migration, Milan. Comme c'**est** intéressant! Écoutez ça: Il **semble** que le milan **est** un oiseau terrible! Terrible! Il est considéré comme l'un des rapaces les plus cruels! Terrible! **s'exclame** Jesaitout avec enthousiasme.

D'après Luis Sepúlveda et Miles Hyman, *Histoire d'une mouette et du chat qui lui apprit à voler*, coédition Seuil–Anne-Marie Métailié, 1996 pour la traduction française.

Temps principal

1 Présent:
Temps qui marque la succession des actions qui font avancer le récit.

Exemples de temps d'accompagnement

2 Présent:
Temps qui sert à décrire des personnages, des objets, des lieux et des actions qui se déroulent dans le présent.

3 Présent:
Temps qui sert à rapporter les paroles du personnage et à présenter des connaissances générales.

Les verbes conjugués et non conjugués

p. 55

Les verbes conjugués et non conjugués

Verbes conjugués	Verbes non conjugués
Verbes conjugués en personne et en nombre, et qui s'accordent avec le sujet.	Verbes qui ne sont pas conjugués en personne et en nombre, et qui ne s'accordent pas avec le sujet.

↓

Modes (et temps) des verbes conjugués :

- indicatif (présent, imparfait, futur simple, conditionnel présent, passé composé, plus-que-parfait, futur antérieur, conditionnel passé)
- subjonctif (présent et passé)
- impératif (présent et passé)

↓

Modes (et temps) des verbes non conjugués :

- infinitif (présent et passé)
- participe (présent et passé)

participe présent   indicatif présent   infinitif présent

Ex.: *En apprenant une langue étrangère, on découvre une autre façon de concevoir le monde.*

Les principaux emplois de l'infinitif et du participe présent

Les principaux temps des verbes conjugués — p. 55

Les principaux temps des verbes conjugués

Temps simples	Temps composés
Le verbe est constitué d'un seul mot formé de deux parties : le radical et la terminaison.	Le verbe est constitué de deux mots : l'auxiliaire *avoir* ou *être* et le participe passé du verbe.
radical + **terminaison**	auxiliaire + participe passé

Mode indicatif

- présent :   *tu pens**es***
- futur simple :   *tu pense**ras***
- conditionnel présent :   *tu pense**rais***
- imparfait :   *tu pens**ais***
- passé simple :   *tu pens**as***

Mode subjonctif

- présent :   *que tu pens**es***

Mode impératif

- présent :   *pens**e***

Mode indicatif

- passé composé :   *tu* as *pensé*
- futur antérieur :   *tu* auras *pensé*
- conditionnel passé :   *tu* aurais *pensé*
- plus-que-parfait :   *tu* avais *pensé*
- passé antérieur :   *tu* eus *pensé*

Mode subjonctif

- passé :   *que tu* aies *pensé*

temps
de l'auxiliaire
=
temps simple
correspondant

La conjugaison de dix verbes irréguliers fréquents

La formation des temps simples

p. 130, 161

QUELQUES RÈGLES DE FORMATION DES PRINCIPAUX TEMPS SIMPLES

Indicatif présent

Principaux verbes suivant la règle	Remarques sur le radical	Exemples
RÈGLE 1: Radical + -e, -es, -e, -ons, -ez, -ent		
• Verbes en -er (sauf *aller*) • Certains verbes en -ir (ex.: *offrir, ouvrir, cueillir*)	Le radical de ces verbes est celui de l'infinitif (ex.: *aimer, offrir*).	*j'aime, tu aimes, elle aime, nous aimons, vous aimez, ils aiment* *j'offre, tu offres, il offre, nous offrons, vous offrez, elles offrent*
RÈGLE 2: Radical + -s, -s, -t, -ons, -ez, -ent		
• Majorité des verbes en -ir • Majorité des verbes en -re et certains verbes en -dre ou en -tre • Majorité des verbes en -oir	Beaucoup de verbes ont deux radicaux: un pour les personnes du singulier et un autre pour celles du pluriel (ex.: *finir*: *fini-* et *finiss-*).	*je finis, tu finis, elle finit, nous finissons... ils finissent* *je peins, tu peins, il peint, nous peignons... ils peignent* *je sais, tu sais, elle sait, nous savons, vous savez, elles savent*
RÈGLE 3: Radical + -s, -s, Ø, -ons, -ez, -ent		
• Majorité des verbes en -dre	Le radical des autres verbes en -dre est celui de l'infinitif (ex.: *perdre*). Le verbe *prendre* a trois radicaux (*prend-, pren-, prenn-*).	*je perds, tu perds, il perd, nous perdons, vous perdez, elles perdent* *je prends, tu prends, il prend, nous prenons, vous prenez, elles prennent*

Présent: conjugaison de quelques verbes irréguliers courants
Aller: *je vais, tu vas, elle va, nous allons, vous allez, ils vont*
Avoir: *j'ai, tu as, elle a, nous avons, vous avez, ils ont*
Être: *je suis, tu es, il est, nous sommes, vous êtes, ils sont*
Faire: *je fais, tu fais, il fait, nous faisons, vous faites, ils font*
Dire: *je dis, tu dis, elle dit, nous disons, vous dites, elles disent*
Pouvoir: *je peux, tu peux, elle peut, nous pouvons, vous pouvez, elles peuvent*
Voir: *je vois, tu vois, elle voit, nous voyons, vous voyez, ils voient*

Imparfait		
Principaux verbes suivant la règle	Remarques sur le radical	Exemples
RÈGLE : Radical + *-ais, -ais, -ait, -ions, -iez, -aient*		
• Tous les verbes	Le radical est généralement celui du verbe conjugué au présent de l'indicatif avec *nous* (ex. : *nous envoyons, nous finissons*).	*j'envoy**ais**, tu envoy**ais**, elle envoy**ait**, nous envoy**ions**, vous envoy**iez**, ils envoy**aient*** *je finiss**ais**, tu finiss**ais**, elle finiss**ait**, nous finiss**ions**, vous finiss**iez**, ils finiss**aient***

Futur simple et conditionnel présent		
Principaux verbes suivant la règle	Remarques sur le radical	Exemples
RÈGLE DU FUTUR : Radical + *-rai, -ras, -ra, -rons, -rez, -ront* RÈGLE DU CONDITIONNEL : Radical + *-rais, -rais, -rait, -rions, -riez, -raient*		
• Tous les verbes	Le radical des verbes en *-er* (sauf *aller, envoyer, renvoyer*) et des verbes en *-ir* (sauf *mourir, courir, venir, tenir, acquérir* et leurs dérivés) est formé en supprimant le « *r* » final de l'infinitif (ex. : *aimer, finir*). Le radical des verbes en *-re* et en *-oir* est généralement formé en supprimant le « re » ou le « oir » (ex. : *écrire, devoir*).	*j'aime**rai** / **rais**, tu aime**ras** / **rais**, il aime**ra** / **rait**, nous aime**rons** / **rions**, vous aime**rez** / **riez**, ils aime**ront** / **raient*** *je fini**rai** / **rais**, tu fini**ras** / **rais**, elle fini**ra** / **rait**, nous fini**rons** / **rions**, vous fini**rez** / **riez**, elles fini**ront** / **raient*** *j'écri**rai** / **rais**, tu écri**ras** / **rais**, elle écri**ra** / **rait**, nous écri**rons** / **rions**, vous écri**rez** / **riez**, ils écri**ront** / **raient*** *je dev**rai** / **rais**, tu dev**ras** / **rais**, elle dev**ra** / **rait**, nous dev**rons** / **rions**, vous dev**rez** / **riez**, ils dev**ront** / **raient***

Futur / conditionnel : radicaux de quelques verbes irréguliers courants

Aller : *j'irai / rais*	**Tenir** : *je tiendrai / rais*	**Pouvoir** : *je pourrai / rais*
Avoir : *j'aurai / rais*	**Venir** : *je viendrai / rais*	**Voir** : *je verrai / rais*
Savoir : *je saurai / rais*	**Vouloir** : *je voudrai / rais*	**Envoyer** : *j'enverrai / rais*
Être : *je serai / rais*	**Mourir** : *je mourrai / rais*	**Falloir** : *il faudra / rait*
Faire : *je ferai / rais*	**Courir** : *je courrai / rais*	

(Suite à la page 492)

Points de repère

Nouveau

Passé simple de l'indicatif		
Principaux verbes suivant la règle	Remarques sur le radical	Exemples
RÈGLE 1 : Radical **+ -ai, -as, -a, -âmes, -âtes, -èrent**		
• Tous les verbes en -er	Le radical de ces verbes est celui de l'infinitif (ex. : aim**er**).	j'aim**ai**, tu aim**as**, il aim**a**, nous aim**âmes**, vous aim**âtes**, elles aim**èrent**
RÈGLE 2 : Radical **+ -is, -is, -it, -îmes, -îtes, -irent**		
• Tous les verbes en -ir (sauf courir, mourir, tenir et venir)	Pour les verbes en -ir qui font -issons à la 1ʳᵉ personne du pluriel du présent, le radical est celui de l'infinitif (ex. : nous finissons ; finir).	je fin**is**, tu fin**is**, il fin**it**, nous fin**îmes**, vous fin**îtes**, elles fin**irent**
• La plupart des verbes en -re, dont les verbes faire, dire, la majorité des verbes en -dre.		je pr**is**, tu pr**is**, il pr**it**, nous pr**îmes**, vous pr**îtes**, elles pr**irent**
• Les verbes asseoir et voir		je v**is**, tu v**is**, il v**it**, nous v**îmes**, vous v**îtes**, elles v**irent**
RÈGLE 3 : Radical **+ -us, -us, -ut, -ûmes, -ûtes, -urent**		
• Les verbes en -ir (ex. : courir et mourir)	Le radical peut être différent de celui de l'infinitif.	je cour**us**, tu cour**us**, il cour**ut**, nous cour**ûmes**, vous cour**ûtes**, elles cour**urent**
• Quelques verbes en -re, dont boire, conclure, connaître, croire, lire, paraître, plaire, taire, vivre.		je véc**us**, tu véc**us**, il véc**ut**, nous véc**ûmes**, vous véc**ûtes**, elles véc**urent**
• Les verbes en -oir (sauf asseoir et voir)		j'aperç**us**, tu aperç**us**, il aperç**ut**, nous aperç**ûmes**, vous aperç**ûtes**, elles aperç**urent**

Passé simple : conjugaison des verbes avoir et être, et de quelques verbes irréguliers courants
Avoir : j'eus, tu eus, elle eut, nous eûmes, vous eûtes, ils eurent
Être : je fus, tu fus, elle fut, nous fûmes, vous fûtes, ils furent
Tenir : je tins, tu tins, elle tint, nous tînmes, vous tîntes, ils tinrent
Venir : je vins, tu vins, elle vint, nous vînmes, vous vîntes, ils vinrent

Subjonctif présent

Principaux verbes suivant la règle	Remarques sur le radical	Exemples
RÈGLE : Radical + -e, -es, -e, -ions, -iez, -ent		
• Tous les verbes, sauf *avoir* et *être*	Le radical est généralement celui du verbe conjugué au présent de l'indicatif avec *ils / elles* (ex. : *ils partent, elles finissent, ils reçoivent*). Il y a parfois un second radical avec *nous* et *vous* : c'est celui de l'indicatif présent aux mêmes personnes (ex. : *nous recevons, vous recevez*).	*que je parte, que tu partes, qu'elle parte, que nous partions, que vous partiez, qu'ils partent* *que je finisse, que tu finisses, qu'elle finisse, que nous finissions, que vous finissiez, qu'ils finissent* *que je reçoive, que tu reçoives, qu'elle reçoive, que nous recevions, que vous receviez, qu'ils reçoivent*

Subjonctif présent : conjugaison des verbes *avoir* et *être*, et radicaux de quelques verbes irréguliers courants
Avoir : *que j'aie, que tu aies, qu'il ait, que nous ayons, que vous ayez, qu'ils aient*
Être : *que je sois, que tu sois, qu'il soit, que nous soyons, que vous soyez, qu'ils soient*
Aller : *que j'aille, que tu ailles, qu'elle aille, que nous allions, que vous alliez, qu'ils aillent*
Savoir : *que je sache, que tu saches, qu'elle sache, que nous sachions, que vous sachiez, qu'ils sachent*
Faire : *que je fasse, que tu fasses, qu'elle fasse, que nous fassions, que vous fassiez, qu'ils fassent*
Pouvoir : *que je puisse, que tu puisses, qu'elle puisse, que nous puissions, que vous puissiez, qu'elles puissent*
Vouloir : *que je veuille, que tu veuilles, qu'elle veuille, que nous voulions, que vous vouliez, qu'elles veuillent*

Impératif présent

Principaux verbes suivant la règle	Remarques sur le radical	Exemples
RÈGLE 1 : Radical + -e, -ons, -ez		
• Verbes en -er (sauf *aller*) • Certains verbes en -ir (ex. : *offrir, ouvrir, cueillir*)	Le radical de ces verbes est celui de l'infinitif (ex. : *aimer, offrir*).	*aime, aimons, aimez* *offre, offrons, offrez*
RÈGLE 2 : Radical + -s, -ons, -ez		
• Verbes en -ir • Verbes en -re (sauf *dire* et *faire*)	Le radical ou les radicaux sont généralement les mêmes que ceux du verbe au présent de l'indicatif (ex. : *tu finis, nous finissons, vous finissez*).	*finis, finissons, finissez* *écris, écrivons, écrivez*

Impératif présent : conjugaison des verbes irréguliers
Aller : *va, allons, allez* **Faire** : *fais, faisons, faites* **Vouloir** : *veuille, voulons, voulez (veuillez)*
Avoir : *aie, ayons, ayez* **Dire** : *dis, disons, dites*
Être : *sois, soyons, soyez* **Savoir** : *sache, sachons, sachez*

La formation des temps composés

p. 55

La formation des temps composés

Auxiliaire *avoir* ou *être*
Varie en personne et en nombre, comme le verbe conjugué à un temps simple.

+

Participe passé
Varie en genre et en nombre. Se termine généralement par *-é, -i, -is, -it* ou *-u* au masculin singulier.

verbe *naître* au passé composé, formé avec l'auxiliaire *être*

↓

Ex.: *Le créole haïtien* est **né** *du contact de diverses langues africaines et du français.*
Les habitants d'Haïti ont *donc* **inventé** *une nouvelle langue.*

verbe *inventer* au passé composé, formé avec l'auxiliaire *avoir*

L'auxiliaire *avoir* s'emploie pour former les temps composés de la majorité des verbes, incluant les verbes *avoir* (ex.: *il a eu*) et *être* (ex.: *elle a été*).

La formation des participes passés – L'emploi de l'auxiliaire *être*

La formation des adverbes en *-ment*

LES RÈGLES DE FORMATION DES ADVERBES EN *-MENT*		
Formation de l'adverbe	**Exemples**	**Quelques exceptions**
Lorsque l'adjectif au masculin se termine par une **voyelle** : adjectif au masculin + *-ment*	*facil**e*** ➤ *facilement* *vrai* ➤ *vraiment* *joli* ➤ *joliment* *absol**u*** ➤ *absolument*	*gai* ➤ *gaiement* *traître* ➤ *traîtreusement* *énorme* ➤ *énormément* *intense* ➤ *intensément*
Lorsque l'adjectif au masculin se termine par une **consonne** : adjectif au féminin + *-ment*	*fina**l*** ➤ *finale* ➤ *finalement* *dangereu**x*** ➤ *dangereuse* ➤ *dangereusement*	*gentil* ➤ *gentiment* *bref* ➤ *brièvement* *profond* ➤ *profondément* *précis* ➤ *précisément*
Lorsque l'adjectif au masculin se termine par **-ant** : *-ant* est remplacé par *-amment*	*méch**ant*** ➤ *méchamment*	Aucune exception.
Lorsque l'adjectif au masculin se termine par **-ent** : *-ent* est remplacé par *-emment*	*fréqu**ent*** ➤ *fréquemment*	*présent* ➤ *présentement* *lent* ➤ *lentement*

Nouveau

Les particularités orthographiques de certains verbes en -er

p. 267

LES PARTICULARITÉS ORTHOGRAPHIQUES DE CERTAINS VERBES EN -*ER*			
Verbes	**Particularités**	**Exemples**	**Remarques**
Verbes en -*cer*	Le « *c* » du radical devient « ç » devant « **a** » et « **o** ».	*placer* *je place* *je plaçais* *nous placions* *nous plaçons*	La formation des verbes en -*cer* suit la **règle générale** : le cédille s'emploie devant les voyelles « *a* », « *o* », « *u* » pour indiquer que le « *c* » se prononce « s » (ex. : *ça, leçon, déçu*).
Verbes en -*ger*	Le « *g* » du radical devient « *ge* » devant « **a** » et « **o** ».	*nager* *je nage* *je nageais* *nous nagions* *nous nageons*	La formation des verbes en -*ger* suit la **règle générale** : le « *ge* » s'emploie devant les voyelles « *a* », « *o* », « *u* » pour indiquer que le « *g* » se prononce « j » (ex. : *rageant, bourgeon, gageure*).
Verbes en -*guer*	Le « *u* » du radical demeure devant « **a** » et « **o** ».	*vogue* *je vogue* *je voguais* *nous voguions* *nous voguons*	Selon la **règle générale**, il n'y a pas de « *u* » après le « *g* » qui se prononce comme dans *grand* (ex. : *gant, fourgon*).
Verbes en -*yer*	Le « *y* » du radical devient « *i* » devant « **e** » muet.	*nettoyer* *je nettoyais* *je nettoie* *nous nettoyions* *nous nettoierons*	Les verbes en -*ayer* comme *payer* peuvent garder le « *y* » devant « *e* » muet (ex. : *je paie* ou *je paye*).
Verbes en -*e* + *consonne* + *er* sauf *appeler* et *jeter*	Le dernier « *e* » du radical devient « *è* » devant une syllabe qui contient un « **e** » muet.	*peser* *je pesais* *je pèse* *je pèserai* *vous pesez* *ils pèsent*	**Traditionnellement**, pour certains verbes, la dernière consonne du radical devient double devant « *e* » muet (ex. : *dételer* : *je dételle* ; *étiqueter* : *j'étiquette*). **Désormais**, il est permis de suivre la **règle générale** en employant « *è* » devant « *e* » muet (ex. : *je détèle, j'étiquète*), sauf pour *appeler* et *jeter*.

Verbes	Particularités	Exemples	Remarques
Verbe *appeler* et ses dérivés	Le « *l* » du radical double devant « **e** » muet.	*appeler* *j'appelais* *j'appelle* *j'appellerai* *vous appelez* *elles appellent*	Il est désormais permis d'écrire *interpeller* avec un « *l* » (*interpeler*) et de conjuguer ce verbe comme le verbe *appeler* (ex. : *interpeler* : *j'interpelle*, *vous interpelez*).
Verbe *jeter* et ses dérivés	Le « *t* » du radical double devant « **e** » muet.	*jeter* *je jetais* *je jette* *je jetterai* *vous jetez* *elles jettent*	
Verbes en -*é* + *consonne* + *er*	Le dernier « *é* » du radical devient « *è* » devant « **e** » muet.	*répéter* *je répétais* *je répète* *je répèterai* *vous répétez* *ils répètent*	**Traditionnellement**, le « *é* » demeure devant le « *e* » muet du futur et du conditionnel (ex. : *je répéterai*). **Désormais**, il est permis de suivre la **règle générale** en employant « *è* » (ex. : *je répèterai*).

L'emploi de la majuscule

LES PRINCIPAUX EMPLOIS DE LA MAJUSCULE		
Contextes d'emploi		**Exemples**
Au début d'une phrase graphique		*La place est libre. Allez-y !*
Au début des noms de personnes	prénom, nom, surnom	*Adolphe Proulx, notre Ti-Pou*
	peuples ou habitants	*une Espagnole, les Amérindiens, les Sud-Américains*
	divinités	*Allah, Bouddha, Dieu*
Au début des noms de lieux	continents, pays, provinces, villes, etc.	*l'Afrique, l'Amérique du Nord, la Russie, le Québec, New York*
	astres	*la Lune, Pluton*
	rues, boulevards, places, etc.	*le boulevard René-Lévesque, la place Ville-Marie*
	océans, fleuves, rivières, lacs, etc.	*l'océan Pacifique, la mer Méditerranée, le fleuve Saint-Laurent, la rivière Richelieu, le lac Louise*
Au début des noms de fêtes		*Noël, Pâques*
Au début des adjectifs utilisés comme noms propres		*le mont Blanc, la rivière Noire*

Les stratégies de mémorisation de l'orthographe des mots

p. 111, 375

QUELQUES STRATÉGIES DE MÉMORISATION DES MOTS	
Stratégies	**Exemples**
Observer la ou les particularités du mot : les signes, la séquence des lettres, les accents.	*haïr, aujourd'hui* *suffisamment, automne* *pâte, procès*
Comparer un mot avec d'autres mots de forme semblable.	*geindre* ➤ *peindre, feindre, teindre*
Dégager la composition générale du mot.	*arc-en-ciel*
Inventer des trucs pour retenir l'orthographe particulière d'un mot.	Pour retenir l'orthographe du mot *approcher* : « *J'approche avec deux pieds.* »
Associer un mot à d'autres mots présentant les mêmes caractéristiques.	*dispos* ➤ *dos, repos, propos* *dépôt* ➤ *entrepôt, tôt, impôt*
Découper le mot en syllabes.	*pelleter* ➤ *pel / le / ter*
S'appuyer sur une règle lexicale pour écrire certaines graphies.	« *c* » prend une cédille devant « *a* », « *o* » et « *u* », comme dans les mots *glaçage, façon* et *gerçure*.
Se référer à des mots de même famille.	*porc* ➤ *porcin, porcherie, porc-épic*
Associer les formes masculine et féminine du mot.	*inquiet / inquiète* *lourdaud / lourdaude*
Décomposer le mot.	*électroencéphalogramme = électro (électrique) + encéphalo (encéphale) + gramme*
Replacer le mot dans son contexte.	*serin ou serein* ➤ *un serin jaune* *un climat serein*
Relier la forme et le sens du mot.	*amande* ➤ *qu'on mange* *amende* ➤ *qu'on tente d'oublier*

Le féminin des noms et des adjectifs – Le pluriel des noms et des adjectifs

Index

Les numéros en vert et en bleu renvoient aux pages de la section *Points de repère*.

Sources iconographiques

H : haut **B** : bas **G** : gauche **D** : droite **M** : milieu

Dossier 1

3 © Bettmann/CORBIS/MAGMA **4 H** 24268007
© 2006 Jupiter Images **B** 7692577 © 2006 Jupiter
Images **5** 7692577 © 2006 Jupiter Images **6 H** et **G**
22475228 © 2006 Jupiter Images 6 **B** © Artville
8 H 19053608 © 2006 Jupiter Images **B** © Jim
Zuckerman/CORBIS/MAGMA **9** © Royaltee-Free/
CORBIS/MAGMA **10** © ShutterStock
14 H © Stephan Poulin **M** © Pure Stock/SuperStock
B © SuperStock, Inc./SuperStock **16** 19007669
© 2006 Jupiter Images **20 G** 8035964 © 2006
Jupiter Images **D** 24724467 © 2006 Jupiter Images
21 © ShutterStock **22** © Photodisc **23** 24254007
© 2006 Jupiter Images **25** 19007677 © 2006
Jupiter Images **28** 7772422 © 2006 Jupiter Images
29 © Firefly Production/CORBIS/MAGMA
30 G 1368100 © 2006 Jupiter Images **MG** © Stock
Works/CORBIS /MAGMA **MD** 7722143 © 2006
Jupiter Images **D** 19007277 © 2006 Jupiter Images
31 19292292 © 2006 Jupiter Images
39 © Coastergallery.com **44** © Kwame Zikomo/
SuperStock **45** © Joel Styer **48** © Don Mason/
CORBIS/MAGMA **49 G** 23111608 © 2006 Jupiter
Images **D** © *RubberBall Productions*
50 © *RubberBall Productions* **56** © Araldo de Luca/
CORBIS/MAGMA **57** © Artville **58** © Joel Styer
59 19226579 © 2006 Jupiter Images

Dossier 2

63 © ONF du Canada Photothèque/Bibliothèque et
Archives Canada/PA-107872 **65 G** © Photodisc
D 8020285 © 2006 Jupiter Images
66-67 © Photodisc **68 M** et **B** © Photodisc
70 M et **D** © Photodisc **B** HA/London Features/
PONOPRESSE **71 HG** ©Bettmann/CORBIS/
MAGMA/PONOPRESSE **BD** 16468713 © 2006
Jupiter Images **G** © Creative Collection
74 24670184 © 2006 Jupiter Images **75** 19212237
© 2006 Jupiter Images **83** © M. Rosevear
84 © Emanuele Setticasi **86** 19182487 © 2006
Jupiter Images **90 G** © BAE Systems **D** 16468713
© 2006 Jupiter Images **93 D** Photographie réalisée
par Yannick POULIQUEN (Caen-France) 19-08-2000
B 24288747 © 2006 Jupiter Images
94 HD © Jacques Francoeur **97 HG** © Photodisc
MH 23686755 © 2006 Jupiter Images
HD 10049994 © 2006 Jupiter Images **BG**
23011891 © 2006 Jupiter Images **MB** 23643963
© 2006 Jupiter Images **MD** 23558919 © 2006
Jupiter Images **98** © 19173636 © 2006 Jupiter
Images **99** 22997959 © 2006 Jupiter Images
100 © *RubberBall Productions* **102** © Images de
mon moulin/Pierre Laurendeau **105** 19173484
© 2006 Jupiter Images **107 H** 9999955 © 2006
Jupiter Images **MG** 10000585 © 2006 Jupiter
Images **BG** 100608170 © 2006 Jupiter Images
B 1367776 © 2006 Jupiter Images **108** © Québec
en Images, CCDMD, M.-A. Gagnon

Dossier 3

117 H 22783287 © 2006 Jupiter Images
M 23678199 © 2006 Jupiter Images **B** © Artville
118 © Photodisc **121 HG** 22983919 © 2006 Jupiter
Images **HM** 22980247 © 2006 Jupiter Images
HD © 22979719 © 2006 Jupiter Images
MD 22985803 © 2006 Jupiter Images **B** © Alex
Legault,TOHU **122-123** © Alcan / James Duhamel
124 HD 10053413 © 2006 Jupiter Images
MG 10052414 © 2006 Jupiter Images **B** 10053705
© 2006 Jupiter Images **125** © Photodisc **126 G**
16448916 © 2006 Jupiter Images **HD** 24648049
© 2006 Jupiter Images **BD** 7801649 © 2006 Jupiter
Images **127** © 2006 Ubisoft Entertainment Inc.,
Canada **132** Photodisc **134 D** © Artville
BG © Photodisc **135** © Miramax Films/Bureau L.A.
Collections/CORBIS **137** et **139** © Bryan Perro
141 22903688 © Jupiter Images **143-144** © Ben
Charest, 2003 **147** © Sylvain Desmeules
149 B 23217291 © Jupiter Images **H** 22648827
© Jupiter Images **150** 23289279 © Jupiter Images
152 BD 22713999 © Jupiter Images **MG** ©
Photodisc **153 HD** 30346976 © Jupiter Images
BD 30349819 © Jupiter Images **BM** 24230309 ©
Jupiter Images **BG** 7718019 © Jupiter Images
MD © Michelle Pedone/zefa/CORBIS
155-156 © Images de mon moulin/Pierre Laurendeau
164 19173484 © Jupiter Images **165** © Photodisc
166 © Salvador Dali.Fondation Gala-Salvador
Dali/SODRAC (2006) /akg-images **167** © Daniel
Frasnay/akg-images

Dossier 4

169 et **171** D 477530 © 2006 Jupiter Images
171 G © Daniel Sernine **172** 19087327 © 2006
Jupiter Images **175 H** © BNQ, Bernard Fougères
MH © Ville de Montréal, Arr. de Lachine/Bibl. Saul-
Bellow **MB** © M. Ponomareff/PONOPRESSE
B 30768694 © 2006 Jupiter Images **180** 19163441
© 2006 Jupiter Images **182 G** 19006413 © 2006
Jupiter Images **M** 30462925 © 2006 Jupiter Images
D 24724726 © 2006 Jupiter Images **196** 26811792
© 2006 Jupiter Images **200** 30716654 © 2006
Jupiter Images **205** © *Rubberball Productions*
207 H 9941117 © 2006 Jupiter Images **B** 7667728
© 2006 Jupiter Images **213** © Images de mon
moulin/Pierre Laurendeau

Dossier 5

217 © akg-images **218** Sotheby's/akg-images
219 H © Photodisc **BG** © ShutterStock
BD © ShutterStock **222** © ANC 88566
223 H Le visiteur du soir, 1956/Musée des beaux-arts du Canada, Ottawa © Anne-Sophie Lemieux
M © NLC4293 **B** NLC-004705 **225** 24273063
© 2006 Jupiter Images **226** © *Rubberball Productions* **227 H** 19037063 © 2006 Jupiter Images **B** © *Rubberball Productions* **231** 19056905
© 2006 Jupiter Images **237 HG** 19138710 © 2006 Jupiter Images **HD** 14539744 © 2006 Jupiter Images **BG** © Nick North/CORBIS **BD** © Dex Images/CORBIS **238** © ShutterStock
240 24667488 © 2006 Jupiter Images
242 © Photodisc **245** © ShutterStock
246 © SuperStock Inc./SuperStock **247** © Artville
250 H © Photodisc **B** 14544247 © 2006 Jupiter Images **251** © ShutterStock **252 HG** © Francis Pelletier (Les Pelleteurs de nuages inc.)
BG © Allard/PONOPRESSE **255 M** © Photodisc
B © akg-images/Erich Lessing **256** © Photodisc
258 Sotheby's/akg-images **259** © ShutterStock
262 © Images de mon moulin/Pierre Laurendeau
264 19319640 © 2006 Jupiter Images
266 © ShutterStock **268** 19044232 © 2006 Jupiter Images

Dossier 6

277 D © alovelyworld.com **G** 26811728 © 2006 Jupiter Images **278 G** 22458944 © 2006 Jupiter Images **D** © Photodisc **283** © Megapress.ca/Mauritius/Amie **287** © Artville **294** © Photodisc
296 © Vallon Fabrice/ CORBIS **302** © 1965 Cong S. A. – *L'île au trésor*, www.hugopratt.com
303 16242064 © 2006 Jupiter Images **306** 7773568 © 2006 Jupiter Images **309 H** 99891016 © 2006 Jupiter Images **B** 7447339 © 2006 Jupiter Images
320 © Images de mon moulin/Pierre Laurendeau

Dossier 7

325 25111425 © 2006 Jupiter Images
327 H 24285666 © 2006 Jupiter Images
B 24706694 © 2006 Jupiter Images
327-328 © Québec en Images, CCDMD – C. Lauzon
330 © SuperStock Inc./ SuperStock
331 D © Productions Micheline Sarrazin
G © ShutterStock **332** © Steve Vidler/ SuperStock
333 24702145 © 2006 Jupiter Images
334 © Megapress.ca/Bilderberg/W. Kunz
337-338 © ShutterStock **339** 24648240 © 2006 Jupiter Images **340** 10053653 © 2006 Jupiter Images **341** © Jean Beaulieu/Gilles Roux, photographe **344** © ShutterStock **346** © Jean Beaulieu/Gilles Roux, photographe **347** © Québec en Images, CCDMD – J.-C. Dufresne
351 © ShutterStock **353** © akg-images
357 © Fiesta Crafts Ltd. **358** 242894030 © 2006 Jupiter Images **360** Megapress.ca/Tessier

361 GH 24683088 © 2006 Jupiter Images
GB Tourisme Nouveau-Brunswick **362** 24647680
© 2006 Jupiter Images **363** © ShutterStock **365** 19173572 © 2006 Jupiter Images **372** © Images de mon moulin/Pierre Laurendeau **375** 26815051 ©
2006 Jupiter Images **376 H** 7655364 © 2006 Jupiter Images **BG** 30479207 © 2006 Jupiter Images
BD 16892901 © 2006 Jupiter Images

Dossier 8

379 © Ed. du Boréal **381** 30458976 © 2006 Jupiter Images **384 G** 16254626 © 2006 Jupiter Images
B © BNQ, Bernard Fougères **385 MG** © FIP/Maryse Baribeau **BD** Megapress.ca/Pharand **386** Photo et sculpture Alain Stanké **387** 19203552 © 2006 Jupiter Images **388** 23699703 © 2006 Jupiter Images **393** 19001878 © 2006 Jupiter Images
396 19082048 © 2006 Jupiter Images **399** © Photodisc **405** 7637037 © 2006 Jupiter Images
406 26815552 © 2006 Jupiter Images **409** © akg-images/Doris Poklekowski **410** 26256608 © 2006 Jupiter Images **413** © Photodisc **415** © ShutterStock
420 © akg-images **421** 30348705 © 2006 Jupiter Images **425** 19173633 © 2006 Jupiter Images

Merci aux sept comédiens de la vidéo, Catherine Armstrong-Messier, Julie Armstrong-Messier, Isabelle Lebire, Pietro Kabeya, Fanny Laferrière, Maxime Dion et Cédric Hébert, dont les photographies apparaissent aux pages 102, 155-156, 213, 262, 320 et 372. Photographe : Pierre Laurendeau, Les images de mon moulin.

Références bibliographiques

p. 250-251
Poème 1 : Gilles Vigneault, *De nuit*, Nouvelles Éditions de l'Arc.
Poème 2 : Victor Hugo, *Demain, dès l'aube…*
Poème 3 : Francis Pelletier, *Il y a*, Les Pelleteurs de nuages.
Poème 4 : Œuvre poétique 1950-1980 d'Anne Hébert, *Matin ordinaire*, Montréal, Éditions du Boréal, 1992, p. 141 (Collection Boréal compact).

Sources iconographiques